제3판

관광자원의 이해

Understanding of Tourism Resources

신우성 著

KIMOONSA 기문사
www.kimoonsa.co.kr

Understanding of Tourism Resources

P·r·e·f·a·c·e

머리말

WTTC(World Travel Tourism Council)의 자료에 의하면 국제관광객 수가 2012년 최초로 10억 명을 돌파한 이래 국제관광객수는 연평균 4% 이상 성장하여 2020년에는 15.6억 명에 달할 것으로 예상하고 있다. 이러한 관광산업의 성장추세에 부응하여 세계 많은 나라들은 관광산업을 국가의 전략산업으로 육성하여 미래의 성장산업으로 그 토대를 다지고 있으며, 인류가 당면한 자원고갈을 극복하는 유일한 산업으로 평가하고 있다.이러한 관광산업의 성장추세에 부응하여 세계 많은 나라들은 관광산업을 국가의 전략산업으로 육성하여 미래의 성장산업으로 그 토대를 다지고 있으며, 인류가 당면한 자원고갈을 극복하는 유일한 산업으로 평가하고 있다.

우리나라도 중앙정부와 각 지방자치제에서 한국관광 진흥을 위한 다양한 노력을 경주하고 있으며 주5일제 근무의 본격시행과 동남아 지역을 중심으로 한 한류열풍 등의 긍정적 관광환경을 맞이하고 있다. 그러나 한편으로는 급증하는 관광수지 적자를 지켜보며 관광대국에 비해 열악한 우리나라의 관광자원을 탓하고 있는 것도 사실이다.

과연 우리나라는 관광자원이 부족한 걸까? 혹시 우리가 갖고 있는 자원의 가치를 스스로 폄하하거나 어떻게 개발하고 관리해야 하는지에 대한 진지한 고민과 노력을 외면한 채 외국의 유명 관광자원을 어설프게 흉내 내고 있는 것은 아닐까?

관광객은 색다른 경험을 추구하려고 그 지역만이 가지고 있는 독특하고 신비한 관광자원의 특성을 부각시킨 한국적인 관광자원을 원하고 있다. 따라서 한국의 관광자원개발은 관광객 지향적인 틀로 새롭게 재조명되고 재구성되어야 한다.

이에 필자는 우리나라를 중심으로 관광자원의 기본 이론과 유형 및 체계를 살펴봄으로써 효율적이고 합리적인 관광자원의 이용과 개발을 추구한다는 일념으로 본서의 개정판을 집필하게 되었다.

본서는 크게 총3부로 구성되었으며, 제1부 관광자원의 기초개념에서는 관광자원의 기초적 이론을 바탕으로 논리의 체계를 정립하였고, 제2부 관광자원의 이용에서는 급변하는 내부적 · 외부적 관광환경에 부응하기 위해 다양한 관광자원의 개념과 내용을 언급하였는데 자연적 관광자원, 문화적 관광자원, 사회적 관광자원, 산업적 관광자원, 위락적 관광자원 세계유산 등의 유형을 파악하였다.

자연적 관광자원에서는 자원의 유형과 현황을 중심으로 환경친화적인 관광자원 개발방향을 모색하였으며, 문화적 관광자원에서는 연출이라는 기법을 통하여 문화관광자원개발의 방향성과 상품화 방안을 제시하였다.

사회적 관광자원에서는 인간의 기본적 의 · 식 · 주와 복잡 다양해진 사회환경에 따른 사회적 요소들의 관광자원화를 모색하였으며 최근 국내 · 외 관광목적지로 각광받는 영상문화 관광자원을 살펴보았다. 산업적 관광자원에서는 공업과 농업 그리고 쇼핑활동과 관련된 상업관광자원을 살펴보았으며 위락적 관광자원에서는 삶의 질 향상에 따라 주로 후천적인 개발을 통해 관광자원으로 주목받는 테마파크, 워터파크, 스포츠, 리조트, 크루즈와 마리나를 살펴봄으로써 부족한 부존자원을 보유한 우리나라의 관광개발에서의 가능성을 제시하였다.

특히 본 개정판에서는 최근 그 가치와 의미가 세계적으로 인정받아 주목받고 있는 우리나라의 세계유산을 새롭게 추가하여 다루고 있다.

제3부인 관광자원개발은 크게 관광자원을 위한 기본이론, 개발 후의 관광자원관리 및 보호, 관광자원의 해설과 연출, 관광자원개발 방향 등으로 구성하였다. 관광자원계획개발을 위한 기본전제로서 관광자원조사 및 평가분석을 다루었으며, 이를 바탕으로 관광자원의 공급계획과 개발을 사례와 함께 설명하였다. 또한 관광자원개발 후 사후관리가 새로운 관심사로 등장함에 따라 관광자원관리 및 보호를 체계화하였다. 그리고 관광자원의 가치 극대화를 위한 자원해설과 연출을 언급하였으며 지금까지 구성된 전체내용을 분석의 기준으로 삼아 한국관광자원개발의 현황을 파악하였으며, 이를 바탕으로 관광자원개발의 발전지향적인 방향을 제시하였다.

본서는 저자의 강의자료와 연구논문의 내용뿐만 아니라 각종 통계자료, 정부와 각 지방자치제 그리고 기업의 내부자료 등을 참고하였으며 아무쪼록 본서가 관광자원에 대한 기초이론과 관광자원의 현황과 내용 그리고 관광자원개발에 대한 내용을 쉽게 정리한 전공교재로써 관광학도는 물론, 관광업계 및 정책입안 실무자에게도 유용하게 활용되기를 기대한다.

본서는 저자의 의욕에 비해 부끄러울 만큼 아직 미흡하지만 향후 배전의 노력으로 본서의 모자람을 채울 것을 약속하는 바이다.

항상 부족한 저자에게 보내주신 각계 선 · 후배 동료 여러분들의 관심과 출판을 쾌히 도와주신 기문사 사장님과 임직원 여러분들의 노고에 심심한 감사를 드린다.

마지막으로 본 지면을 통해 한결같은 가족들의 따뜻한 사랑에 감사의 마음을 전하고 싶다.

2018년 2월

저자 신 우 성

C·o·n·t·e·n·t·s

차례

제1부 관광자원의 기초개념

제1장 관광과 관광자원 • 11

제1절 관광의 개념 및 구조 ······ 11

1. 관광의 개념_11
2. 관광의 구조_14

제2절 관광자원의 개념 및 구조 ······ 21

1. 관광자원의 개념_21
2. 관광자원의 구조_22

제2장 관광자원의 분류체계 • 25

제1절 관광자원의 접근방법과 분류기준 ······ 25

제2절 관광자원의 분류형태 ······ 27

1. 관광자원가치에 따른 분류_27
2. 관광행동특성에 따른 분류_28
3. 관광시장특성에 따른 분류_29
4. 관광지특성에 따른 분류_30

제2부 관광자원의 이용

제3장 자연관광자원 • 35

제1절 자연관광자원의 개념 ······ 35

제2절 자연관광자원의 유형 및 현황 ······ 36

1. 산악관광자원_36
2. 내수면 관광자원_41
3. 온천관광자원_43
4. 동굴관광자원_47
5. 해안관광자원_52

제4장 문화관광자원 • 57

제1절 문화관광자원의 개념 ······ 57

제2절 문화관광자원의 유형 및 현황 ······ 58

1. 유형문화재_59
2. 무형문화재_69

3. 기념물_74
4. 민속자료_84
5. 박물관_89

제5장 사회관광자원 • 101

제1절 사회관광자원의 개념 101

제2절 사회관광자원의 유형 및 현황 102
1. 도시관광_102
2. 교육 · 문화 · 사회시설_111
3. 문화행사_115
4. 향토특산물과 향토음식_127
5. 민속마을_134
6. 영상문화관광_138

제6장 산업관광자원 • 145

제1절 산업관광자원의 개념 145

제2절 산업관광자원의 유형 및 현황 147
1. 공업관광_147
2. 상업관광_151
3. 농업관광_156

제7장 위락관광자원 • 163

제1절 위락관광자원의 개념 163

제2절 위락관광자원의 유형 및 현황 163
1. 테마파크_163
2. 워터파크_179
3. 카지노 산업_182
4. 스포츠_190
5. 리조트_197
6. 크루즈_205
7. 마리나_213

제8장 세계유산 • 223

제1절 세계유산 223
1. 세계유산의 의의와 목적_223
2. 세계유산의 분류_223
3. 세계유산 등록기준_224
4. 세계유산 등록절차_226
5. 세계유산 등록효과_226
6. 유네스코 세계유산 위원회_227
7. 세계유산 현황_228
8. 한국의 세계유산_230

제2절 세계기록유산 ······ 241
1. 세계기록유산의 의의와 목적_241
2. 세계기록유산의 등록기준_241
3. 세계기록유산의 등재효과_242
4. 세계기록유산의 등재현황_242

제3절 인류무형문화유산 ······ 243
1. 인류무형문화유산의 의의와 목적_243
2. 인류무형문화유산의 등재기준_243
3. 인류무형문화유산의 등재효과_244
4. 인류무형문화유산의 등재현황_244

제3부 관광자원 개발

제9장 관광자원 조사 • 249

제1절 관광자원 조사의 개념 ······ 249

제2절 관광자원 조사 방법 및 과정 ······ 251
1. 관광자원의 조사방법_251
2. 관광자원의 조사과정_255

제3절 자료의 정리 ······ 258
1. 자료의 검토_258
2. 자료의 기록화_258
3. 자료의 도표화_258
4. 자료의 분석_258
5. 보고서 및 논문작성_262

제10장 관광자원계획 · 개발 • 265

제1절 관광자원계획 ······ 265
1. 관광자원계획의 개념_265
2. 관광자원계획의 목표_267
3. 관광자원계획의 유형_270
4. 관광자원계획의 접근방법_272
5. 관광자원계획의 과정_274

제2절 관광자원개발 ······ 277
1. 관광자원개발의 개념_277
2. 관광자원개발의 효과_278
3. 관광자원개발의 방식_283
4. 관광자원개발의 접근방법_290
5. 관광자원개발사례_296

제11장 관광자원 관리 및 보호 • 323

제1절 관광지의 관리 · 운영 ········ 323

1. 관광지 관리의 개념_323
2. 관광지 관리의 필요성_324
3. 관광지의 관리방법 및 방안_324

제2절 관광자원 및 환경보전 ········ 328

1. 환경문제 및 보전의 필요성_328
2. 관광자원 및 환경보전 방향_329
3. 관광지개발상의 환경보전방안_331

제12장 관광자원의 해설과 연출 • 339

제1절 관광자원의 해설 ········ 339

1. 관광자원해설의 개념_339
2. 관광자원해설의 필요성_340
3. 관광자원해설의 유형_341

제2절 관광자원의 연출 ········ 347

1. 관광자원연출의 개념_347
2. 관광자원연출의 필요성_348
3. 관광자원연출의 유형_349

제13장 관광자원의 개발방향 • 355

제1절 자연보호와 환경우선의 개발경향 ········ 355

제2절 자연공원과 천연보호구역의 지정 · 관리방향 ········ 357

제3절 국제기구의 환경 · 생태보전에 관한 태도 ········ 359

1. 유엔환경계획_360
2. 세계관광기구_361
3. 세계관광협의회_363
4. 미주관광협회_364
5. 아시아 · 태평양관광협회_365
6. 국제자연보호연맹_367

제4절 생태관광 ········ 367

1. 생태관광의 발전과 유형_367
2. 생태관광의 본질과 특징_370

■참고문헌_373

■인덱스_376

제**1**부

관광자원의 기초개념

제1장_관광과 관광자원

제2장_관광자원의 분류체계

제1장 관광과 관광자원

제1절 관광의 개념 및 구조

1. 관광의 개념

인류가 지구상에 존재한 이래로 인간의 이동은 계속되고 있다. 인간의 이동에는 두 가지 형태가 있다. 거주지를 떠나 다시 돌아오지 않고 정착하는 이주(migrant)와 거주지를 떠나 다른 지역을 돌아보고 다시 돌아오는 회귀이동(回歸移動)인 여행(tour)인 것이다.

관광의 근원이 되는 「Tour」의 어원은 그리스어의 'tornus(a turn)'의 대격인 'tornim'에서 기인한 것으로 목수가 원을 그리는 컴퍼스와 같은 도구 · 도르래 · 원 등을 뜻하는 '돌다', '순회하다'는 의미를 내포하고 있다. 이러한 의미는 'turn'이 'tour'로 바뀌면서 '회귀를 전제로 한 이동'을 나타내는 말로 사용되기 시작하였다. 반면에 「Travel」이라는 단어는 유럽에서 여행이 위험하고 힘들었던 암흑기(A.D. 500년) 이후에 생겨난 것으로 'travail'의 수고, 노고, 중노동을 뜻하는 어원에서 파생되어 '고통과 위험에 가득찬 여행에서 무사히 돌아오다'라는 의미로 사용되었다.

「Tourism」은 'New English Dictionary'에 의하면 짧은 기간의 여행을 의미하는 'Tour'의 파생어로 'Tourism(관광)'과 'Tourist(관광자)'의 용어가 생겼으며, 1811년 처음으로 영국의 「The Sporting Magazine」에 'Tourism'이란 단어가 게재되었다. 당시의 'Tourism'의 의미는 '각지를 여행하고 돌아오다'라고 하는 'Tour'의 의미로 정의하고 있다. 결국 'Tourism'은 'Tour+ism'의 합성어로 'Tourism' 중에는

'각지를 여행하고 돌아오다' 라는 의미가 함축되어 있는 것이다. 이후 1975년부터는 모든 국제기구에서 관광의 영어적 표현을 「Tourism」으로 통일하였다.

한편, 동양에서는 관광(觀光)의 어원에 대한 논란이 있으나, 일반적인 경설은 중국의 주시대에 편찬된 주역의 내용인 「觀國之光 利用賓于王(관국지광 이용빈우왕) : 타국의 삶의 빛(문물, 제도, 풍속 등)을 살펴보는 것은 임금의 손님 노릇하기에 이로우니라」이라는 구절의 「觀國之光」에서 「觀光」의 어원이 유래되었다고 한다. 이러한 어원을 통해서 볼 때 관광은 '빛을 본다' 곧, 한 나라(한 지역)의 자연경관, 문물, 제도, 풍습 등을 구경하는 데 있어 보이는 것도 보고 보이지 않는 것도 보는 여행을 하는 것이 진정한 관광의 의미임을 뜻한다고 하겠다.

관광이라는 어휘가 우리나라에서 최초로 사용한 공식기록으로는 고려 예종 11년(1115년) 국역 고려사절요 제8권에 기록되어 있는데, 송나라 방문 사신의 조서 부문에 「觀光上國, 盡損宿習(관광상국, 진손숙습) : 상국을 관광하면서 숙박하고 배우는 것이다」라는 의미를 내포하고 있다. 또한 成俔(성현)이 1473년, 1475년, 1485년 세 차례에 걸쳐 중국을 다녀와서 지은 「관광록(觀光錄)」은 1차 북경을 다녀올 때 도중에 지은 기행시집으로 오늘날과 같은 의미의 관광이란 용어가 사용된 최초의 문헌이다.

조선왕조실록에서는 조선건국 시 한성의 북부에 10개의 방을 정하면서 그 중의 하나를 「관광방(觀光坊)」이라 칭하였고, 정조 4년(1780년) 연암 박지원이 지은 「열하일기(熱河日記)」에 수록된 내용에는 「爲觀光之上國來(위관광지상국래) : 상국의 문물, 제도를 관광하러 왔다」는 의미를 내포하고 있으며, 1910년 유길준은 「觀光略記(관광약기)」를 집필하여 관광이야기를 전하고 있다.

관광의 정의는 역사적인 변천과정을 통하여 많은 국내 · 외 학자들에게 매우 다양하게 정의되면서 발전하여 왔다. 관광학의 학문적 체계를 굳건히 하기 위한 연구과정으로써 관광의 개념규정과 같은 기초이론의 체계화는 관광학 연구에 있어 매우 중요한 연구과제이다.

지금까지의 국내 · 외 학자들의 관광의 정의를 종합적으로 분석하면 다음 5가지 요건으로 정리할 수 있다.

표 1-1 국내 · 외 학자의 관광 정의

학 자	정 의
볼만 (A. Bormann)	거주지를 일시적으로 떠나 여행하면서 관광과 즐거움을 얻는 것이라고 정의하고 보양, 유람, 상용, 직업 등의 목적을 포함
그릭스만 (R. Grucksman)	어떤 지역에 있어서 일시적 체재와 지역주민들과의 제관계의 총화
군 (C. A. Gunn)	① 자택 · 직장관계가 없는 지역에서 일시적 이동 ② 그 목적지에서의 활동 ③ 목적지에서 여행자의 욕구를 충족시키는 시설, 사업체
코헨 (E. Cohen)	새로운 것, 기분전환, 변화를 추구하기 위한 즐거움을 목적으로 비교적 멀리 주유형 여행을 하는 것
레이퍼 (N. Leiper)	여행 중 수입을 목적으로 한 경제활동은 제외하고 인간이 일상주거지를 떠나 자유로이 여행하며 1박 이상 동안 일시적으로 체류하는 것을 내용으로 구성되어 있는 체계
메킨토쉬 (R. W. McIntosh)	관광자와 다른 방문자들을 유치, 접대하는 과정에서 관광자, 관광사업자, 정부, 지역사회 간의 상호작용으로 야기되는 현상과 관계의 총체
일본관광정책심의회	자유시간 중에서 감상, 지식, 체험, 활동, 휴양, 참가, 정신의 고무 등 생활의 변화를 추구하는 인간의 기본적 욕구를 충족시키기 위한 행위를 일상생활권을 떠나 다른 자연 · 문화 등의 환경 속에서 행하는 일련의 행동
쓰다노보루	일상생활권을 떠나 귀환을 예정으로 타국, 다른 지역의 문물, 제도 등을 시찰하거나 풍광을 감상, 유람할 목적으로 여행하는 것
김진섭	자기의 자유시간 가운데서 생활의 변화를 추구하는 인간의 기본적 욕구를 충족하기 위한 행위 중 일상생활로부터 떠나 다른 자연, 문화 등의 환경 아래서 행하려고 하는 일련의 행동
이장춘	가계소득 중 잉여가 발생하고 여가시간이 주어질 때 또는 정책적 · 제도적 지원 혜택으로 여가비와 여가시간이 주어질 때 재노동의욕 고취와 궁극적인 국민복지 증대를 위해 국민 스스로가 주거지의 위락과 관광활동에 자발적 또는 계도적으로 참여해 가는 대중문화 속의 사회현상과 문화현상의 복합현상
박석희	자유 의사대로 자유재량시간을 활용하는 여가의 한 가지로서 돌아올 예정으로 일상 영역을 벗어나서 견문을 넓히고, 에너지를 보충하며, 완전성을 추구하고, 즐거움을 누리는 일련의 행동과 이러한 행동으로 인해 발생되는 경제 · 사회 · 문화적 현상의 총체

❶ 관광이란 관광자들의 관광욕구를 충족시키기 위한 행위이다.

❷ 관광은 관광자들이 일상 생활영역(심리적 영역)을 떠나 공간적 이동 행위가 필요하다.

❸ 관광은 일정한 일시적 이동의 시간적 범위와 활동이 수반되는 공간적 범위가 필요하다.

❹ 경제적 소비를 수반하여야 한다.

❺ 관광은 자유시간 내의 행위일 뿐만 아니라 자유재량껏 즐길 수 있는 여행이어야 한다.

2. 관광의 구조

관광구조의 발달은 관광현상에 대한 체계론적 접근을 통하여 설명하려는 노력에 기인하고 있다. 관광현상에 대한 구조체계를 이해하기 위한 초기에는 관광을 관광주체인 관광자와 관광객체인 관광자원의 상호작용으로 이루어지는 현상으로 이해하는 관광구조의 2체계론으로 시작하였다.

이후 관광현상의 발전과 더불어 관광매체인 관광기업의 영역이 확대되고 관광매체의 역할이 강조되면서 관광현상의 독립된 체계를 구축하여 관광주체 - 관광매체 - 관광객체로 이어지는 관광구조의 3체계론이 등장하여 관광구조의 기본체계를 형성하게 되었다.

그러나 관광의 중요성이 강조되고, 관광이 미치는 영향이 정치, 경제, 사회, 문화, 환경 등 모든 분야에 걸쳐 이루어지면서 정부의 관광분야에 대한 적극적인 개입이 시작되었다. 이는 관광분야에 대한 관광행정체계에 적극적인 개입을 의미하여 관광구조체계에 있어서도 중요한 하나의 구성요소로 자리매김하기 시작하였다.

관광은 속성상 회귀이동을 전제로 하기 때문에, 최근의 교통사업은 관광과는 불가분의 관계를 형성하면서 발전하여 왔고, 여행시대의 도래에 따라 관광교통이 관광사업 분야의 중심적 위치를 확보하기 시작하였다. 이는 관광구조체계에 있어 관광매체의 또 하나의 독립된 구성요소로 관광교통이 하위체계를 형성하게 된 이유가 되었다.

위와 같은 관광현상에 대한 체계론적 접근에도 불구하고 아직도 관광현상에 대한 정확한 구조체계 개념의 정립이 이루어져 있지 못하고, 제학자들의 학문적 관심영역에 따라 관광구성요소를 서로 다르게 정립하고 있다.

이러한 다양한 구조체계의 정립에도 불구하고 많은 관광학자들이 보편적으로 인식하고 있는 관광구조체계는 베르네커가 주장한 관광구조 3체계론인 '관광주체 – 관광매체 – 관광객체' 간의 상호작용을 인정하는 견해이다.

도표 1-1 **관광구조체계의 발달과정**

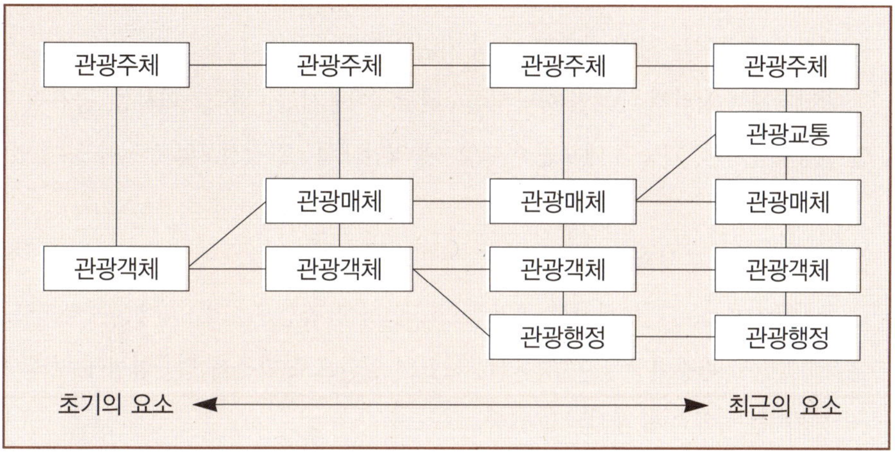

1) 관광구조의 3체계론

관광의 구조를 3체계론인 '관광주체 – 관광매체 – 관광객체'의 상호작용으로 해석하려는 관점은 관광주체인 관광자와 관광객체인 관광매력물(관광자원)의 상호작용 속에서 매체역할을 수행하는 관광사업자의 필요와 그 역할이 강조됨에 따라 관광객체 부문에서 관광매체를 독립시켜 관광구조체계를 명확히 한 것이다.

(1) 관광주체

관광주체는 관광수요시장을 형성하는 관광자이다. 관광자는 관광에 있어서 중심적 위치에 있으면서 관광객체와 관광매체가 제공하는 환경적 배경과 관광자의 심리에 영향을 주는 내적 요인인 욕구, 동기, 학습, 지각, 성격 등과 외적 요인인 가족, 문화, 준거집단, 생활양식 등에 따라 관광행동을 유발하는 관광소비자인 동시에 관광수요자이다.

(2) 관광객체

관광객체인 관광자에게 매력이 되는 관광대상으로서 관광자의 욕구나 기호에 부합하면서 관광자에 만족을 제공해주는 관광자원 및 관광시설을 포함하며, 관광공급시장을 형성하는 중요한 요소이다.

(3) 관광매체

관광매체는 관광주체와 관광객체를 연결해주면서 관광주체인 관광자가 요구하는 관광서비스를 제공하고, 관광객체인 관광매력물에게는 관광개발과 진흥을 촉진시키는 역할을 수행하는 사적 기관 및 공적 기관을 말한다.

관광매체는 시간적 매체인 숙박시설 · 관광객이용시설 · 관광편의시설, 공간적 매체인 관광교통기관, 기능적 매체인 여행업 · 통역안내업 · 관광정보와 선전물 등이 있다.

2) 관광구조의 구성요소

관광구조체계는 관광현상의 복잡성으로 인하여 관광구조의 3체계론에서 더욱 세분화시키면서 관광현상을 이해하려는 노력의 일환으로 학문적 접근방법에 따라 학자들의 견해는 다양하게 제시되고 있다.

와합(Salah Wahab)은 관광현상을 구성하는 요소를 인적 요소로 관광자, 물리적 요소로 공간, 시간적 요소로는 일시성 등으로 설명하고 있다.

관광산업 영역에 중점을 둔 견해를 가지고 있는 닐 레이퍼(N. Leiper)는 [도표 1-2]와 같이 관광현상을 관광자, 관광발생지, 교통루트, 관광목적지, 관광산업 등 5가지 요소로 구성되어 있다고 인식하고 있다. 이들 구성요소들은 공간 · 기능적으로 상호작용을 하고 있으며, 관광을 정치 · 경제 · 사회 · 문화 · 물리 · 공학적 광역환경과도 상호작용을 하는 개방체계로 이해하고 있다.

도표 1-2 닐 레이퍼(N. Leiper)의 관광구성요소

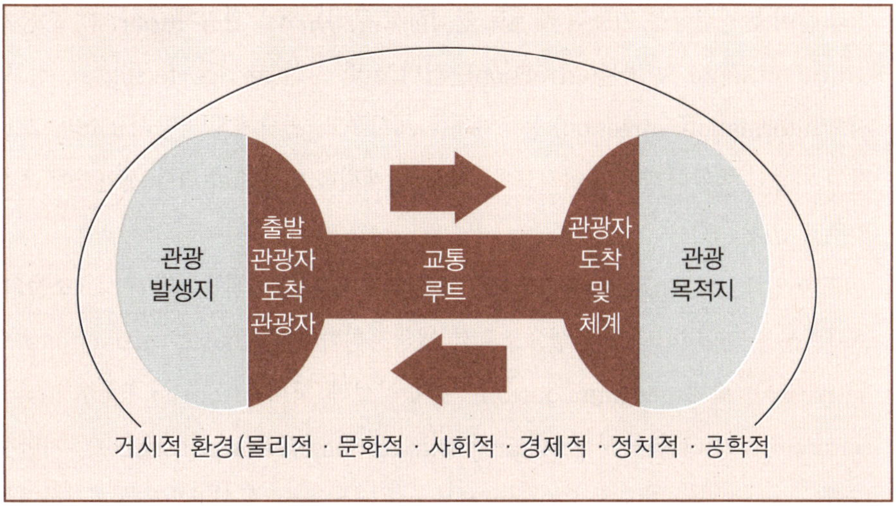

자료 : Neil Leiper, "The Framework of Tourism : Towards a Definition of Tourism, Tourism, Tourist and the Tourist Industry," Annals of Tourism Reserch, vol.6, No.4, 1979, p. 404.

도표 1-3 군(Gunn)의 관광구성요소

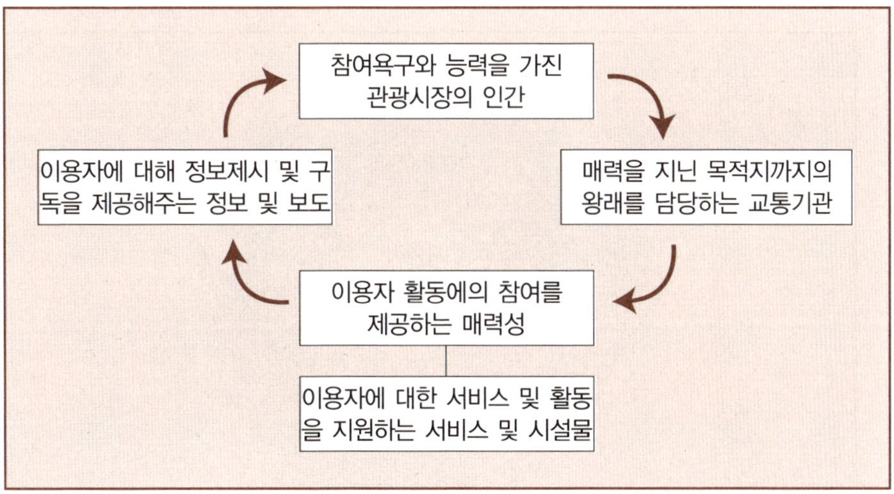

자료 : Clare A. Gunn, Vacationscope : Designing Tourist Regions, University of Texas, 1972, p. 21.

관광개발계획에 중점을 둔 견해의 대표적인 학자인 군(Clar A. Gunn)은 [도표 1-3]과 같이 관광현상을 기능적 체계로 인식하고 구성요소로 관광자(tourist), 교통기관(transportation), 매력물(attraction), 서비스 및 시설(service-facilities), 정보 및 지도(information-direction) 등 5가지를 제시하고, 관광체계의 구성요소와 그 인자 간의 기능이 원활하게 이루어지도록 관광개발계획을 어떻게 수립할 것인가에 초점을 맞추고 있다.

또한 인스킵(E. Inskeep)은 자연적 · 사회경제적 환경과 관광개발 구성요소들의 상호관련성을 언급하고 그 구성요소로서 관광자원과 활동(tourist attractions and activities), 숙박(accommodation), 관광시설과 서비스(tourist facilities and services), 교통기관과 서비스(transportation facilities and services), 기반시설(infra-structure), 제도적 요소(institutional elements) 등의 5가지를 제시하면서국제관광자, 국내관광자뿐만 아니라 지역 주민들도 관광자원, 관광관련시설 및 서비스를 이용할 수 있는 관광개발 구성 요소의 틀을 다음 [도표 1-4]와 같이 제시하고 있다.

도표 1-4 인스킵(Inskeep)의 관광구성요소

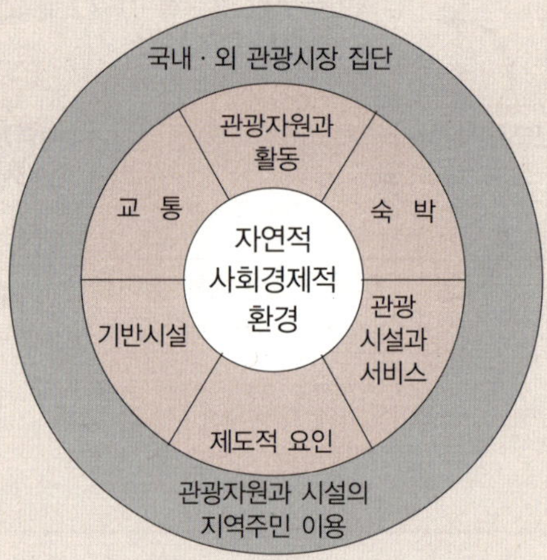

자료 : Edward Inskeep, Tourism Planning : An Integrated and Sustainable Development Approach, N.Y : Van Nostrand Reinhold, 1991, p. 39.

3) 현대적 관광구조체계와 기능

관광현상이 다양한 사회환경과 어우러지면서 관광활동의 사회적인 증가와 더불어 관광을 여러 가지 관점에서 올바르게 정의하려는 노력들이 관광구조체계의 발달을 가져왔다.

많은 제 학자들의 이론 중에서도 관광구조체계의 기본적인 관광구조 3체계론과 군의 관광구조체계 이론이 현대사회 구조체계를 반영한 이론으로 인식되고 있다.

그러므로 베르네커의 3체계론과 군의 관광구성요소를 토대로 현대적 관광구조체계의 구성요소를 관광자, 관광매력물, 부대시설, 기반시설, 교통, 정보/촉진 등으로 설정하고, 이를 살펴보면 다음 [도표 1-5]와 같다.

도표 1-5 **현대적 관광구조체계의 구성요소**

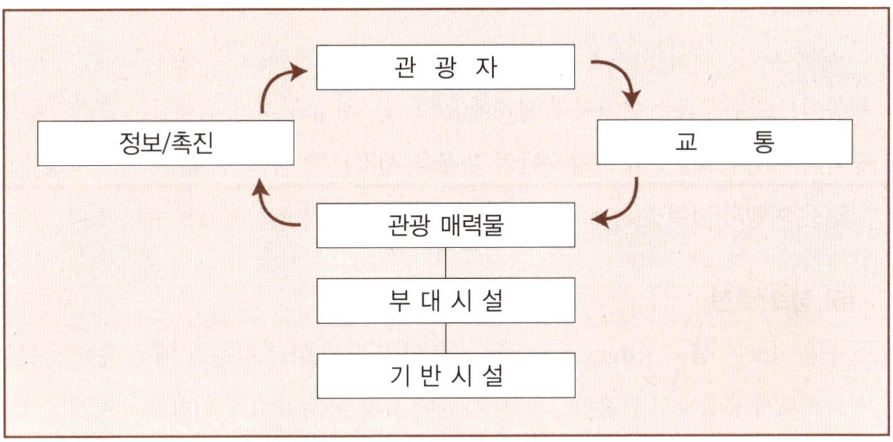

(1) 관광자

관광자(tourist)란 관광의 주체인 중심적인 구성요소로 관광자를 둘러싸고 있는 사회 · 경제적 배경과 심리적 요인에 영향을 받아 관광을 목적으로 여행하고자 하는 사람을 총칭하며 일반 여행자와는 구별된다.

(2) 관광매력물

관광매력물(attractions)은 관광자의 관광행동을 유발하고 여행하면서 관광자가 즐기면서 이용할 수 있는 관광대상과 자원을 말한다. 이는 유 · 무형의 모든 매력대상물을 포함한다.

(3) 부대시설

부대시설(service-facilities)은 관광매력물과 관련된 제반시설로 관광자의 관광욕구를 더욱 효과적으로 충족시키고, 관광활동을 보장할 수 있는 각종 편익시설(super-structure)을 총칭한다.

(4) 기반시설

기반시설(infra-structure)은 관광자원의 보존과 개발, 지역주민들의 일상생활 기능을 지원하는 각종 기반시설로 도로, 상하수도, 통신 등이 이에 해당된다.

(5) 교통

관광교통은 관광의 본질적인 요소의 하나로 관광이 이동을 전제로 시작되는 인간활동이므로 관광과는 불가분의 관계에 있다. 곧, 관광을 하기 위해서는 출발지에서 관광목적지까지 교통로와 교통수단의 이용을 생각하지 않을 수 없고, 관광교통수단의 발전은 여행의 범위를 확대시키고 관광산업 발전의 기반을 제공해 주고 있다.

(6) 정보/촉진

관광정보는 신 관광(new tourism)시대의 도래에 따라 등장한 매우 중요한 관광구성요소로서 관광자의 관광활동의 전 분야에 걸쳐 아주 중요한 역할을 수행하고 있다.

따라서 정확하고 신속한 관광정보와 촉진체계를 구축하고, 관광자의 성공적인 관광활동을 보장하고, 관광지 정보를 이용할 수 있도록 노력해야 한다.

제2절 관광자원의 개념 및 구조

1. 관광자원의 개념

관광자원(tourism resources)이란 관광욕구의 대상으로 관광행동의 목표가 될 수 있는 모든 것으로, 관광객으로 하여금 관광동기나 의욕을 충족시키고, 관광행동을 일으키게 하는 유 · 무형의 관광대상을 뜻한다. 다시 말하면 관광객에 대하여 매력성과 유인성을 가진 것이라 하겠다. 즉, 관광자원이란 관광산업에 있어서는 경제적 가치를 가지며, 관광객에 있어서는 위락적 · 문화적 가치를 갖는 관광대상물을 말하는 것이다. 따라서 관광주체인 관광객을 유인할 수 있는 관광대상으로서 관광객체인 관광자원은 관광목적과 형태 등에 따라 다양하다.

종래까지는 관광의 대상이 될 수 없었던 자원도 대중관광의 보급과 함께 새로운 관광자원으로 주목받기도 하며, 그와 반대로 관광자원으로서의 매력을 점차 상실해 가는 자원도 있다. 그러나 그것이 유형물이든 무형물이든 관광객을 유인할 수 있고, 관광수입을 올릴 수 있는 산업성을 띠고 있다면 관광자원이 되는 것이다.

관광이란 대부분 여행이라는 관광적 현상으로 나타나므로 관광동기는 여행동기와 같이 생각할 수 있는데, 인간이 지금까지 가보지 못한 지방 또는 나라의 경관 · 기후 · 풍토 등의 자연환경과 사적 및 풍물 등의 역사적 환경, 그리고 문화시설 등의 사회적 환경 등을 대상으로 하는 것이다.

오늘날 우리 인간에 있어서 관광동기란 인간의 본능이라고 볼 수 있는 관광욕구로서 인간은 일상생활의 번잡성과 단조로운 환경에서 벗어나려는 욕구가 작용하는 관광으로 유도되게 된다. 이러한 관광욕구가 관광동기를 유발하게 되며, 관광동기는 실제로 복잡한 동기가 결합되어 발생하나 일상생활권을 떠나는 이동 그 자체가 관광욕구를 만족시켜 주기도 하기 때문에 이 세상에 있는 모든 것이 관광자원이 될 수가 있다. 그러나 관광자원에는 자연 그대로의 관광자원, 즉 인공적으로 손을 대지 않고서도 원래의 관광자원으로서의 가치를 지니고 있는 관광자원과 다듬어 만든 관광자원, 즉 인공적으로 개발한 관광자원이 있다. 전자의 자연적인 관광자원은 매우 한정되어 있기 때문에 다수의 관광객을 유치하기 위해서는 인공적으로 관광자원을 개발할 필요가 있다고 하겠다.

최근 들어 관광자원을 포괄적으로 인식하려는 경향이 강해지고 있는데, 여러 학자들의 주장을 통해 다음과 같이 관광자원의 특징을 정리할 수 있다.

❶ 관광자원은 관광욕구나 관광동기를 일으키는 매력성을 지니고 있어야 한다.
❷ 관광자원은 관광객의 행동을 끌어들이는 유인성을 지니고 있다.
❸ 관광자원은 개발을 통해서 관광대상이 된다.
❹ 관광자원은 자연과 인간의 상호작용의 결과이다.
❺ 관광자원의 범위는 자연자원과 문화자원, 유형자원과 무형자원 등 아주 넓고 다양하다.
❻ 관광자원은 사회구조나 시대에 따라 가치를 달리한다.
❼ 관광자원은 보존 또는 보호를 필요로 한다.

2. 관광자원의 구조

관광자원은 관광의 구조를 체계적으로 이루는 여러 구성요인 중의 하나이다. 그러면서 동시에 관광자원 자체가 관광의 하부체계를 이루는 구조를 가지고 있다. 관광자원은 자연적 매력물과 인문적 매력물 및 인공적(관광시설) 매력물 등이 하나로 어우러진 집합적 구조를 가질 뿐만 아니라 관광자나 관광정보와 같은 여러 가지 요인들의 영향을 받으면서 상호작용을 한다는 점에서 체계적 성격을 갖는다.

아야라(Ayala)는 관광자원의 구조에 있어서 경관의 중요성을 강조하는 경관체계(landscape system)를 고찰하고 있다. 관광과 경관을 동전의 양면과 같이 분리될 수 없는 불가분의 관계에 있는 것으로 보고, 관광자가 구입하는 관광상품은 관광활동과 경관을 연결한 것(connection)으로 간주하고 있다. 경관체계는 지상의 경관체계(landscape system of the grounds), 전망 · 경치 · 장소로 이루어진 차용된 경관체계(borrowed landscape system), 경관통합과 경관 패키지화 및 경관 마케팅으로 구성된 경관통합체계(system of landscape integration)로 짜여져 있다고 분석하고 있다.

레이퍼(Leiper)는 관광자원체계를 관광욕구를 지닌 관광자(tourist : 인적요소), 관광공급 핵심유형(nucleus : 중심요소), 매개적 요소인 마커(marker : 정보요소)라는 세 가지 요소로 이루어진 하나의 시스템으로 보고 있다.

도표 1-6 레이퍼의 관광자원의 체계적 구조와 상호작용관계

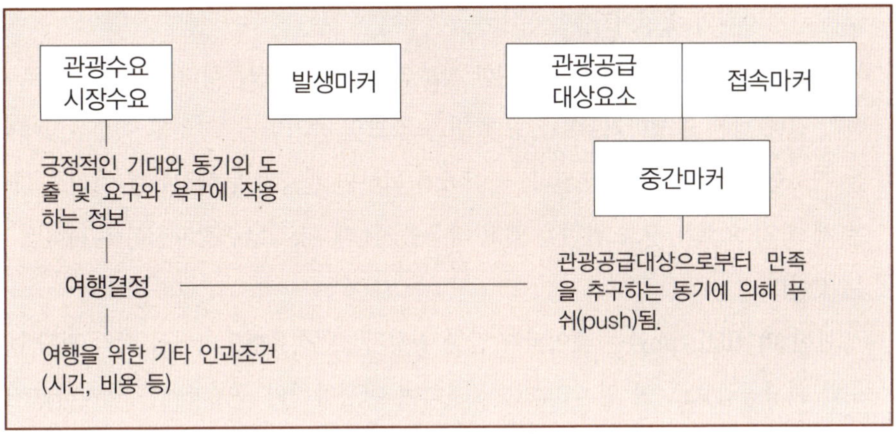

자료 : Leiper, 1990.

도표 1-7 머피의 관광자원의 체계적 구조와 상호작용관계

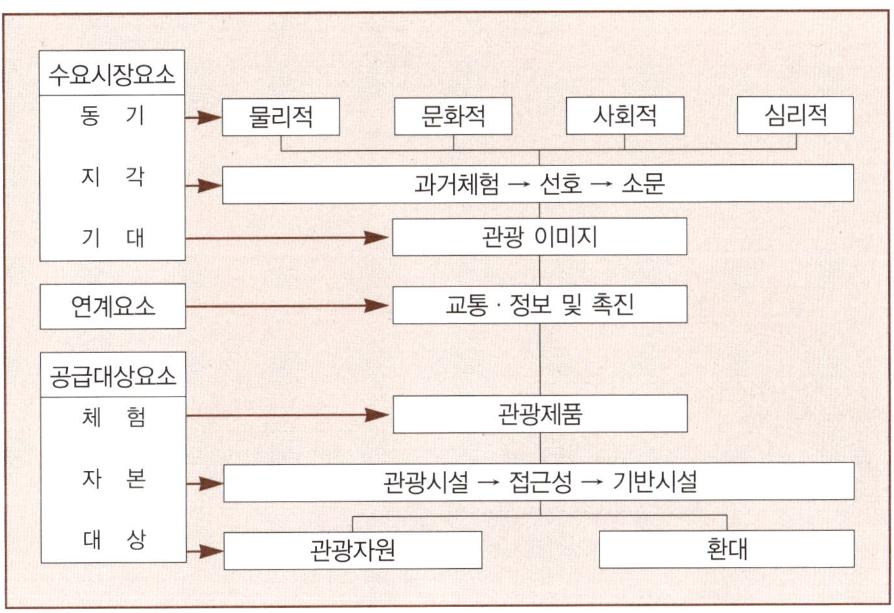

자료 : Murphy, 1983 참조하여 재작성

관광자는 자신들의 동기에 의해 관광욕구의 대상이 되는 관광자원으로 향하게 된다. 핵심유형은 관광자원의 중심이 되는 요소로 관광자는 방문하는 어떤 장소의 성격이나 속성을 말한다. 핵심유형 1차, 2차, 3차 범주로 계층화된다. 1차 핵심유형은 관광자원이 소재한 장소의 속성이고, 2차 핵심유형은 방문하기전의 잠재관광자가 관광자원에 대해 알고 있는 속성이며, 3차 핵심유형은 방문하기전 관광자에게는 알려지지 않은 관광자원의 속성이다.

마커는 관광자원 및 관광지에 대한 정보인데, 이는 핵심유형이 입지한 장소로 출발하기 전에 받는 발생마커, 이동 중에 받는 정보인 중간마커, 그리고 핵심유형에서 받는 정보인 접속마커로 구분된다. 레이퍼에 의하면 관광자와 핵심유형 그리고 마커라는 세 가지 요소가 상호 관련을 맺고 작용을 할 때 비로소 관광자원이 존재하게 된다는 것이다.

한편 머피(Murphy)는 레이퍼가 말한 관광자 · 핵심유형 · 마커를 각각 관광수요요소와 관광공급요소 및 연계요소로 표현하여 관광자원의 구조체계를 제시하고 있다. 그에 의하면 관광수요요소는 동기 · 지각 · 기대이고, 관광공급요소는 체험 · 자본 · 대상이며, 연계요소는 교통 · 정보 및 촉진으로 구성된다. 이들 각 요소들의 상호작용관계는 [도표 1-7]과 같으며, 관광자원 그 자체는 환대와 함께 '대상'을 구성한다.

제2장 관광자원의 분류체계

제1절 관광자원의 접근방법과 분류기준

관광자원을 합리적으로 이용 · 관리 · 보호하기 위해서는 그 구성요소별로 구조화할 필요가 있다. 관광자원은 국가나 지역마다 다종다양하여 분류방법도 학자나 연구기관 등에 따라 다소 차이가 있다. 그간 국내외에서 관광자원을 분류한 것을 보면 1~2개의 요인에 의해 실용적인 측면을 중시하여 각종의 분류방법이 제시 · 적용되어 왔는데, 주요한 것으로는 자원입지 · 이용수준 · 토지이용 · 단위 · 자원성격 등을 중심으로 한 분류를 들 수 있다.

관광자원의 분류목적은 관광지를 구성하고 있는 사물, 즉 각종의 환경요인 및 요소를 대상으로 하여 관광자원으로서의 역할과 가치평가를 토대로 미래의 관광수요에 대처할 수 있는 각종 관광자원의 잠재력을 평가할 객관적인 단위와 기준을 설정함으로써 관광객에 대한 유인력과 수용력을 효율적으로 측정하려는 데 있다.

일반적으로 각종의 관광자원을 유형화하기 위해서는 먼저 각 구성요소의 자원적 가치를 서로 비교하고 평가할 수 있는 객관적 기준과 균등한 단위를 설정해야 한다. 체계적인 유형분류방식은 비교대상이 되는 각 요소의 특성과 가치를 평가하는 기준에 대한 객관성과 신뢰도를 간접적으로 나타내는 것이므로 대단히 중요하다.

관광자원의 종류를 어떻게 분류할 것이냐는 관광자원을 대하는 시각에 따라서 상이한 분류체계를 가질 수도 있다. 일반적인 관광자원의 분류상황은 동양과 서양이 다른 분류체계를 가지고 있기도 하다. 여기서는 국내와 국외로 나누어 살펴보기로 한다.

첫째, 국내에 있어서의 관광자원분류는 구미계통과 일본식 분류방식이 혼용되어 있다. 즉, 관광자원을 대별할 경우는 일본식의 분류방식을 이용하고, 세분한 경우는 구미계통의 분류방식을 택한다고 볼 수 있다.

둘째, 국외의 여러 분류상에서 구미계통의 분류는 관광자원을 포괄적인 관광대상의 측면에서 파악하거나, 하나의 연속체적 성격으로 파악하려는 경향이 짙다. 나아가 관광개발을 전제로 한 관광자원의 범주를 시설 · 교통 · 상부구조 · 하부구조 등이 결합된 포괄적 자원까지 확대하고 있음을 볼 수 있다.

반면에 일본에서의 관광자원분류는 관광자원이 2원적 형태를 띠고 있음을 강조하면서 자연형 관광자원과 인문형 관광자원, 유형 관광자원과 무형 관광자원, 동태형 관광자원과 정태형 관광자원 등으로 양분하려는 경향을 보여 왔다.

일반적으로 관광자원의 분류기준을 살펴보면 〈표 1-2〉와 같다.

표 1-2 관광자원의 분류기준

분류기준	관광자원의 구성내용
입지	이용자 중심형, 중간형, 자원중심형
분광체	고밀도 위락지역, 일반옥외 위락지역, 자연환경지역, 특수경관지역, 원시지역, 역사 · 문화지역
자원의 생성과정	자연관광자원, 인문관광자원
관광객 행동패턴	주유형 관광자원, 체재형 관광자원, 동적 관광자원, 정적 관광자원
자원의 이용성격 및 토지이용단위	자연자원 의존형, 문화자원 의존형, 인공시설자원 의존형
자원의 가시성	유형 관광자원, 무형 관광자원

제2절 관광자원의 분류형태

관광자원은 학자들의 학문적 관점에 따라 다양하게 분류되고 있는데, 관광자원가치 · 관광행동특성 · 관광시장특성 · 관광지특성에 따라 분류하고 있다.

1. 관광자원가치에 따른 분류

1) 한국관광공사의 분류

- 관광자원
  - 유형관광자원
    - 자연관광자원 : 천연자원, 천문자원, 동 · 식물 등
    - 문화관광자원 : 고고학적 유적지, 사적, 사찰, 공원 등
    - 사회관광자원 : 풍속, 생활관습, 예술, 교육, 축제 등
    - 산업관광자원 : 공업단지, 유통단지, 농장, 목장 등
    - 관광 · 레크리에이션 : 야영장, 놀이공원 등
  - 무형관광자원
    - 인적 관광자원 : 국민성, 풍속, 관습, 예절 등
    - 비인적 관광자원 : 종교, 사상, 철학, 역사, 음악 등

2) 김홍운의 분류

- 관광자원
  - 자연관광자원 : 산악, 구름, 호수, 하천, 계곡, 폭포, 평원, 산림, 해안, 지질, 동식물, 온천, 기후, 자연현상 등
  - 문화관광자원 : 고고학적 유적, 사적, 사찰, 건축물, 유형문화재, 무형문화재, 기념물, 민속자료, 공원, 성역, 향토민속예술제, 박물관, 미술관 등
  - 사회관광자원 : 풍속, 축제, 생활, 예술, 교육, 종교, 사상, 철학, 음악, 무용, 스포츠, 국민성, 음식, 사회형태, 인정, 예절 등
  - 산업관광자원 : 공업단지, 유통단지, 관광목장, 백화점, 전시관, 전람회, 사회공공시설, 농림어업관계시설 등
  - 레크리에이션자원 : 야영장, 수영장, 어린이공원, 놀이시설, 여가시설, 수렵장, 낚시터, 쇼핑센터, 카지노, 보트장, 카누장, 승마장, 나이트클럽 등

3) 박석희의 분류

- 관광자원
  - 인문관광자원 : 국가 지정문화재, 시 · 도 지정문화재, 문화재자료, 성곽 · 성터, 정원, 공원, 역사경관, 산업경관, 도시경관, 상업경관, 어촌경관, 산촌경관, 행사, 전설 등
  - 관광시설자원 : 구경시설, 놀이시설, 취미 · 교양시설, 유흥 · 오락시설, 체육시설 등

4) 쓰다노보루(聿田昇)의 분류

- 관광자원
  - 자연관광자원 : 기후, 풍토, 풍경, 온천, 천연자원, 동식물, 도시공원 등
  - 문화관광자원 : 유 · 무형 문화재, 민속자원, 기념물 등
  - 사회관광자원 : 인정, 풍속, 축제, 국민성, 생활, 예술, 문화, 교육 등
  - 산업관광자원 : 공장시설, 농림어업관계시설, 사회공공시설, 전시회 등

5) 군(A.Gunn)의 분류

- 관광자원
  - 자연자원 : 해안, 해변, 피크닉, 야영장, 경관지역, 암석채취지역, 사냥지역, 낚시터, 보트장, 동식물보호지역, 오솔길, 해저탐사지역, 야생동물지역, 자연관광지, 휴양지 등
  - 인문자원 : 고고학적 유적지, 박물관, 역사유적지, 소수인종문화, 불가사의 사건, 제조공장, 장엄한 건물, 성역지, 문화관광지, 전설지역 등
  - 혼합형 자원 : 예술공연장, 공예품전시장, 도시야영장, 스포츠센터, 골프장, 놀이공원, 쇼핑센터, 나이트클럽, 호텔, 관광음식점, 축제 등 이벤트, 회의장, 스포츠전용 운동장 등

2. 관광행동특성에 따른 분류

군(Gunn)은 관광자원을 관광행동의 유형, 곧 주유형과 체재형에 기초하여 구분하고 있다. 구체적인 내용으로 주유형 관광자원은 숙박하지 않고 장소를 이동하며 보고 즐기는 자원을 중심으로 하고, 체재형 관광자원은 숙박지역 내에서 또는 관광지주변에 체재하면서 보고 즐길 수 있는 관광자원을 중심으로 한다.

관광자원
- 주유형 관광자원 : 도로변 경관지, 수려한 경관지역, 자연야영장, 축제지역, 문화적 장소, 토속음식지역, 레크리에이션, 역사우물 · 유적지, 민속지역, 쇼핑지역, 공예전승지, 주제공원, 관광도시 등
- 체재형 관광자원 : 휴양지, 야영장, 집단야영장, 민박지역, 카지노, 낚시야영지역, 수상 · 동계 스포츠지역

3. 관광시장특성에 따른 분류

클로슨(Clawson)은 관광자원분류를 관광시장과 관광지와의 위치적 특성과 관광자 이용 정도에 따라 분류하고 있는데, 곧 관광활동이 일어나는 장소를 중심으로 한 이용자중심형 지역, 중간형 지역, 자원중심형 지역의 3가지로 구분하고 있다.

1) 이용자중심형 지역

이용자중심형 지역(user-oriented areas)은 일과 후에 쉽게 접근할 수 있는 소규모 공간 또는 시설지역으로서 지역주민의 일상생활권에 위치하여 이용자활동이 중심이 되는 지역이다. 지역주민의 일상적 여가시간에 이용이 가능한 위치와 적절한 시설구비가 우선적으로 중요한 의미를 갖는 지역으로서 놀이터와 근린도시공원, 인근 스포츠센터 등이다.

2) 중간형 지역

중간형 지역(inter-mediate areas)은 보통 거주지에서 1~2시간 정도 소요되는 거리에 위치하면서 이용자활동과 자연자원 매력도가 대등한 조건을 갖는 지역으로서 일일 또는 주말을 이용하여 야유회 · 낚시 · 등산 등의 자연관광지나 볼거리 · 즐길거리 · 놀거리 등이 제공되는 놀이공원 등의 지역이다.

3) 자원중심형 지역

자원중심형 지역(resource-based areas)은 관광활동에 대한 주안점을 두기보다는 자연자원의 질을 우선적으로 고려하는 지역으로서 자원의 질적 가치와 매력의 보

호 · 보존지역이다. 비교적 지역민 거주지역과는 원거리에 위치하고 있으며, 주로 공원법으로 규정하여 보호하고 있는 산림 · 야생지 등이거나 주요 역사유물 · 유적지가 자리한 지역이다.

4. 관광지특성에 따른 분류

미국 ORRRC(Outdoor Recreation Resources Review Commission)의 분류방식은 〈표 1-3〉과 같이 자원특성에 근거한 시설과 활동종류, 예상행동패턴 등에 근거하여 관광지와 이용자유형을 구분하고 있다.

표 1-3 ORRRC의 관광자원 분류

구분	특징	시설 · 활동종류	입지	이용시기	비고
고밀도 레크리에이션 지역(Ⅰ)	대단위 투자가 필요하며, 관광활동 범위가 다양함. 집약적 개발.	도로망, 해수욕장일광욕, 인공호수 운동장, 수집가	대도시와 인접, 도시공원 내에 위치	1일, 주말 (연중이용)	도 · 시 · 국가 관리형태가 대부분
일반옥외 레크리에이션 지역(Ⅱ)	이용밀도가(Ⅰ)보다 낮으며, 규모와 활동유형이 상당히 큼 덜 집약적 개발	스포츠, 낚시, 피크닉, 등반 등	스키장, 산림지 계곡, 호수, 해안, 수렵지 등	주말, 휴가	민간과 공공기관이 대등하게 운영 · 관리
자연환경 지역(Ⅲ)	지연 그대로 즐기기를 유도하는 지역, 대규모임.	하이킹, 수렵, 야영, 야유회, 카누, 관광 등	도립공원, 국립공원 등	주말, 휴가	민간소유지의 개발을 권장, 공공소유지가 대부분
특수경관 지역(Ⅳ)	수려한 자연경관이 뛰어난 유명지역	관광, 관찰, 학습 등과 같은 소극적 관광활동	경관, 명소	주말, 휴가	경관적 가치를 갖는 동일한 지역을 관리하는 공공기구가 필요함
원시지역(Ⅴ)	원시자연상태, 야생상태	사냥, 관찰, 야생경험	원거리야생지역, 국립공원	휴가	국가가 자연보호 측면에서 관리
역사문화 지역(Ⅵ)	주요역사 문화유적지	역사유적관람	도시 · 지역별 고루 분포	평일, 주말, 휴가	공공기관, 민간, 국가가 관리

자료 : ORRRC, 1962.

각 학자들의 관광자원 분류상태를 종합해 보면 각 분류상에서 그 내용은 거의 동일한 것에 대해 표현의 차이에서 조금씩 다르게 분류하고 있음을 알 수 있다.

최근 들어서는 관광자원의 분류범위가 확대되고 있다. 종래에는 관광객 행위대상이 자연관광자원에 편중되었으나, 근래에는 국가 간 · 지역 간 왕래의 용이성으로 해서 사회 · 문화적 관광자원의 비중이 커지고 있다. 또한 산업의 발달과 무역의 확대는 산업시설을 관광자원의 범주에 포함시키는 계기가 되었다. 그리고 관광객의 행동패턴이 종래의 감상적 · 정태적 · 보양적 측면에서 활동적 · 동태적 · 스포츠형의 패턴으로 점진적인 변화를 보이게 됨에 따라 최근 범위가 점차 확대되고 있으며, 자원유형 간에도 변화를 나타내고 있다.

이상에서 일반적인 관광자원의 분류형태를 살펴 본 결과 우리나라는 유형과 무형으로 크게 분류되는 형태를 볼 수 있었고, 일본은 자연과 인문으로 분류되는 형태로, 미국은 관광개발을 전제로 한 관광자원의 범위 및 시설교통 · 상부구조 · 하부구조 등이 결합된 포괄적 자원까지 확대하고 있으며, 특히 자원의 생성과정에 따라 분류하려는 경향을 보였다. 시대적 변천, 관광활동의 변화와 그에 따른 관광자원의 상대적 중요성의 변화, 새로운 관광자원의 출현 등으로 관광자원의 분류는 능동적으로 새로운 분류체계를 나타낼 수 있으나, 현재 우리나라에서 활용되고 있는 분류는 〈표 1-4〉와 같이 자연관광자원, 문화관광자원, 사회관광자원, 산업관광자원, 위락관광자원의 5가지로 분류하는 것이 일반적이다.

표 1-4 관광자원의 유형과 구성요소

유형	구성요소
자연관광자원	산악, 내수면, 해안, 온천, 동굴, 지형, 지질, 천문, 기상, 도서, 동식물, 자연현상
문화관광자원	고고학적 유적, 사적, 유 · 무형문화재, 기념물, 민속자료, 박물관, 기타 문화시설
사회관광자원	풍속, 행사, 생활, 예술, 종교, 철학, 교육, 미술, 국민성, 음식, 사회형태, 인정, 예절
산업관광자원	공업단지, 유통단지, 관광농업, 백화점, 견본시설, 공업시설 및 생산공정
위락관광자원	수영장, 놀이시설, 레저타운, 낚시터, 카지노, 보트장, 주제공원, 골프장, 스키장

제2부

관광자원의 이용

제3장_자연관광자원

제4장_문화관광자원

제5장_사회관광자원

제6장_산업관광자원

제7장_위락관광자원

제8장_세계유산

제3장 자연관광자원

제1절 자연관광자원의 개념

자연관광자원은 자연환경을 대상으로 하며, 여러 관광자원 가운데 가장 원천적인 것이라 할 수 있다. 이 지구상에는 서로 다른 여러 자연환경이 존재하는데, 기후조건에 따라 열대로부터 건조대 · 온대 · 냉대 · 한대지방이 있고, 지형적으로는 산악에서 고원 · 평지 · 하천 · 계곡 · 폭포가 있으며, 지질구조상으로는 침식의 연대에 따라 빙하가 있고, 화산지형 등이 존재한다. 또 해양에는 섬이 있으며, 지상에는 각종 수목과 동 · 식물이 서식하고 있고, 해양과 하천에는 많은 어류 등이 살고 있다.

그러나 이러한 자연환경은 이 지구상에 골고루 일률적으로 분포되어 있는 것이 아니라 기후적 조건과 지형적 요인들에 따라 복잡하게 결합되어 각 지역의 독특한 자연관광자원의 가치를 형성하게 된다. 즉, 자연환경의 상태에 따라 지역차가 이루어지고, 이러한 현상이 관광욕구를 충족시켜줄 수 있는 관광대상으로서 자연관광자원이 된다. 또한 자연관광자원의 가치는 도로와 교통수단 등의 개발조건과 결합되어 관광자원으로 가치를 발휘하게 된다.

오늘날 산업구조의 변화는 인간생활에 대변혁을 가져 왔고, 그 결과로 인간의 자연지향성은 더욱 높아져 관광활동에 있어서도 자연관광자원에 대한 비중은 더욱 커지고 있다. 또한 오늘날 관광자원의 개발형태는 주로 자연자원을 대상으로 개발되는 추세를 보이고 있다.

그러나 관광자원이라는 것은 자연 · 인문관광자원이 상호 융합되어 하나의 완전한 관광자원으로서 가치를 발휘하게 되므로 자연관광자원이든 인문관광자원이든 그 보호와 개발이 상호 조화됨으로써 관광자원에 대한 보호 · 육성이 이루어져야 한다. 아무리 개발이 잘되고 우수한 자원이라도 인간이 이를 잘 보호 · 육성하지 못한다면 본래의 매력이 상실됨은 물론이고, 관광가치성의 발휘와 개발의 효용이 없어지는 것이다.

제2절 자연관광자원의 유형 및 현황

1. 산악관광자원

관광의 대상인 관광자원 가운데 가장 원천적인 것이 자연관광자원이며, 자연관광자원의 기초는 산지라고 할 수 있다. 산악관광지는 기암 · 절벽과 아름다운 계곡, 울창한 산림과 호수, 사계절의 변화, 토양, 그 속에서 살아가는 동 · 식물의 생태 등 관광자원의 대표적 형태로 자연관광자원의 압권이라 할 수 있으며, 이러한 자연의 신비성을 경험하기 위하여 많은 관광객들이 산악관광지를 관광대상으로 하고 있다. 일반적으로 산악관광지는 등산 · 하이킹 · 캠프 · 스키 · 피서 · 경관감상 · 보건 · 휴양 등의 목적으로 이용된다. 그리고 산악관광지의 시설로는 호텔 · 별장 · 스키장 · 캠프장 · 온천장 등의 시설로서 형성되며, 특별한 지형을 이용한 삭도(케이블카, 리프트 등)업이 시설된다. 일반적으로 널리 알려진 아름다운 산악관광자원은 오늘날 국립공원이나 도립공원으로 지정되어 개발 · 관리 · 보호하고 있다.

▲설악산국립공원

▲다도해상국립공원

▲한라산국립공원

국립공원이란 그 나라를 대표할만한 명승지를 선정하여 개발 · 보호하고 유서 깊은 사적을 관리 · 보존하여 국민의 보건 · 교화 · 학술 · 휴양 등에 도움을 주기 위하여 국가가 법에 의하여 지정 · 관리하는 공원으로 대외적으로는 그 나라의 대표적인 관광지이다.

우리나라의 경우는 1967년에 지리산을 최초로 국립공원으로 지정한 이래 우리나라의 풍경을 대표할만한 수려한 자연경관지구를 설정하여 국립공원으로 지정하고 있다. 자연상태의 경관을 잘 보존하여 인공물의 침해를 최대한으로 억제하고 자연을 보호함으로써 휴식과 레크리에이션 장소로, 또한 학술연구를 위한 장소로, 야외활동을 통한 교화의 장소가 되도록 하고 있으며, 국민의 보건증진을 위하여 자연의 모습 그대로를 보존한다거나, 혹은 보건증진에 적합한 시설을 마련함으로써 넓은 의미의 관광지로 조성하여 현재 22개소의 국립공원이 지정되어 있으며 유형에 따라 산악형(18개), 해상 · 해안형(3개), 사적형(1개) 공원으로 관리 · 운영되고 있다(2017.7월 기준). 국립공원의 탐방객수는 연간 4천5백만 명에 달하며, 서울 도심에 위치한 북한산국립공원은 단위 면적당 가장 많은 탐방객이 찾는 국립공원으로 기네스북에 오르기도 하였다.

과밀화와 공해를 유발하는 도시화가 일반화된 오늘날 그로부터 벗어나려는 현대인들은 산을 찾아 자연과 함께 지내고자 하는 욕구가 전문적인 등산활동에까지 대중화되고 있다. 특히 교통기관의 발달로 수천 미터 높이까지 쉽게 접근할 수 있고, 고산지대에서도 숙박시설이 잘 갖추어져 산악관광을 활성화해주고 있으며, 산악은 그 지형지모가 주는 미적 가치에 대해서 계절성 · 시간성 · 접근성의 차이로 가치의 차이가 있을 수 있다.

1) 관광자원 유인성의 생태적 조건

일반적으로 관광자원으로서 유인성을 갖추려면 다음의 생태적 조건들을 고루 갖추어야 한다. 다음의 조건들이 조화를 이루고 관광자원으로서 가치성 및 매력성이 있어 관광지로 개발될 때 다양한 관광활동이 이루어질 수 있다.

▲국립공원 현황

(1) 지형조건

산악관광지의 기본이 되는 것으로, 상봉의 높이와 계곡 · 능선 · 기암 · 절벽 · 폭포 등의 지형의 형상이 풍부하고 경관이 아름답고 조화가 잘 이루어져야 한다.

(2) 조망조건

자연관광자원이 외부를 향하여 나타내는 원근의 조망으로서 시야에 펼쳐지는 여러 가지 미적인 경관들이다. 평야 · 바다 · 도시 · 구름 · 국경선 등 이웃하고 있는 주변 조건들도 포함된다.

(3) 지표조건

지표상에 분포하고 있는 동 · 식물과 암석 등이 한데 어울려 자연경관을 이루거나 화산 · 온천 등의 어떤 부수적인 요소가 조화된 것이다.

(4) 문화경관조건

산악자원 내에 천연기념물, 사찰이나 기타 문화유산이 산재하고 있어서 자연경관과 조화를 이루고 있는 것을 들 수 있다.

2) 산지관광활동의 유형분류

산지에서 이루어지는 관광활동은 다음의 유형으로 나눌 수 있다.

(1) 등산기지형

관광활동이 주로 등산을 중심으로 이루어지는 산악지로는 히말라야 · 알프스 · 록키 · 피레네 등의 산들과 일본의 후지산, 우리나라의 대둔산 · 지리산 등이 여기에 해당되는데, 현대에는 관광활동이 사계절 이루어지고 있다. 다른 관광활동의 목적으로는 개발의 한계가 있는 지극히 원시적인 경관을 지닌 매력적인 산악관광의 유형이라 할 수 있다.

(2) 스포츠형

아름다운 경관과 더불어 등산 · 스키 등이 활발하며 여름철에도 피서지로 훌륭한 산악지대로는 유럽의 알프스 산지나 일본의 아소산, 우리나라의 천마산 · 대관령 · 진부령 등이 여기에 해당된다.

(3) 종교신앙형

산악은 예로부터 인간에게 영감을 일으키고 피곤한 영혼을 구제해 주기도 한다고 믿고 숭배의 대상이 되어 왔다. 케냐의 킬리만자로산(5,859m), 일본의 후지산, 중국의 태산, 우리나라의 마니산 · 용문산 · 계룡산 · 모악산 등이 여기에 속하는 대표적인 산이다.

(4) 레크리에이션 및 교육환경형

산악의 고원이나 분지가 주로 관광 레크리에이션이나 청소년들의 교육장소로 이용되기도 하고, 집단야영을 할 수 있도록 개발된다. 여름은 피서지로, 봄 · 가을 · 겨울에는 스포츠나 레크리에이션 활동이 이루어진다. 현재 우리나라에서는 덕유산이 캠프장으로 잘 개발되고 있다. 이러한 곳은 교통조건이 비교적 좋은 곳이며, 상 · 하수도시설이 잘 되어져야 한다.

(5) 종합관광형

광역의 산악으로 호소, 온천, 고원, 폭포, 동 · 식물 및 문화적 자원이 풍부하게 분포되어 있는 지역으로 4계절 관광객의 이용이 가능하며, 교통수단이 개발되어 이용하기에 편리한 곳으로 호텔은 물론, 독특한 시설로 종합관광지의 면모를 갖춘 곳이다.

3) 우리나라의 계곡과 휴양림

오늘날 관광환경의 변화는 관광 형태면에서 종래의 나들이, 소일 등 휴식형태의 여가관에서 벗어나 일상생활의 기분전환이나 자기개발, 지적이고 창조적인 취미 생활 추구 등의 형태로 다양화 · 개성화되고 있다. 특히 주5일제 근무와 같은 여가의 증가와 자동차의 보급 · 확대는 주말의 도시를 공동화시키면서 수많은 행렬이 국 · 도립공원과 유원지, 기존 관광지를 메우고 있다. 지역에 따라서는 이미 포화상태에 이르고 있는 실정이며, 여가형태도 가족단위의 한적하고 조용한 숲과 계곡을 찾는 휴양인구가 증가하고 있다.

계곡은 아직 일반에게 잘 알려져 있지 않지만 경관이 뛰어나 한국관광공사가 선정한 계곡으로 운악산 현등사계곡, 진동계곡, 심연동계곡, 작천계곡, 용하구계곡, 남천계곡, 백운동계곡, 칠연계곡, 송계사계곡, 수하계곡이 있다.

▲천지연폭포

▲정방폭포

▲용추쌍폭포

자연휴양림은 국민의 정서함양, 보건휴양 및 산림교육 등 공익목적을 달성하기 위해 경관이 수려하고 다수의 국민이 이용하기 편리한 장소에 자연생태계 경관을 최대한 보전하면서 조성되었다.

2. 내수면 관광자원

물은 인간생활에 그 쓰임의 폭과 양, 그리고 긴요성에 있어서 가장 중요한 자원중의 하나로, 오늘날에는 물의 용도가 다양해져서 가정 · 도시 · 농업 · 공업 · 교통 · 관광 · 스포츠 등 다방면에 걸쳐서 인간생활에 이용되고 있음을 알 수 있다. 인간의 이용과 직접 결부되는 것은 하천 · 호수 등의 표면수와 형태와 우물 · 샘 등 지하수의 형태이며, 물이 자원으로서 우리 인류에게 주는 가치는 무한하다.

옛날에 우리 조상들은 자연속의 물을 그대로 두고 이를 즐기는 소극적인 수변관광을 해 왔다. 그러나 오늘날에는 수자원을 적극적으로 개발하여 관광자원화하고, 이를 다양하게 이용하고 있다. 즉, 인공폭포를 만들거나, 하천 상류에 댐을 만들어 인공호수를 만들고 유람선을 띄우거나 수상스키를 타게 하는 경우 물은 시대와 인간의 필요성에 따라 그 용도가 널리 쓰이게 된 것이다.

우리나라의 내수면 관광자원으로 이용되고 있는 대부분은 하천이며, 4대강 개발사업에 의해 조성된 다목적댐은 농업 · 수력개발 등으로 이용되고 있으나, 댐의 수위와 경관이 아름다워 관광자원으로 많이 이용되고 있다.

1) 관광과 하천

하천은 예로부터 인간생활의 근원이 되었다. 인류문화의 발상지가 강 유역인 것을 보아도 하천유역은 사람이 살기에 가장 적합한 곳임에 틀림이 없다. 인간은 하천을 중심으로 고대문화를 꽃피웠고, 일찍부터 하천을 수운, 관개용수, 상·하수도원 및 수산업 등에 이용하여 생활을 영위해 왔다. 그러나 현대문명의 발달로 하천의 이용가치는 더욱 높아져 공업용수, 발전, 양어, 관광 등 다방면으로 이용하게 되었다. 육상이나 항공교통의 발전에 따라 하천교통은 쇠퇴해 가는 것이 일반적 경향이기는 하나 미개발지는 물론, 문명지에 있어서 라인 강, 세느 강, 다뉴브 강과 같이 관광루트 하나로 주목을 받고 있는 하천들도 있다.

▲정선 동강

우리나라의 주요 하천들은 주요산맥 사이를 흐르고 있어 산악관광자원과 연계되어 있을 뿐만 아니라, 그 자체가 주요한 경관을 이루고 있어 훌륭한 관광자원이 되고 있다. 우리나라의 경우 총 369개의 하천 중 국·도립공원이나 관광지에 포함되어 있는 하천은 174개에 이르고, 다목적댐 및 호수관광, 낚시 및 보트놀이 등은 하천에서 이루어지는 관광형태이다. 이처럼 하천은 관광과 밀접한 관계를 맺고 있으므로 형태적·경관적 측면에서 수자원을 관광자원화해 나가야 한다.

2) 관광과 호수

호수는 바다와 직접 연결되지 않고 사방이 육지로 둘러싸인 곳에 물이 고인 것을 뜻하고, 인류가 살아가는데 필요한 물을 대주는 젖줄일 뿐 아니라 관광지 역할, 담수어 제공, 정신적 심미안 제고, 수력발전, 교통로, 상수도원 등 여러 가지를 우리 인류에게 제공해 주고 있다.

호수는 성인·형태·염분·순환 등에 따라 여러 형태로 나눌 수 있는데, 성인에 따라서는 자연호와 인공호로 나누어진다. 우리나라는 대부분의 하천이 노년기 산지의 저산성 구릉지대를 흐르고 있으므로 자연호는 많지 않은 편이고, 그 중의 대부분은 석호이다. 석호는 잔잔한 호수와 울창한 송림 그리고 깨끗한 백사장인 사구와 사빈이 한데 어우러져 낚시터 및 해수욕장을 수반하는 경우가 많아 예부터 관광자원으로 중요시되었다.

▲소양호

인공호는 하천의 중류나 상류를 막은 댐형과 하천이 바다와 만나는 하류 입구를 가로막아 생긴 하구언형으로 크게 나눌 수 있으며, 최근에 인공호는 상수원, 관광, 홍수조절, 교통용, 관개용, 공업용수 등을 공급하기 위한 다목적으로 건설되고 있어 인공호에서는 수상스포츠와 각종 동적인 활동이 이루어지고 있다. 관광지로서의 호수의 역할은 중요하며, 다양하게 이용되고 있다. 호수는 물과 주변의 아름다운 산악과 삼림경관 및 문화유적이 한데 어울려 좋은 관광지가 되고 있으며, 조류관찰을 위한 학습여행지가 되기도 한다.

3. 온천관광자원

▲덕구 온천 스파월드

▲캐리비안베이 스파

▲설악 워터피아

온천은 지하수가 지열에 의하여 더워져서 용출하는 샘을 말하는데, 일반적으로 화산지대 및 화산활동이 있는 지역에 분포하고 있다. 온천수에는 각종 광물질이 함유되어 온욕효과가 크기 때문에 휴양지 · 요양지로 널리 이용되다가 최근에는 주변관광지

표 2-1 요양온천지와 관광온천지의 특성

지표 \ 종류	요양온천지	관광온천지	
		숙박기지 · 유흥형	야외레크리에이션 · 휴양형
위치 · 교통	산간, 고원에 위치하여 교통이 불편	대도시와 직결되는 교통망이 형성	산악, 해안, 고원에 위치하여 교통이 편리
환경	뛰어난 자연경관, 소박한 취락경관	인공화, 과밀화	수려한 경관
발달 정도	전통적 온천지가 대부분	신흥온천지가 대부분	전통적 온천지가 많다
자본형태	그 고장의 토착자본이 중심	외래자본의 진출에 의해 형성	외래자본의 진출에 의해 발달
온천의 성격	공동탕이 많고, 내탕이 있고, 효능이 탁월	공동탕 또는 인탕(引湯)을 가지며, 사유의 것으로 되어있다. 효능은 무시되어 있는 것이 일반적인 특징	
숙박형태	자취나 반자취인 경우가 많다. 저요금이며, 장기체재의 내방객이 많다 (1주 이상)	숙식을 겸하는 경우가 많으며, 요금이 비싸다. 단기체재(당일, 1박)	저요금,단기체재 (수일체재)
이용객층	농민, 무직, 노인층이 다수로 단독이나 소그룹 고정객	회사원 단체, 중년층, 장년층, 소그룹형태의 학생	회사원, 청소년층이 주류, 소그룹이나 가족동반 형태
입탕권	도내, 인접군에서 오는 지방적 관광시장을 갖는 것이 특징	대도시의 관광시장을 가지고 있고, 전국적으로 광역화되어 있다.	대도시의 관광시장을 가지고 있다.
관광산업	여관 외의 일용식료, 잡화점이 많고, 관광산업의 지위가 낮다. 겸업의 형태가 많고 상술이 발달되지 않아 서비스가 미약하다.	여관, 호텔, 토산품점, 식당 외에 유흥시설이 많다. 관광산업지위가 높고, 전문화되어 있다.	여관, 토산품점, 식당들은 많으나, 유흥시설은 적고, 관광산업의 지위는 중간 정도이다.
노동력	가정노동중심	고용력이 크다	중간 정도
개발경향	산책로, 공원 정도	레저시설이 잘 되어 있다. 숙박시설이 대형화되어 있고, 부대시설이 충실하다.	스키장, 골프장, 별장지가 개발되어 있다

와 연계한 겨울관광지로 더욱 주목을 받고 있다. 온천은 형태에 따라 광천온천(spa), 감탕(clay), 간헐천(geyser) 등이 있다. 온천수에 함유되어 있는 화학적 성분은 신체에 주는 영향이 각각 다르므로 피부질환이나 위장병 · 신경통 등 신병치료에 이용되며, 오늘날에는 지역발전 및 농업과 공업용수로도 사용되며, 가족단위의 주요관광지로 부상되고 있다. 그에 따라 온천 지의 성격도 전통적인 요양온천지와 관광온천지로 대별되어 특성을 달리하고 있다.

우리나라의 온천관광지 주변에서는 주로 숙박시설이나 음식점, 기념품점, 오락시설 등 온천을 주제로 한 온천병원이나 의료상담소, 치료소 등이 설치되어 있어 이용객에게 충분한 의학적 지식을 주고 의사의 지시에 따라 적절한 이용형태와 이용방법을 통하여 탕치의 효과를 올리는 전문적인 상담과 치료를 하고 있다.

오늘날 온천은 기본적으로 온천의 3요소라 일컫는 온천수의 수량 · 성분 · 온도에 따라 가치가 좌우되지만, 주위경관이나 휴양에 적합한 기후조건, 휴양시설, 교통조건, 서비스 등에도 이용에 많은 영향을 받는다.

따라서 우리나라의 온천에는 다양한 휴식시설이나 운동시설, 산책시설과 치료시설 등이 필요로 되며, 특히 노인층과 환자를 위한 시설, 온천과 한방을 조화시킨 전통적 한국온천병원 등을 시설한다면 온천의 상품성을 더 높일 수 있다고 생각된다. 즉, 온천의 기능을 살려 충분히 여러 시설을 구비하고 주변의 우수한 관광자원과 조화있게 연계시킨다면 전천후의 세계적인 온천지로의 가능성이 있다고 보여진다. 행정자치부 자료에 따르면 온천은 개발면적에 따라 온천원보호지구와 온천공보호구역(3만m² 기준)으로 구분하며 최근 소규모 온천개발이 증가하고 있는 것으로 나타났다. 또한 2013년부터 매년 6천만여 명이 온천을 이용하였고, 2016년 말 온천이용자 수는 5천9백만 명이며, 이중 2005년부터 꾸준히 온천이용자의 호응이 높은 5개 온천인 대전 유성, 충남 온양, 경남 부곡, 충남 덕산, 충북 수안보 온천을 비롯하여 경북 보문, 충남 아산, 충남 도고, 부산 동래, 경남 장유 등의 온천에서 이용자가 많은 것으로 나타났다.

온천은 25℃ 이상인 온수로 법에서 규정하고 있으며 국내 이용 중인 온천의 온도는 25℃~30℃의 저온형 온천이 49%에 해당하였고, 고온으로 분류되는 45℃ 이상은 25%를 차지하였다. 이 중 경남 부곡이 78℃로 가장 높고, 부산 동래 70℃, 충북 수안보 53℃, 충남 온양 50℃이다.

▲국내온천현황

표 2-2 국내온천현황 (2016.12.31 현재)

시 · 도	계	온천원보호지구		온천공보호구역		연간이용인원 (단위 : 천명)
		지구수	지정면적 (단위 : 천m2)	지구수	지정면적 (단위 : 천m2)	
합계	235 (368)	77 (416)	177,016	158 (152)	4,162	59,538

표 2-3 개발 중인 온천 현황 (2016.12.31 현재)

시 · 도	계	신고수리	보호지구	보호구역
합계	235	106	60	39

표 2-4 온천공별 온도 현황 (2016.12.31 현재)

시·도	합계	25℃ 이상 ~30℃ 미만	30℃ 이상 ~35℃ 미만	35℃ 이상 ~40℃ 미만	40℃ 이상 ~45℃ 미만	45℃ 이상
온천공	1,205	702 58.26%	185 15.35%	56 4.65%	70 5.81%	192 15.93%
이용허가공	532	261 49.06%	79 14.85%	34 6.39%	25 4.70%	133 25%

4. 동굴관광자원

우리나라에는 약 1,000여 개의 자연동굴이 분포하고 있으며, 그 중 규모가 큰 것은 300여 개에 달한다. 옛날 인류의 조상들은 동굴 속에서 모진 비바람과 추위 그리고 맹수를 피하며 동굴을 삶의 터전으로 이용하였다. 피신처나 피난처 이외에도 정신을 가다듬는 수도장이나 수련장으로, 전략물자나 농작물의 저장창고, 그리고 전쟁 때 작전기지로도 동굴은 이용되어 왔다.

오늘날 세계 각국에서 동굴에 대해 많은 관심을 가지고 다각적인 연구분석과 동굴 탐사, 그리고 개발 · 이용에 대한 방안을 강구하고 있다. 그것은 희귀한 동굴생물의 생태관찰과 선사시대 인류의 생활 등 학술조사의 대상이 될 뿐만 아니라, 새로운 전략기지로서 혹은 특수자원의 저장고로, 그리고 특수작물의 배양지로서 중요성을 지니고 있다. 또한 식상된 관광자원에 대한 새로운 관광상품의 개발로 이어질 수 있는 무한한 잠재력을 가지고 있기 때문이라 생각된다.

동굴은 형성원인에 따라 크게 자연동굴과 인공동굴로 분류하고 있다.

인공동굴이 인간의 어떤 목적에 의하여 조성된 동굴이라면 자연동굴은 자연의 힘에 의하여 형성된 것으로, 형태 · 생성원인 · 규모나 내부구조, 그리고 위치나 지질 등에 따라 매우 다양하고 복잡하게 구분된다.

동굴은 옛날부터 우리 인간과 긴밀한 관계를 맺어옴으로써 지하경관의 예술성 · 신비성은 물론 문화적 · 종교적 · 학술적으로도 이용되어 동굴의 관광적인 가치는 다기능적 복합성을 지닌다고 하겠다. 그리고 동굴은 산악 · 해안 · 하천 · 계곡 등 주변의 수려한 자연경관지와 함께 개발 · 연계됨으로써 새로운 관광자원으로 발돋움하고 있다.

도표 2-1 자연동굴의 분류

- 형태(용암굴 제외)
  - 수평굴
  - 경사굴
  - 수직굴
  - 평면굴
- 생성 원인
  - 석회동굴
  - 용암굴
  - 해식굴
  - 기타
- 규모(용암굴 제외)
  - 대규모형(1,000m 이상)
  - 중규모형(100~1,000m)
  - 소규모형(100m 이하)

1) 석회동굴

석회동굴은 침식(corrosion)이 쉬운 석회동굴 내에 발달하는 복합된 여러 가지 지질 구조와 침식작용에 의해 이루어진다. 석회암으로 이루어진 지역에 전형적으로 발달하는 것이 카르스트(karst) 지형인데, 이것은 탄산가스와 지표수에 의해 지표와 지하에 침식이 발생한다. 이러한 석회암 지형의 지표수가 지하로 흘러 들어간 하천이 석회암을 침식하여 형성된 것이 석회동굴이다. 동굴 내부에 탄산칼슘($CaCo_2$)을 포함한 물이 공기에 증발되어 탄산칼슘의 결정체를 이룬다. 이때 동굴천장에 생기는 것을 종유석(stalact)이라 하고, 반대로 동굴 밑에서 천장을 향해 죽순과 같이 유침석을 석순(stalagmite)이라고 한다. 이러한 종유석과 석순이 성장하여 연결된 것을 석주(column)라고 한다.

석회동굴의 분포는 강원도 삼척군 도계읍 대이리 일대의 약 200만 평 지대가 석회동굴이 산재하여 있어 이곳을 대이리동굴지대라고 부른다. 또한 영월의 고씨동굴도 관광지로 손꼽히는 관광자원의 가치를 지니고 있다.

▲고씨동굴

▲고수동굴

2) 용암동굴

우리나라 용암동굴은 신생대 제3기 말에서 제4기 초에 화산폭발이 있었던 제주도에 주로 분포되어 있다. 용암동굴은 화산폭발로 인하여 지표가 먼저 식고 지하에 용암층에 긴 동굴이 형성된 것이다. 즉, 화산폭발 시에 화구에서 유출된 용암의 고온액체가 산의 사면에 따라 산밑으로 흘러내릴 때에 용암표면이 먼저 냉각 · 고결되어 동굴을 형성한다. 제주도에 있는 만장굴과 협재굴은 대표적인 용암동굴이다.

▲만장굴

▲협재굴

3) 해식동굴

해식동굴(sea cave)은 해안의 하부가 파도의 침식작용에 의해 형성된 동굴로 파도가 해식굴을 형성할 때에 침식에 대한 저항력이 약한 암석의 단층면과 연층면에 형성된다. 해식작용은 주로 파도에 의한 물리적 작용도 있으나, 일부 해식동굴의 해식작용은 파도가 닿을 수 있는 육지의 상한지점과 해수면 이하의 수중에도 형성된다. 해식동굴은 남해도의 쌍홍문굴과 제주도의 산방굴 · 정방굴이 있다.

▲우도의 해식동굴

4) 국내천연동굴현황

국내 천연동굴은 약 1,000개소 추정되며 문화재지정동굴은 총 36개소(천연기념물 15, 지방기념물 21)가 있으며 문화재 지정 공개동굴은 총 11개소(천연기념물 8, 지방기념물 3)로 다음과 같다.

표 2-5 동굴 국가 · 지방문화재 지정 현황

<table>
<tr><th>구분</th><th>지역</th><th>지정번호</th><th colspan="2">지정번호</th><th>소재지</th><th>개발 여부</th></tr>
<tr><td rowspan="21">천연기념물
지정 동굴
(18개소;
27개 동굴)</td><td rowspan="7">강원도(12개)</td><td rowspan="2">제178호</td><td rowspan="2">삼척
대이리
동굴지대
(7개)</td><td>관음굴
덕밭세굴
양터목세굴
큰제세굴
사다리바위
바람굴</td><td rowspan="2">삼척시</td><td>미공개</td></tr>
<tr><td>환선굴
대금굴</td><td>공개</td></tr>
<tr><td>제219호</td><td colspan="2">영월 고씨굴</td><td>영월군</td><td>공개</td></tr>
<tr><td>제226호</td><td colspan="2">삼척 초당굴</td><td>삼척시</td><td>미공개</td></tr>
<tr><td>제260호</td><td colspan="2">평창 백룡동굴</td><td rowspan="2">평창군</td><td>공개</td></tr>
<tr><td>제510호</td><td colspan="2">평창 섭동굴</td><td>미공개</td></tr>
<tr><td>제509호</td><td colspan="2">정선 산호동굴</td><td>정선군</td><td>미공개</td></tr>
<tr><td>경상북도(1개)</td><td>제155호</td><td colspan="2">울진 성류굴</td><td>울진군</td><td>공개</td></tr>
<tr><td>전라북도(1개)</td><td>제219호</td><td colspan="2">익산 천호동굴</td><td>익산시</td><td>미공개</td></tr>
<tr><td rowspan="9">제주특별자치도
(10개)</td><td rowspan="2">제98호</td><td rowspan="2">제주 김
녕굴 및
만장굴</td><td>만장굴</td><td rowspan="8">제주시</td><td>공개</td></tr>
<tr><td>김녕사굴</td><td>미개발</td></tr>
<tr><td rowspan="2">제236호</td><td rowspan="2">제주한림
용암동굴
지대</td><td>협재 · 쌍용굴</td><td>미공개</td></tr>
<tr><td>소천굴, 황금굴</td><td>미공개</td></tr>
<tr><td>제342호</td><td colspan="2">제주 어음리 빌레못동굴</td><td>미공개</td></tr>
<tr><td>제384호</td><td colspan="2">제주 당처물동굴</td><td>미공개</td></tr>
<tr><td>제466호</td><td colspan="2">제주 용천동굴</td><td>미공개</td></tr>
<tr><td>제490호</td><td colspan="2">제주 선흘리 벵뒤굴</td><td>미공개</td></tr>
<tr><td>제467호</td><td colspan="2">제주 수산동굴</td><td>서귀포시</td><td>미공개</td></tr>
<tr><td rowspan="3">충청북도
(3개)</td><td>제256호</td><td colspan="2">단양 고수동굴</td><td rowspan="3">단양군</td><td>공개</td></tr>
<tr><td>제261호</td><td colspan="2">단양 온달동굴</td><td>공개</td></tr>
<tr><td>제262호</td><td colspan="2">단양 노동동굴(2008.1.1 폐쇄)</td><td>공개</td></tr>
</table>

구분	지역	지정번호	지정번호	소재지	개발 여부
지방문화재 지정 동굴 (20개 동굴)	경상북도(1개)	제23호	영월 용담굴	영월군	미공개
		제31호	영월 연하동굴		미공개
		제32호	영월 대야동굴		미공개
		제33호	정선 비룡굴	정선군	미공개
		제34호	정선 화암굴		공개
		제35호	강릉 동대굴	강릉시	미공개
		제36호	강릉 서대굴		미공개
		제37호	강릉 옥계굴		미공개
		제38호	강릉 비선굴		미공개
		제39호	태백 용연굴	태백시	공개
		제58호	태백 월둔동굴		미공개
		제40호	삼척 저승굴	삼척시	미공개
		제41호	삼척 활기굴		미공개
	경상북도(2개)	제27호	문경 모산굴	문경시	미공개
		제36호	안동 미림동굴	안동시	미공개
	경상남도(1개)	제70호	합천 배티세일동굴	합천군	미공개
	전라북도(1개)	제41호	마산동굴	무주군	미공개
	전라남도(1개)	제24호	화순 백아산자연동굴	화순군	미공개
	제주특별자치도(1개)	제53호	북촌동굴	제주시	미공개
	충청북도(1개)	제19호	단양 천동굴	단양군	공개
미지정 동굴 (2개 동굴)	강원도(1개)	–	동해 천곡동굴	동해시	공개
	제주특별자치도(1개)	–	제주 미천굴	서귀포시	공개

자료 : 2013 문화재청

5. 해안관광자원

지구표면의 약 70%를 차지하는 바다는 그 광대함과 심오함으로 인하여 인류과학의 끊임없는 도전을 받아 왔으나, 아직까지는 그 대부분이 미지의 것으로 남아있다. 오늘날 해운과 생산, 주거, 저장고, 관광, 레저 등 해양에서 이루어지고 있는 인간활동의 배경이 되고 있는 해안공간자원은 해상 · 해중 · 해저의 모든 공간을 의미한다.

최근 인구의 증가, 경제발전, 과학기술의 발전이 가속됨에 따라 수심이 얕은 연안이나 섬과 섬 사이, 해변 등은 천혜의 미래공간자원으로 주목받고 있으며, 주거 · 산업 · 관광지 등 제2의 국토공간으로 개발할 필요성이 증대되고 있다. 이에 따라 세계 각국에서도 해안공간자원을 각종 도시 · 산업입지 등 토지의 공급원으로 적극 활용할 뿐만 아니라, 대규모 항만, 수산, 마리나 공간확대, 대륙붕 및 해저광물 개발, 조력발전 등 신 에너지원 개발, 간척지 개발, 해안 · 해중의 관광공간의 개발 비축기지 조성 등 개발기술의 발전과 함께 그 이용형태가 매우 다양하게 전개되고 있는 실정으로 미국 · 일본 · 호주 등 선진 각국에서는 이미 인공섬을 건설한 바 있다.

우리나라는 삼면이 바다로 둘러싸여 있고, 크고 작은 도서가 많으며, 해안선이 11,500여㎞에 달하고, 국토면적의 3.5배가 되는 대륙붕이 있으며, 각종 생산시설 설치 및 개발이 비교적 용이한 수심 20m 이내의 수역만도 국토의 1/4에 해당하는 21,000㎢로 추정되는 등 매우 풍부하고 개발잠재력이 높은 해안공간자원을 지니고 있다. 더욱이 동해안, 서해안, 남해안의 해안별 지형적 특색이 뚜렷하고, 자연경관이 수려하며, 청정한 해수, 해상국립공원, 해안관광지, 해수욕장, 도서관광지 등 다양한 해안관광자원이 산재해 있다.

▲낙산해수욕장

해안관광의 형태는 크게 두 가지로 대별된다. 해안경관을 보고 감상하는 것과 다른 하나는 해안이나 바다를 활용한 관광활동으로 구분지을 수 있다. 해안경관감상이란 자연경관 감상과 어촌 · 어항 · 등대 등 인공물 또는 무형문화재 등의 인문자원의 감상을 말하며, 해안 및 해양을 이용한 관광활동은 해수욕, 낚시, 요트, 스킨스쿠버 등 그 활동이 매우 다양하다.

1) 해안관광자원의 유형

해안관광자원은 대부분 자원중심적 성격이 강한 자원으로 대체로 숙박형, 체재형 관광유형으로 구분할 수 있고, 연휴 · 휴가기간에 이용되며, 크고 넓은 지역에 걸쳐 분포하고 있다. 해안관광자원으로는 해안형 관광지, 해수욕장, 해상국립공원, 도서관광지 등이 있다.

해안관광자원은 활동유형에 따라 스포츠형 · 레저형 · 관광형으로 구분하기도 한다. 스포츠형은 다소 역동적인 보트, 모터보트, 수상스키, 제트스키, 윈드서핑, 서핑, 스노크링, 스쿠버 다이빙 등과 선박을 이용한 바다 낚시가 이에 속한다고 할 수 있다.

레저형 관광은 주로 해변가를 중심으로 하는 휴식과 레저를 겸하는 것으로 해수욕, 파도타기, 모래찜질, 해변캠프, 바다학교 등을 들 수 있으며, 조개잡이 등 해변 동 · 식물을 채취하는 조간대 수렵도 여기에 속한다.

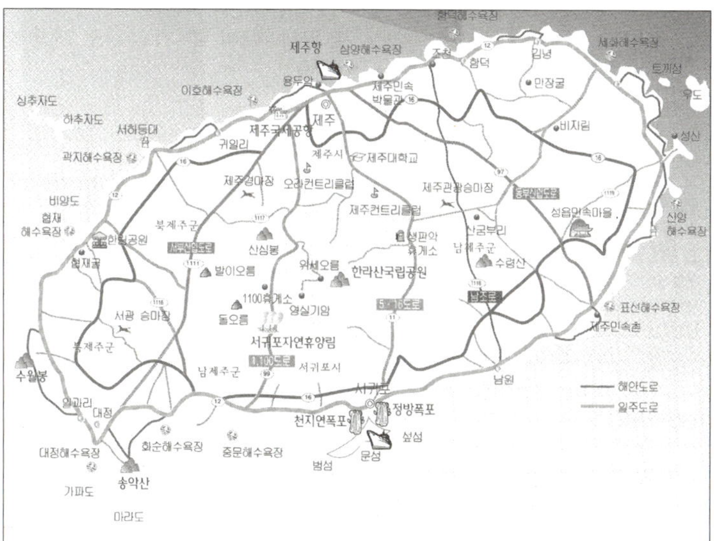

▲제주도의 관광자원

표 2-6 유형별 해안관광활동

시 · 도	관광활동
스포츠형	세일링(요트), 보우팅(모터보트, 수상스키, 서핑, 카누 등), 다이빙(스킨 다이빙, 스쿠버 다이빙 등)
레저형	해수욕(해수욕, 모래찜질, 해변캠프 등)
관광형	관광어업(수산물 채취형, 수산물 판매형 등), 해상유람(관광선, 여객선 등), 해중유람(해저잠수관광 등)

2) 해안관광의 문제점

첫째, 해안개발과 관련한 종합적이고 계획적인 개발 · 관리를 할 수 있는 제도적 장치가 미흡하다. 따라서 해안지역단위의 종합적이고 체계적인 개발 · 관리제도가 필요하다. 바다와 육지가 교차하는 특수한 자연환경대를 형성하는 해안지역의 특성으로 인하여 정부에서 종합적이고 체계적으로 개발 · 관리하는 제도가 요구된다. 현재의 해안관광지는 지정관광지, 관광단지, 해상 및 해안국립공원, 도서지역관광지 등으로 대별되고 있으나, 개발 및 관리주체가 상이하고, 지정목적도 국립공원의 경우 개발보다는 보전차원에서 이루어지고 있다. 지방자치단체 등 공공기관이 중심이 되어 개발하는 관광지 등은 급증하는 관광수요를 효과적으로 대처하기 위한 공간확보에 한계가 있어 다양한 해안관광 공간확보를 위한 사업주체, 개발 및 관리방식 등 관련 법적 · 제도적 체계화가 요구된다.

둘째, 해안관광자원의 입지적 특성으로 인한 접근체계가 복잡하고 비효율적이다. 해안지역은 대체로 주요간선도로망에서 상대적으로 거리가 멀고, 지역적 한계가 있어 기상 등의 변동에 따라 접근성이 매우 낮아진다. 또한 우리나라의 해운업체가 대부분이 영세함에 따라 성수기에 비하여 비수기시 선박의 축소운항 또는 결항이 잦고, 선박규모의 소형화 · 노후화로 인해 민감한 기상변동에 따른 결항 및 운항의 장시간 소요 등으로 접근성이 매우 낮으며, 주요항구의 수용능력이 부족하고 항만시설이 열악하여 한정된 노선과 시설, 다양한 항로개발의 부족 등으로 접근성을 더욱 어렵게 하고 있는 실정이다. 또한, 연육교 및 연도교 건설추진도 일부도서에 한정되어 있는 실정이고, 기설치된 연육교 및 연도교 교통량 증가로 시설확충 및 안전성이 문제시되고 있다.

셋째, 내륙형 관광자원 또는 다른 해안자원과의 연계를 고려한 종합적 관광개발이 이루어지지 않고 있다. 해안역내에는 해안관광자원뿐만 아니라, 산악자원, 문화재 등 많은 관광자원을 가지고 있다. 주변자연현황을 고려치 않고 해안지역에 한정된 개발의 추진으로 인하여 계절별 한계를 극복하지 못하는 경우가 많다.

넷째, 전국의 관광유람선 업체수가 적고, 해운업체가 영세하며, 항만시설 수용력 부족 등 해안항로가 한정되어 있어 해안관광 유람상품이 다양화 · 고급화되지 못하고, 전국적으로 획일적인 성격을 띠고 있다.

다섯째, 국민관광욕구를 충족시켜줄 만한 다양한 해안관광시설의 개발이 미흡하다. 우리의 해안관광개발은 해안을 중심으로 하는 관광단지 또는 해수욕장을 중심으로 개발을 추진한 결과, 주로 해안관광단지 위주의 개발로 해상 · 해중 · 해저 등을 이용한 다양한 해안관광개발이 부족하고, 관광잠수정, 해양수족관, 해상낚시공원, 해상호텔, 해중전망탑 등 다양한 해안관광시설 개발에 관련한 다각적인 도입방안이 검토되지 못하고 있다.

제4장 문화관광자원

제1절 문화관광자원의 개념

'한 집단의 구성원이 공유하는 생활양식과 관념 및 의미의 체계'를 문화라 하며, 이것은 정치제도, 경제조직, 사회조직의 원리, 신앙체계, 관습 및 가치관의 총체로서 장기간에 걸쳐서 역사적 과정, 물리적 환경, 그리고 사회적 배경에 대한 적응기재로 형성되는 것이다. 이에 문화관광자원이란 민족문화의 유산으로 국민이 보존할 만한 가치가 있고 관광매력을 지니고 있는 자원을 말한다.

문화관광자원은 문화재자원과 박물관자원으로 대별할 수 있는데, 우리 조상들의 슬기와 예술성, 그리고 민족정신과 철학 등이 담겨진 역사의 실증자료로 다른 어떤 기록보다도 더 많은 의미를 함축하고 있는 것, 즉 민족지혜의 전통이 되기에 충분하고 민족문화창조의 기반과 모체가 되는 것을 문화재자원이라고 한다. 박물관의 관광자원으로서의 의미는 박물관의 건물시설이 아니라 그 안에 소장되어 있는 우리 조상들의 문화유산을 뜻하는 것으로 세계문화의 역사의 흐름 속에서 우리 민족의 위상을 알릴 수 있는 문화관광의 산 교육장으로서의 역할을 한다.

문화재란 건축물, 전적, 서예, 고문서, 회화, 조각, 공예품과 연극, 음악, 무용, 공예기술 및 패총, 고분, 궁지, 요지, 유물포함층, 기타 사적지와 경승지, 동·식물, 광물과 의식주, 생업, 신앙, 연중행사 등에 관한 풍속, 습관과 이에 사용되는 의복, 기구, 가옥, 기타 유·무형의 문화적 소산으로 우리나라의 역사상, 예술상, 학술상, 관상상 가치가 큰 것을 말한다. 이러한 문화재의 지정은 문화체육관광부장관이 문화재위원회의 자문을 거쳐 지정하고 유형문화재 중 중요한 것은 보물로, 보물 중 인류문화의 견지에서 가치가 크고 유례가 드문 것은 국보로 지정한다. 그리고 연극, 음악, 무용, 공예기술, 기타 무형의 문화적 소산으로 역사상, 예술상 가치가 큰 것을 무형문화재로, 패총, 고분, 궁지, 요지 및 기타 사적지와 명승지, 동 · 식물, 광물 등의 기념물 중 중요한 것을 사적 및 명승, 또는 천연기념물로, 의식주, 생업, 신앙, 연중행사 등에 관한 풍속, 습관과 이에 사용되는 의복, 기구, 가옥, 기타의 물건으로 국민생활의 추이를 이해함에 불가결한 유형의 민속자료 중 중요한 것을 중요민속자료로 지정할 수 있다.

이처럼 문화재는 우리 민족의 유구한 자주적 문화정신과 지혜가 담겨있는 역사적 소산으로, 우리의 문화를 소개할 수 있는 관광자원이 되고 그 종류에는 유형문화재, 무형문화재, 기념물, 민속자료가 있다. 일반적으로 문화재는 역사, 미술, 건축, 고고 및 민족학상 동산 · 부동산을 포함하는 것으로 되어 있으나 우리나라 문화재보호법에서는 이들의 문화유산은 물론 천연기념물과 같은 자연의 유산과 전통적인 예능이나 공예기술과 같은 무형의 유산까지도 포함시키고 있는데, 이는 자연의 존엄성과 위대함을 인식하고 역사와 전통을 중시하는 우리의 민족성에 기인하고 있기 때문이다.

오늘날 한 나라의 자원을 평가할 때 우리는 그 나라의 천연자원과 산업자원에 국한하고, 그 밖의 유형 · 무형의 중요한 자원을 망각하는 수가 많다. 그러나 한 사물이 이미 현실적 이용가치가 없어졌어도 역사적 · 문화적 가치는 오히려 그대로 가지고 있거나 증대되는 경우도 있으며, 관광자원으로서는 새로운 가치를 지니게 되는 경우도 있다.

제2절 문화관광자원의 유형 및 현황

문화관광자원은 유형 · 무형의 문화관광자원을 총칭한다. 문화재는 일반적으로 역사 · 미술 · 건축 · 고고자료 및 민족학상으로 동산 · 부동산을 포함하는 것으로 되어 있다. 문화재는 유형문화재, 무형문화재, 사적, 천연기념물, 민속자료와 같은 문화유산이다. 세계의 많은 국가들은 각각 오랜 역사와 전통 그리고 고유한 문화적 유산을 보유하고 있다. 예를 들어 이탈리아의 로마, 그리스의 아테네, 중국의 북경, 터키의 이스탄불, 일본의 나라, 그리고 우리나라의 경주는 많은 문화유산을 보유하고 있는 도시로 세계적인 사적지로 손꼽힌다. 유럽이 오늘날 세계관광의 중심지로서 많은 관광객을 유치하고 있는 이유도 오랜 역사적인 유물과 조교 · 예술 등 문화적 유산을 많이 보유하고 있기 때문이다.

문화유산이라 함은 민족문화나 한 국가문화의 유산으로 보존가치가 있는 문화자원으로서 관광자원의 가치를 지닌 사물을 말한다.

1. 유형문화재

유형문화재란 건조물, 전적, 서적, 고문서, 회화, 조각, 공예품, 기타 유형의 문화적 소산으로 우리나라의 역사상 또는 예술상 가치가 큰 것과 이에 준하는 고고 자료를 말한다. 우리나라는 유형문화재로 사찰, 고대예술작품 등의 훌륭한 유형문화재를 많이 보유하고 있고, 이들 가운데 국가에서 중요하다고 인정되는 것은 국보 · 보물 등의 중요문화재로 지정하고 있다. 이들 국보 · 보물은 관광자원성이 높을 뿐만 아니라 관광객 유치에도 큰 도움을 주고 있다.

1) 목조건축

우리나라 건축의 시원은 신석기시대 움집으로 볼 수 있으며, 여기에 벽이 설치되어 둥근 초가지붕형태의 건물이 이루어진 것으로 추정되고, 이러한 기반 위에서 중국 건축양식의 유입과 불교의 전래로 궁궐과 사찰을 중심으로 한 본격적인 목조의 기와건축이 정착되었던 것으로 여겨진다. 그러나 우리나라의 목조건물은 거듭되는 외세의 침략으로 인하여 거의 소실되고, 현재 남아있는 건물은 고려 중기 이후에 건립된 것과 임진왜란 이후의 건물들이다.

▲숭례문

우리나라 목조건축의 특징은 인공적인 구조물이면서도 환경의 분위기와 조화되며, 본래의 건축기능에 충실하고 안정감있는 조형미를 들 수 있다. 건축양식으로는 주심포양식(柱心包樣式)과 다포양식(多包樣式)으로 구분되는데, 주심포양식이란 공포의 배치가 기둥 위에만 놓여지고 상부의 하중을 기둥으로 직접 전달하는 형태로, 현존하는 대표적 건축물로는 안동 부석사 무량수전(고려 중기), 안동 봉정사 극락전(고려 중기), 예산의 수덕사 대웅전(1308년), 영주 부석사 조사당(고려 말기) 등이 있다. 다포양식이란 고려중기 이후 중국과 교류를 가지면서 도입된 것으로 공포를 기둥 위뿐만 아니라 기둥과 기둥 사이에도 배치하여 상부의 하중을 기둥으로 직접 전달하지 않고 평방(平枋)을 덧대어 기둥과 벽체로 안정된 힘의 흐름을 유도한다는 점에서 주심포양식과 차이를 보인다. 다포계의 현존하는 건축물로는 숭례문(1448년), 창경궁 명정전(1616년), 통도사 대웅전(1641년), 불국사 대웅전(1765년) 등이 있다.

2) 석조건축

우리나라의 석조물은 풍부한 흰 화강암을 주재료로 하여 여러 가지 조형적 특성과 미감을 발휘하여 시대와 지역에 맞는 양식의 특징을 잘 살려내고 있으며, 사찰 구성과 함께 상징적 내용과 기능은 물론 공간구성의 조화 및 기하학적인 작풍을 발휘하여 높은 예술성을 보인다. 석조물은 목조물에 비하여 내구성이 강하기 때문에 여러 차례 변화를 겪으면서도 오늘날 그 면모를 과시하고 있는데, 석탑 · 부도 · 석등 · 당간지주 · 석비 등이 남아 있다.

▲태종무열왕비(통일신라)

▲미륵사지석탑

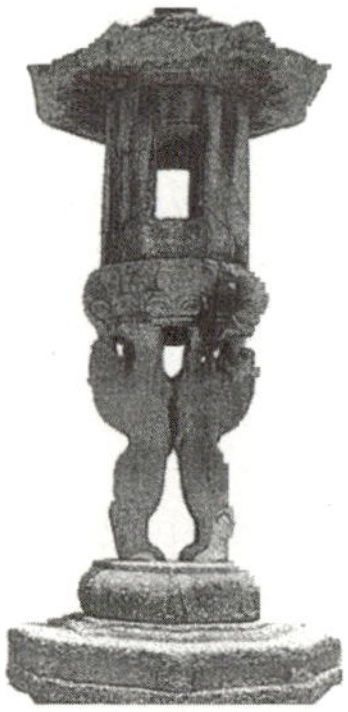
▲법주사 쌍사자석등

3) 불상

우리나라에는 372년 고구려(소수림왕 2년)에 불경과 함께 불상이 처음 들어왔다. 불교가 4세기에 들어왔으나, 불상이 예배의 대상으로 정착하기는 6세기 무렵부터였다. 우리나라에서도 본격적으로 불상을 조성한 것은 이 무렵부터였다.

처음에는 불상을 들여온 중국의 영향을 많이 받았다. 북위 · 동위 · 북제(北魏 · 東魏 · 北齊) 그리고 수(隨)나라의 영향을 차례로 받으면서 다듬어져 오다가 7세기경에 온화한 얼굴 상호(相好), 알맞게 조화된 신체의 비례, 그리고 조용한 종교적 분위기를 자아내는 한국적 불상을 완성하였다. 숱한 금동제 반가사유상이 이 무렵에 만들어져 그 일부가 오늘에 전해 내려오고 있다.

신라는 처음에 고구려와 백제의 영향을 받았으나, 신라 말기부터 인도 굽타(Gupta) 양식의 영향을 받은 당나라의 조각수법을 도입하였다. 그리하여 삼국통일기인 8세기에 동양 불교조각사의 절정을 이루었다. 석굴암의 불상도 그렇게 하여 이 땅에 화려하게 탄생한 것이다. 9세기 이후 한국불상은 독자적인 양식을 갖춘 훌륭한 불상으로 만들어졌다.

고려는 신라의 양식을 계승하여 발전시키는 한편 송 · 요 · 원(宋 · 遼 · 元)과 활발히 교류를 가졌다. 그러나 조선시대에 이르러 불교의 억압정책으로 말미암아 불상의

▲석굴암

▲금동미륵보살반가상

▲금제여래입상

조성이 급격히 퇴조하여 우수한 작품을 많이 남기지 못하였다. 불상은 구리(銅)로 만들었으나 재료가 귀하여 9세기경에 들어서서 철불을 많이 만들었다. 돌부처(石佛)도 백제로부터 유행되었으나, 신라에서 양적으로나 질적으로 우수한 작품을 많이 조성하였다. 불상은 금 · 금동 · 철 외에도 나무나 종이로도 만들어졌다.

4) 금속공예

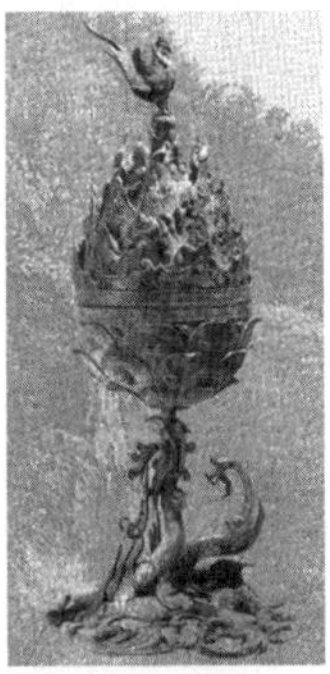
백제금동대향로

우리나라 금속공예는 청동기가 들어오면서 시작되었다. 청동기에서 철기로 바뀌면서 금속을 보다 자유롭게 다루었고, 금과 은제품을 만들면서 한국 금속공예는 크게 발전하였다.

우리는 일찍이 삼국시대의 고분에서 출토된 금속공예, 특히 신라 금관을 비롯한 각종 장신구를 통해 금속공예가 찬란한 꽃을 피웠음을 알 수 있다.

금속공예술이 유난히 많이 요구되었던 것은 불교의식에 사용되는 불구와 불기(佛器)의 제작에서였다. 불교를 호국종교로 신봉한 삼국과 고려시대에 불교금속공예품 제작에 최고의 정성과 기술을 동원하였다. 그리하여 어느 분야보다도 많은 양을 남겼으며, 우수한 작품도 많다. 그 중에서도 대표되는 것은 부처의 진신사리(眞身舍利)를 보호하며 돋보이고 엄숙하게 보이기 위한 사리장엄구(舍利莊嚴具)와 절에서 예불의식 때 사용되는 범종(梵鐘)이다.

사리장엄의 전통은 인도나 중국의 형식을 받아 발전시켰다. 통일신라의 사리장치는 마치 화려한 집, 즉 전각 모양(殿閣形)을 한 독창적인 것을 만들었다. 그 중에서 대표되는 것은 감은사 석탑에서 나온 금동사리구(보물 제366호)와 송림사 전탑에서 나온 금제사리탑(보물 제325호)이다.

부처의 사리는 병 같은 사리기(舍利器)에 넣고, 그 사리기는 화려하고 장엄한 사리구(舍利具)에 넣는다. 그리하여 잘 보존하고 예배하기 위하여 탑을 세우고 그 안에 보존하니 절에 가서 볼 수 있는 석탑 혹은 전탑들은 그렇게 하여 세워진 것이다.

범종의 제작양식은 삼국시대나 통일신라, 고려시대까지 비슷하다. 종을 매다는 꼭지에 용을 장식하여 멋을 내는 한편, 용이 종을 지키고 보호한다는 의미도 지닌다. 그

옆에 안으로 뚫린 대롱을 만들어 세웠으니 그것을 음통(陰通)이라고 한다. 잡음을 그곳으로 빠져나가게 한다는 설도 있으나 확실하지 않다. 종 어깨 밑에 네모난 구획을 지어 그 안에 꼭지 아홉 개를 만든 것을 젖꼭지 같다하여 유두(乳頭)라고 한다. 종의 넓은 몸체에는 당초무늬 외에 하늘을 나는 비천상(飛天象), 음악을 연주하는 주악천인(奏樂天人), 그리고 공양상(供養象)을 돋을 무늬로 새기고, 종을 치는 자리인 당좌(撞座)를 정교하고 아름답게 조각하였다.

이것이 우리 범종의 전형적인 형식이다. 그래서 우리의 범종이 중국이나 일본에 비하여 종교적이나 예술적으로 가장 우수하게 평가되고 있다. 금속공예기술은 고려시대에 이르러 더욱 세련되어 법당예배 때 향을 피우는 향완이나 부처님 앞에 깨끗하게 물을 바치기 위하여 사용된 호리병 모양의 정병(淨甁)을 만들었다. 갖은 문양이 아름답게 장식된 청동거울도 고려시대에 절정을 이루었다.

금 · 은 입사의 기법은 놀랄 만큼 정교하고 예술성이 뛰어나 천년의 세월이 흘렀음에도 뛰어난 감각에 놀라지 않을 수 없다.

조선시대에는 불교를 억압하여 불교공예가 빛을 잃었다. 그대신 부녀자의 화장 그릇이나 비녀같은 장신구와 촛대, 가위, 놋그릇 등의 일상생활용품이 많이 제작되었다. 조선시대에 들어오면서 고려 금속공예의 귀족적인 화려함은 사라지고, 단순하고 소박하게 바뀌었다. 화려한 고려청자가 담백한 조선백자로 바뀌듯 금속공예의 기법도 그렇게 변하였다. 그러나 금속공예술이 퇴보한 것은 결코 아니다. 은제그릇에 칠보(七寶)나 검은 구리를 상감(象嵌)하여 색채미를 살리거나, 촛대와 담배합 등에 가느다란 선을 서로 엇갈리게 그어 은 입사한 수법 등은 금속공예의 수준을 높인 것이었다.

5) 자기

(1) 고려자기

우리나라에서 그릇을 만들어 사용한 것은 기원전 5천년경인 신석기시대였다. 그때의 빗살무늬토기를 만들던 솜씨가 통일신라시대에는 토기에 유약(釉藥)을 발라 구워 자기(磁器)에 가까운 토기를 만들었다. 최초의 청자(靑磁)가 만들어진 것은 통일신라 말기였다.

거친 토기의 태토(胎討)를 더 고르게 걸러내어 회색유약을 입힌 뒤에 가마에 넣어 1,250도 이상의 높은 온도로 구워낸 것이 청자이다. 청자는 그 이름처럼 아름답고 그윽한 푸른빛을 낸다. 청자유약에는 아주 적은(1~3%) 제2산화철이 포함되어 있다. 이것이 가마에서 높은 온도로 구워질 때 제1산화철로 화학변화를 일으켜 비취색을 만든다.

지금까지 발견된 청자의 가마터는 경기 · 충청 · 전라 · 황해 · 평안도 등지에 분포되어 있다. 가마터는 주로 바닷가에 자리잡고 있는데, 그것은 중국과의 교류와 만든 도자기를 운반하는 데 육지보다는 배로 바다를 이용하는 것이 좋기 때문이었다.

가마터에서 출토된 청자의 파편들을 보면 대략 두 가지 종류로 구분된다. 하나는 9세기경의 제작품으로, 유약이 투명하지 않고 불순물이 많이 섞인 녹갈색을 띄고 있는 녹청자로 인천 경서동 가마터에서 출토된 것이고, 다른 하나는 전남 강진(康津)가마를 중심으로 9~10세기부터 생산된 우수한 청자를 말한다.

12세기에 들어서면서 유약의 푸른색이 깊고 그윽하게 되어 오늘날 우리가 볼 수 있는 청자의 색깔을 띄게 되었다. 이 무렵에 상감(象嵌)이라는 새로운 기법이 도입되었는데, 빚어낸 그릇표면에 무늬를 파고 그 안에 백토와 자토(붉은 흙)를 메꾸는 것으로 금속공예의 상감기법에서 빌어 온 기술이다. 이 상감청자의 출현은 동양도자사(東洋陶磁史)에 있어 획기적인 것이었다. 그릇의 형태, 비취색의 유약과 더불어 고려청자의 중요한 특징이다.

▲고려청자

▲청자기린유개향료(고려)

▲연화문적(고려)

고려 금속공예의 상감기법이 전해진 예로는 청자병동과 청동은입사포류수금문정병(靑銅銀入絲蒲柳水禽文淨甁)이 있어 국립중앙박물관에 전시되고 있다. 절정기에 나타난 청자의 문양소재는 연당초(蓮唐草), 모란당초, 국당초, 포류수금, 운학(雲鶴) 등이고, 청자의 모양은 술병, 참외모양병, 술잔, 매병(梅甁), 표주박 모양주전자, 납작병 등이다.

고려시대에는 청자 이외에 백자도 생산되었으나, 수가 적고, 질적으로도 뛰어나지 못하였다. 1231년 몽고의 침입으로 전국이 초토화됨으로써 청자를 구워낼 수 없게 되자 급기야 쇠퇴하기 시작하였다. 그렇게 해서 퇴화된 청자는 새로운 도자기의 하나인 분청사기를 낳기에 이르렀다.

(2) 조선 분청사기

세계적으로 가장 뛰어난 고려청자가 고려의 국운과 더불어 쇠퇴하자 분청사기(粉靑沙器)가 새 왕조(朝鮮)의 새로운 도자기로 등장하였다.

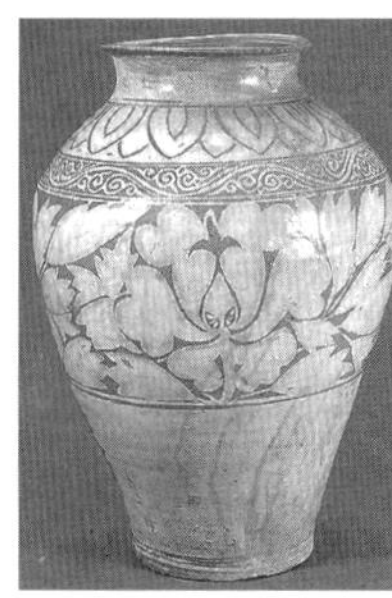

▲분청사기

분청사기는 청자와 달리 회색 태토에 백토로 분장하고, 회청색의 유약을 입혀 구워낸 사기를 말한다. 한국의 근대미술사학가인 고유섭 선생이 분장회청사기(扮粧灰靑沙器)라고 이름을 지었고, 그것을 간략하게 분청사기라 부른다.

고려 말기에는 왜구의 침입이 잦아 전남 강진일대에 있는 가마가 파괴되고, 도공들도 내륙으로 흩어졌다. 청자가마가 바닷가에 집중되어 있었으나 분청사기 가마가 내륙에 골고루 퍼져있는 것은 그 때문이다. 전국의 가마가 약 220기 있으나 현재 남아있는 분청사기 가마는 남한에 약 110개 지역이다. 이 분청사기의 대표적 가마는 광주 무등산 기슭에 있는 금곡리 가마터와 전북 고창 가마터이다. 고려말기부터 만들어지기 시작한 분청사기는 조선시대에 들어서면서 아주 활발하게 제작되었다.

분청사기 문양은 대략 7가지 기법으로 나뉘는데, 문양이 대체로 큰 편이며 태항아리로도 많이 사용되었다. 분청사기 용무늬항아리를 포함하여 정소공주묘(貞昭公主墓)에서 출토된 태항아리와 현재 일본에 있는 월산대군의 태항아리가 있다.

조선 초기의 분청사기는 문양과 구도에 있어서 같은 시기에 만들어지기 시작한 백자에 영향을 주었다. 그러나 백자가 본격적으로 생산되자 차츰 수가 줄어 임진왜란 이후 이 땅에서 자취를 감추었다.

(3) 조선백자

조선시대 도자기는 크게 분청사기와 백자로 구분된다. 조선 초기에는 두 종류의 자기가 같이 만들어졌으나, 임진왜란으로 분청사기의 제작이 중단되어 그 이후에는 오직 백자만 만들어졌다.

전기 백자(1392~1649)인 15세기의 백자에는 접시 · 전접시 · 꽃바래기 · 대접 · 사발 · 병 · 항아리 등이 있다. 몸체의 선이 부드럽고 태도가 눈 같이 희며, 유약은 약간 푸르름을 머금어 두텁고 깊은 맛을 준다. 굽에 가는 모래를 받쳐 구웠으며, 전접시는 높이가 낮고, 옆에서 본 단면이 수평에 가깝다. 작은 굽의 직경은 넓고, 기벽은 얇다. 이 시기에 해당하는 가마는 광주의 우산리 · 번천리 · 무갑리 · 오전리에 있다.

대접과 접시의 굽 안 바닥에 천 · 지 · 현 · 황(天 · 地 · 玄 · 黃) 등의 문자를 음각하였다. 15세기 중엽부터 만들어 쓰기 시작한 청화백자는 초벌구이에 청화안료로 무늬를 그린 후에 투명한 유약을 바르고 구워낸다. 16세기의 가마는 청지리 · 관음리에 있으며, 15세기와 비슷한 특징을 지니고 있다. 이 시대의 전접시는 높이가 약간 높아지고, 기벽도 조금 두터워졌다. 굽 안 바닥에는 좌 · 우(左 · 右)자를 새겼던 17세기 전반의 가마는 탄벌리 · 상림리 · 선동리 등에 있다.

▲백자철화포도문 항아리(조선)

▲백자청화매죽문 항아리(조선)

▲분청철화연지조어문 장군

중기 백자(1650~1751)는 유색(釉色)이 많아지면서 그동안 밖으로 벌어졌던 주둥이가 안으로 오므라들고, 굽의 직경도 좁아진 철회백자가 많이 만들어지기 시작하였다. 초벌구이에 산화철안료(酸化鐵顔料)로 문양을 베풀고 그 위에 유약을 입혀 구워낸 철회백자는 쇠녹색 · 다갈색 · 흑갈색을 띠며, 석간주(石間朱)라고 부른다. 철회백자는 광주관요에서 잘 앙금된 백토에 사실적인 운용(雲龍) · 매화 · 대나무 · 국화 등을 표현했고, 지방의 민간가마에서는 추상화된 풀과 용그림이 주류를 이루었다. 18세기 전반의 가마는 궁평리 · 관음리 · 금사리 등에 있으며, 태토나 유약이 밝아서 눈 같은 색(雲白色)을 내며, 철회 대신 청화가 다시 만들어지는 등 활기를 띠었다. 청화문양은 식물 · 산수 · 화조 · 운룡 · 문자 등이며, 세필로 간결하게 처리되는 특징을 지녔다.

후기 백자(1752~1884)는 차츰 빙렬이 없어지면서 모깍기를 한 그릇이 많이 등장하였다. 청화백자는 급증하는데, 문양의 필치가 굵어지며, 색도 짙어지다가 나중에는 자색을 띠게 된다. 그리고 여백없이 기면에 그림을 가득 그렸다. 기종도 다양해졌고, 문방구류가 많이 변조되었으며 일상용기와 제기(祭器)가 눈에 띄게 발전되었다. 장식기법도 발전되어 돋을 무늬와 뚫을 무늬가 만들어졌고 청화 · 철회 외에도 진사(辰沙)가 병용되었다. 이 시기의 대표적 가마는 광주 분원리에 있다.

6) 회화

우리나라의 회화는 전기에는 중국의 영향을 크게 받았으나 후기에 이르러서는 우리 고유의 색 정서와 체질을 발휘하여 독자적인 화풍을 발휘하게 되었다. 그러나 현재 남아 있는 작품들은 많지 않아 주로 조선시대 회화에 대해서만 살펴보기로 한다.

조선시대 그림은 문인이나 사대부 등의 지식층인 문인화가와 도화서(圖畫署)에 소속된 화원(畵員) 및 화원출신의 화가들인 직업화가에 의해 제작되었다.

이들의 그림은 화풍의 변화에 의해 네 시기로 나누어지며, 시기별로 뚜렷한 변천이 확인된다. 제1기는 15세기에서 16세기 중엽까지로서, 이 시기의 화단은 세 중조의 문예부흥에 힘입어 크게 번성한 것으로 생각된다. 그러나 임진왜란으로 인해 전해 내려오는 작품이 적다. 현존하는 작품은 대체로 중국 남 · 북송의 원체(院體) 화풍을 반영하고 있다. 이 시기를 대표하는 화가는 사인화가(士人畵家)인 강희안(1418~1465)과 화원이었던 안견(연대미상), 이상좌(연대미상) 등이다.

제2기는 16세기 후반에서 17세기 말까지이며, 중국 명대(1368~1662)의 절파화풍(浙派畵風)과 유사한 산수화가 유행한다. 즉 화면에 인물이 크게 부각되어 산수는 등장인물을 위한 배경처럼 보이고, 거칠고 짙은 먹의 표현은 화면상에 강한 흑백의 대조를 이룬다. 화면구성이 다수 산만하고 동적인 것이 이 시기 화풍의 특징이다.

이러한 화풍은 고려 말 이래로 내려오는 전통적인 화풍에 명대 절파화풍이 가세되어 이루어진 것으로, 15세기 중엽 강희안의 고사관수도(高士觀水圖) 등에서 화풍의 시작을 찾아볼 수 있다. 이 화풍이 속하는 대표적인 화가는 사대부인 김제(1524~1593), 이경윤(1545~1611), 이징(1581~1674) 등과 화원인 이흥효(1537~1593), 이정(1578~1607), 김명국(1600~1662 이후) 등이다.

제3기는 18세기 초부터 19세기 중엽까지이며, 조선시대 회화사에 있어서 매우 중요한 시기이다. 즉 우리나라 산천의 실제 경치를 소재로 한 진경산수(眞景山水)와 생활상을 소재로 한 풍속화가 크게 유행하였다. 또한 15 · 16세기 중국 명나라에서 일어난 오파계열의 남종화법이 점차 조선화단에 영향을 미치기 시작하여 18세기에 이르러서 한국적인 화풍으로 바뀌게 된다. 이 시기의 진경산수화가로는 정선(1676~1759)이 유명하다. 그는 골산(骨山)이 많은 한국산천을 즐겨 그림의 소재로 삼았고, 바위나 산을 표현하는 데 있어서 수직선을 반복하는 독특한 방법을 창안하여 구사하였으므로 중국의 산수화와 현저히 구별되는 한국적인 그림세계를 이룩하였다. 진경산수의 정신은 김윤겸(1711~1775), 강세황(1713~1791), 정수영(1743~1831), 등의 사인화가 및 김홍도(1745~1806 ?), 김석신(1758~1822), 최북(1712~1786) 등의 화원에게도 고루 영향을 미쳤다. 한편 심사정(1707~1769)은 남종 산수에 힘을 쏟아 이를 토착화시키는 데 주력하였다. 풍속화가로 널리 알려져 있는 김홍도는 산수뿐만 아니라 도석인물 · 화조(道釋人物 · 花鳥) 등에도 뛰어났으며, 서민층의 생활을 담은 풍속화를 그려 양반사회의 풍류를 즐겨 그렸던 신윤복(18세기 후반~19세기 초)과 함께 풍속화에 독자적인 업적을 남겼다.

제4기는 19세기 후반의 50년 남짓한 시기로서, 기울어 가는 왕조의 여러 현상을 반영하듯이 화단도 여러 화풍이 쇠퇴하고 남종 산수가 주류를 이룬다. 이 시기에 격조 높은 문인화를 이룩한 김정희(1786~1856)와 그를 추종하는 조희룡(1789~ 1866), 전기(1825~1854), 그리고 화원으로서 출중한 기량을 지닌 장승업(1843~ 1897) 등이 대표적인 화가들이다. 한편 서양의 수채화에 방불한 수법으로 산수와 꽃을 그린 김수철과 같은 화가에 의해 이색적인 화풍도 새로이 나타났다.

2. 무형문화재

무형문화재라 함은 연극, 음악, 무용, 공예기술, 기타의 문화적 소산으로 역사상, 예술상 가치가 큰 것을 말한다. 우리나라에서는 이 가운데서 특히 중요한 것을 선택하여 중요무형문화재로 지정하고 그 보유자를 인정해 인간문화재로 지정하여 이들에게는 정부에서 전수비와 발표회 보조금을 지급하고 있다.

1) 연극

한국연극의 종류를 가면극, 인형극, 판소리, 창극, 신파극, 신극으로 분류하는 것이 보통이나 중요무형문화재로 지정된 연극들은 이 중에서 가면극과 인형극이 주종을 이루는 민속극임을 알 수 있다. 이 민속극들은 다시 가면극의 주류를 이루는 산대도감계통극과 무의극적인 전승으로 전해 내려온 세시풍속으로 놀던 놀이, 남사당의 놀이 등으로 나눌 수 있다.

현존한 이들 가면극과 인형극의 공통된 내용은 파계승, 몰락한 양반, 그리고 무당, 사당, 거사, 하인과 기타의 노유서민들의 등장을 통하여 권선징악의 테두리 안에서 현실폭로와 풍자, 호색의 웃음과 탄식을 보여주며, 그 주제는 크게 나누어 파계승놀이와 양반놀이와 서민생활의 빈곤상을 보여주는 놀이들이라고 할 수 있다.

▲봉산탈춤

더 세분한다면 잡귀를 쫓는 의식무(義式舞)와 굿, 파계승에 대한 풍자, 양반에 대한 모욕, 남녀(특히 남편과 처첩)의 갈등, 서민생활의 곤궁상 등을 보여준다. 이것은 임진왜란 · 병자호란 양란

▲북청사자놀음

이후 새로 일어난 서민문화의 주류를 이룬 사조(思潮)로서 봉건적인 낡은 인간관계, 즉 당시의 특권계급인 양반과 승려의 종교적 권위마저 웃어 버리던 시대적 분위기의 반영일 뿐만 아니라 자기 자신마저 객관화하여 웃어버리던 서민의 비평정신을 보여주고 있다.

우리나라의 인형극은 삼국시대에도 있었으며, 특히 북방에 위치하였던 고구려에는 단순한 인형이 아니고 하나의 놀이로서의 인형극이 있었음을 역사적 기록에서도 찾아 볼 수 있다. 그것은 북방 루트로 해서 수입된 서역악(西域樂)의 일종이었다고 생각되며, 고구려 무악(舞樂) 중 서역악에서 유래된 가면무와도 서로 관련이 있는 것이다.

꼭두각시놀음은 주로 경기 · 충청 · 전라 · 경상도 등 남한 일대에서 남사당패에 의하여 순회공연되었으나 황해 · 평안도 지방에도 순회공연이 없었던 것은 아니다.

꼭두각시놀음의 극본 형성시기는 내용으로 보아 조선 후반기 서민문학의 대두와 때를 같이 하여 이루어졌으며, 이 역시 산대도감계통극의 하나로 볼 수 있다.

이상의 무형문화재에 대해서는 그 전승을 위하여 문화재당국에 의하여 제반 후원이 마련되고 있으며, 통영(충무) · 고성 · 동래 · 양주 등 각각 현지에서 가면극단체가 유지되고 있고, 봉산탈춤, 북청사자놀음, 꼭두각시놀음은 서울에서 전승사업이 이루어지고 있다.

2) 음악

우리나라의 전통음악은 중국계의 아악과 당악, 그리고 우리의 궁중음악인 향악으로 구분할 수 있는데, 궁중음악 또는 지식층의 음악을 통괄하는 아악이 그 주류를 이루었고, 서민층에서 애창되었던 민속악이 대응을 이루어 왔다고 한다.

아악은 아정한 음악이란 뜻으로 정악이라고도 하는데, 관현 합주 대편성의 합주가 이루어지므로 규모가 크며, 장중 · 화려한 향취 높은 음악이다. 민속악이 일반적으로 호소와 즐거움을 직소하는 표출적인 음악이며 강렬한 데 반하여, 아악은 잔잔하면서도 단아한 귀족풍의 정신적 요소가 깊은 음악이다. 서민적인 전통음악을 민속악이라 한다면, 상류층의 교양인들이 즐기던 음악을 아악이라 말할 수 있다.

3) 무용

우리나라의 무용으로 가장 오랜 기록으로는 중국에 우리의 춤과 음악이 전하여 연주된 것인데, 그들의 악무보다 훨씬 발달된 것임을 전하고 있다.

고구려는 무용총(舞踊塚)과 안악(安岳) 동수묘(冬壽墓) 등 벽화에 보이는 무용그림과 관현악기의 반주그림으로 미루어 전문무용가와 음악인이 독립해 있었음을 능히 짐작케 하고 있다.

백제는 무용사상 가장 두드러진 흔적으로 7세기 초 백제사람 미마지(味摩之)가 남중국 오(吳)나라에 가서 기악을 배워 우리나라에 전하고, 다시 일본에까지 전해준 사실이다. 이 기악은 일종의 탈춤으로, 불교의 전파를 목적으로 한 것인데 우리나라에는 오늘날 많이 퇴색되어 산대도감놀이로 각 지방에 널리 퍼져 전해지고 있다.

신라는 3국을 통일하고 고구려 · 백제의 예술을 수용하고, 멀리 중국 당나라와 교류하면서 불교예술이 중심을 이루었고, 악기도 풍부해져 종래 가야금과 노래에 의한 단조한 반주가 아닌 관현악반주에 의한 춤이 추어지게 되었다. 춤의 종류도 다양하여 검무 · 처용무 · 무애무와 신라의 오기(五伎)로 불리는 자희가 성행하였다.

▲종묘제악

고려는 찬란한 궁중무용 정재(呈才)를 창출했을 뿐 아니라 흥겨운 민간무용을 일으켜 자랑스런 전통을 드리웠다. 이런 민간무용의 발달은 가무백희의 산실인 연등회·팔관회로 인하여 가속되었다.

궁중무용에는 중국 전래의 춤인 당악정재와 우리나라에서 창제된 향악정재가 나란히 있어 서로 특징을 자랑하고, 이것은 조선조에까지 그 전통을 드리웠다.

조선시대의 무용은 신라시대의 무용과 고려시대에 발생한 무용을 고스란히 이어받았음은 물론, 조선시대야말로 궁중무용의 활기찬 전성기였다 말할 수 있다. 한편 민간의 민속무용은 발생 연대와 작자를 확실히 알 수 없으며, 조선 말기에 민간에서 널리 추어진 춤으로 승무·살풀이·남무·한량무·태평무 등이 있고, 지방에 분포된 궁중무용계통의 진주검무·통영(충무)승전무가 특히 유명하다.

국가가 그간 중요무형문화재로 지정한 무용종목에는 경남 진주지방에서 전승되는 진주검무와 통영(충무)지방에서 전승되는 검무가 추가로 지정되었고, 통영지방에 전승되고 있는 승전무는 궁중무용의 무고가 이 지방에 분포된 것이다.

민속무용의 정화라고 일컬을 가장 정교하고 세련된 춤사위의 승무와 멀리 신라에서 연원한 역사가 오래고 구도가 웅대한 궁중무용의 압권인 처용무와 정재의 주속으로 날짐승 학(두루미)의 고고한 비상을 연출하는 학무, 경기도 당굿에서 행하여진 무속의 신비스런 춤을 근대의 명무 한성준이 보다 예술적으로 재구성한 태평무 등 6종목이 있다.

▲부채춤

4) 공예기술

무형문화재는 유형문화재와는 달라서 직접 사람을 매개체로 하여 성립된 것이기 때문에 무형인 기예만을 추출하여 정착시킬 수는 없으나, 공예기술은 연극 · 음악 · 무용과는 달리 그 발현의 결과가 작품으로 고정되므로 유형문화재로도 역사상 또는 예술상 가치가 평가된다.

(1) 도자공예

▲ 청자원숭이형연적(고려)

도자공예는 고려청자와 조선백자가 세계적으로 명성을 떨치고 있지만 지금껏 그 비법이 그대로 전승되어 오지 못했다. 그러나 그 명맥을 이어 왔던 청자 도공에는 서울태생의 유근형 옹이 알려져 있다. 그는 18세 때부터 도자일을 시작하여 70평생에 고려청자의 신비에 도전하여 고려청자의 비색에는 이르지 못하나 그에 가까운 것을 얻기에 이르렀다. 조선백자의 기법을 지닌 마지막 사람이라고 할 수 있는 이임준 옹은 조선관요가 있던 경기도 광주 분원(分院)사기장을 세습하던 집안에서 태어나 15세 때부터 그의 여생을 연구에 기울였다.

(2) 마미공예

마미공예(馬尾工藝)의 대표적인 것은 갓과 감투인데, 갓의 기원은 삼국시대까지 소급할 수 있겠으나 조선 초(14세기 말)부터 조선 말까지 500년 동안 서민의 관모(冠帽)로 애용되어 왔다. 갓은 이웃한 중국이나 일본과도 다른 독특한 것이며, 갓중에서도 통영갓을 으뜸으로 쳐 왔다. 갓에는 품질에 따라 진사립(眞絲笠) · 음양사립(陰陽絲笠) · 음양립(陰陽笠) · 포립(布笠)의 여러 종류가 있다. 갓일은 무형문화재 제4호로 지정되어 있다.

▲ 갓

(3) 나전칠기

중요무형문화재 제10호로 지정된 나전칠기는 공정상 바탕이 되는 목기나 유기(鍮器), 또는 도자기 위에 헝겊을 입히고 그 위에 옻을 올리고 자개를 박아 윤을 내는 것인데, 그 공정은 대별하여 17개 공정이나 되는 복잡다양한 것이다. 나전칠기의 유래는 확실치 않으나, 칠기가 우리 손으로 처음 만들어지기는 신라시대부터이고, 나전칠기는 고려 중기인 12세기경에 전성을 이루어 고려 말과 조선조를 거치면서 훌륭한 고 미술품으로 유품을 남기고 있다. 오늘날 나전칠기는 오랜 전통을 바탕으로 우리나라의 특산품이 되어 국내는 물론 해외까지 수출, 해마다 수출고가 늘고 있다.

3. 기념물

기념물이라 함은 패총, 고분, 성지, 요지, 유물포함층, 기타 사적지와 경승지, 동물, 식물, 광물로서 우리나라 역사상, 예술상, 학술상 또는 관광상 가치가 큰 것을 말하며, 이 기념물은 역사 기념물과 천연 기념물로 구별한다.

- 역사 기념물 : 패총, 고분, 성지, 궁지, 요지, 유물포함층, 기타 사적지 등
  역사 기념물 중 중요한 것이 사적으로 지정
- 천연 기념물 : 명승지와 동물, 식물, 광물 등
  천연 기념물 중 중요한 것이 명승 또는 천연 기념물로 지정

1) 역사 기념물

(1) 사적

❶ 경주 포석정지

▲포석정

경주시 남쪽 4㎞ 지점에 위치한 포석정(사적 제1호)은 왕의 주연(酒宴)과 향락을 위한 별궁의 하나였으나, 건물은 없어지고 전복 모양의 석구(石溝)만이 남아있다. 포석정은 중국 고대 강가에서 초혼제를 지내고 악귀를 쫓는 행사의 하나인 유상곡수연(流觴曲水宴)에서 유래하였다. 남산에 흐르는 시냇물이 홈을 따라 흘러내리면 그 물에 잔을 띄워 술잔을 들게 했었다. 규모는

폭이 약 35㎝, 깊이 평균 26㎝, 전체 길이가 약 10m이다. 원래는 남산계곡에서 흘러 들어오는 입구에 거북 모양의 큰 돌이 있었고, 그 입에서 물이 나오도록 만들어졌다고 하나 지금은 없어져 정확한 형태는 알 수 없게 되었고, 삼국유사에 헌강왕이 이곳에 와서 남산 신의 춤을 따라해 어무상심무(御舞祥審舞)라는 신라춤을 만들었다고 한다.

정확한 축조 연대는 알 수 없으나 문무왕이 당나라의 사신이 왔을 때 그곳에서 연회를 베풀었다는 곳이므로 그 이전에 축조된 것임에 틀림없다. 927년 신라 경애왕이 이곳에서 잔치를 베풀며 놀고 있다가 후백제 견훤의 습격을 받아 붙잡히게 되어 스스로 목숨을 끊었던 신라 천년 역사의 치욕이 담긴 장소이기도 하며, 포석정이 단순한 놀이터가 아니라 왕과 귀족들의 중대한 회의 장소 또는 제사장소이기도 했다는 학설도 제기되고 있다.

❷ 경복궁

경복궁(사적 제117호)은 1395년 태조 이성계가 창건한 조선 왕조 제일의 법궁이다. 현재 서울에 있는 조선시대 5대 궁궐 중 정궁에 해당하는 것으로 북쪽에 자리하고 있어 북궐로도 불린다.

▲ 경복궁 홍례문

북으로 북악산을 기대어 자리 잡았고 정문인 광화문 앞으로는 넓은 육조거리(지금의 세종로)가 펼쳐져, 왕도인 한양(서울) 도시 계획의 중심이다. 1592년 임진왜란으로 인해 모든 건물이 불탄 후 270여 년간 폐허상태로 있다가 고종 때인 1868년 중건되었다. 흥선대원군이 주도한 중건 경복궁은 330여 동의 건물들이 미로같이 빼곡히 들어선 웅장한 모습이었으나 1876년 대규모 화재가 일어나는 등 여러 차례의 피해와 복구가 거듭되었다. 또한 일제 강점기에 거의 대부분의 건물들을 철거하여 근정전 등 극히 일부 중심 건물만 남게 되었고, 조선 총독부 청사의 건립은 궁궐의 모습을 잃게 하였다. 1990년부터 본격적인 복원 사업이 추진되어 총독부 건물을 철거하고 흥례문 일원을 복원하였으며, 왕과 왕비의 침전, 동궁, 건청궁, 태원전 일원의 모습을 되찾고 있다.

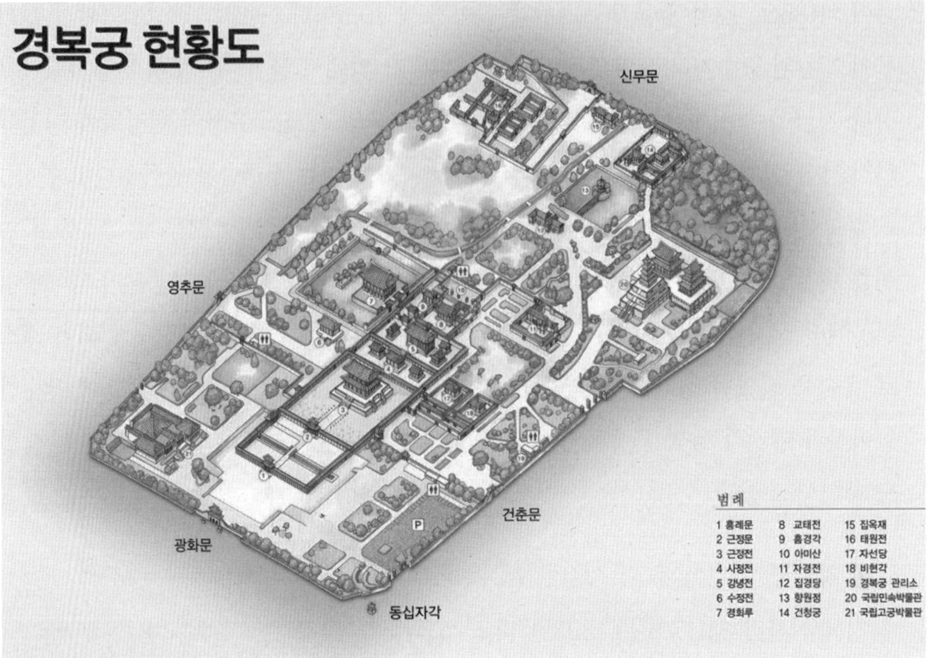

출처 : 문화재청 경복궁 홈페이지

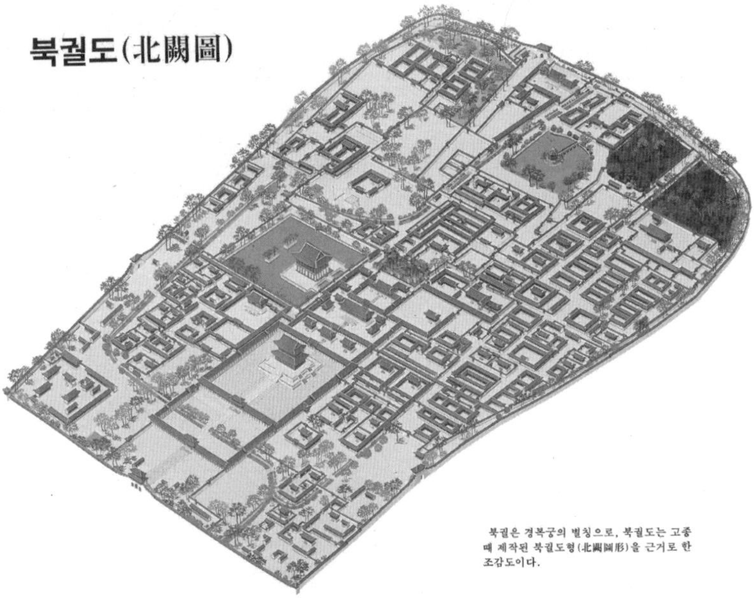

북궐은 경복궁의 별칭으로, 북궐도는 고종때 제작된 북궐도형(北闕圖形)을 근거로 한 조감도이다.

▲북궐도 조감도 : 북궐은 경복궁의 별칭, 고종때 제작된 북궐도법을 근거로 한 조감도

출처 : 경복궁 관리소

현재 근정전(국보 제223호), 경회루(국보 제224호), 자경전(보물 제809호), 근정문 및 행각(보물 제812호), 사정전, 천추전, 향원정, 수정전, 집경당, 함화당, 재수각, 지복재, 협길당 등의 건물과 경천사 10층석탑(국보 제86호)을 비롯하여 일제 강점기에 옮겨놓은 많은 국보 · 보물급이 있다.

광화문-흥례문-근정문-근정전-사정전-강녕전-교태전을 잇는 중심 부분은 궁궐의 핵심 공간이며, 기하학적 질서에 따라 대칭적으로 건축되었고 중심부를 제외한 건축물들은 비대칭적으로 배치되어 변화와 통일의 아름다움을 함께 갖추었다. 경복궁은 조선시대 궁궐 중 으뜸인 곳으로 다른 궁궐에 비해 전체 모습이 정연한 비례체계를 갖추고 있어 궁궐배치를 연구하는데 귀중한 자료가 된다.

❸ 문무대왕릉

▲문무대왕릉

경주에서 동쪽으로 33km 떨어진 동해안 월성 양북면 봉길리 앞바다(약 100km 지점)에 바위섬이 있는데, 이곳에 있는 수중릉이 신라 문무대왕릉(사적 제158호)이다. 세계에서 유례가 없는 이 수중릉의 규모는 둘레 200m의 바위섬에 동서와 남북으로 십자수로를 깍은 다음 4평 가량의 수중에 석함을 만들고 개석(蓋石)을 덮어 장골(藏骨)한 것으로 보인다. 해면에서 1.2m의 수중에 안치되어 있으며, 이 능이 있는 바위를 대왕암이라고도 한다. 신라 문무왕(661~680년)은 태종무열왕의 맏아들로, 삼국사기와 삼국유사에 의하면 수중릉은 대왕이 죽은 후에도 동해로 침범하는 왜구를 지키겠다는 유언에 따라 화장한 뒤 왜구의 침입로인 현 위치에 장골한 것이라고 한다.

❹ 몽촌토성

몽촌토성(사적 제297호)은 서울 강동구 방이동에 위치한다. 몽촌토성은 자연지형을 그대로 이용하여 축조하였기 때문에 그 형태가 일정하지 않지만 대체로 남북이 약간 긴 마름모꼴을 하고 있다. 성은 크게 서북과 동남의 2부분으로 구분되며, 이 2부분

▲몽촌토성

은 각기 중앙의 낮은 지대를 사이에 두고 양쪽 구릉을 중심으로 2구역으로 나뉘어져서 크게 4구역으로 자연부락이 형성되어 있다.

성벽의 축조에 있어 순염토와 모래가 섞인 점질성 토양을 물에 개어 굳게 다진 것처럼 견고하게 쌓았으며, 성벽 위의 성가퀴가 하나로 이어져 있어서 그 성가퀴 위에 목책을 설비하였다. 또 토성 밖 둘레에는 해자시설(垓字施設)이 되어 있었다. 이 성을 중심으로 한강 북쪽에 아차산성과 풍납동토성, 서쪽에 삼성동토성, 앞쪽에 이성산성 등이 있으며, 서쪽에 백제시대 고분군이 있는 가락동과 암사동이 있다.

(2) 사적 및 명승

우리나라에서는 명승지에 사적이 곁들여진 곳을 사적 및 명승으로 지정하여 보호하고 있는데, 태고의 자연 그대로의 명승지일 뿐 아니라 인문현상이 가미된 것이 많다.

❶ 경주 불국사 경내

세계문화유산 석굴암을 포용하고 있는 불국사(사적 및 명승 제1호)는 글자 그대로 불국(佛國)이다. 경북 경주 토함산 중턱에 자리한 불국사는 대한불교 조계종 제11구 본사로 천년고찰이다. 일반적으로 김대성이 발원 · 창건(751년 · 경덕왕 10년)한 것으로 알려져 있지만, 「불국사고금창기」에는 이보다 앞선 528년(법흥왕 15년)에 창건했다고 기록되어 있다. 불국사는 오랜 역사에도 불구, 과거의 유적이 아니라 살아있는 사찰이다. 대승의 비구스님들이 도량을 지켜 불교의 이상세계를 보존하고 있는 것이다.

불국사의 경내는 석축기단으로 구분되어 있다. 석단의 위가 부처의 세계인 불국이고, 그 아래는 사바세계다. 이 석단에는 대웅전을 향한 국보 제23호 청운교 · 백운교와 극락전을 향한 국보 제22호 연화교와 칠보교의 두 쌍다리가 있다. 청운교와 백운교는 33천을 상징하는 33계단으로 되어있고, 연화교는 구 · 고 · 현법(勾 · 股 · 弦法)

▲불국사(통일신라)

▲다보탑(통일신라)

▲석가탑(통일신라)

으로 조성한 직삼각형의 구조로 되어있다. 연화교에서 약간 휘어 오른 홍예형의 판석을 건너면 칠보교가 시작된다. 연꽃을 딛고 올라가면 환희에 넘치는 마음이 일곱 가지의 보배로움으로 닦이면서 안양문을 지나 아미타의 이상향인 극락의 세계로 진입할 수 있음을 의도한 깊은 뜻이 담겨있다. 칠보교의 구조나 형성된 전체의 윤곽은 연화교와 마찬가지로 구 · 고 · 현법을 써서 완성시켰다.

불국사는 석가여래를 석가탑으로 상징했다. 석가여래가 상주하는 법화경의 이상향인 사바세계로 설정한 것이다. 보리수 아래에서 고행하다가 마침내 대오 각성한 석가, 석가여래의 성불이다.

다보탑은 다보여래의 세계를 상징한다. 석가탑과 더불어 비대칭의 대칭미학이라는 건축이론으로 세계인들을 놀라게 하는 신라인들의 조형솜씨가 드러나고 있는 것이다.

불국사는 유라시아를 동진해 온 불교의 이상을 한국전통의 수리로 조형한 살아있는 세계문화재인 것이다.

❷ 가야산 해인사 일원

가야산은 지덕이 높다해서 해동영지로 칭송되는 소백산맥 중의 큰 명산으로 그 일부는 경북의 성주군과 고령군, 경남의 거창군에 걸쳐 있으나, 3분의 2가 합천군에 들어있다.

가야산은 소나무와 전나무를 위시한 380여 종의 수목들이 빽빽한 숲을 이루고 있고, 도처에 옥류가 흐르는 계곡과 폭포가 있으며, 부엉이 · 꾀꼬리 등 100여 종의 종류에다 두꺼비 · 비단개구리 따위의 희귀한 동물이 서식하기 때문에 예부터 조선 8경의 하나로 손꼽혀 오다가, 1972년 국립공원으로 지정되었다.

▲해인사

이 가야산 가운데, 특히 그 어귀에서 해인사(사적 및 명승 제5호)의 경내에 이르는 10리 계곡을 홍류동계곡이라 하여 천하의 절경으로 친다. 가을의 단풍이 너무 붉어서 계곡의 물이 붉게 보인다고 홍류동이라는 이름이 생겼지만, 여름에는 흐르는 맑은 물이 금강산의 옥류천을 닮았다고 해서 옥류동으로 불린다. 그리고 해인사 서쪽 약 2㎞지점의 계곡에 이름난 용문폭포가 있으며, 왕봉까지는 오르는 길이 순탄하기 때문에 등산객 외에 많은 관광객도 오르고 있다.

화엄경 속의 해인삼매를 인용하여 명명한 법보종찰(法寶宗刹) 해인사는 통도사 · 송광사와 더불어 우리나라 3대 사찰의 하나로서, 신라 애장왕 3년(802년)에 순응과 이정 두 대사가 나라의 적극적인 협력을 받아 창건했다. 조선왕조에 이르러서도 제9대 성종(1469~1494년) 때는 대대적인 가람의 증축이 있었고, 임진왜란 때도 병화를 모면했었다. 해인사에는 우리나라 국보중의 국보로 손꼽히고, 세계적으로 귀중한 문화재가 되는 국보 제32호인 팔만대장경과 국제 제52호인 대장경판전이 있어서 더욱 유명하다.

(3) 명승

명승은 일반적으로 경치가 아름다운 곳을 말하는데, 대부분이 국 · 도립공원과 지정관광지에 포함되고 있다.

❶ 승주 청학동 소금강

이곳의 지명은 청학동이지만 산수의 경치가 금강산을 축소한 듯하다 하여 소금강(명승 제1호)으로 부르게 되었다. 소금강에는 장엄한 경승뿐만 아니라 고적으로도 유서깊은 곳이다. 산정에는 자연의 산세를 이용하여 축조한 아미산성이 현재 8㎞ 정도

남아 있으며, 그 주변에는 연병장 · 사형대 · 수양대 · 망군대 · 식당악 등의 명칭으로 보아 군사가 성내에 주둔했던 것으로 짐작되며, 이 산성은 마의 태자가 망국의 한을 풀고자 재기의 꿈을 키웠던 곳이라 한다. 이 청학동은 1565년 율곡선생의 청학산기에서 유래되었으며, 소금강에서 월정사까지의 길에는 무풍계 · 십자소 · 금강사 · 세심폭 · 구룡폭 · 만물상 · 학유대 · 청심대 · 서문다리 등의 절경이 이어져 천혜의 명승지를 이루고 있다.

▲소금강의 구룡폭포

❷ 거제 해금강

우리나라에서 제주도 다음으로 큰 섬인 거제도 동남의 바위섬 갈곶도의 다른 이름이 거제도 해금강(명승 제2호)이다. 오랜 세월에 걸친 파도와 비바람이 섬의 층암절벽에 온갖 만물상을 새겨놓아 금강산의 해금강을 방불케 한다 하여 거제도 해금강이라 부른다. 일출 · 일몰 · 낙조를 관망하기에 좋다는 사자바위, 미륵바위, 해금강 최고의 절경이라는 촛대바위 등 수 많은 기암괴석을 안고있는 해금강은 한려해상국립공원 내의 절경이다.

▲거제해금강

❸ 완도 정도리 구계등

완도읍 중심에서 서남쪽으로 4㎞ 떨어진 곳에 활모양으로 휘어진 해안 자갈밭이 곧 구계등(명승 제3호)이다. 이 자갈밭의 길이는 약 800m에 걸쳐 이어져 있으며, 자갈밭 양쪽으로는 활모양의 해안선이 그대로 뻗쳐 자갈밭 양쪽으로 감싸는 모양으로 수중절벽의 경관을 이루고 있다. 자갈밭의 폭은 약 80m로 급경사를 이루고 있으며, 5m의 바닷물 속까지 연장되어 있다. 해변일대에는 태고 이래 남해의 거센 파도에 씻겨 닳은 크고 작은 갯돌(청환석)이 9계단을 이루고, 주변의 소나무를 비롯한 감창나무, 가시나무 등 남부지방 특유의 상록수와 방풍림과 조화를 이루고 있다.

▲완도

❹ 남해 대둔산 일원

▲소백산맥

소백산맥이 한반도의 서남 끝으로 뻗어가다가 바다에 면하여 맞는 지점이 대둔산(명승 제4호)이다. 일반적으로 두륜산까지를 포괄하고, 아울러 그 어귀에 위치한 대흥사까지도 포함되리만큼 대흥사와의 관계도 깊다. 대흥사의 원래 이름이 두륜산 대둔사였던 것은 그 연유를 말해주는 것이다. 대둔산은 규암과 반암의 절벽을 이룬 곳이 많아 평지나 완만한 경사가 드물고, 거의 좁고 깊은 골짜기를 형성하고 있는데, 대흥사 골짜기로 흐르는 계류는 수량이 많고, 사철 상록수림 사이로 물소리를 들을 수 있다. 깊은 골짜기와 계류동상을 비롯한 각종 수림과 절벽 · 산로가 이루는 조화는 남남의 형승다운 풍광을 자아낸다.

❺ 승주 송광사 · 선암사 일원(명승 제5호)

▲송광사

송광사는 조계산의 서쪽 중허리에 위치하고, 선암사는 동쪽 기슭에 자리잡고 있다. 송광사는 우리나라의 삼보사찰 중의 하나인 승보사찰로서 유명하며, 선암사는 아도화상의 창건설로 그 전통을 자랑한다. 조계산은 산세가 부드럽고 아늑하며, 많은 사람들이 찾는 곳으로 산중에는 깊은 계곡이 있고, 그 계곡에는 맑은 물이 흐르며, 조계산의 최고봉인 연산봉을 비롯한 장군봉 · 조계봉 · 만수봉과 모후산이 송광사 일대를 병풍처럼 둘러서 절경을 이루고 있다. 또 조계산은 전산이 활엽수로 덮혀 있어 사철 산림의 변화를 선명하게 보여주는 산이다. 솟구친 절벽은 비룡폭포 · 감초암폭포와 같은 명산으로서의 경관을 지녔다. 선암사쪽은 수령이 많은 나무들이 있는데, 도토리 · 동백 · 전 · 단풍 · 밤 · 느티나무 등이 울창하게 들어차 있다. 계류 어귀에는 오랜 목장승이 서 있고, 조선 후기 석조물의 대표적 존재인 승선교와 강선루가 안배되어 있어 산중유취를 돋구어 준다. 그래서 두 거찰을 동서로 포용한 조계산은 일찍이 해동선종의 연원을 이룩한 명산이라 할 수 있다.

❻ 불영사계곡 일원

태백산맥의 경승지 불영사(명승 제6호)는 깎아 세운 듯한 기암절벽 사이로 장장 12㎞의 계곡이 흐르는 이곳에 자리하고 있다. 이 절은 1300여 년 전 신라 진덕여왕 때 의상대사가 창건하였으며, 절 주변 일대에는 굴참나무군락이 우거져 있고, 무성한 숲과 계곡의 폭포가 어울려 선경을 이룬다하여 울진의 소금강이라 일컬어지고 있다. 불영계곡을 따라 올라가면 기암절벽을 이룬 창옥벽 · 의상대 · 산태극 · 영태극 등 특유한 이름의 명소가 30여 개소나 있다. 계곡의 바닥과 양쪽 절벽에는 흰 빛을 띄는 화강암이 풍화되어 장관을 이루고, 시냇물이 굽이쳐 쏟아지면서 곳곳의 바위바닥이 깊이 파여 작은 물 항아리를 이루고 있다. 구전에 의하면 태고 때는 이 계곡까지 바닷물이 들어왔다고 한다.

2) 천연기념물

천연기념물은 한 나라, 한 향토의 천연물로서 그 나라 향토의 자연계를 대표할 수 있는 고유한 동물, 식물, 광물, 지질과 숲, 원시림, 자연풍경 등으로 주위환경이 변화하였음에도 불구하고 현재까지 인위적인 영향을 받지 않고 남아있는 것을 말한다. 또한 경기도 양평군 용문사의 은행나무와 같이 사람이 심은 거수와 노목(老木) 및 동래군 기장면의 오골계와 같이 집에서 기르는 희귀한 동물들도 우리나라에서는 천연기념물의 대상이 된다. 그리고 어떤 지역을 설정하고 그 구역 내의 천연물, 즉 동 · 식물, 광물을 통틀어서 그대로 보존하는 것은 자연보존이라는 입장에서 볼 때에 한층 더 효과가 있다. 국가에서는 이미 설악산 · 한라산 · 홍도 · 대암산 · 향로봉을 천연보호구역으로 각각 지정 · 보호하고 있다.

▲크낙새

천연기념물은 향토의 역사로 보아 학술상의 연구자료로서도 가치가 있을 뿐만 아니라 애향심 · 애국심을 기르는 터전이 되는 값진 자연물이다. 그러나 이 천연물은 일단 파괴되면 다시는 원상태로 복구할 수 없으므로 그 파괴를 미연에 방지하여 보존하는데 최선을 다해야 한다. 우리나라는 이 천연물을 문화재보호법과 공원법 등으로 보존하고 있으며, 매우 가치있는 것을 천연기념물로 지정하여 보호하고 있다. 그 종류는 300여 종 이상에 달하고 여기는 역사적인 거수나 명목, 노목이나 식물의 군락 등도 해당되며, 철새 · 동물 · 물고기 · 바닷고기 · 암석 그리고 집에서 기르는 희귀동물들도 포함되어 있다. 나무 가운데는 은행나무 · 소나무 · 느티나무가 숫자에서 으뜸을 차지하고, 법주사의 정이품 소나무나 용문사의 은행나무 등은 관광적 가치가 높다. 광릉의 크낙새, 한강의 황쏘가리, 설악산의 사향노루 등은 천연기념물로 지정되었으나 멸종의 우려가 있다.

그러나 이러한 천연기념물들이 사람들의 무지나 남획, 도시화로 인한 공해 등의 이유로 사라져 간다는 것은 심각한 문제가 아닐 수 없다. 우리는 이러한 천연기념물의 지정만으로 그칠 것이 아니라 천연기념물의 중요성을 인식하고 적극적인 보호를 위한 홍보활동도 펼쳐 나가야 한다.

4. 민속자료

민속자료라 함은 의식주, 생업, 신앙, 연중행사 등에 관한 풍습, 습관과 이에 사용되는 의복, 품구, 가옥, 그 밖의 물건으로서 국민생활의 추이를 이해하는데 있어서 불가결한 것을 말하며, 무형의 민속자료와 유형의 민속자료로 구별한다.

- 무형 민속자료 : 의식주, 생업, 신앙, 연중행사 등에 관한 풍습 · 습관, 무형민속자료
- 유형 민속자료 : 의복, 가구, 가옥, 기타 유형민속자료

1) 세시풍속(무형 민속자료)

세시풍속이란 해마다 일정한 시기가 오면 그에 따라 관습적으로 되풀이하여 행하는 특수한 생활행위, 즉 주기전승의 의례적인 행위를 말한다. 요즘에는 흔히 연중행사라고도 부르지만, 원래 세시, 세사 또는 명령(明令), 시령(時令)이라고 불러 그 시계성을 강조하였다.

▲강릉농악

▲고싸움

사계절의 변화가 뚜렷한 우리나라는 농경을 중심으로 하여 살아왔기 때문에 농사일의 시작이나 파종 · 제초 · 수확 · 저장 등 생산활동을 시기에 적절히 맞추는 등 계절적 변화에 민감하고, 또한 명절도 대체로 계절에 따라 각기 그 계절에 맞는 행사내용을 지니고 있다.

이러한 생산력으로서의 세시풍속에는 자연히 기원과 감사의 수단으로서 신앙 · 의례적인 행사와 놀이가 큰 비중을 차지하게 되었다. 이로 인하여 세시풍속은 인간의 단조로운 생활과정에 리듬을 주어 생활의 다음 단계로 넘어가는데 박차를 가하며, 생활의 윤활유 역할을 하여왔다. 따라서 한 해 동안 살아가는 우리 민족의 생활상 그 자체인 세시풍속 속에는 우리민족의 생활감정과 정신사상이 잘 담겨져 있다고 할 수 있다.

2) 민속자료(유형 민속자료)

우리의 생활 속에 전승되어 온 생활자료는 모두 민속자료라고 할 수 있으나, 여기에서 말하는 민속자료란 문화재보호법에 규정되어 있는 의식주, 생업, 신앙, 연중행사 등에 관한 풍속 · 습관과 이에 사용되는 의복, 기구, 가구, 그 밖의 물건으로 국민생활의 추이를 이해하는데 없어서는 안 될 것을 말하는 것이다.

민족의 역사가 오래인 만큼 우리의 민속자료 또한 풍부하다. 다음에서는 지정된 자료를 중심으로 몇 가지만 언급하고자 한다.

(1) 장승

민속자료로 지정된 장승은 ① 충무시 문화동의 벅수, ② 나주군 불회사의 돌장승, ③ 나주군 운흥사의 돌장승, ④ 남원 실상사의 돌장승이다.

일반적으로 장승이라 부르는 입상(立像)은 장승과 벅수가 있는데, 해방 후부터 모두 장승으로 불리고 있다. 나무나 돌의 기둥 위쪽에 무서운 얼굴을 새기고 몸통 앞면에 장군이나 신령의 이름을 써서 마을 어귀의 당산이나 뒷고개의 서낭당에 세웠던 장승과 벅수는 마을로 들어오려는 도깨비나 역병을 퍼뜨리려는 역신을 막아서 쫓아 보내려는 수호신상으로서 세워진 입상들이었다. 그러나 원래 장승의 기능은 길안내 · 이정표 역할을 하는 것으로 우리나라에서의 기원은 신라 말 도선 국사가 「도선비기」라는 책에서 산천에 기운을 북돋울 수 있는 표식으로 세웠다고 하고, 토지의 경계석으로 세워 국장생표라 불렀다고도 한다. 고려 말에는 중국사신이 오는 길에 갖가지 형태의 노표(路標)를 세워 그 명칭을 장생이라 하였고, 조선 성종 5년(1474년)에 편찬된 「경국대전」에는 지방도로에 십리마다 작은 노표를 세우고 30리마다 큰 노표를 세워 여행자에게 편리를 제공했다고 한다. 한편 고려 말 천연두가 성행할 때에는 길가에 세워진 노표를 보고 천연두가 찾아든다 하여 노표에 무서운 귀면을 새겨 귀신을 쫓아보내려 했다고 한다. 이것이 바로 노표장생이다. 즉, 길안내 · 이정표인 장생, 그리고 질병과 재앙을 막아주는 수호신 벅수가 지금은 장승으로 불리고 있으며, 마을입구에 세워지는 것은 마을을 수호하고 악귀를 막겠다는 신앙적인 뜻이 강하고, 사찰입구의 것은 경계의 표시기능이 강하다고 보는 것이 일반적인 견해이다.

(2) 당

옛날에는 당신(堂神)에 대한 민간신앙이 성행하여 부락마다 당을 두었고, 당은 마을 수호신으로 부락신앙의 중심이 되어왔다. 그러나 지금은 거의 사라지고 민속자료로 지정되어 있는 것은 전북 고창읍에 있는 오거리 당산, 충무시 삼덕리의 장군당만이 지정 · 보호되고 있다. 당신제는 1년에 한 번 설날 새벽에 지내는데, 부락의 발전과 재앙이 없기를 소원하는 목적으로 부락전체의 정성으로 이루어진다.

(3) 무신도

서울 인왕산 중턱에 있는 국사당 내에는 28폭의 무신도가 보존되어 있고, 중요민속자료 제17호로 지정되고 있다. 이 국사당은 원래 남산 상봉에 있었는데, 일제 때 그 위치에 일본신사를 짓기 위해 지금의 자리로 옮겨진 것이다. 이 국사당은 나라에서 제사를 지내던 전통있는 당으로 당 안에 있는 무신도는 아태조(我太祖), 군웅대왕, 명도, 강씨부인, 용왕대신, 산신님, 창부씨, 신장님, 무학대사, 단군, 삼불제석, 칠성님, 민중전, 최영장군 등 모두 28점이나 된다. 이렇게 많은 무신도가 한 곳에 집합해 있는 일도 그 유래가 드물고, 이들 무신도들은 회화로 보아도 걸작으로 꼽히는 작품들이다.

▲제주의 무신도/제주도 민속자료 제7호(제주민속박물관 소장)

(4) 건축

그 당시의 생활기술과 생활양식을 아는데는 건축물을 고찰하는 것이 가장 빠른 길이다. 민속자료로 지정된 건축물로는 강릉의 선교장(船橋莊), 구례의 운조루(雲鳥樓), 창녕의 민가(民家) 등이 있다.

▲선교장

중요민속자료 제5호로 지정된 강릉의 선교장은 전주 이씨 귀족의 양반가옥으로 이 선교장에는 안채와 동별당, 큰사랑, 중사랑, 아랫사랑, 행랑 등이 있으며, 크고 작은 방이 30여 개, 대청마루 등이 10여 개, 광이 11개, 큰 창고가 따로 있다. 웅장한 규모와 평면배치나 내부의 구분이 조선건축의 고유성을 잘 나타내 주고 있으며, 조선 상류사회의 전형적인 주거형성을 보여주고 있다.

구례의 운조루는 유씨가의 소유로 상량문에 영조 52년(서기 1776년)으로 되어 있어 약 200년 전의 명문가의 가옥임을 알 수 있다. 그 규모가 웅대하고 한 간의 길이가 넓어서 조선귀족의 생활을 엿볼 수 있다. 대문 주변과 안사랑이 퇴락되어 없어진 것이 유감이나 그 외에는 보존이 잘 되어 있어서 옛 모습을 찾을 수 있다.

창녕의 민가는 약 550년이 된 가옥으로 현존하는 민가로서는 가장 오래된 것이다. 현지의 민가들은 보통 서쪽에 부엌을 두는 것이 기본형이나 이 민가는 부엌이 동쪽에 있고, 쇠못을 쓰지 않고 죽침을 썼으며, 천정은 흙을 얹지 않고 대나무와 삼대로 엮은 위에 짚으로 지붕을 하여 가벼운 건(乾)새짚으로 되어 있는 것이 특색이다. 서민가옥에 대한 연구가 희소한 실정에서 당시의 서민생활과 건축기술을 이해하는데 귀중한 자료가 되고 있다.

(5) 의류

의류는 인간생활에서 필요 불가결한 것으로 기후의 변화, 계급과 의식, 인지의 발달과 재료, 남녀의 구별, 연령, 수요 등에 따라 여러 가지 종류가 있고, 섬유질로 짜서 만들기 때문에 보관이 오래되지 않고, 입는 과정에서 낡아 버리게 되고, 필요 이상의 의류는 만들지 않기 때문에 백 년만 되어도 당시의 의장을 찾아보기 어려운 실정이다.

중요민속자료로 지정된 의류는 덕온공주의 당의, 심동신의 금관조복, 광해군 내외 및 상궁옷, 위제 이단하 내외의 옷, 김병기 일가의 옷, 정원상의 의대 등이 있다. 덕온공주는 순조의 3녀로 윤세가에 하가하였으나 일찍 세상을 떠났다. 당의는 공주가 입던 것으로 궁중의를 짐작하는데 자료상의 가치를 지니고 있다. 심동신은 철종 때 과거에 급제하고 참판으로 있을 때에 착용한 금관조복을 남기고 있는데, 금관1, 조복1, 적상1, 청초의1, 운학금환수1, 패옥1, 서대1, 홀1 등이다. 조선 말기 귀족의 의관제도와 기술을 짐작하는데 귀중한 자료가 된다. 김병기는 안동 김씨의 명문태생으로 헌종 때에 문과에 올라 좌찬성을 지낸 바 있는 현관으로 그의 의류는 조선조 말기 고관대작의 의제를 의미하며, 정원용은 순조 2년(서기 1802년)에 급제하여 영의정에 오른 명재상이었다. 이로서도 조선시대 고관대작들의 생활을 연구하는 귀중한 자료가 된다.

5. 박물관

박물관은 세계문화의 역사적 흐름 속에서 자신의 위상을 인식할 수 있는 문화의 산 교육장이다. 국제박물관 협의회에서는 박물관을 인간환경의 물질적인 증거를 수집 · 보존 · 연구하여 전시하는 행위를 통해 사회와 인류문화발전에 봉사할 수 있도록 대중에게 공개함으로써 연구와 교육 · 과학에 이바지하는 비영리적이고 항구적인 시설로 정의하고 있다. 따라서 박물관은 한 민족의 기원에서부터 현재에 이르는 문화재 · 문화유산 등 물질적 증거를 중심으로 그 문화와 관계있는 주변지역의 문화를 조사 · 연구하는 총본산이 되어야 할 것이며, 사회교육과 문화활동의 중심역할을 담당해야 한다. 모든 연령 · 직업 · 성별 · 종교를 망라하는 평생교육을 행한다는 점이 박물관의 특징으로, 박물관은 하나의 독립된 인식, 체험공간에서 스스로의 삶을 역사의 흐름 속에서 관찰하고 의식화함으로써 인간과 환경이 더불어 사는 삶에서 역사 · 문화 · 자연에 대한 책임의식을 일깨우고 관심을 키워 나갈 수 있게 한다. 또한 오늘날의 박물관은 종합문화공간으로서 공공봉사시설이 확충되고 있는데, 전시회 이외에 문화적인 행사를 개최하여 새로운 문화를 창조하며, 여가를 선용하는 대표적인 기구로서의 기능을 수행하고 있다. 이로써 박물관은 훌륭한 관광자원으로의 역할을 해내고 있는 것이다.

1) 국립박물관의 성격

1908년 9월 이왕가 박물관으로부터 기원이 되는 국립중앙박물관의 역사는 조선총독부 박물관을 거쳐 1986년 옛 중앙청(조선총독부) 건물의 개조로 제5차 이전이 되는 과정 동안 약 90년의 역사를 갖는다. 국립중앙박물관은 우리문화를 이해하는데 기여하는 모든 자료를 조사 · 연구하여 전시함으로써 한국의 문화와 역사를 알고, 세계 속에서 한국의 위상을 정립하는데 목적을 두고 있다. 국립박물관의 성격은 다음과 같이 규정할 수 있다.

(1) 연구조사기관으로서의 박물관

광복과 더불어 국립박물관으로서의 새로운 출발을 하게 된 국립박물관은 불모지에 가까웠던 당시의 한국고고학 · 한국미술사연구의 구심점으로 한국의 고고학과 미술사 발전에 크게 기여하였다. 이제 국립박물관이 소장하는 소장자료와 모든 발굴조사자료들에 대한 조사연구를 실시하고 그 조사연구결과는 첨단장비를 응용, 정보 자료화하여 박물관 활동과 관계학계에서의 연구를 위해 기여함으로써 국립박물관은 한국문화와 역사를 연구하는 총본산이 되어야 한다.

(2) 미래지향적인 전시관으로서의 박물관

문화적 욕구가 높아짐에 따라 지금까지의 학교교육이나 사교육, 또는 직장교육만으로 인간의 욕구를 충족할 수 없게 되었다. 따라서 이제 모든 인류는 평생을 두고 교육적 혜택을 향유하고자 하게 되었으며, 박물관도 평생교육기관으로서의 시설확충도 필연적으로 대두하게 되었다. 그러므로 국민의 문화적 향수권을 충족시켜야 하는 문화공간임을 인식하여 미래지향적으로 한국의 내일을 제시하는 국립박물관으로서의 기능과 역할을 재정립하여야 한다.

(3) 문화공간으로서의 박물관

박물관은 이제 와서 보아주기만을 기다리는 시대는 지나갔다. 문화공간을 향유하려는 시민의식에 발맞추어 사회교육적인 역할뿐만 아니라 복합적인 문화공간으로서의 시설을 갖추어 국민들이 문화 전반에 대한 요구를 충족시킬 수 있도록 기여해야 한다.

(4) 전시공간으로서의 박물관

한국사의 이해와 세계 속에서의 한국을 인식하기 위해 역사관을 두며, 한국미술의 우수성을 과시할 수 있는 미술관 그리고 세계 속에서의 한국의 존재를 알 수 있도록 외국관을 둔다. 역사관은 보다 교육적이면서 재미있는 현장교육의 장소로, 미술관은 우아하고 매력적인 전시관이 되는 동시에 시민의 휴식과 여가선용을 위한 문화공간으로서의 역할이 부여된다. 외국관은 인접국가에서부터 세계 속으로 그 대상은 무한하나 우리 문화와의 역사적 관련성을 중시하도록 한다.

(5) 평생교육기관으로서의 박물관

박물관이 시민교육의 기관이라는 사실은 일찍이 세계박물관사에서도 인정하고 있는 사실이다. 근래 인간의 교육은 학교교육이나 성인교육뿐만 아니라 유치원생에서 노인 · 전문가에 이르기까지 교육을 필요로 하는 모든 대상은 박물관을 인간의 평생교육을 위한 장소로 그 존재가치를 인정하기에 이르렀다. 따라서 박물관은 이러한 사적 욕구에 부응하여 박물관 시설은 모든 계층에게 공개되어야 하고, 이들을 이용하여 교육적 혜택을 향유할 수 있게 되며, 박물관의 모든 활동은 교육적 효과를 거두기 위해 최선의 방안을 강구해야 한다.

(6) 국제문화교류의 중심지로서의 박물관

국제화 사회에 살고 있는 우리들은 국제적 안목과 시야를 확대하여 세계문화의 맥락 속에서 한국의 문화와 역사를 전시해야 할 필요가 절실한 시점에 와 있다. 이제까지의 우리 박물관은 미술품 중심의 전시로 한국문화와 역사를 이해하는데 미진한 점이 없지 않았다. 이제 우리는 박물관을 통해서 우리들 자신은 물론, 우리를 세계에 보다 널리, 그리고 보다 정확하게 인식시켜야 하는 사명을 지니고 있다.

이상과 같은 국립박물관의 성격규정에서 살펴 본 바를 기초로 새로운 국립중앙박물관은 한국의 문화와 역사를 재조명함은 물론이며, 민족문화의 전당으로서 그간 소원하였던 박물관과 시민문화생활의 간격을 없애고, 국제적 박물관 문화의 또 다른 이상이 구축되어 훌륭한 관광자원으로의 활용가능성이 충분해야 한다.

2) 우리나라 박물관 현황

우리나라에는 국립 · 도립 · 시립박물관, 대학박물관 외에 최근 들어 사설박물관의 개관이 활발해지고 있고, 이들 박물관들은 점차로 세분화 · 다양화 · 전문화되는 경향을 보이고 있다.

표 2-7 전국 문화기반시설 현황 (2015.1.1 현재)

합계	박물관				미술관			
	계	국공립	사립	대학	계	국공립	사립	대학
2,519	809	371	336	102	202	51	140	11
	공공도서관				국립도서관	문예회관	지방문화원	문화의 집
	계	지자체	교육청	사립				
	930	679	232	19	1	232	229	116

(1) 국립박물관 현황

우리나라의 중요한 박물관 몇 곳을 살펴보기로 한다.

❶ 국립중앙박물관

국립중앙박물관은 우리나라 최대 규모의 대표적 국립박물관으로 역사의 고증 또는 문화예술의 참고가 될 만한 유형문화재를 수집 보관하여 일반에게 공개 관람시키는 한편, 유적 · 유물 등을 조사, 연구하기 위하여 문화체육관광부장관 소속하에 설치되었다.

1909년 창경궁 내의 제실박물관이 그 시초이며, 1945년 조선총독부박물관을 인수하여 국립박물관 개관하였고 이후 1986년 당시 중앙청(옛 조선총독부) 건물을 고쳐 이전 개관하였다가 1995년 8월 옛 조선총독부 건물이 철거되자, 중앙박물관도 이전을 추진하여 2005년 10월 28일 용산으로 이전 · 개관하게 되었다.

용산 새 박물관은 지상 6층 지하 1층의 연면적 137,255㎡로 약 15만 점의 소장유물을 소장하고 있다. 고고, 역사, 미술, 기증, 아시아 관련 문화재를 전시하는 상설 전시실과 다양한 전시가 가능하도록 가변성 있게 구성된 기획 전시실, 체험과 참여 학습을 통해 전시를 이해하도록 설계된 어린이 박물관, 박물관 야외정원을 이용하여 석탑 등 다양한 석조유물을 전시한 야외전시실로 이뤄진다.

국립중앙박물관은 국내 · 외 전시활동 외에도 유물의 수집과 보존, 조사연구, 사회교육활동, 학술자료발간, 국제문화교류활동, 각종 공연 등의 기회를 제공하는 복합문화공간으로서 교육적 측면뿐 아니라 친환경 녹색공간과 휴게시설 및 양질의 문화 프로그램도 함께 마련되어 있어 남녀노소를 불문하고 언제든 찾아가고 싶은 새로운 도심 속 명소의 역할을 하고 있다.

❷ 국립민속박물관

서울특별시 종로구 세종로 1번지 소재 경복궁 내에 위치하며 총면적은 4만 2,465㎡(1만 2,850평)이다. 1945년 국립민족박물관 창립 이래 1973년 6월 현대미술관이

덕수궁으로 옮겨가면서 그 건물을 민속박물관으로 활용하게 되었으며 이후 1975년 한국민속박물관이란 명칭으로 개관하고 1979년에는 문화재관리국 소속에서 중앙박물관 소속의 국립민속박물관으로 개편되었다. 1982년 국립중앙박물관이 옛 중앙청 건물로 이전되면서 구중앙박물관건물을 민속박물관으로 활용하게 되었으며 1992년 국립민속박물관으로서의 체제를 잡았다.

국립민속박물관은 민족의 생활과 밀접한 관계를 맺고 있는 문화 전반에 대한 전시를 통하여 자기문화의 자각과 재인식을 구현하고 나아가서 국제문화 속에 한국문화를 부각시키고자 설립되었다. 국립중앙박물관이 고고미술품을 전시하고 있는데 대해, 민속박물관은 토속적으로 일상생활에 관련된 전통생활문화의 유산을 전시하고 있다. 3개의 전시관이 있는데, 15개의 소전시실과 1개의 기획전시실에 4천여 점이 전시되어 있고, 소장품은 2만여 점에 달한다. 전시관별로 한민족생활사, 삼국시대의 생활과 문화, 고려의 인쇄 · 청자문화, 조선의 과학기술, 또 출생과 교육 · 관례 · 혼례 · 교통 · 통신 · 전통놀이와 사회제도 · 민간신앙 · 상례 · 제례 등을 전시하고 있다.

❸ 국립공주박물관

충청남도 공주시 중동 284번지에 위치한 국립공주박물관은 대전 · 충남지역에서 출토된 국보 19점, 보물 3점 등 문화재 10,000여 점을 체계적인 방법으로 보관 · 관리하고 있다. 이 가운데 학술적 가치가 높은 중요유물은 상설전시와 특별전시를 통해 관람객과 전문연구자들이 쉽게 살펴볼 수 있도록 하였고, 박물관의 소장품 도록을 비롯하여 문화유적 및 유적지 조사보고서를 간행하고, 연차적으로 백제지역 내의 문화유적에 대한 지표조사도 실시하고 있다. 이 밖에 어린이 문화재, 미술실기대회라든가 공주박물관회 등을 운영하여 지역사회의 교육적 기능도 행하고 있다.

제1전시실에는 무령왕릉에서 출토된 유물들이 전시되어 있고 제2전시실에는 백제 웅진시기를 전후하여 이 지역에서 이루어진 주거, 무덤, 성과, 대외교류관련 자료들이 전시되어 있으며 야외전시실에는 공주 일원에서 출토된 많은 석조유물이 전시되어 있다.

❹ 국립부여박물관

충남 부여군 부여읍 동남리에 위치한 국립부여박물관은 총부지 1만 9천여 평, 전시실 면적 640평 등으로 구관에 비해 약 3배 정도 늘어난 규모로, 찬란했던 백제문화의 결정체인 백제금동대향로 등 역사의 혼이 담긴 8,000여 점의 유물을 소장하고 선사실, 역사실, 불교미술실, 기획전시실 등 4개 전시실과 야외 유물전시장에서 천여 점의 유물을 전시하고 있다. 특히, 사비백제시대의 폭넓은 생활상과 백제 불교문화의 진수를 보여주는 불교유적 등을 통하여 백제역사의 종합적이고 체계적인 고찰은 물론 백제인의 숨결을 그대로 교감할 수 있는 곳이다.

선사실에는 부여 지방을 중심으로 충청남도에서 출도된 청동기 시대와 철기 시대 유물들을 전시하였으며, 부여 송국리 선사취락지 발굴 결과를 토대로 청동기 시대의 마을 모형을 꾸며 놓아 입체적인 이해가 쉽도록 하였다.

역사실에는 주로 사비 시대의 백제 유물을 중심으로 전시되어 있고 원삼국 시대 유물이 곁들여져 있고 불교 미술실에는 사비 시대 백제의 불교 미술품들이 전시되어 있는데 이는 현재 남아 있는 백제의 불교 문화를 통틀어 보여주는 것이라고 해도 지나치지 않다.

❺ 국립전주박물관

국립전주박물관은 전라북도를 중심으로 한 호남권의 귀중한 문화재 8백여 점을 전시한 이 지방 전통문화보존과 문화창조의 요람으로 전북지역의 선사시대 생활상과 문화상을 전시한 고고실, 각종

특별전시행사를 위한 기획전시실, 한국의 대표적인 예술품으로 손꼽히는 고려자기, 정교한 금속공예품, 한국역사의 자료를 전시한 미술실과 전북지방의 민속을 한 눈에 볼 수 있게 전시한 민속실 등으로 구성되어 있다.

민속실은 전북지방 생활문화의 특징을 살려 농경, 식생활, 민속예능, 민속공예 등으로 나누어 전시되어 있다. 농경실에서는 농사를 짓는 과정에 따라 가는 연장, 삶는 연장, 씨뿌리는 연장, 물대는 연장, 거두는 연장, 운반용 연장, 터는 연장, 알곡 및 가루를 내는 연장 등 각종 농기구류를 볼 수 있고, 음식실에는 4백여 가지에 이르는 음식물을 종류별로 모형을 만들어 전시해 우리나라 최고의 음식문화를 살펴 볼 수 있다.

고고실은 기본주제에 따라 전북지역의 선사시대 문화를 조명하는 선사분야, 익산 미륵사지의 최근 발굴조사성과를 집약한 미륵사분야, 전북지역 삼국시대 고분문화의 성격을 조명한 고분분야의 세 코너로 짜임새있게 전시되어 있다.

예능분야에서는 우리 민족생활과 더불어 같이 살아 온 농악과 가창력 뛰어난 판소리, 그리고 의례음식으로써 무가 등의 소리를 들을 수 있으며, 닥나무 껍질에서부터 닥풀을 떠 한자를 만드는 과정도 보여주고 있으며, 그 밖에 목기제작과정도 볼 수 있게 꾸며놓고 있다.

❻ 국립광주박물관

국립광주박물관은 지상 2층, 지하 4층의 누각 형태를 본뜬 우리나라의 전통적인 건물로 1978년에 개관하였다. 선사시대로부터 오늘에 이르는 호남권 문화의 발자취를 살필 수 있도록 선사문화유물, 영산강유역의 옹관묘 및 석실고분출토유물, 통일신라시대와 고려시대의 불교미술과 일반공예품, 청자와 백자를 비롯한 각종 도자기, 조선시대 회화 등을 전시하고 있으며, 특히 이 지방의 신안 해저침몰무역선으로부터 인양한 중국 송 · 원대 유물이 특별 전시되어 있는 종합박물관이다.

이 박물관의 주요업무로서는 중앙에 집중된 문화재의 지방분산, 보관과 전시 및 신안해저유물의 전시, 호남지역에 있어서의 고고 · 미술 · 민속 · 인류학 영역에 속하는 자료의 수집 · 전시 및 이에 대한 조사 · 연구 등을 들 수 있다. 이 밖에도 지역사회문화에 대한 이해의 폭을 넓히고자 활발한 사회교육활동을 전개함으로써 문화의 전당 및 평생교육의 도량역할을 수행하고 있다. 또한 매년 특별전을 비롯하여 학술대회와 교양강좌를 열고 있으며, 박물관대학을 운영함으로써 지역사회의 교육에도 크게 이바지하고 있다.

❼ 국립경주박물관

국립경주박물관의 전시실은 본관 2층 8개 실과 별관으로 구분되어 있으며, 전체 소장유물은 20,000여 점이다.

제1실 선사실에는 신석기 시대, 청동기 시대, 초기철기 시대의 유물이 시대순으로 전시되어 있다. 경상남 · 북도 지방에서 출토된 초기 금속문화재의 석기 · 청동기유물이 수집되어 신라문화에 앞서는 이 고장 선사문화의 모습을 보여주는 방이다.

제2실인 고신라토기실에는 토기종류로 여러 가지 형태의 항아리와 고배가 가장 많으며, 오리형 토기, 뿔형 잔(盞), 기마인물형 토기, 가형 토기, 거북모양 토기 등이 전시되어 있고, 이들 토기는 실용하는 그릇도 있지만, 많은 종류가 예기(禮器)로 짐작된다.

제3실인 고신라공예품실(Ⅰ)에는 경주 계림로 미추왕릉지구에서 발굴된 유물들을 정리하여 전시하고 있다 우마차형 토기, 마구장식 등과 함께 보검장식은 홍마노로 장식되었고, 고대 페르시아풍으로 된 고도의 누금수단을 쓴 것으로서 당시의 금세공기술의 뛰어남을 보여주고 있다.

제4실 고신라공예품실(Ⅱ)에는 금관총에서 출토된 금관을 비롯하여 서봉총의 금제그릇, 금령총의 유리잔 등 경주일대에서 출토된 고분유물을 전시하고 있다. 금관 이외에도 피장자의 몸에 장착하였던 금 · 은 · 옥제 장신구류와 부장품으로는 금도에 마구장식, 토기, 금동제 용기, 유리잔 등 공예적으로 세련되고 호사스러운 것이 많다.

제5실 와전실은 고신라 및 통일신라시대의 요예품(窯藝品) 중 건축부재로써 중요한 부분을 차지하는 전류는 용도에 따라 바닥을 까는 부전, 벽을 쌓는 벽전, 탑을 쌓는 탑전, 묘를 쌓는 묘전 등과 형태에 따라서 방형전, 장방형전, 상형전, 삼각형전, 이형전 등 다양하게 전시되어 있다.

제6실 통일신라토기실에 있는 통일신라기의 토기는 기형에 있어서 삼국시대 특유의 바닥이 둥근 장경감, 다리가 길고 투공이 유개고배나 이형 토기 등의 기형이 없어졌으며, 평저단경협구의 병, 장경병, 다리가 짧은 무개고배, 고대가 달린 유개합 등 새로운 형식의 것이다.

제7실 통일신라 금속공예실에는 통일신라시대의 금속공예품과 금석문(비석이나 금속공예품에 글씨를 새긴 유물)들이 전시되어 있다. 여기에 전시된 대표적인 유물들은 불국사 경내에 있는 불국사 3층석탑(석가탑)에서 발견된 사리기 등 일괄유물과 송림사(경북 칠곡군 동명면) 5층전탑의 금제수형장식(金製樹形裝飾) 및 사리장치일식 등인데, 모두 통일신라 금속공예의 우수성을 나타내 주는 걸작품들이다.

제8실 조각실은 고신라 시대와 통일신라 시대의 석불과 금동불 등 불교조각과 통일신라 시대의 석조물 중에서 조각이 우수한 것을 골라 전시하고 있다. 여기에 전시된 석불은 남산에서 옮긴 미륵보살반가사유상, 인왕동에서 출토된 석가여래좌상, 창림사지(경주시 배동)에서 옮겨 온 석탑부재에 부각된 팔부중상(八部衆像) 등 경주 일원에서 발견된 불교조각들이다.

한편 경주개발기념관의 성격을 보이는 별관에는 천마총과 98호 고분(황남대총), 안압지에서 발굴된 유물을 일괄해서 전시하고 있다.

표 2-8 지역별 박물관 현황

지역	현황
서울	국립중앙박물관, 국립민속박물관, 세종대학교 민속박물관, 서울대학교, 동국대학교, 고려대학교, 연세대학교, 중앙대학교, 경희대학교, 홍익대학교, 덕성여자대학, 이화여자대학교, 숙명여자대학교, 건국대학교, 단국대학교박물관, 궁중유물전시관, 한국민속관, 간송민속관, 석주선기념민속박물관, 롯데월드 민속박물관, 피어리스박물관, 외교박물관, 한독의약박물관, 동서의학박물관, 한국기독교박물관, 명가김치박물관, 짚풀생활사박물관, 우정박물관, 체신박물관, 삼성출판박물관, 성암고서박물관, 농협박물관, 남산해양박물관, 코리아 씨랜드해양박물관, 골프박물관, 남산타워 세계민속박물관
경기도	경기도박물관, 인천시립향토박물관, 김치박물관, 해강도자미술박물관, 목아불교박물관, 국립철도박물관, 마사박물관, 전통술박물관
강원도	춘천시립향토박물관, 소리축음기오디오박물관, 한국스키박물관
충청남도	국립부여박물관, 국립공주박물관, 공주민속극박물관, 온양민속박물관, 공주대학교 · 충남대학교 · 한남대학교박물관, 화폐박물관, 석탄박물관, 산림박물관, 건축박물관
충청북도	국립청주박물관, 충북대학교박물관, 청주고인쇄박물관
전라남도	국립광주박물관, 광주시립박물관, 전남대학교박물관, 나주배박물관, 죽물박물관, 조개박물관
전라북도	국립전주박물관, 전북대학교박물관, 보석박물관, 동진 수리민속박물관, 종이박물관
경상남도	부산시립박물관, 부산대학교, 동아대학교박물관, 태정민속박물관
경상북도	국립경주박물관, 경북대학교, 동국대학교, 영남대학교박물관, 고령 시립박물관, 장기갑등대박물관, 건들바우박물관, 화석박물관
제주도	제주민속박물관, 제주도민속자연사박물관, 제주대학교박물관, 제주영화박물관, 분재박물관

표 2-9 국립 · 공립 · 사립 박물관 현황

분류	현황
국립박물관	국립중앙박물관, 국립경주박물관, 국립공주박물관, 국립부여박물관, 국립전주박물관, 국립해양유물전, 국립광주박물관, 국립대구박물관, 국립진주박물관, 국립김해박물관, 국립제주박물관, 국립민속박물관, 국립현대미술관, 국립국악박물관, 국립춘천박물관, 국립청주박물관, 문화체육관광부, 문화재청, 철도박물관, 등대박물관, 산림박물관, 외교박물관
공립박물관	경기도박물관, 토지박물관, 광주시립민속박물관, 밀양시립박물관, 오죽헌시립박물관, 청주고인쇄박물관, 서울역사박물관, 문경새재박물관, 부산광역시립박물관, 인천광역시립박물관, 제주도자연사박물관, 미륵사지유물전시관, 거창박물관, 독도박물관, 태백석탄박물관, 한밭교육박물관, 공립박물관, 문경석탄박물관, 경찰박물관, 농업박물관, 독립기념관, 우정박물관, 육군박물관, 강화역사관가상체험
사립박물관	가천박물관, 갈촌탈박물관, 거제박물관, 경보화석박물관, 고려대장경연구소, 고구려연구회, 골프박물관, 공주민속극박물관, 나비우표박물관, 나주가상박물관, 남북통합문화관, 군사 · 문화박물관, 단재신채호기념관, 대관령박물관, 대원사티벳박물관, 동진수리박물관, 두루뫼박물관, 롯데월드민속박물관, 마산시립박물관, 마사박물관, 목아박물관, 백야기념관, 사이버해양박물관, 사이버국악음반박물관, 사이버문화재탐방, 성서유물박물관, 세계민속악기박물관, 세종대왕기념관, 세중옛돌박물관, 수덕사근역성보관, 신라역사과학관, 신문박물관, 신세계상업사박물관, 아프리카미술박물관, 영월책박물관, 온양민속박물관, 옹기민속박물관, 한얼전통문화보존협회, 은암자연과학박물관, 의상기념관의학박물관, 잠사문화박물관, 전쟁기념관, 전통다도박물관, 제주민속촌, 제주신영영화박물관, 조선민화박물관, 조흥금융박물관, 중남미문화원, 삼성어린이박물관, 삼성교통박물관, 지구촌민속박물관, 직지성보박물관, 청고교육박물관, 청송민속박물관, 초전섬유퀼트박물관, 테디베어박물관, 통도사성보박물관, 풀무원김치박물관, 팬아시아종이박물관, 평강성서유물박물관, 하회동탈박물관, 한국등잔박물관, 한국문화예술진흥원, 한국민속촌, 한국불교미술박물관, 한국비림박물관, 한국잡지박물관, 한국통신박물관, 한국카페트박물관, 한산모시관호림박물관, 호암미술관화정박물관, 화폐박물관, 사이버인삼박물관, 음성기록역사관

제5장 사회관광자원

제1절 사회관광자원의 개념

문화는 여러 가지 사회적 규범과 관념의 총체이다. 이것은 그 사회의 모든 규범들 간의 상호관련의 성격을 규명해야 비로소 문화를 올바로 파악한다는 뜻이며, 동시에 하나의 문화요소 혹은 사회규범은 그 사회를 존재하게 하기 위한 부분으로서의 의미를 지닌다. 따라서 총체적인 맥락에서 해석되어야 한다는 뜻이다.

관광자원에 있어 문화적 자원이 시각적으로 감상할 수 있는 유형적인 용구문화(用具文化)의 속성이라고 한다면 사회적 자원은 그 용구문화를 창조해 낼 수 있었던 사회 규범적인 무형의 생활양식을 뜻한다. 따라서 유형문화재인 용구문화는 사회 규범적인 생활양식의 결과적 소산이 되는 것이다. 오늘날의 관광자들은 단순한 감상만이 아닌 사회적 관광자원에서의 접근을 통하여 지구상의 수많은 민족이나 사회집단의 문화의 다양성과 특수성뿐만 아니라 인류문화로서의 보편성을 발견하게 되고 다른 문화에 대한 객관적 이해의 경험을 바탕으로 자아확대욕구를 충족시키고자 한다.

따라서 사회관광자원이란 한 나라의 역사와 전통, 과거의 생활상과 현재를 이해하는데 도움이 되는 사회 규범적인 자원으로서 여기에는 도시의 문화환경, 생활문화, 지역의 역사와 민속 및 풍습, 사람들의 소박한 인정, 국민성과 이에 따른 생활자료, 그리고 각종 제도와 사회공공시설 등이 포함된다.

제2절 사회관광자원의 유형 및 현황

1. 도시관광

도시관광은 관광객, 관광자원, 관광기업, 도시주민 등이 도시라는 공간 내에서 상호작용하는 가운데 이루어지는 총체적 현상이라 할 수 있으며, 관광대상은 도시 자체가 지니고 있는 매력과 자연적 · 인문적 자원, 각종 위락시설 및 서비스 등을 포함한다.

도시는 주된 기능 및 자원 · 시설 등의 성격에 의해 상업도시, 문화도시, 행정도시 등으로 구분될 수 있다. 런던, 파리, 샌스란시스코, 도쿄, 방콕, 뉴델리와 같은 도시들은 박물관, 공원, 극장, 역사적인 장소, 쇼핑, 식사, 도시경관 등 우수한 관광자원을 보유하고 있어 농어촌 지역과 같은 비도시지역이 제공할 수 없는 독특하고 다양한 여가, 관광, 레크리에이션 기회를 제공해 주고 있다. 특히 역사적인 건축물이나 기념물 등의 문화관광자원이 풍부한 스페인의 톨레도, 세고비아, 독일의 하이델베르크, 미국의 뉴올리안즈, 샌 안토니오, 사바나 등의 도시들은 오래 전부터 세계 각국으로부터 많은 관광객을 유치하고 있다.

또한 특별한 관광자원이나 문화자원은 없지만 인위적인 관광시설을 개발하여 외래객을 유치하고 있는 미국의 라스베가스, 올란도 등의 도시는 그 도시만이 가지고 있는 독특한 관광위락 서비스, 문화예술, 이벤트 서비스 등을 내방객에게 제공해 주고, 그 대가로 받는 경제적 수입으로 급속한 지역발전을 도모하고 있다. 이와 같은 도시들은 도시 내의 관광 숙박시설이나 관광 위락시설들, 도시 전체의 경관과 거리모습이 타 도시나 지역보다 훨씬 더 매력적이 되도록 주안점을 두고 도시행정의 방향, 공공사업의 운영을 추진해 가고 있다.

모든 도시들은 그 형성과정이나 수행하는 주기능, 보유시설 등에 의해 독특한 인문관광자원 또는 자연관광자원을 어떤 형태로든 보유하고 있다. 따라서 지금까지는 특별한 관광자원이었더라도 창의적인 아이디어와 지속적인 관광상품 개발노력으로 빈약한 자원성을 보완하거나 특성화시킨다면 관광객의 방문동기를 유발시킬 수 있을 것이다.

1) 도시의 관광자원

(1) 도시구조형태와 관광자원

도시관광자원이란 도시의 구조형태와 기능, 현상 및 이미지 등의 측면에서 여러 형태로 나누어 볼 수 있다. 여기서 도시의 구조형태란 하드웨어로서 도시를 구성하는 자연자원, 각종 시설, 건축물, 도로, 공원, 녹지 등을 의미한다. 이를 적절히 활용하여 도시의 아름다움을 크게 한 도시로는 하와이의 호놀룰루, 캐나다의 벤쿠버, 호주의 시드니 등을 들 수 있다.

런던의 빅벤(Big Ben)과 2층버스

도시의 인문자원에는 각종 문화 · 예술시설, 주제공원, 숙박시설, 쇼핑시설, 국제회의시설, 체육시설, 오락시설, 기념건축물, 탑, 교량, 터널, 구조물, 도시형 리조트 시설 등을 들 수 있고, 교통체계 측면의 도시관광자원은 쾌적하고 편리한 도시 내 경관, 도로나 특징적인 관광열차, 경전철, 미니버스, 관광용 셔틀버스, 관광객용 역마차, 관광유람선 등의 관광교통수단 등으로 이러한 교통수단을 이용해 도시 내외의 관광 매력물들을 쾌적하게 구경할 수 있도록 한 것을 의미한다. 또한 도시 내 하천주변 등지에 복잡 · 다기능적으로 조성된 교통터미널 시설도 새로운 도시형 관광매력으로서 이용객들에게 많은 즐거움과 추억을 갖도록 해준다.

하와이의 경관도로, 스위스의 산악열차, 샌프란시스코의 전차, 도쿄주변 하꼬네지구의 스카이웨이, 파리 세느강의 유람선, 런던의 2층버스 등은 교통수단 자체가 매력적인 관광자원으로 활용되고 있는 좋은 예이다.

(2) 도시기능과 관광자원

도시기능과 관련된 관광자원으로는 주로 문화여가자원을 들 수 있는데, 박물관, 미술관, 음악관, 역사유적지, 문화재, 주요 이벤트, 스포츠행사, 축제, 전통토산품, 전통예술공연, 민속, 풍속 등이 있다. 미국 뉴욕 시의 맨해튼 내 사우스 스트리트 씨포트지역, 브로드웨이거리, 조지아 주의 사바나 시, 이스라엘의 예루살렘 시, 동경 시의 하라

주쿠거리, 비엔나 음악의 거리, 런던의 피카데리지구, 요코하마 시의 모토마치 패션거리 등이 대표적인 예이다.

도표 2-2 도시관광의 구성요소

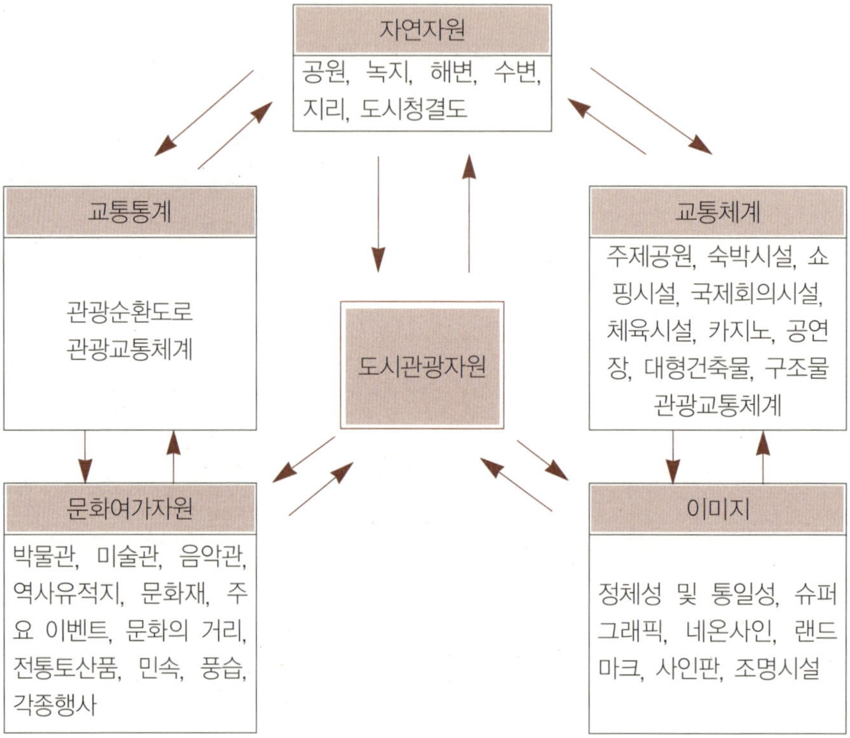

(3) 도시 이미지와 관광자원

도시가 가지고 있는 특성이나 개성, 도시공간 전체에 대한 통일성, 슈퍼그래픽, 네온사인, 랜드마크, 관련시설, 각종 안내사인판, 조명시설 등은 도시의 이미지를 결정짓는 요소들로 이러한 요소들은 어느 한 도시를 다른 도시와 분리시켜 낼 수 있는 특징으로 인식된다. 샌프란시스코를 생각하면 금문교가 연상되고, 뉴욕하면 자유의 여신상, 스위스하면 알프스와 요들송이 생각난다. 싱가포르의 깨끗한 거리풍경, 홍콩의 수변 고층빌딩군과 바다 위에 떠 있는 정크선의 모습 등이 그러한 도시 이미지의 사례인 바, 대부분의 관광객들은 이와 같은 기존의 도시 이미지에 의해 그곳의 매력을 느끼고 방문 여부를 결정짓고 있으므로 도시의 이미지를 가꾸어 나가는 것은 관광객 창출에 있어 중요한 일이 된다.서울

▲홍콩의 야경

2) 서울의 도시관광 상품현황

(1) 시티투어의 현황

서울 시티투어는 2000년 ASEM과 2001년 한국방문의 해, 2002년 월드컵을 겨냥하여 수도 서울의 새로운 관광 인프라 구축을 위해 2000년 10월부터 운행해 온 프로그램이다. 버스로 서울시내 곳곳에 흩어진 관광명소를 효율적으로 관광할 수 있어 내국인은 물론, 외국인에게도 손색이 없다.

서울 시티투어 상품은 고궁 · 쇼핑센터 등 서울시내에서 한국적 이미지를 담고 있는 주요관광지만 선별해 한 코스에 모은 것이 특징이다. 처음에는 주간 코스와 야간 코스를 운행하다가 고궁 코스를 신설하고, 2002년 3월부터 월드컵을 겨냥하여 월드컵 코스를 새롭게 만들었다. 이들 상품에는 외국어가 유창한 통역안내원이 차량에서 안내를 하고, 5개국어 동시 안내 시스템(한국어, 영어, 중국어, 일어, 불어)을 시티투어버스 차량에 장착하여 코스의 어떤 곳이라도 안내방송을 들을 수 있게 하였으며, 시티투어노선과 연결되는 명소에는 입장권을 할인해 주는 등 서비스를 하고 있다.

▲서울시티투어버스와 승차장

▲서울 시티투어 코스

출처 : www.seoulcitybus.com

(2) 문화의 거리조성

서울에는 현재 대학로, 문화예술의 거리(종로구), 화랑의 거리(강남구) 등 문화의 거리가 조성되어 있으며, 예술창조의 거리(영등포구), 시인의 거리(용산구) 등의 새로운 문화명소가 만들어져 문화의 거리가 확대될 계획이다. 현재 서울시는 각 구청마다 '1문화원', '1축제', '1문화의 거리'를 조성할 것을 목표로 전문가들에 의한 자문지원 등을 구하고 있다.

(3) 청계천 복원

청계천은 1950년대 말 쓰레기와 오수로 뒤덮인 불결과 빈곤의 상징에서, 60 · 70년대는 성공적인 산업화 · 근대화로 상징되었으며, 80 · 90년대는 공구, 인쇄, 의류 등 도심산업의 중심지임과 동시에 소음 · 혼잡 · 매연 등으로 도시발전의 큰 걸림돌이 되기도 하였다. 2003년 7월부터 2005년 9월까지 시행된 복원공사로 청계천로(태평로 시점~동대문~신답철교) 및 삼일로와 그 주변 5.84km구간이 복원되었다.

깨끗한 물이 흐르는 하천으로 수중과 수변에 생물이 서식할 수 있는 생태공간의 조성과 조선시대의 대표적인 문화유적인 광통교 등 역사유적의 복원은 시민이 즐겨 찾을 수 있는 휴식공간(도심공원) 속에서 역사와 문화를 동시에 만날 수 있도록 역사문화 복원에 대한 인식을 같이 하고 있다.

청계천복원사업은 도래하는 환경의 시대를 대비하고 도심 내에서 자연과의 공존과 서울의 녹색화를 위한 미래지향적인 시도이며, 미래지향적 도시환경은 현재와는 다른 자연과 사회가 균형과 조화 속에서 공존하는 도시환경을 의미한다.

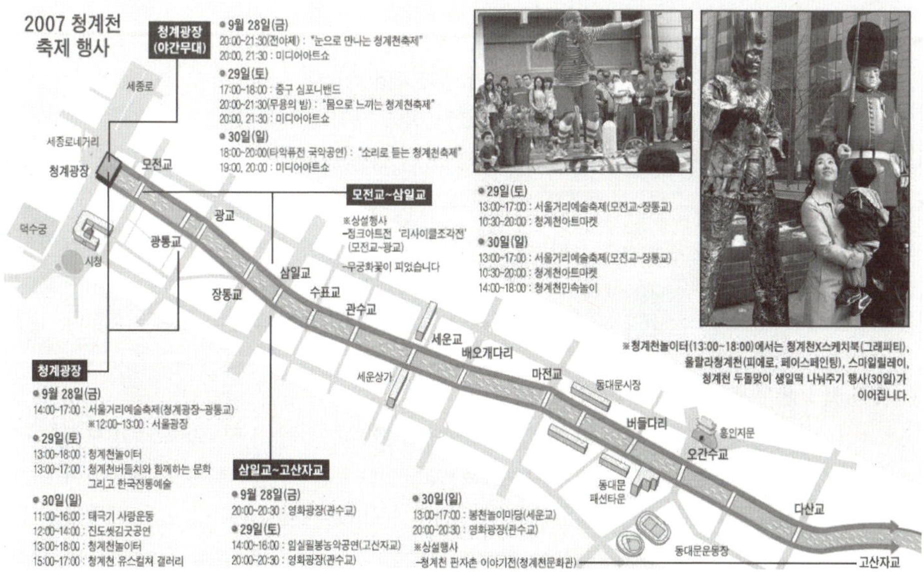

▲2007년 청계천 축제행사

■ 청계 8경

※ 1경 : 청계천의 시작 '청계광장'

청계천의 시작점인 청계광장은 동아일보 빌딩과 파이낸스 빌딩의 경호를 받는 중심 위치에 들어서 있다. 이곳에서 시작된 청계천의 물줄기는 한강으로까지 흐른다. 청계광장의 바닥은 전통 공예인 보자기의 모양을 본 딴 것으로, 조각조각 각기 다른 모양새가 흥미롭다. 또한 광장에는 청계천을 축소한 미니어처 청계천이 흐르고 있으며, 밤이 되면 각 다리가 놓인 지점에 조명이 들어와 위치를 표시한다.

※ 2경 : 조선시대의 대표적인 돌다리 '광통교'

조선시대의 대표적인 돌다리인 광통교는 조선 3대 왕인 태종 때 세워진 돌다리로, 원래는 차도로 쓰이는 광교 위치에 있었으나 원래의 위치보다 150미터 상류로 이전했다. 광통교는 1910년 종로~남대문 전차선로 복선화 공사로 도로 밑에 묻힌 지 95년 만에 햇빛을 보게 되었다. 다리는 세월의 풍파 속에서도 여전히 견고한 자태를 보여준다.

※ 3경 : 세계 최대의 도자 벽화 '정조 반차도(班次圖)'

광교와 삼일교 사이에 제작된 반차도는 조선시대 정조가 수원화성에 행차하는 모습을 그린 조선시대 유명한 화가 김홍도의 작품을 도자 벽화로 제작한 것이다. 가로, 세로 30cm의 도자기 타일을 무려 5,120장을 사용해 제작된 이 도자벽화는 세계 최대의 규모다. 길이는 무려 192미터에 이르며, 1700여 명의 인물과 800여 필의 말이 등장한다.

※ 4경 : 패션광장 '문화의 벽'

자연, 환경을 주제로 한 현대 미술가 5인의 작품이 오간수문 상류에 설치되어 있다. 국내 유명대학의 교수이자 현대 미술가 5명이 가로 10미터, 세로 2.5미터 크기의 벽화를 제작해 나란히 전시했다. 문화의 벽 아래 쪽에는 10미터 높이로 치솟는 하천분수가 있고, 건너편에는 수변 무대가 위치하고 있어 공연을 즐기는 공간으로 활용된다.

※ 5경 : 시민의 꿈과 소망 담은 '빨래터와 소망의 벽'

과거 청계천에서는 시민들이 나와 빨래를 하고 물장난을 치곤 했었다. 그때의 추억을 되살려 제작된 빨래터는 옛 모습과는 다른 대리석으로 만들어졌다. 2만여 명의 시민이 참가하여 제작한 소망의 벽은 황학교와 오간수교 사이의 양 옆 길에 위치하고 있다.

시민들이 각각의 소원을 가로, 세로 10cm의 도자기 타일에 자유롭게 그리거나 글로 표현한 것을 모아 만들었다. 그 길이가 무려 50미터에 달하며, 높이는 2.2미터다.

※ 6경 : 물고기와 물의 형상을 한 '리듬벽천'

황학교와 비우당교 사이에 설치된 리듬벽천은 높이 5m, 폭 20t의 대리석 벽면을 따라 하루 4700톤의 물이 흐르도록 설계되었다. 벽에 점점이 박힌 까만 대리석은 물고기가 수면을 거슬러 올라가는 모습을 형상화 한 것이다. 저녁이면 네 가지 색의 조명 88개가 리듬벽천을 비추고 마치 리듬에 따라 움직이는 것처럼 보이는 물의 모습이 인상적이다.

※ 7경 : '존치교각과 터널분수'

청계고가도로의 교각 중 일부를 2003년 8월 당시 철거하지 않고 남겨둔 3개의 교각으로 비우당교와 무학교 사이에 있으며, 근대화의 상징인 청계고가도로의 교각을 남김으로써 후대에 청계천 복원의 의미를 되새기기 위한 것이다. 폭이 50m인 비우당 터널분수는 총 42개의 노즐이 설치돼 있으며, 물줄기의 분사 거리는 16m에 이른다. 분수에서 뿜어 나온 물줄기가 조명과 함께 화려한 터널을 이룬다.

※ 8경 : 버들습지

버들습지는 조류보호구역으로 지정된 청계천 중 가장 자연적 · 생태적 공간으로 황학교에서 신답철교까지 조성된 습지는 무려 10여 개에 이른다. 어류, 양서류, 조류 등 다양한 생물들의 서식공간 확보를 위해 갯버들 · 매자기 · 꽃창포 등 수생식물을 식재한 습지를 조성한 곳이다.

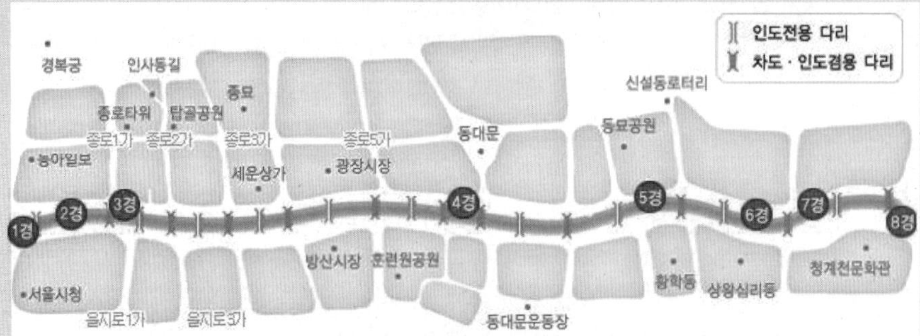

출처 : 서울특별시 청계천 홈페이지 http://cheonggye.seoul.go.kr/

3) 도시관광의 개발방안

첫째, 정보화 · 국제화사회에 알맞는 고도의 다기능을 갖춘 관광도시로 육성될 수 있도록 도시의 개발잠재력을 활용하여 특징적인 도시로 개발할 필요가 있다. 비즈니스 관광수요를 충족하고 각종 관광정보를 제공받을 수 있는 국제적인 컨벤션도시의 개발, 역사유적지를 중심으로 한 우리의 옛문화가 살아 숨쉬는 역사문화도시 개발 등에도 많은 관심을 기울여야 한다.

둘째, 문화 · 휴식 · 복지에 대한 욕구가 충족된 도시로 개발되어야 한다. 향후 고령화사회, 고학력사회, 고스트레스사회의 도래에 대비하여 도시의 문화적 편익시설과 여가공간의 확충이 절대적으로 필요하다. 따라서 도시 내 연령별 · 계층별 관광 · 여가공간의 확충과 개발은 도시복지정책 결정 시 중시되어야 하며, 관광공간 · 사회체육시설 · 사회복지시설의 확충과 첨단기반시설의 개발 등도 함께 고려되어야 한다.

셋째, 도시의 역사문화가 재현될 수 있도록 도시의 개발이 이루어져야 한다. 고색창연한 도시의 역사와 날로 변화하는 도시의 모습이 균형을 갖출 수 있도록 해야 한다. 즉, 인간과 인간의 거주공간인 도시가 조화를 이루고, 그 안에서 과거와 현재 그리고 미래가 조화를 이루는 인간중심의 도시개발이 이루어져야 한다.

넷째, 매력적인 도시환경과 이미지가 창출되어야 한다.

다섯째, 다각적인 도시관광 공간의 창출을 위한 차별적인 개발이 이루어져야 한다.

이밖에도 도시관광의 진흥은 '도시의 상품화(city selling)'에서 시작되므로 도시를 방문하는 관광객에게 도시 자체를 판매하기 위한 종합적이고 적극적인 촉진활동이 이루어져야 한다. 이를 위해서 각 지방자치단체에서는 도시관광진흥을 위한 전담조직을 정비할 필요가 높아지고, 부가가치 창출이 높은 컨벤션도시가 육성될 수 있도록 전문 행정요원을 양성하고, 전담기구의 설치를 통해 도시의 국제화를 촉진시킬 필요가 있다. 또한 관광도시의 지정과 육성, 도시관광교통, 숙박시설, 컨벤션시설, 전시박람시설, 위락시설, 관광도로 및 관광거리, 관광안내표시, 관련업체의 도시관광상품의 개발 및 판매가 이루어질 수 있도록 관련법규 및 조례의 개선도 뒤따라야 한다.

2. 교육 · 문화 · 사회시설

대학의 시설과 연구소 같은 교육시설, 세종문화회관 · 국립극장 · 국립현대미술관 · 과학관과 같은 문화시설, 국회의사당 · 고아원 · 양로원 · 사회복지시설 · 고속도로 · 교량 · 댐과 같은 건조물 등 사회시설이 있으며, 우리 사회의 형태와 생활양식 등이 외국인 관광객에게 흥미와 매력을 주게 되며, 이러한 사물과 물체가 관광대상이 된다.

1) 국립서울대학교

관악산 일대에 자리잡고 있는 국립서울대학교는 우리나라의 명실상부한 지성의 요람으로 100만 평이 넘는 캠퍼스는 동양 제일의 웅대한 규모를 자랑하고 있다. 교문을 들어서면 잔디로 뒤덮인 종합운동장이 보이며, 왼쪽으로 순환도로를 오르면 관악기슭의 숲에 싸인 그린 하우스 관악사가 있고, 인문사회관 뒤의 잔디밭은 학생들의 명소로 되어 있다. 체육관을 지나 캠퍼스 남단에 이르면 산기슭에 4 · 19공원이 있다. 도서관 · 학생회관 · 대학본부 · 인문사회관 · 자연과학관 · 예능관 등 50여 동의 건물이 수용되어 있는 이 캠퍼스는 종전의 대학시설과는 비교가 안 될 정도로 거대하며, 내부의 시설도 대학의 기능을 원활하게 발휘할 수 있도록 건축되었다.

▲ 국립서울대학교

2) 국회의사당

여의도에 자리한 국회의사당은 1975년 준공한 석조 건물로 우리나라 정치의 산실답게 그 위용을 갖추고 있다. 화강암으로 외장된 본관 외곽에는 높이 32.5m의 거대한 예주(例柱) 24개가 건물을 받치고 있고, 지붕 위에는 직경의 거대한 돔이 씌워져 있다. 이 예주와 돔은 의견의 대립이 하나의 타결점인 돔에 귀착되는 국회의 성격을 상징한다.

▲국회의사당

3) 인천국제공항

인천시 중구 운서동에 위치하고 있는 인천국제공항은 21세기 수도권 항공운송의 수요를 분담하고 동북아시아의 허브(Hub)공항으로서의 역할을 담당하기 위해 1992년 영종도와 용유도 사이를 매립하여 8년 4개월 만인 2001년 3월 29일 개항하였다.

▲인천국제공항

공항부지면적은 1,171만 6,000㎡이며 승객들이 항공기를 타기 위해 이용하는 여객터미널은 49만 6,000㎡이다. 여객터미널에는 에스컬레이터 130대, 엘리베이터 104대, 자동보도 46대, 수화물 운송설비 4대 등 승객 편의 시설이 갖추어져 있으며, 매장 · 면세점 등 각종 상업시설과 귀빈실 등이 마련되어 있다. 활주로는 길이 3.75km, 폭 60m짜리 2개가 설치되어 있어 활주로가 1개뿐인 여타 공항들과 비교해 항공기의 이착륙이 편리하고 각 활주로마다 초대형 여객기의 이착륙이 가능하도록 설계되어 있다. 관제탑은 높이 100.4m에 넓이 179㎡로 세계에서 3번째 규모이다.

2006년 기준으로 연간 여객 2,819만 명, 화물 234만t을 처리하였고 국제 여객 세계 10위, 국제 화물 세계 2위를 기록하고 있다. 2007년 9월 말 기준 69개 항공사가 49개국 160개 도시를 취항하고 있다.

4) 서울월드컵경기장

▲서울월드컵경기장

서울월드컵경기장은 2002년 월드컵대회가 성공적으로 개최된 곳이다. 마포구 상암동에 위치한 월드컵경기장은 64,677석의 수용규모로 최첨단경기장의 면모를 과시한다. 선수들의 기량을 생생히 볼 수 있는 디지털 고화질의 대형 전광판과 철저한 보안시스템, 첨단음향설비와 가변무대가 설치되어 있다. 한국적 조형미를 현대감각으로 표현한 경기장 모습은 새로운 볼거리를 제공하는데, 방패연 모양의 경기장 지붕부터 관중석, 원형 테크 및 브리지, 옥외주차장, 산책로, 광장 등에 조명등을 설치하여 밤에 더욱 아름다운 경기장의 모습을 볼 수 있으며, 한국의 전통미와 건축적인 안정감, 전체적 색상의 조화가 뛰어나다.

5) 명동성당

▲명동성당

우리나라 최초의 대성당으로 사적 제258호인 명동성당은 프랑스인 코스트신부의 설계로 고종 35년(1898년)에 완성되었는데, 라틴 십자형에 삼랑식의 장중한 고딕양식의 건물이다. 성당 내부에는 1952년 79위 복자의 시복식 때 설치한 보자제대가 있고, 주교좌가 마련되어 있으며, 지하묘지에는 병인박해 때 순교한 순교자들의 유해가 안장되어 있다.

명동성당은 종교적 가치로 널리 알려져 있을 뿐만 아니라 정치 · 사회 · 문화 전반에 큰 영향을 미치고 있는 이 땅의 정신적 터전이기도 하다. 명동성당의 가장 큰 특색은 석재의 조각적 멋을 살리기 위해 수많은 이형벽돌과 붉은 색 및 회색 벽돌을 섞어 사용한 점이다.

6) 세종문화회관

▲세종문화회관

서울 종로구 정부 제1종합청사 옆에 위치하고 있는 세종문화회관은 1972년 12월 화재로 소실되었던 서울시민회관 자리에 1978년 개관하였다. 세계적인 수준의 규모와 시설을 갖춘 민족문화행사의 전당으로 음악 · 무용 · 연극의 무대기능과 국제회의행사 등 다목적기능을 소화해 내는 국제규모의 시설이다.

7) 예술의 전당

▲예술의 전당

서울 서초구 우면산 자락에 설립되어 있는 예술의 전당은 아트센터이자 시민의 공원이다. 근래에 들어 세계적으로 다양한 장르를 독자적인 공간에 창출하면서도 여러 장르가 한 지붕 안에 모여 서로의 벽을 허무는 추세가 되고 있다.

예술의 전당은 문화예술에 대한 수요의 증가추세와 전문예술공간의 필요성이 절실한 국내상황과 세계적 추세에 맞추어 1988년 서울음악당과 서울서예관이 1차로 개관되었고, 1990년 2차로 한가람 미술관과 서울예술자료관의 준공을 보았으며, 1993년 2월 서울 오페라극장의 개관으로 명실상부한 복합문화예술센터이자 문화주체공간으로서의 면모를 갖추게 되었다. 또한 이곳의 한국정원 · 우면지 · 꽃동산 · 놀이마당 · 장터 등의 야외공간은 시민들의 휴식처이며 문화 이벤트의 살아있는 장으로 정착되었다.

8) 국립현대미술관

과천시 막계동에 있는 국립현대미술관은 1969년 경복궁에서 개관한 후 덕수궁으로 이전하였다가 1986년 8월 현재의 위치에 지하 1층, 지상 3층의 건물을 신축하여 이전하였다. 9개의 전시장과 1만여 평의 야외조각장과 600여 명을 수용할 수 있는 대

강당 등의 시설을 갖추고 있는 이 곳은 현재 3,000여 점의 소장품이 전시되어 있으며, 각종 기획전시가 연중 개최되고 있다. 뿐만 아니라 음악회, 공연, 영화상영 등 갖가지 행사들이 다채롭게 열려 종합문화공간으로서의 역할을 수행하고 있다.

▲국립현대미술관

9) 호암미술관

경기도 용인 에버랜드 단지의 수려한 자연경관 속에 세워진 호암미술관은 전통 한옥의 본관 건물과 정원으로 이루어져 있다.

▲호암 미술관

호암미술관의 소장품은 선사시대 유물로부터 현대미술품에 이르기까지 모두 2만여 점을 헤아리며, 이 가운데는 국보 및 보물로 지정된 문화재 91점이 포함되어 있다. 대표적인 소장품으로는 그 독창성과 우수성이 세계적으로 알려진 고려청자를 비롯하여 한국적인 미감을 다양하게 표현한 분청사기, 유교적 격조높은 정신문화를 바탕으로 한 조석백자 등 도자명품들이 있다. 고서화 부문에는 그 희귀성과 예술성을 인정받고 있는 고려불화를 비롯, 조선시대의 산수화 · 영모화 · 신선도 · 사군자 · 민화 등 한국미술사에 귀중한 자료들이 소장되어 있다.

호암미술관은 근대 및 현대미술품에 있어서도 국내 최대의 규모와 최고의 수준을 자랑하고 있다. 한국을 대표하는 작가들의 작품은 물론, 외국작가들의 작품도 다수 소장하고 있다.

3. 문화행사

문화행사는 문화적 가치를 표현하거나 내재하고 있는 모든 행사의 총칭으로 민속놀이나 민속문화행사 등 역사적 의미가 있는 전통문화행사는 물론, 현재 우리가 공유하고 있는 생활양식 전부를 포함하는 모든 행사를 뜻한다. 이러한 의미의 문화행사는 단순한 행사의 유형이라는 측면보다는 인간의 정신과 물질세계 전반을 포함하는 총체적 개념을 바탕으로 타국이나 다른 지역의 생활양식, 전통적 행동양식을 체험하는 행위의 총체로서 파악되고 있다. 관광행사에 있어서 가장 궁극적인 목적은 관광매력물을 창조하는 것으로서 관광행사는 일단 관광객의 요구 및 취향을 만족시키기 위해 여러 가지 유형의 행사로 기획되고 있다. 관광행사는 관광목적지의 매력도를 제고시키고, 관광비수기를 극복하는 수단이 되며, 관광의 지역적 확대, 관광시설의 활성화, 잠재적 관광지로서의 이미지 조성, 관광시설 확충 등 도시개발 및 재개발 촉진, 관광수입 증대, 자연자원의 보존 등 '대체관광'의 새로운 형태로 자리 잡고 있다.

우리나라는 이미 지구촌 최대의 스포츠 행사인 올림픽을 1988년 서울에서 개최하였으며, 전야제 · 개막식 · 폐회식을 비롯하여 여러 기념문화행사를 성공적으로 기획하고 진행하였던 경험이 있다. 또 1994년 '한국 방문의 해'에는 한국 국제요리축제와 명동 · 이태원 · 인사동의 거리축제, 눈축제 · 꽃축제 등의 계절행사 등 다채로운 문화행사를 마련하여 방문객들에게 풍부하고 생생한 볼거리를 제공한바 있다. 1995년에는 광주 비엔날레가 개최되어 두 달간의 행사기간 중 일 평균 3만 5천 여명의 관광객이 행사장을 찾는 성황을 이루었다. 이렇듯 우리나라는 최근 몇 년간 굵직한 국제행사를 성공적으로 치른 경험과 역량을 보유하고 있으므로 문화행사의 국제적 관광상품화를 훌륭히 이루어 나갈 잠재력이 있다고 판단된다.

1) 문화행사의 관광상품화

한국관광공사가 여행사의 상품기획 담당자와 관광학계 인사를 초청하여 개최한 관광상품개발지원 회의에서는 문화행사의 상품화에 대한 활발한 논의가 이루어졌으며, 회의참가자들은 상품화 가능행사를 제시하였다.

이 결과에 의하면 백제문화제와 금산인삼제가 관광상품화의 가능성이 가장 높은 것으로 나타났다. 이는 학계와 실질적으로 외래객을 유치하는 인바운드 여행업계가 행사의 상품성, 즉 수익성, 접근성, 패키지화 가능성, 주변관광자원과의 연계성 등에 근거하여 관광상품화대상 문화행사를 제시하였다는 것에서 종래의 행사구분과는 상이한, 중요한 의의를 지닌다.

한국관광공사에서는 가장 많은 추천을 받은 백제문화제, 금산인삼제, 충북 속리축전, 남원춘향제, 설봉문화제, 설악제, 해운대축제, 바다예술제, 자갈치축제, 진도 영등제를 1차 관광상품화대상 문화행사로, 그 외 온양 아산문화제, 안동 민속축제, 에버랜드축제, 성산 일출봉칠성제(견우직녀별 축제), 하회별신굿탈놀이, 유성 온천문화제 등 36개 행사를 2차 관광상품화대상 문화행사로 지정하였다.

표 2-10 권역별 관광개발기본계획에 의거한 문화행사

구분	기존관광지 · 정비 보완대상 관광지	신규관광지개발	해당지역 문화행사
서울근교권	산정호수 외 21개소	임진강변 외 2개소	성균관 제례연주 용인 에버랜드 축제 여주 민속도자기축제 설봉문화제 등
인천해안권	마니산 외 3개소	덕포진 외 2개소	행주문화제
춘천권 치악산권 설악산권	춘천호반 외 6개소 고씨동굴 외 1개소 화진포 외 3개소	매운탕골 외 15개소 섬강 외 15개소 신평지구 외 12개소	춘천 인형극제 강릉 단오제
강릉 · 대백권	주문진 해수욕장 외 10개소	동명지구 외 2개소	강릉 단오제
공주 · 부여권	각원사	백제문화 종합휴양촌 외 5개소	백제문화제, 한밭문화제 금산인삼제, 유성온천문화제
태안해안권	상교호지구 외 1개소	난지도지구 외 3개소	온양 아산문화제
청주속리산권	송호지구 외 1개소	천대산 외 5개소	속리축전 온양 아산문화제
충주호권	초평저수지 외 2개소	연풍지구 외 8개소	속리축전
광주근교권	도곡온천 외 6개소	운주사 외 4개소	광주 고싸움놀이
전주 · 군산권	은파 외 2개소	금강호지구 외 7개소	전주 풍남제
지덕산악권	남원관광잔지 외 2개소	주천지구 외 11개소	남원 춘향제
변산해안권	석정온천관광지 외 1개소	-	전주 풍남제
서다도해권	대광해수욕장 외 5개소	해남화원관광단지 외 5개소	진도 영등제, 왕인박사 제례행사
남다도해권	토말 외 2개소	용암지구 외 7개소	보성 다향제

구분	기존관광지 · 정비 보완대상 관광지	신규관광지개발	해당지역 문화행사
부산 · 경주권	보문관광단지 외 4개소	감포지구 외 1개소	부산 시민축제, 해운대축제, 경주 벚꽃축제, 자갈치축제
대구근교권	경산온천 외 4개소	치산계곡지구 외 1개소	달구벌축제
한려해상권	도남관광단지 외 3개소	여항지구 외 6개소	여수 진남제
안동권	오전약수탕 외 2개소	임하댐지구 외 3개소	안동 민속축제 하회별신굿탈놀이
합천권	부곡온천 외 7개소	의령관광지 외 3개소	달구벌축제
주왕산권	백암온천 외 3개소	신선계곡 외 2개소	달구벌축제
울릉도권	도동약수지구 외 5개소	-	풍어제
제주권	중문과노강단지 외 7개소	붕개휴양림 외 3개소	성산 일출봉칠성제

자료 : 한국관광개발연구원, 한국관광연감을 인용하여 재작성

2) 문화행사와 관광지와의 연계성

〈표 2-9〉는 한국관광공사에서 선정한 관광상품화대상 행사를 전국 관광종합개발계획에 의거 24개소 소관광권으로 권역화하여 본 것이다.

문화행사만을 보기 위해 방문하는 관광객은 많지 않다. 많은 관광상품화대상 행사들이 지방에서 개최되는 것을 감안할 때 인근관광지와의 연계는 관광객들의 체재일수를 연장시키고, 이들의 소비액을 증대시키며, 기존관광지와 문화행사 각각에 더 높은 참가율을 가져 올 것이다. 문화행사와 주변관광지와의 연계화는 문화행사를 관광 상품화하는데 있어서 핵심적인 것이라 할 수 있다.

3) 우리나라의 주요문화행사

문화체육관광부와 한국관광공사에서는 매년 국내외 관광객들에게 추천할만한 우수한 지방축제를 지정하여 지원함으로써 우리나라 문화 및 관광발전을 도모하고 있다.

표 2-11 **2017년도 문화관광축제 현황**

구분	구분	구분	구분	구분	구분
서울	유망	한성백제문화제	9.21~9.24	올림픽공원 일대	한성백제체험마을, 역사문화거리행렬, 한성백제 혼불채화식 등
경기	최우수	이천쌀문화축제	10.18 ~10.22	이천시 설봉공원	농심풍년큰잔치, 거북놀이, 마당극 이천쌀 스토리, 설봉미술대회 등
		자라섬국제재즈페스티벌	10.20 ~10.22	가평읍 자라섬 일대	재즈 아일랜드, 파티스테이지, 미드나잇 재즈카페, 웰컴포스트 등
	우수	안성맞춤 남사당 바우덕이 축제	9.28~10.2	안성맞춤랜드, 안성시내일원	안성바우덕이 남사당공연, 지역별전통전승연회, 어름살이체험 등
	유망	수원화성문화제	9.22~9.24	화성행궁 광장, 수원천, 연무대(창룡문) 등 수원화성 일원	정조대왕 능행차, 야간무예공연 '야조', 혜경궁 홍씨 진찬연, 수원사랑등불축제, 세계의상페스티벌 등
		시흥갯골축제	9.22~9.24	시흥갯골생태공원	다섯가지 테마존 생태예술놀이터, 소금왕국, 갈대공작소, 잔디광장, 곤충나라 이벤트
인천	유망	인천펜타포트 음악축제	8.11~8.13	인천 송도달빛축제공원	펜타포트 스테이지, 드림스테이지, 플레이그라운드, 푸드존, 텐트 캠핑존 등
부산	유망	광안리어방축제	5.12~5.14	광안리 해수욕장 일원	그물끌기 한마당, 어방민속마을, 경상좌수사행렬 등
대구	유망	대구약령시 한방문화축제	5.3~5.7	대구중구 약령시 일원	고유제, 2016 정성탕 나누기, 한약방체험, 스템프 골목투어 등
광주	우수	추억의 7080 충장축제	10.18 ~10.22	국립아시아문화전당, 충장로, 금남로 등	추억의 테마거리, 추억의 고고장, 충장미래공작소, 거리퍼레이드 등
대전	유망	대전 효문화 뿌리 축제	9.22~9.24	「효! 월드」 뿌리공원 및 원도심 일원	문중 퍼레이드, 전국 청소년 동아리 경진대회, 해외민속공연, 수상창극 등
울산	유망	울산옹기축제	5.4~5.7	외고산 옹기마을 일원	스토리액터, 민속놀이, 이글루 만들기, 미꾸라지 잡기, 옹기 웰빙 소품 전시 등

구분	구분	구분	구분	구분	구분
강원	대표	얼음나라 화천 산천어 축제	1.14~2.5	화천군 화천읍 및 3개면 일원	얼음낚시, 맨손잡기, 산천어 밤 낚시, 눈썰매, 봅슬레이, 얼곰이성, 점등식 등
강원	우수	평창효석문화제	9.2~9.10	평창군 봉평면 효석문화마을 일원	음악교실, 소설 속 인물체험, 영화상영, 메밀꽃 포토존, 빛 분수 등
		원주다이내믹 댄싱카니발	9.20~9.24	따뚜공연장, 젊음의 광장, 원일로 등	댄스 경연, 마임, 버스팅, 뮤지컬, 농악대축전, 그림자극, 관현악 및 한국무용 공연 등
	유망	춘천마임축제	5.21~5.28	KT&G상상마당 춘천, 중앙로, 수변공원	거리광대극, 제천공무, 다미르쇼, 몸짓그룹 몸꾼, 마임페스티벌 등
		강릉커피축제	10.6~10.9	강릉 녹색도시체험센터 이젠 및 강릉 일원	100人 100味 바리스타 퍼포먼스, 강릉커피유락(遊樂) 스템프렐리, 월드존, 노천카페촌
		정선아리랑제	9.29~10.2	정선읍 아라리공원 일원	경창 경연대회, 부대행사 및 공연, 전통문화재현, 현대문화체험, 전통문화교류, 창작공연 등
충북	유망	괴산고추축제	8.31~9.3	괴산군청 앞 광장	세계고추 전시회, 괴산고추 품평회, 고추판매장터, 전야제, 임꺽정 주막운영 등
	우수	강경 젓갈축제	10.18 ~10.22	강경포구, 젓갈시장, 젓갈전시관 일대	마당극, 젓갈페레이드, 젓갈김치담그기, 젓갈 페이스 페인팅 및 네일아트, 강경 발효체험 등
		부여서동연 꽃축제	7.7~7.16	부여서동공원 일원	개막주제공연, 서동요 전국창작동요 부르기대회, 서동선화 나이트 퍼레이드 등
	유망	서산해미읍성 역사체험축제	10.6~10.8	충남 서산시 해미읍성 일원	고유제, 태종대왕 행렬 및 강무 재현, 보부상 체험, 패랭이제작 체험, 서산볏가릿대농악, 지점놀이 등
전북	대표	김제지평선축제	9.20~9.24	전북 김제시 일원	김제 벽골제 야행, 가족대항 초가집 만들기, 풍년 기원 입석 줄다리기, 쌍룡놀이 등

구분	구분	구분	구분	구분	구분
전북	최우수	무주반딧불축제	8.26~9.3	무주군 일원	반딧불체험 등 환경 곤충 체험 행사, 문화 예술 놀이 행사, 민속체험 등
	유망	순창장류축제	10.20 ~10.22	순창전통고추장민속 마을	순창 5대명창 추모공연, 순창 전통장류 상설체험장, 메주먹은 장어잡기 등
		완주와일드푸드축제	9.22~9.24	고산자연휴양림 일원	상상마칭밴드 퍼레이드, 와일드쿠킹쇼, 맨손으로 물고기잡기, 리틀와푸족체험 등
		고창모양성제	10.25 ~10.29	모양성(고창읍성) 및 시가지 일원	개막 출정 퍼레이드, 답성놀이재현, 수문장 교대식, 전통타악 퍼포먼스, 거리공연, 사진대회 등
전남	최우수	진도신비의 바닷길축제	4.29~4.26	진도군 고군면 회동리 일원	신비의 바닷길 체험, 새벽 바닷길 횃불 퍼레이드, 뽕할머니 소망띠 잇기, 영등상 놀이, 진돗개 체험 등
		강진청자축제	7.29~8.4	강진군 청자촌	청자야 반갑다, 한·중 도자기 교류전, 대한민국 청자공모전, 고려청자 머그컵 낚시 체험, 캐릭터 만들기 등
		담양대나무축제	5.2~5.7	죽녹원(죽녹원 한옥체험장), 관방제림 일원	죽물시장 가는 길, 가마솥 대통밥 체험, 죽신제, 건강竹竹걷기 대회, 대나무 활쏘기, 담양 별빛여행 등
	우수	정남진장흥물축제	7.28~8.3	탐진강 및 편백숲 우드랜드 일원	살수대첩 거리퍼레이드, 지상최대의 물싸움, 익스트림 출발 드림팀, 우든보트 등
	유망	보성다향제 녹차대축제	5.3~5.7	전남 보성군 한국차문화공원 및 보성차밭 일원	다신제, 전국학생차예절경연, 티아트페스티벌, 차만들기, 찻잎따기, 녹차시음, 녹차음식만들기 등
		영암왕인문화축제	4.6~4.9	왕인박사유적지, 상대포역사공원, 도기박물관 등	얼쑤 난장한마당, 구림의 밤, 낭주골 어울마당, 왕인트릭아트 역사여행 등

구분	구분	구분	구분	구분	구분
경북	대표	문경찻사발 축제	4.29~5.7	문경새재 오픈세트장	사기장일 들려주는 찻사발 이야기, 찻사발빚기, 찻사발그림그리기, 망댕이가마 불지피기 등
	우수	봉화은어축제	7.29~8.5	봉화읍 체육공원, 내성천	은어반두잡이, 은어맨손잡이, 은어구이체험, 물장난, 은어종이배 경주, 수박서리 체험 등
	유망	포항불빛축제	7.26~7.30	영일대해수욕장, 형산강체유공원 일대	개막 불빛쇼, Daily 뮤직불꽃쇼, 국제불꽃쇼, 포항프린지한마당, 불빛버스킹페스티발 등
		고령대가야체험축제	4.6~4.9	대가야역사테마관광지, 대가야읍 일원	퍼레이드 '대가야의 진군', 대가야활만들기, 대가야금동관 제작, 대가야목공예 · 유물발굴 체험 등
경남	최우수	산청한방약초 축제	9.15~9.24	동의보감촌 일원	산청혜민서 무료진료, 동의보감 · 약초생태 전시, 어린이 · 한방기체험장, 한방약초테마공원 등
	우수	통영한산대첩 축제	8.11~8.15	병선마당 및 통제영, 이순신공원 등 통영시 일원	이순신장군 행렬 재현, 거북선출정식, 이순신장군 전통무예시연, 통제영 수책 건너기 등
	유망	밀양 아리랑대축제	5.18~5.21	밀양시 영남루 및 밀양강변 일원	불씨봉헌 고유제, 무형문화재 · 아리랑공연, 거리퍼레이드, 밀양아리랑학술대회, 아랑규수 선발대회 등
제주	우수	제주들불축제	3.2~3.5	제주시 애월읍 봉성리 새별오름 (평화로변)	붐업 희망충전 문화예술한마당, 콘서트, 들불희망기원제, 집줄놓기, 희망 달집만들기 경연대회 등

자료 : 문화체육관광부

(1) 보령머드축제

'96년 7월 대천해수욕장 인근 청정갯벌에서 채취한 양질의 바다진흙을 가공하여 머드팩 외 14종의 화장품을 개발하였다. 보령산은 인체에 유익한 원적외선이 다량 방출되고, 외국산 제품에 비하여 게르마늄, 미네랄, 벤토나이트 성분함량이 높아 피부미용에 탁월한 효과가 있음이 한국표준과학연구원 등 국내 유수 연구기관으로부터 입증되었다.

보령머드의 우수성을 널리 알리고 상품화로 성공한 「보령머드 화장품」과 대천 해수욕장을 비롯한 각종 관광명소를 홍보코자 '98년 7월에 처음으로 축제를 개최하였다. 청정갯벌에서 진흙을 채취하여 각종 불순물을 제거하는 가공과정을 거쳐 생산된 머드분말을 이용한 머드마사지 등 동시에 체험을 할 수 있는 축제이다.

▲보령머드축제

(2) 무주반딧불축제

전국에서 유일하게 천연기념물 제322호로 지정된 「반딧불과 그 먹이 서식지」를 소재로 한 무주인의 긍지를 고양하고, 무주문화의 세계화를 시도하는 축제이다. 환경비교 우위를 확보하는 한편, 문화관광의 욕구 충족과 지역 경제의 활성화를 도모하여 독보적 청정 문화단지로의 위상을 제고하며 인류의 미래마저 불투명한 심각한 지구 환경문제에 대한 전 세계적 공동관심사로 승화 발전시켜 자연과 생명의 소중함을 일깨우는 계기를 만들어 주었다.

지구환경회의와 생물 다양성, 국제 심포지엄 등을 통해 환경문제에 대해 스스로 생각하고 인간이 무엇을 해야 할 것인지에 대해 무주군이 앞장서 실천하는 맑은 물, 깨끗한 공기 등 무공해 청정지역 특성을 살린 자연과 함께 얘기하며 살아가는 사랑의 만남 축제이다.

▲무주반딧불축제

(3) 금산인삼축제

우리나라에서 인삼축제를 개최한 것은 일제시대 인삼재배지로 유명하였던 개성시에서 서부공원에 인삼신사를 건립하고 매년 10월 상달 길일을 택하여 삼업계 원로가 제주가 되어 제사를 올리고 제등시가행렬과 밤중의 폭죽행사 등 거시적인 인삼제전을 거행한 바 있었다.

그리고 이곳 금산지방에서도 개성과 같은 공개적인 행사는 아니지만 인삼경작인 개인별로 삼장제라 하여 인삼포를 완성하여 인삼의 새싹이 돋아 오를 때면 인삼을 이 고장에 재배토록 하여준 산신령에게 감사 드리고 인삼밭의 피해를 막아 인삼농사가 풍성하게 되기를 기원하는 제사가 옛날부터 전해져 내려왔다.

따라서 금산군에서는 이와 같은 삼장제를 현대적인 조화로 전승 군민 축제로 발전시키며 인삼 주산지로 인삼의 본질과 효능을 규명하여 널리 선양하고 인삼 활용방안의 적극적인 모색으로 소비를 창출, 군민 소득증대를 기함은 물론 이 고장 전통문화 행사를 정립시키기 위하여 조례를 제정, 관내 유관기관 및 각계인사를 망라한 금산군 인삼선양위원회가 주관이 되어 1981년 10월 1일~2일까지(2일간) 제1회 금산인삼제를 개최하여 금산인삼을 널리 선양하였고, 금산이 인삼의 종주지로서의 면모를 일신하게 되었다.

(4) 진주남강유등축제

진주남강유등축제는 1592년 10월 진주성 전투시 성밖의 지원군과 군사 신호로 풍등을 하늘에 올리고 횃불과 함께 남강에 등불을 띄운 데서 비롯되었으며, 또한 가족에게 안부를 전하기 위한 통신 수단으로 사용된 것을 유래로 하여 지금까지 내려 오고 있으며, 1593년 6월 논개를 비롯하여 순절한 7만 민 · 관 · 군의 얼과 넋을 기리는 행사로 매년 개최되어 오고 있으며, 2004년 문화체육관광부가 지정하는 전국 문화관광축제로 지정되어 세계적인 축제로 발전시키고 있다.

▲진주남강유등축제

(5) 광주김치축제

호남은 드넓은 평야에서 생산되는 풍부한 농산물과 서남해안의 각종 해산물의 집산지로 예로부터 맛과 멋이 그윽한 별미의 본고장으로 일컬어 올 만큼 음식문화가 발달된 곳으로 전통김치하면 곧 그 대명사로 광주를 생각할 만큼 그 우수성이 국내외로 널리 알려져 있다. 광주김치대축제는 이러한 전통을 바탕으로 음식 중 특히, 우리 전통김치의 우수성을 세계에 널리 알려 김치산업을 육성하는 한편 관광상품화를 통한 국내외 관광객을 유치하기 위하여 1994년부터 매년 10월경 개최하고 있다.

(6) 인제빙어축제

강원도 인제군 내설악 지류와 내린천의 관문인 소양호에서 은빛 빙어를 주제로 펼쳐지는 빙어축제는 맑고 투명한 빙어와 눈덮힌 내설악 경관, 빙판위에서 행하여지는 산촌문화를 만날 수 있는 인제군만의 고유한 축제이다.

(7) 남원춘향제

2004년에 74회를 맞이하는 춘향제는 전국 축제 중 가장 오랜 연륜을 지닌 전통문화 축제로, 한국 여인의 사랑과 절개를 대표하는 춘향을 기리기 위한 전통문화예술축제로 그 역사를 이어오고 있다. 남원을 대표하는 춘향제는 새로운 천년, 사랑과 희망의 세기를 상징하는 「세계 사랑의 축제」로 창무극 춘향전, 춘향국악대전, 전국판소리명창대회 등 다채로운 문화행사와 춘향선발대회, 춘향일대 재현전통길놀이, 전통목기축제, 용마놀이, 남원농악 등 남원의 전통 민속을 느낄 수 있는 축제로 펼쳐진다. 한국의 전통문화예술을 사랑하며 계승 · 발전시키고 있는 백두대간 남방의 중심도시 천년고도 남원에서 한국여인의 사랑과 함께 전통과 현대가 조화된 다양하고 생생한 문화체험을 할 수 있을 것이다.

(8) 안동국제탈춤페스티벌

안동국제탈춤페스티벌은 다양하며 예술성 있는 우리 탈춤의 전통을 보존 및 전수, 개발함으로써 문화시민의 자긍심을 고취하고 국민에게 양질의 문화행사를 제공한다. 그리고 국내외 탈춤의 상호교류를 통해 안동을 한 · 중 · 일 베세토라인(beseto-line)을 잇는 탈춤메카로 조성하여 아시아적 대표이미지의 세계축제를 지향한다.

(9) 진도영등제

진도에서는 매년 음력 삼월 초하루에 바다가 갈라지는 이른바 한국판 '모세의 기적' 이 일어난다. '신비의 바닷길' 로 일컫는 갯마을의 경이로움은 진도군 고도면 회동리마을과 신의면 모도마을 해저의 사구가 40m 폭으로 물위에 드러나 바닷길을 이루는데, 이와 같은 현상이 일어날 때를 맞추어 진도에서는 풍년과 풍어를 비는 영등제를 개최한다. 2.8km의 바다 갈림을 직접 목격하는 많은 방문객들이 그 놀라운 광경에 감탄을 금치 못하며, 갈색 해초, 바지락, 낙지, 해삼 등 여러 가지 해산물을 주우면서 바닷길도 가로질러 걸어 볼 수 있다. 예로부터 내려오는 '바다갈림(해활)' 현상에 관한 재미난 전설과 유서깊은 이 지역의 전통민속과 민요를 경험하기 위해 해마다 수십만 명의 관광객들이 신비한 바닷길의 고장, '진도' 를 찾고 있다.

(10) 춘천마임축제

호반(湖畔)의 도시 춘천에서 1989년부터 매년 개최되고 있는 춘천국제마임축제는 순수 공연(예술)과 축제(난장)의 복합적 형태가 어우러진 축제로서, '마임' 장르를 한국 고유의 전통축제 양식을 통해 발전시켰다는 평을 받고 있다. 각국에서 초청된 팀의 다양한 공연을 통해 한국적 몸짓과 아시아적 전통을 바탕으로 마임의 독특한 매력을 느낄 수 있다. 또한 시민과 관광객이 축제의 주인공이 되어 밤새 도심에서 함께 어우러지는 도깨비난장은 축제의 하이라이트로 방문객 모두에게 재미있는 추억으로 오랫동안 기억될 것이다.

▲춘천마임축제

4. 향토특산물과 향토음식

1) 향토특산물

일반적으로 관광선물용품하면 공예품류를 떠올리지만, 외국에서는 특산식품을 활용한 관광선물용품들도 다양하게 개발되어 폭넓게 판매되고 있다. 날로 발전하는 식품가공기술 및 포장기술을 발판으로 많은 종류의 특산식품이나 향토요리들이 보존 및 운반이 가능한 관광선물용품으로 등장하고 있으며, 이제는 해산물과 같이 신선도를 요하는 것도 특수포장에 의해 관광선물용품으로 판매되고 있다.

또한, 전통공예품으로 상품의 가치가 있고 개발이 가능한 것은 관광특산품이라 하여 품목을 선정해서 중점 육성하고 있다. 조달청에서는 전통문화의 계승 · 발전과 문화산업의 육성을 위하여 향토의 전통공예품을 조달품목으로 지정하여 선물용, 소장용, 학교 교재용 등으로 공급하고 있는데, 그 내용은 〈표 2-10〉과 같다.

표 2-12 **우수문화상품 조달품목**

품목	내용
화각 · 폐각공예	화각담배통, 장식용 벽걸이 등
금속 · 석공예	장도, 벼루, 돌하루방 등
죽세공예	화살, 폐백동구리, 합죽선, 방구부채, 붓, 지팡이 등
자수공예	방물문갑, 반짇고리, 함, 액자, 손거울 주머니, 보석상자 등
전통악기	거문고, 가야금, 북, 장고, 꽹과리, 징, 대금, 단소, 양금 등
도자기	관상용 도자기, 생활도자기, 옹기 등
나전칠기 · 칠기	보석함, 쟁반, 반상기, 다기, 잔 등
목공예	경대, 나비장, 찻상, 소반, 서각병풍, 다식판, 필통 등
유기	반상기, 다기, 주전자, 찻상, 주방기구 등
문화재복각품	백제금동대향로, 천마총금관, 도제기마인물상, 영락영배 등
장신구	넥타이, 목걸이, 반지, 넥타이핀, 열쇠고리 등
기타	하회탈, 한복인형, 민화액자, 한지, 종이조립모형 등

자료 : 조달청 관광상품과(2003)

이러한 특산품은 지방의 특색을 살린 쇼핑관광으로 유도되어야 할 것이며, 지역성과 밀착된 특산물의 산지를 알리고 생산과정의 견학 등을 상품화해야 하며, 심미성 · 실용성 등을 고려하고 디자인 · 포장 등의 연구개발에도 관심을 가져야 한다.

2) 향토음식

(1) 향토음식의 관광상품화

오늘날 지역과 국가 간의 상이한 생활습관이나 예절과 음식물 등은 관광객에게 흥미와 관심의 대상이 되며, 관광의욕을 갖게 하는 매력적인 자원이 되고 있다. 예전의 여행은 명승을 즐기는 경관위주의 관광이 주를 이루었으나 근래에 들어서는 미각이 여행을 만족시키는 중요한 요소가 되어 풍물과 미각을 함께 즐기게 되었으며, 때로는 명물요리의 맛을 찾아 여행하는 일이 증가하고 있다.

현대인의 미식추구 및 식도락여행, 미식탐방여행의 증가는 세계적인 추세로 홍콩의 요리축제와 싱가포르 요리축제 등은 이미 우리에게도 익숙한 관광상품이 되어 있다. 관광객이 방문국의 생활을 직접 체험하고 대화를 나누며 음식물을 접하게 되면 서로간의 이해를 돕고 한층 친밀감을 갖는 계기가 될 수 있다.

이에 우리의 향토음식은 조화된 맛을 중히 여겨 맛 자체가 관광의 대상일 수 있을 뿐만 아니라 음식의 종류와 조리법이 다양하고 상차림과 식사예법에 유교의 영향이 커 의례를 중히 여기며, 풍류성이 뛰어나 외래객의 관심을 모을 수 있다. 또 향토음식은 편리함만을 생각한 즉석요리나 정성이 결여된 형식요리만을 주로 보아온 현대인들에게는 잊혀진 가정요리의 향수를 불러일으키는 정서적 깊이를 가지고 있으며, 해변가의 찻집, 밥짓는 냄새, 아침시장 두부파는 사람, 밭과 바다의 사시사철의 변화 등 음식에 의한 경관창조가 그 맛을 더욱 진하게 느끼게 하므로 여행지에서 맛보는 향토음식이야말로 관광을 촉진하는 중요한 동인이 될 수 있다. 또한 외국관광객에게는 소박한 우리의 정서와 문화를 이해하는 귀중한 경험이 될 수 있을 것이다.

이렇듯 향토음식은 단순히 관광객에게 미식의 즐거움만을 제공하는 차원에서만 관광적으로 가치가 있는 것은 아니다. 관광은 지역의 문화를 아는 것으로 그 목적을 찾을 수도 있는데, 옛날에 만들어진 가옥이 역사적 · 문화적 가치를 지니듯이 한 지방에서 오랫동안 이어 내려온 음식도 향토음식으로써 역사적 · 문화적 가치를 지닌다. 그러므로 내 고장 향토음식을 지역문화의 차원에서 보존해 나가는 한편, 이를 내 고장 산물에 대한 애착과 연결하여 지역의 관광상품의 개발로 이어나가도록 하는 적극적인 노력이 필요하다.

우리나라는 최근 들어 서울에 궁중음식 전문점이 문을 열었고, 사찰음식의 상업화와 계절과 지역에 따라 음식축제가 개최되고는 있으나, 우리의 고유음식을 관광자원으로 인식하여 체계적으로 상품화하려는 노력은 부족한 실정이다. 우리는 우수한 음식문화를 가지고 있음에도 음식문화의 발전과정을 한 눈에 볼 수 있는 음식박물관이 없으며, 전국적 향토음식을 한 곳에서 맛볼 수 있는 제대로 된 향토음식점단지가 있지도 못하다.

내국인들은 우리의 전통문화를 알고 식도락을 즐길 수 있으며, 외국인들은 한국 고유의 전통음식문화를 경험할 수 있는 장으로서 팔도별미관, 향토음식박물관, 향토특산물 전시판매장의 성격을 연계한 향토음식 중심의 새로운 관광명소를 개발한다면 전통문화의 계승, 관광자원의 확충 및 다양화, 농 · 수산물 판매촉진 등 여러면에서 기여하는 바가 클 것이다.

향토음식의 관광상품화는 지역음식문화 및 요식업의 발전 등 지역의 사회 · 경제문화에 있어 여러 가지 유익한 효과를 가져 올 것으로 예상된다. 그러나 전국적으로 음식맛이 획일화되는 경향이라든가, 향토음식 발굴 · 육성시책의 미흡, 여행사의 상품개발 기피현상, 향토음식점의 시설 및 서비스의 미흡, 외래관광객의 기호와의 조화문제 등 당면하고 있는 여러 문제는 단계적으로 해결방안이 강구되어야 하고, 관련되는 여러 기관 및 단체의 긴밀한 협력하에 우리 음식의 상품화를 위한 노력이 꾸준히 지속되어야 할 것이다.

▲한정식

▲신선로

▲갈비

▲불고기

▲김치

▲비빔밥

▲냉면

▲삼계탕

▲떡

▲한과

(2) 우리나라 향토음식

❶ 서울 지방

서울 지방은 자체에서 나는 산물은 별로 없으나 전국 각지에서 생산된 여러 가지 재료가 수도인 서울로 모였기 때문에 이것들을 다양하게 활용하여 다채로운 음식을 만들었다. 우리나라에서 서울 · 개성 · 전주의 음식은 가장 화려하고 다양하다. 서울은 조선시대 초기부터 500년 이상 도읍지였으므로 아직도 서울음식은 조선시대 음식풍이 남아있다. 서울음식의 간은 짜지도 맵지도 않은 적당한 맛을 지니고 있으며, 왕족과 양반이 많이 살던 고장이라 격식이 까다롭고, 맵시를 중히 여기며 의례적인 것을 중요시하였다. 양념들은 곱게 다져서 쓰고, 음식의 양은 적으나 가지 수를 많이 만든다. 북쪽지방의 음식이 푸짐하고 소박한데 비하여, 서울음식은 모양을 예쁘고 작게 만들어 멋을 많이 낸다. 궁중음식이 양반집에 많이 전해져서 서울음식은 궁중음식과 비슷한 것도 많으며, 반가음식도 매우 다양해졌다.

❷ 경기도 지방

경기도 지방은 서해안에는 해산물이 풍부하고, 동쪽의 산간지대는 산채가 많고, 전반적으로 밭농사와 벼농사가 활발하여 여러 가지 식품이 고루 생산되는 지역이다. 개성을 제외하고는 경기음식이 전반적으로 소박하며 양이 많은 편이다. 간은 세지도, 약하지도 않은 서울과 비슷한 정도이고, 양념도 많이 쓰는 편이 아니다. 강원도 · 충청도 · 황해도와 접해 있어 공통점이 많고, 음식이름도 같은 것이 많다. 농촌에서는 범벅이나 풀떼기 · 수제비 등을 호박 · 강냉이 · 밀가루 · 팥 등을 섞어서 구수하게 잘 만든다. 주식은 오곡밥과 찰밥을 즐기고, 국수는 맑은 장국보다는 제물에 끓인 칼국수나 메밀칼싹두기와 같이 국물이 걸쭉하고 구수한 음식이 많다. 충청도와 황해도 지방에서도 많이 하는 냉콩국은 이 지방에서도 잘 만드는 음식이다.

개성은 고려시대의 수도였던 까닭에 그 당시의 음식솜씨가 남아 서울 · 전주와 더불어 우리나라에서 음식이 가장 호화롭고 다양한 지역이다. 개성음식의 사치스럽기는 궁중요리에 비길만하며, 모두 공이 많이 들고, 재료도 여러 가지가 필요하다.

❸ 강원도 지방

강원도는 영서지방과 영동지방에서 나는 산물이 다르고, 산악지방과 해안지방에서 나는 산물이 다르다. 산악이나 고원지대에서는 쌀 농사보다는 밭농사가 더 발달하여 감자 · 옥수수 · 메밀 등의 잡곡이 많이 난다. 산에서 나는 도토리 · 상수리 · 칡뿌리 · 산채들은 옛날에는 구황식물에 속했지만, 지금은 일반음식으로 많이 먹는다. 해안지대에서는 생태 · 오징어 · 미역 등의 해산물이 많이 나서 이를 가공한 황태 · 건오징어 · 건미역 · 명란젓 · 창란젓을 잘 만들어 먹는다.

산악지방은 육류를 쓰지 않는 담백한 음식이 많으나 해안지방에서는 멸치나 조개를 넣어 음식맛을 낸다. 이곳 음식은 극히 소박하며 먹음직스럽고 많이 생산되는 산물인 감자 · 옥수수 · 메밀을 이용한 음식이 다른 지방보다 발달하였다.

❹ 충청도 지방

농업이 성한 충청도에서는 쌀, 보리와 같은 곡식과 무 · 배추 · 고구마와 같은 채소가 많이 생산된다. 또 해안지방은 해산물이 풍부하며, 내륙산간지방에서는 좋은 산채와 버섯들이 난다. 삼국시대에 백제에서는 쌀, 고구려에서는 조, 신라에서는 보리가 주곡이었을 것으로 추측할 만큼 옛 백제의 땅인 이 지방은 오래 전부터 쌀이 많이 생산되고, 그와 함께 보리밥도 즐겨먹는다. 죽 · 국수 · 수제비 범벅같은 음식이 흔하며,

늙은 호박의 사용을 좋아하여 호박죽이나 꿀단지 범벅을 만들어 먹기도 하고, 떡에도 많이 쓴다. 굴이나 조갯살로 국물을 내어 날떡국이나 칼국수를 끓이며, 겨울에는 청국장을 즐겨먹는다.

충청도 음식은 사치스럽지 않고, 양념도 많이 쓰지 않는다. 국물을 내는데는 고기보다는 닭 또는 굴 · 조개같은 것을 쓰며, 양념으로는 된장을 즐겨 쓴다. 경상도 음식처럼 매운 맛도 없고, 전라도 음식처럼 감칠맛도 없으며, 서울음식처럼 눈으로 보는 재미도 없으나 담백하고 구수하며 소박하다. 또한 충청도 사람들의 인심을 반영하듯 음식의 양이 많은 편이다.

❺ 전라도 지방

전라도 지방은 기름진 호남평야의 풍부한 곡식과 각종 해산물 · 산채 등 다른 지방에 비해 산물이 많아 음식의 종류가 다양하며, 음식에 대한 정성이 유별나고 사치스러운 편이다. 특히 전주는 조선왕조 전주 이씨의 본관이 되고, 광주 · 해남 등 고을마다 부유한 토반들이 대를 이어 살았으므로 좋은 음식을 가정에서 대대로 전수하여 풍류와 맛에 있어 개성과 맞먹는 고장이라 하겠다.

전라도 지방의 상차림은 가지 수가 전국에서 단연 제일로 상위에 가득 차리므로 처음 방문한 외지사람들은 매우 놀라게 된다. 남해와 서해에 접하고 있어 특이한 해산물과 젓갈이 많으며, 기르는 방법이 독특한 콩나물과 고추장의 맛이 좋다.

❻ 경상도 지방

경상도는 남해와 동해에 좋은 어장을 가지고 있어 해산물이 풍부하고, 남북도를 크게 굽어 흐르는 낙동강 주위의 기름진 농토에서 농산물도 넉넉하게 생산된다. 이 곳에서는 고기라고 하면 물고기를 가리킬 만큼 생선을 많이 먹고, 해산물회를 제일로 친다.

음식은 멋을 내거나 사치스럽지 않고 소담하게 만든다. 싱싱한 바닷고기에 소금간을 해서 말려서 굽는 것을 즐기고, 바닷고기로 국을 끓이기도 한다. 곡물음식 중에는 국수를 즐기며, 밀가루에 날콩가루를 섞어서 반죽하여 홍두깨나 밀대로 얇게 밀어 칼로 썰어 만드는 칼국수를 제일로 친다. 장국의 국물은 멸치나 조개를 많이 쓰고, 더운 여름에 더운 제물국수를 즐기는데, 범벅이나 풀대죽은 별로 즐기지 않는다. 음식의 맛은 대체로 간이 세고 매운 편으로 전라도 음식보다 더 맵다.

❼ 제주도 지방

제주도는 땅은 넓지 않지만 어촌 · 농촌 · 산촌의 생활방식이 서로 차이가 있다. 농촌에서는 농업을 중심으로 생활하였고, 어촌에서는 해안에서 고기를 잡거나 잠수어업을 주로 하고, 산촌에서는 산을 개간하여 농사를 짓거나 한라산에서 버섯 · 산나물을 채취하여 생활하였다. 농산물에 있어서는 쌀은 거의 생산하지 못하고 콩 · 보리 · 조 · 메밀 · 밭벼 같은 잡곡을 생산한다. 고구마는 조선 영조 때에 조엄이 대마도에서 가지고 와 제주도에서 시험재배를 한 뒤로 이곳의 중요한 산물이 되었다. 제주도는 무엇보다도 감귤이 유명한데, 이미 삼국시대부터 재배하였고, 전복과 함께 임금께 올렸던 진상품으로 이곳의 특산물이다.

제주도 사람의 부지런하고 꾸밈없는 소박한 성품은 음식에도 그대로 나타나서 음식을 많이 차리거나, 양념을 많이 넣거나, 또는 여러 가지 재료를 섞어서 만드는 음식은 별로 없다. 각각의 재료가 가지고 있는 자연의 맛을 그대로 살리는 것이 특징이다. 간은 대체로 짠 편인데, 더운 지방이라 쉽게 상하기 때문인 듯하다. 겨울에도 기후가 따뜻하여 배추가 밭에 남아있을 정도여서 김장을 담글 필요가 없고, 담그더라도 종류가 적으며, 짧은 기간 동안 먹을 것만 조금씩 담근다.

5. 민속마을

우리나라의 민속적인 삶을 종합적으로 재현하고 있는 곳이 바로 민속마을이다. 이하에서는 많은 관광객들이 찾고 있는 민속마을과 민속촌을 살펴보기로 한다.

1) 한국민속촌

경기도 용인시 기흥구 민속촌로에 위치한 민속촌은 서울에서 남쪽 41km, 경부고속도로 수원 인터체인지에서 동남쪽 3km 지점에 있다.

▲한국민속촌

수목이 울창한 분지 약 30만 평에 조선시대 500여 년의 풍습과 생활을 재현한 곳으로 민족문화자원의 보존, 2세 교육을 위한 현장학습장, 내국인 · 외국인을 위한 전통문화의 소개 등을 목적으로 설립되었다. 민속촌의 구성은 조선시대 후기의 한 시기를 택하여 당시의 생활상을 재현하고자 하는데 초점을 맞추고 있다. 즉, 당대의 사 · 농 · 공 · 상의 계층별 의식과 문화, 사회적 제도와 무속 · 신앙 · 풍속 등을 단위지역으로 표출하고 있다. 또 지방별로 특색을 갖춘 농가 · 민가 · 관아 · 서원 · 한약방 · 글방 · 대장간 · 누정 등을 비롯하여 99칸짜리 양반주택과 토호주택이 재현되어 있고, 농악 · 줄타기 · 혼례의식 · 민속놀이, 기타 세시풍속 등 무형의 문화자료도 연구되고 있다. 옛 장터에서는 빈대떡 · 동동주 · 장국밥 등의 구수한 냄새가 발걸음을 멈추게 하고, 민속박물관에는 조선시대의 계급별 옷가지 · 노리개 등과 온갖 민구가 전시되어 있다.

민속촌의 규모는 부지 29만 3,991평이고, 기와집 132동, 초가집 143동의 구조물과 목기류 · 철기류 · 석기류 · 지류 · 농기류 등 2만 1,150여 점을 보유하고 있다. 내 · 외국관광객 수는 연간 130만 명에 이르며, 이 중 약 37만 명이 외국인으로 우리의 문화와 풍습을 알리는 한편, 외화획득에도 크게 기여하고 있다.

2) 제주민속촌

제주도 남제주군 표선면 표선리에 있는 민속촌은 제주의 민속문화를 보존 · 전시하고 연구할 목적으로 조성되었다

▲제주민속촌

1890년도를 전시의 기본연도로 설정하고 그 당시 제주도의 산촌, 중간산촌, 어촌 등을 비롯하여 장터, 무속신앙지구, 무형문화의 집 등 제주도 생활문화 및 풍속을 한 곳에 전시해 놓았다. 산촌은 해발 300m 이상에 분포하는 반농반목의 생활형태를 보이는 마을로 17세기경 건축물인 외걸이 막살이집, 두거리 막실이집이 있다. 중간산촌은 100~200m의 구릉지에 분포하는 마을로 기능방, 유배인집, 종가, 객주, 서당, 농가 등이 있다. 해발 100m 이하의 어촌에는 어부의 집, 어선, 해녀의 집, 어구전시관 등이 있다. 그 밖에도 장터, 점집, 짐방집, 처녀당, 포제당 등이 있다. 민속행사로는 연물놀이 · 물허벅춤 · 해녀춤 · 영감놀이 · 오돌또기 등의 민속놀이와 연등제 · 포제 · 당굿 등의 굿놀이가 공연되며, 장터가 있어 오메기술 · 몸국백반 · 한라장수주 등 이 지방 민속음식을 맛볼 수 있다.

3) 고성 왕곡민속마을

▲고성 왕국민속마을

강원도 고성군 죽왕면 인정2리 왕곡민속마을은 전통건조물 보존지구로 지정된 「」자형(25.3평)의 북방식 가옥이다. 전체 50채의 전통가옥 중 현재까지 23채가 복원되었다. 약 150여 년 전인 19세기 중엽에 건립된 안채와 일제시대에 건립된 사랑채 · 창고 등 부속채로 구성되어 있다. 안채는 정면 4칸, 측면 2칸으로 정지와 외양간, 안방과 웃방, 도장마루와 사랑방이 있다.

4) 안동 하회마을

안동군 풍천면 하회리 마을은 임진왜란 당시의 영신인 서애 유성룡의 후손이 사는 풍산유씨의 동족마을로서 고래등 같은 큰 기와집들과 하인들이 살던 초가집들이 몰려 있는 민속보존마을이다. 이곳 풍산유씨의 종가가옥인 보물 306호로 지정된 99칸(현재는 49칸 보존)짜리 양진당과 서애 집안의 종가가옥인 보물 414호로 지정된 52칸짜리 단층외가인 충효당을 위시하여 기와집 120여 채가 있다. 그리고 북쪽 60여 미터의 기암절벽 위에는 부용대가 서 있고, 그 아래에는 서애선생이 건립한 옥연정이라는 전각과 쟁암정 등이 있다. 또한 이곳 하회마을에는 고려 말기에서부터 전승되어 온 하회별신굿과 하회탈이 유명하다.

▲하회마을 양진당

▲하회마을 북촌댁

5) 성읍 민속마을

▲고성 왕국민속마을

제주도 남제주군 표선면 성읍리에 있는 민속마을로 제주도의 풍습과 방언 등을 실감나게 보고 들을 수 있는 곳이다.

이 마을은 제주도 동남쪽 중산간지대에 자리하며 해안에서 9km 거리, 해발 125m의 비교적 높은 곳에 위치한다. 이곳은 1423년(세종 5년)에 현청이 설치된 이후 조선 말까지 약 5세기 동안 정의현 소재지로 우리나라에 남아 있는 몇 안되는 읍성 가운데의 하나로 마을에는 아직도 잘 보존되어 있는 성곽과 동헌이었던 일관헌 및 명륜당 · 대성전을 포함한 향교가 있고, 기타 건물로서 객사 · 향청 · 무학청 · 진무청 · 가솔청 · 작청 · 현사 · 사창 · 서별창 · 군기도 · 대동고 · 광역고 · 형옥 · 남성루 · 의두정 · 한동루 · 남대문 · 동대문 · 서대문 등의 건축물이 있었다. 이들 건물들은 대부분 육지와는 다른 제주도 특유의 독특한 평면구성과 구조기법을 가지고 있다.

또한 이곳에는 중요민속자료로 지정된 가옥이 5채나 있으며, 지방문화재인 느티나무와 팽나무, 돌하루방, 다양한 민간신앙과 독특한 민요, 향토주인 오메기술 등 유 · 무형의 문화재와 고유한 생활풍습이 잘 보존되어 있어서 1984년 마을 전체가 중요민속자료 제188호로 지정되었다. 이 마을주민의 반 정도가 관광업에 종사할 정도로 이곳을 찾는 관광객수가 점차 늘어가고 있다.

▲낙안읍성 민속마을

▲청풍문화재 단지

이외에도 현재 우리나라에는 서울중심부에서 조선시대 전통한옥을 볼 수 있는 가회동 한옥촌, 충주댐 건설로 수몰되는 지역의 문화재들을 집단으로 이전하여 조성한 충북 제천의 청풍문화재단지, 안동댐 수몰지역의 문화재를 이전하여 조성한 안동민속촌, 충청도의 대표적인 양반촌의 모습을 보여주는 충남 아산의 외암민속마을, 전남 승주의 낙안읍성 민속마을 등이 관광객의 발길을 모으는 민속마을로 주목을 받고 있다.

6. 영상문화관광

1) 영상문화관광의 개념

20세기 이후의 영상매체의 발달은 문화분야의 발달 외 여러 분야에 영향을 미치고 있으며 관광에도 커다란 영향을 미치고 있다. 이러한 영상매체의 확산과 대중매체의 발달은 새로운 대중문화를 만들어 내고 있으며 앞으로 더욱 확산될 것이다.

대중문화는 문화생활의 질적 향상과 더불어 함께 발전하고 있는 추세이며 앞으로도 지속될 것이다. 그 예로 한국영화의 눈부신 발전을 들 수 있다. 대중문화를 즐기는 사람들의 문화생활도 더불어 발전하게 되어 영화를 여가생활로 즐기는 사람들의 수가 기하급수적으로 늘고 있다. 관광산업이 이제는 영상매체와 조화를 이루어 관광객 몰이에 나서고 있다. 영상매체와 관광이라는 다소 어울리지 않을 것 같은 산업과의 연계는 영상매체를 즐겨보는 사람과 관광을 하려는 사람의 동일한 욕구충족을 위하여 윈윈효과를 이루어내고 있다.

1995년 SBS 드라마 '모래시계'의 촬영지로 급부상한 정동진을 시작으로 많은 드라마와 영화의 촬영지들이 인기있는 관광지로 변모하고 있으며, 급성장한 한국의 영상산업은 점차 세계적으로 그 진면목을 과시해 나가고 있다.

영상매체를 통해 시청자들에게 전달된 영상물의 촬영지들은 시청자들에게 색다른 욕구를 발생시키며 그러한 욕구충족을 위해 영상물의 촬영지를 방문하게 된다. 이것은 관광 측면에서 볼 때 새로운 관광형태라 할 수 있고, 점차 관광의 수요와 공급 또한 증대되리라 예상된다.

이처럼 TV나 영화를 통해 노출된 영상물 촬영지는 새로운 관광문화상품으로 떠오르고 있으며, 이러한 추세에 발맞추어 각 지자체들은 촬영세트장 유치에 열을 올리고 있다. 이러한 현상은 경북 문경시가 사극 '태조 왕건' 세트장을 유치한 후, 타 지역 관광객의 흡수는 물론 지역 이미지 제고에도 커다란 효과를 올리면서 가을동화, 여름향기, 올인 등 많은 지자체들이 드라마 촬영지로 지자체 홍보 효과를 얻었다. 또한 이렇게 만들어진 영화들이 동남아시아 지역으로 수출되어 한류라는 뜨거운 바람을 불어넣음과 동시에 동남아시아의 관광객을 흡수하는 효과까지 얻게 되어 촬영세트장은 중요한 관광자원이 될 수 있다.

이러한 TV드라마나 영화 촬영지가 인기를 얻은 사례는 외국에서도 종종 찾아 볼 수 있다. 오스트리아의 짤츠부르크는 작고 평범한 마을이었지만 영화 사운드 오브 뮤직의 촬영지로 알려지며 그 지역의 유명인인 모차르트와 연계되어 지금은 누구나 한번쯤 가고 싶어하는 관광지가 되었으며, 이탈리아 로마의 트레비 분수는 영화 로마의 휴일에서 주인공들이 사랑을 속삭이던 장소로 유명해지면서 수백만의 관광객들이 로마로 향하고 있다. 최근 영화 '반지의 제왕' 이 큰 인기를 얻으면서 그 촬영지인 뉴질랜드를 찾는 관광객이 많아지고 있으며, 이와 같은 붐은 프로도 이코노미라는 신개념이 생길 정도로 뉴질랜드 사회에 커다란 이슈를 생성한 사례이기도 하다. 질적으로 우수한 영화나 드라마로 얻게 되는 많은 이익들 중 관광으로 얻게 되는 수입은 상상 이상이라고 할 수 있다. 그 예로 현재 뉴질랜드에는 영화와 관광을 접목시킨 스크린 투어로 촬영지를 소개하는 가이드북은 물론 여행 기념품도 만들어서 판매하는 등 '반지의 제왕 테마투어' 로 많은 관광객을 끌어들이고 있다.

영상문화관광지란 시청자가 영화, TV드라마, 광고 등을 시청하면서 느끼게 된 영상물 촬영지를 관람 또는 체험하게 하는 관광지로 정의할 수 있다. 이러한 영상문화관광지는 촬영기구, 건물, 도구, 출연배우, 줄거리, 영화(TV드라마)의 인기도 등에 따라 인기도가 달라진다. 대중문화시대의 도래에 따른 대중영상매체의 긍정적인 이미지에 힘입어 발전한 관광지의 예로서 영화 '바람과 함께 사라지다' 의 촬영지인 애틀랜타 인근 러브조이의 농장과 영화 '콰이강의 다리' 의 촬영지인 태국서부의 국경마을인 칸차나부리, 일본의 NHK 드라마 '류쿠의 바람' 의 촬영지인 오키나와현을 복원한 류큐왕조의 왕궁 등의 외국사례와 SBS '모래시계'로 유명해진 강원도 강릉시 정동진과 MBC '그대 그리고 나' 의 경상북도 영덕, 영화 '서편제' 의 전남 청산도 등을 들 수 있다.

영상문화관광지는 그 특성에 따라 4가지 유형으로 구분된다. 자연촬영지, 촬영전문세트장, 관람겸용세트장, 영상주제공원으로 나눠지며 4가지 유형 모두 관광목적지로 바뀌어 가고 있다. 자연촬영지는 영상물을 통해 노출된 뒤 자연스럽게 생성된 관광지를 말하며 모래시계의 '정동진'이 그 좋은 예라고 할 수 있다. 두 번째 촬영전문세트장은 영화촬영을 목적으로 조성한 곳으로 관람객이 자유롭게 방문할 수 있는 특성을 보이고 있으며 최근 각 지자체의 촬영전문세트장의 조성을 유치하려는 움직임이 많아져 관광목적지로 입지를 굳히고 있음을 알 수 있다. 다음으로 관람겸용세트장은 촬영과 관람의 두 가지 목적으로 계획된 영상문화관광지로서 관람편의시설과 관광객을 위한 이벤트 등이 제공되는 특성을 가지고 있으며 대표적인 예로 '드라마 왕건 촬영세트장'을 들 수 있다. 마지막으로 영상주제공원은 영화나 TV드라마의 영상을 주제로 하여 만들어진 대규모의 주제공원으로 미국 LA의 유니버셜 스튜디오나 일본 도에이 영화촌을 꼽을 수 있다.

2) 영상문화관광지의 현황

(1) 모래시계

강원도 강릉시에 조그만 바닷가로 전국에서 가장 해안에 가까운 역이 있는 곳이다. 드라마 '모래시계'의 촬영장소이기도 한 정동진은 '모래시계'의 무대로 알려지면서 주말이면 이곳을 찾는 사람들의 발길이 잦다. 바다와 소나무, 한적한 역사와 기차라는 낭만적인 경치를 갖추고 있다. 그러나 뭐니뭐니 해도 소나무와 철길이 어우러진 곳에서의 일출장면은 정동진만의 자랑이다.

(2) 가을동화

속초해수욕장 입구의 카페와 해수욕장의 방파제, 그리고 극중 은서의 집이 있던 아바이 마을이 '가을동화' 촬영지로 알려지면서 여행자들이 늘어난 덕에 활기가 넘치는 마을로 변모했다. 한 수퍼마켓은 '은서네 집'이라는 현수막과 출연 탤런트들의 사진까지 내걸고 여행자들을 맞이한다. 청호동 바닷가 백사장은 태석이 은서의 병을 고치게 해달라고 기원했던 장면이 촬영된 곳이다. 그 밖에 준서의 작업실로 사용했던 양양군 손양면 상운리의 상운폐교가 유명해졌다.

(3) 올인

① 중문골프장 : 이병헌과 유민이 함께한 골프장

② 제주 국제컨벤션센터 : 부유한 재미 교포로 변신한 이병헌이 근무하는 곳

③ 섭지코지 : 송혜교가 살았던 수녀원 촬영지

④ 중문관광단지 : 『아! 예쁘다』하고 감탄사를 날릴 만한 장면이었다면 대부분 중문 관광단지가 배경이다.

⑤ 롯데호텔 제주 : 화려한 수영장을 배경으로 해외투자 설명회가 있었던 그곳! 드라마 중 풍차와 화산쇼로 기억되었다.

⑥ 신라호텔 제주 : 드라마 속에서 한껏 아름다움을 뽐낸 신라호텔! 촬영 중 이병헌이 묵었던 룸을 '마이클잭슨 룸', '히딩크 룸'에 이어 '이병헌 룸'으로 명명할 계획이 있다고 한다.

⑦ 하얏트 리젠시 제주 : 드리마 속 '씨월드호텔' 로 더욱 익숙하다.

⑧ 신영영화박물관 : 지성과 송혜교의 산책장면 등이 촬영된 곳

(4) 겨울연가

① 남이섬 : 의암호에 잠시 고였다가 강촌을 지나고 가평읍 내 외곽도 지난 북한강이 춘천시 남산면과 가평읍 이화리 사이의 강심에 만들어놓은 섬, 그 섬이 남이섬이다. 겨울연가' 로 인해 남이섬은 다시금 활력을 되찾았다.

▲남이섬

② 중도유원지 : 겨울연가는 물론이고, 영화 "와니와 준하", SBS드라마 "아버지와 아들" 등의 촬영지로 관광객을 위하여 기념촬영 장소로 제공하고 있다. 섬이 넓어서 거닐기보다는 연인끼리 자전거를 빌려타고 다니면 더욱 멋진 데이트가 될 것이다.

③ 추암해수욕장 : 유진과 준상이 함께한 첫번째 바다이자 준상이 유진을 떠나보내려 했던 마지막 바다는 동해시 북평동에 위치한 추암해수욕장에서 촬영했다. 동

해시 북평동 남부에 있는 추암리마을 앞에 길이 150m의 백사장을 가진 해수욕장으로 해안절벽과 동굴, 칼바위, 촛대바위 등의 크고 작은 바위섬이 장관을 이루고 있으며, 조용하고 수심이 얕아 가족단위 피서지로 적합하다.

④ 외도해상공원 : 드라마의 마지막 장면 촬영장소로 유진이 설계했던 불가능한 집이 있는 곳이 외도이다. 한 개인이 섬을 사들여 정성을 들여 관광농원으로 꾸며, 현재는 약 4만 5천여 평의 동백숲이 섬 전체를 덮고 있으며, 선샤인, 야자수, 선인장 등 아열대 식물이 가득하고 은환엽유카리, 스파리티움, 마호니아등 희귀식물이 눈길을 끈다. 편백나무숲으로 만든 천국의 계단과 정상의 비너스 공원도 이채롭다. 연산홍이 만발하는 4월에는 화려한 섬으로 변신하기도 한다.

(5) 친구

영화 〈친구〉의 열풍으로 부산이 관광의 명소로 떠오르고 있다.

나팔바지와 교복이 아련한 향수를 불러일으키고 사나이들 간의 의리와 그들만의 고독을 다시 한 번 생각하게 하는 영화.... 투박하고 억센 부산 사투리를 유행시키며 부산의 영도대교와 국제시장, 자갈치시장, 용두산공원 등이 새로운 관광명소로 떠오르고 있다. 특히 친구 네명이 부산 범어동 거리를 질주하는 장면과 "고마해라 많이 묵었다 아니가"란 동수(장동건 분)의 대사가 인상에 남는다.

문화관광의 도시 부산은 최근 부산국제영화제, 부산국제락페스티벌, 부산비엔날레 등의 세계적인 축제로 젊은이들의 관심을 끌고 있으며, 더불어 동래학춤, 수영야류 등 부산 고유의 전통문화와 부산 바다축제, 해맞이 부산축제, 자갈치축제 등의 축제도 매력적인 도시 부산을 만드는데 일조하고 있다.

2) 영상 촬영세트장의 현황

(1) 서울종합촬영소

2000년부터 일반인에게 공개되기 시작한 서울종합촬영소는 크게 영상제작시설과 관람체험시설로 나뉜다.

영상제작시설은 영화제작을 위한 세트 대여, 기자재 대여 및 녹음, 특수효과 작업등의 후반작업을 할 수 있는 시설이 갖춰진 아시아 최대의 영화촬영소이다. 또한, 관람객들에게 공개되는 관람체험시설은 오픈세트와 실내에 위치한 전시시설이 있으며, 이 중 주목할 만한 시설로는 "공동경비구역 JSA"의 촬영세트와 임권택 감독의 영화 "취화선"이 제작된 민속마을세트와 2002년 가을에 개장한 영상 미니어쳐 체험전시관이 있다.

▲ 서울종합촬영소

촬영소 전체를 관람 시 소요시간은 1시간 30분 정도이며 촬영현장은 야외세트 촬영만 공개된다. 2002년 10월에 완공된 "춘사관"은 서울종합촬영소를 이용하는 영화스탭과 영화관련 행사에 참여하는 일반인의 휴식과 편의를 위한 시설로서 워크샵이나 세미나 개최 장소로도 이용할 수 있다.

(2) MBC 의정부 문화동산 세트장

MBC는 '대장금' 촬영을 위해, 의정부 오픈세트 부지에 수라간과 소주방(燒廚房), 보급처, 관리부서인 내자시(內資寺)와 사옹원(司饔院)의 건물 일부 등 1,200평 규모의 오픈 세트를 건립하였다. 시대극 드라마가 방영되면서 의정부 문화동산에는 오픈세트 단지가 하나씩 조성되고 있다.

(3) 태극기 휘날리며의 촬영지

경남 합천 용주면의 평양시가지 세트장은 십여 억 원대의 제작비가 투여되었으며, 2만여 평의 부지위에 극장, 병원, 미용실, 선술집 등을 재현한 50채의 평양시가지 모형 외에도 삐라, 현막, 벽보 등이 당시의 분위기를 한층 돋운다.

합천군청은 촬영소품(증기기관차, 탱크, 장갑차 등)을 임대하여 서바이벌게임장으로 활용할 예정이며, 영화세트장 체험코스를 개발하고 연계된 관광상품을 개발 중에 있다. 평양시가지 전투장면은 한 동료의 죽음으로 인해 진태와 진석 두 형제의 갈등이 본격적으로 점화하는 계기가 되며, 동생을 집으로 돌려보내겠다는 일념으로 전쟁광이 되어가는 형과 눈빛이 달라져버린 형이 원망스러운 동생은 이때부터 비극적인 운명의 행로를 걷게 된다.

(4) 실미도의 촬영지

실미도는 이웃 섬 무의도와 개펄로 연결되어 있지만 하루 2시간 물이 빠져 건너 다닐 수 있기 때문에 오랫동안 무인도였다. 30여 년 전의 비극을 상기시킬 어떤 흔적도 없는 평화로운 섬에 영화 [실미도] 제작을 위한 세트장이 세워졌었으나 현재는 철거된 상태이다.

제6장 산업관광자원

제1절 산업관광자원의 개념

산업관광자원(industrial tourism resources)이란 농업 · 임업 · 수산업 · 공업 · 상업 등 일국의 각종 산업시설을 말하며, 이를 대상으로 하는 관광을 산업관광이라고 한다.

1950년대 프랑스에서부터 시작된 산업관광은 내국인과 외국관광객들에게 자국의 산업시설과 생산공정을 견학 · 시찰하도록 하여 내국인에게는 자국의 산업수준에 대한 감동과 자신의 지식확대, 교양 및 자기확대의 욕구를 충족시키고 자부심을 갖도록 하며, 외국관광객에게는 특히 경제적 · 기술적 교류를 시도하려는 목적으로 시작되었다. 따라서 관광산업은 관광담당부서나 여행사 이외에 해당산업부문의 부처와 기관이 밀접한 관련을 갖게 된다.

최근 구미 각국 등 선진국에서는 정부가 의도적으로 산업관광을 적극 추진하고 있는데, 이것은 산업관광의 부가가치가 다른 부분보다도 월등히 높기 때문이다. 선진국들은 자국의 발달된 산업 · 기술 · 국력을 대외적으로 과시하거나 홍보하기 위해서 공업 · 농업 · 의학 · 과학 · 학술 등의 산업부문 관계부처가 주관하고 관광관련기관과 협력하여 여행사를 통해 해외선전을 강화하고, 외국의 관광객(사실상 견학, 시찰, 연구, 연수 등)을 유치하고 있다.

각국마다 자기 나라가 대외적으로 자랑할 수 있는 산업시설을 보여 주는 것이 국가홍보 차원에서는 큰 효과를 거둘 수 있기 때문에 국내관광업체로 하여금 관광상품화할 것을 적극 권장하고 있다. 영국 · 독일 · 일본 등의 공업선진국은 자국의 공업시설 등을 보여 주고 있으며, 호주 · 네덜란드 · 독일 · 프랑스와 같은 나라는 농업부문을 보여 주고 있다.

우리나라에서는 1970년대 초에 재일동포 모국방문단을 초청하여 우리나라 산업의 발전상을 시찰하게 한 것에서부터 본격적인 산업관광이 시작되었다고 보겠다.

– 산업관광의 특수성

첫째, 일반관광은 위락 · 휴양 등을 주내용으로 하고 있으나 산업관광은 '기술과 지식습득' 을 주내용으로 하고, 관광은 2차적인 것으로 하고 있다.

둘째, 각 분야의 선진국들이 실시하는 특수관광으로서 관광객의 지적 수준이 높 으며, 일반관광보다도 체재기간이 길다.

셋째, 선진국이 후진국을 대상으로 하여 판매하는 유일한 여행상품이라고 볼 수 있다.

일반적인 여행상품의 경우는 후진국이 선진국을 대상으로 하거나 선진국 간에 관광객 수용활동을 전개하고 있으나, 산업관광의 경우는 선진국이 다른 선진국을 대상으로 산업관광객을 유치하지만, 특히 후진국 · 개발도상국을 겨냥한 여행상품인 것이다. 세계첨단을 걷고 있는 선진공업국들은 항공기 · 선박 · 군수품 · 자동차 · 농기구 · 전자산업 · 주조 · 의약 · 농어업 등에 있어서 월등하고 우수한 기술을 가르쳐 주거나 혹은 산업시설을 직접 보여주고 소비시장을 개척하며, 상품판매를 촉진시키고 있다.

또한 선진국에서는 각종 산업전시회를 빈번히 개최하여 외국구매자를 외국에서 유치하여 상품선전을 하고 있다. 건전관광이기 때문에 어느 국가에서도 환대하는 관광형태로, 산업관광객을 보내는 나라, 받아들이는 나라는 서로의 이해를 바탕으로 하고 있다.

넷째, 탈계절 관광상품이다.

연중 계절 · 성별 차이를 두지 않는 관광이므로 성수기와 비수기라는 현상이 산업관광에는 보이지 않는다. 연중 어느 때나 선택해서 주최국정부 · 여행사 등에서 주관할 수 있다.

제2절 산업관광자원의 유형 및 현황

1. 공업관광

1) 공업관광의 특성

최근 세계 각국은 외국에서 내방하는 관광객에게 자국의 대표적인 공장시설을 견학 · 시찰시키는 공업관광을 널리 실시하고 있는데, 이를 지식관광 · 교육관광의 관점에서 방문국의 산업수준을 이해시키는 관광으로서의 효과가 크기 때문에 정책적으로 적극 채택하고 있다. 이와 같은 공업관광을 계기로 국제무역, 국제경제협력을 직 · 간접으로 증진 · 확대시키는 중요한 전기를 마련할 뿐만 아니라 국위선양에도 크게 이바지하게 된다. 따라서 공장시설과 공업단지는 현대산업국가에 있어 중요관광자원 가운데 하나이며, 이 같은 시설 가운데는 공장기계설비, 경영조직, 운영관리상태, 제조공장, 공장부설 기술연구소, 경영이념, 종업원교육, 후생시설 등의 모든 것이 포함된다.

공업관광자원은 우리나라의 산업관광자원 중에서도 주류를 이루고 있으며, 우리나라의 대표적인 공업관광대상지로는 포항종합제철, 거제 · 옥포조선소, 수원 삼성전자, 현대자동차창원공장, 구미의 OB맥주공장 등이며, 다음과 같이 유형화할 수 있다.

▲포항제철-방사광가속기

▲포항제철-주물선공장

2) 공업관광의 대상

(1) 수출자유지역

단지조성에서 생산활동에 이르기까지 정부기관이 담당하며, 외국투자기업들은 대부분이 단일보세구역에 있다.

(2) 수출산업공업단지

정부기관과 산업공난이 관리하며, 보세구역의 혜택이 있고, 화학 · 금속 · 전자 · 섬유 · 광학기계제품의 업종들이다.

(3) 지역공업단지

지방 중소기업의 육성과 공업의 지방분산화를 위해 중소도시에 입지하고 있다.

(4) 민간공업단지

민간기업이 주체가 되어 업종별 집단화를 이룬다.

(5) 중화학공업기지

중화학공업제품의 집중개발과 수출을 목표로 임해지역에 입지하고 있다.

3) 외국의 공업관광

(1) 독일의 공업관광

❶ 인쇄공업 연수여행

독일 유명출판사 견학, 인쇄기 제작회사 견학, 방문도시 또는 Frankfurt, Heidelberg, Munchen 등

❷ 피혁공업 연수여행

독일피혁공업 중심지인 프랑크푸르트 근교 오스휀바하 방문, 부인용품과 백(bag) 산업공장 견학, 빌헬름바하 피혁공장 견학, 아콥물러 공장견학, 제화공장, 인조피공장 견학

❸ 맥주주조 연수여행

레베브로어 주조장, 맥주주조전문학교 견학, 헤닝크 빈딩, DAB주조장 견학, 홉(hop)재배농장 견학, 주조연구소 및 주조박물관 견학, 바이엔슈테판 주조학교 견학

❹ 자동차공업 견학

제너럴 모터스공장, 피히텔 · 작스공장, SKF Ball Bearing 공장, 다임라벤스공장, 케스보라공장, 마길드도이치공장, VW회사, 발더회사 견학

❺ 화학 · 제약공장 견학

나터반공장, 베이어회사, 베링거회사, Hochst회사, 의료박물관, 붓커화학회사, 메르크회사, 쉐링회사

❻ 포도주주조 견학

영 · 독 · 프랑스어 포도주에 관한 강연회, 포도주 시음 및 포도주 리스트 제공, 포도주 품질연구소 방문, 포도주 재배토양 브리핑, 포도농장 견학, 주조장 견학

❼ 기타

의료투어, 주택건설투어, 도기 · 가구 · 병원시설 투어

(2) 벨기에의 공업관광

❶ 다이아몬드 산업관광

벨기에는 과거 식민지 자이레(Zaire)와의 전통적 관계로 자이레로부터 다이아몬드 원석을 수입하여 보석을 가공하는 세계 최대 보석생산국으로 보석커팅기술, 디자인, 보석정밀, 공업용 다이아몬드 생산 등 견학, P.N. Feretenberg, Isi Kornreich & Co.

❷ 섬유산업관광

특수직물(lace, linen, tapestery, carpet 등), 생산, 직조기술, 디자인, 편물, 고브란직물생산견학(관련기관, 단체, 기업), FEBELTEX(벨기에 직물산업연맹), Belgian Union of Linen and Hemp Spinners, National Assoceation of Linen Weaving, Costume and Lace Museum(Brussels), Lace Center, J. Storiehuis(Burgge시)

❸ 도자기 유리산업

벨기에는 17세기부터 도자기 · 유리공업이 발달하였고, 특히 크리스탈 공업이 발달, 공장 및 박물관 견학, 관련기관 · 단체 · 기업으로는 Federation of the Glass Industry, Federation of 속 Belgian & Luxemburg, Ceramic Industries, Glass Museum, Research Center of Charleroi National Institute of Glass, S.A. Cristal du Val-St-Lam-bert 등이 있다.

❹ 가구산업

독일에 이어 유럽 제2의 가구산업국으로 전통적 가구에서 현대가구에 이르기까지 다양한 제품을 생산한다. 관련기관으로는 FEBELBOIS(벨기에 목재산업연맹), BELGOFURN(벨기에 가구수출협회), International Furniture Fair(브뤼셀 국제가구전시회), 인테리어전시회, 인테리어 디자인전 등이 있다.

(3) 남아연방의 공업관광

❶ 케이프타운(Cape Town)

의학(세계수준의 의학기술, 심장이식수술 등)

❷ 포트엘리자베스(Port Elizabeth)

자동차공업, 양모 및 직물공업(세계 5위의 양모생산국, Port Elizabeth 대학 내 양모직물연구소가 섬유연구)

❸ 킴벌리(Kimberley)

세계최대 다이아몬드채광, 다이아몬드 박물관, big Ole(노천 다이아몬드채굴지)

❹ 더반(Durban)

설탕산업(사탕수수 및 제당), 제지 · 펄프산업

❺ 요하네스버그(Yohanesburg)

세계 최대의 금생산지(70% 점유), Premier Diamond Mine 견학, 의학(소아마비연구소), 수의학(세계적으로 유명하며, 왁진개발이 세계적 수준), 원자력연구(풍부한 우라늄매장, 핵에너지연구)

2. 상업관광

1) 상업관광의 특성

상업관광은 상업을 관광대상화시킨 것으로 물건의 구매와 지방 특유의 시장풍물과 상품을 보기도 하고, 열심히 살아가는 지역주민들의 참모습을 보고 생활의 의미를 찾아 볼 수 있는 훌륭한 관광대상이 되고 있다. 즉, 현대의 관광형태는 자연과 풍경을 보고 감상하고 즐기는 형태뿐 아니라 이방의 생활모습과 문물에 접하는 보다 고차원적인 것으로 변화되었고, 이는 곧 그 고장의 문화를 구매하는 것으로까지 변화하였다.

따라서 오늘날 백화점이나 쇼핑센터는 물론, 상설시장과 시골의 시장은 매력있는 관광대상이 되기도 하고, 관광의욕을 자극하는 동기가 된다. 런던 한복판의 벼룩시장이나 동경의 긴자거리, 싱가포르와 홍콩의 면세점 등은 이미 세계적인 관광명소가 되어있고, 세계 도처의 노점상들이나 상설시장, 특히 우리나라의 5일장 등은 그곳 서민들이 살아온 얼과 애환이 담겨있어 내국인은 물론 외국관광객의 인기는 날로 높아가고 있다.

2) 대표적인 상업관광대상지

우리나라 각 지방의 특산물 출하에 따른 상업관광의 대상을 보면 담양의 죽세공품시장이나 강화도의 화문석시장, 금산의 인삼시장, 한산의 모시시장 등이 지방 특산시장으로 유명하며, 업종별로는 서울 용산의 청과물시장과 가락동 청과물시장, 용산전자상가가 유명하고, 수산물시장으로는 부산의 자갈치시장, 서울의 노량진 수산물도매시장, 기타 대구의 약령시, 영남지방의 가축시장 등이 있다. 도 · 소매시장으로는 서울의 남대문시장과 동대문시장, 종로 · 을지로에 개설되어 있는 시장과 부산의 광복동, 대구의 동성로, 광주의 충장로 일대의 시장이 유명하고, 이 시장들은 대도시 중심부에 위치하고 있어 관광객의 접근이 용이하다. 또한 지하도의 확산으로 인하여 조성된 지하상가는 매력적인 도시관광의 대상이 되고 있으며, 외국인 상대의 보세품점이 밀집되어 있는 이태원상가, 고속버스터미널과 서초동의 꽃시장, 그리고 압구정동의 쇼핑거리나 인사동 골동품 골목 등은 외국인들의 관심이 모아지는 곳이다.

이외에도 흑산도 · 추자도 · 연평도 등에는 조기잡이철에 파시(波市)라는 일시적인 수산물시장이 서는데, 주변의 풍경과 더불어 질 좋은 식품을 값싸게 장만하려는 내국인들에게 매력적인 관광의 대상이 되고 있다.

다음에서는 우리나라의 특색있는 시장 몇 곳을 살펴보기로 한다.

(1) 서울 남대문시장

6백여 년의 긴 역사를 지닌 남대문시장은 의류 · 액세서리뿐 아니라 안경 · 그릇 · 미술용품 등 한국인이 필요로 하는 거의 모든 일상용품이 품목별로 전문상가를 이루고 있는 서울의 전통적인 쇼핑명소이다. 모든 물건이 총 집합된 국내 최대의 종합도매시장으로 인삼 · 홍삼과 자연산 송이버섯 등 건강식품도 취급하고 있으며, 옷도매 · 꽃도매 · 모자전문 · 미술용품과 액세서리 상가 등 저렴하면서도 다양한 품목으로 관광객들을 유혹한다.

각 점포에서 대부분의 상품을 직접 생산하며, 오후 10시 30분부터 문을 열기 시작하여 새벽 3시면 전국의 소매상(중간도매상)들이 성시를 이룬다. 이제 남대문시장은 한국인의 부지런함을 보여주는 이색적인 풍경으로 세계속의 관광명소로 자리잡았다. 특히 단순한 쇼핑공간만이 아닌 한국인의 정취와 삶의 열기 그리고 한국의 맛을 느낄 수 있는 관광명소로 주변에 볼거리와 먹을거리가 많다. 우리나라의 국보1호인 숭례문을 비롯하여 최초의 은행건물인 한국은행 본관, 국내 최초로 국제현상설계에 의거하여 신축한 건물인 구 제일은행 본점 등의 볼거리와 남대문시장 내 명물 먹자거리인 순대국밥골목, 갈치골목 등이 바로 그것들이다.

(2) 서울 동대문시장

일본과 중국을 비롯, 가까운 동남아시아지역에서 현재 우리나라를 찾는 외국인들이 가장 선호하는 쇼핑장소로 두산타워를 포함한 24시간 영업 중인 동대문시장을 빼놓을 수 없다. 한동안 남대문시장의 규모와 이태원의 다국적인 시장개념에 밀렸던 동대문시장이 전성기를 맞게 된 것은 시설이 좋은 대형 쇼핑센터들이 24시간 영업중이고, 주차가 편리하며, 신진 디자이너들을 비롯하여 보세제품에서 수입품까지 거의 모든 물건을 취급하고 있어 언제 어느 때라도 저렴하고 디자인이 훌륭한 제품들을 쇼핑할 수 있기 때문이다.

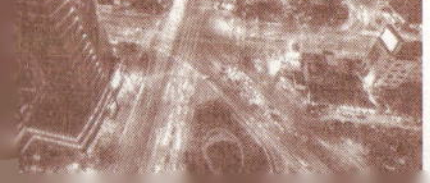

32개의 대형 상가안에 2만 7천여 개의 상점이 빽빽이 들어서 있고, 최신 유행에서부터 한국의 전통의상(한복)까지 저렴한 가격으로 '백화점 수준' 의 패션상품을 구입할 수 있는 종합 패션타운이다. 국내 최대의 도매시장으로 신세대 타운인 밀리오레 · 두산타워 · 거평프레아 등 대형 상가부터 기존 재래시장 스타일의 소형 상가까지 선택의 폭이 넓다. 또, 각양각색의 이벤트가 벌어져 젊은이들의 문화공간으로 애용되며, 의류 · 신발 · 가죽제품 등 각종 물품이 도매가격에 거래되는데, 그 품질 또한 우수하다.

(3) 이태원 상가

외국관광객에게 한국쇼핑 1번지로 알려진 이태원은 독일 · 프랑스 · 이탈리아 · 인도 · 파키스탄 · 태국 · 멕시코 등 세계 각국의 전통음식점들과 함께 이국적인 정취의 패션상점 · 레스토랑 등이 즐비하게 들어서 있어 세계음식의 경영장이자 다양하고 이국적인 패션문화를 접할 수 있는 곳이다. 다양한 디자인과 품목, 저렴한 가격, 무리없는 의사소통, 낯설지 않은 영어간판 등은 외국인은 물론, 젊은층의 내국인 고객도 많다. 이태원 상가에는 의류상가가 가장 많고, 골동품 및 기념품 가게, 양복점 · 신발가게 · 유흥업소 등으로 구성되어 있다.

(4) 압구정동 · 청담동 쇼핑거리

서울시 강남구에 위치하고 있으며, 배밭이었던 이곳에 아파트가 들어서고 여러 상가가 들어서면서 번창하기 시작해 1980년대 중반에 들어서부터는 서울의 명동 · 신촌과 같이 젊은이들이 가장 많이 찾는 곳이 되었다.

압구정동에서 눈에 띄는 건물로 갤러리아 백화점이 있는데, 갤러리아 백화점 건너편은 일명 로데오거리라고 불려진다. 이곳에는 여러 가지의 옷가게, 구둣가게, 액세서리가게, 헤어숍 등이 있어서 젊은이와 연예인들이 많이 찾는 곳이기도 하다. 또한 맥도날드, 피자헛, KFC, 파파이스, 알비스와 같은 유명 패스트푸드점과 각국의 전문음식점들이 있어 기호에 맞는 다양한 음식을 맛볼 수 있으며, 각각의 내부시설이 매우 독특하여 더욱 인기를 모으고 있다. 편리한 교통시설과 다국적의 여러 상가, 유행의 거리 등의 특성으로 외국관광객을 모으고 있는 이곳은 다양한 거리축제를 개최하여 풍성한 볼거리를 제공하고 있다.

(5) 인사동 길

서울에서 꼭 들러 볼 만한 장소의 하나이다. 실제 행정지명으로는 관훈동에 속하고, 인사동은 그 아래쪽에 따로 있지만 서울사람들은 '인사동' 하면 이 길만을 떠올린다. 인사동 길은 60년 이상 골동품 골목으로 알려져 있다. 1945년까지의 일제시대에는 일본관리나 사업가들 그리고 그들로부터 문화유산을 지키려는 애국적인 한국인들이 이 거리의 주된 고객이었다. 남북으로 뻗은 350m 길이의 이 길 양쪽에는 골동품가게만 있는 것은 아니다. 도자기, 붓, 종이, 탈, 가구, 인형 같은 여러 한국의 전통문물들이 진열되어 있어 한국문화의 멋을 충분히 감상하게 해 준다.

아울러 이 거리는 몇몇 역사가 있는 식당들로 해서 전통적인 한국음식을 그다지 비싸지 않은 값으로 먹을 수 있는 곳이기도 하다. 인사동 길에서는 한국의 전통차를 파는 집들도 많이 있다. 한국차의 부드럽고 은은한 향기는 바로 한국문화의 향기이자 이 인사동 길의 향기이다.

다음은 인사동 길에서 볼 수 있는 몇 곳을 살펴 보기로 하자.

❶ 통문관

고서전문가게로 조선시대 선비들이 붓자국이 생생한 필사본과 같은 시대의 목판본, 목활자본, 금속활자본, 그리고 그 영인본들이 진열되어 있다. 운이 좋으면 조선시대 이전에 만들어진 책과도 만날 수 있다. 금속활자본, 목판본, 그리고 목활자본 중에는 판화가 곁들어진 것들도 있는데, 한국의 문화적인 채취가 밴 책들의 영인본들은 기념품으로 간직할 만하다. 한편 통문관은 한국의 역사 · 유학 · 철학 · 문학 · 어학 · 미술학 등을 공부하는 학자들이 자료수집을 위해 찾는 곳이므로 그 분야에 한해서는 현대서적들도 갖추어져 있다.

❷ 경인미술관

1850년 이전에 지어진 전형적인 한국 중부지방의 양반 집의 구조로 조선 말기의 세도가였던 박영효가 살기도 했던 이 집은 그가 살았던 시절에는 서울 팔대가의 하나로 꼽힐 만큼 큰 규모를 자랑했다. 지금은 옛 건물의 안채 일부와 중문간, 행랑채만 남아 있어 그 뒤에 지어진 서양식 건물과 함께 미술전시장으로 쓰이고 있다. 160평의 잔디밭은 야외조각장으로 사용되며, 도자기 가마가 설치되어 작업과정을 직접 볼 수 있다. 서울지역 민속자료 제18호이다. 이 건물의 안에는 문향다당이라는 녹차를 파는 집도 있다.

❸ 통인가게

골동품가게로 60년 이상의 역사를 자랑하고 있다. 조선시대의 살림집에서 썼던 갖가지 가구들과 동시대의 회화 및 서예작품들이 진열되어 있다. 또 현대공예가가 만든 헝겊인형을 포함한 한국식 실내장식품과 침구류들도 있다.

❹ 나화랑

목기, 도자기 및 민예품 등을 상설 전시한다. 약 52평 규모의 전시실로 국내외 작가의 판화 · 섬유예술품 · 서양화 등을 전시하며, 상설 공예점도 운영한다.

❺ 세종인삼양행(주)

고려인삼(홍삼 · 백삼)을 판다. 인삼정을 원료로 한 인스턴트 인삼차, 5~6년 된 수삼을 썰어서 가공한 인삼편, 인삼을 추출 · 농축하여 제조한 인삼농축액 등을 취급한다.

❻ 탈방

하회탈을 파는 가게이다. 경상북도 안동군의 낙동강가에 있는 하회마을에서 예로부터 전해오는 탈놀이에서 쓰는 탈이 하회탈이다. 중탈 · 각시탈 · 양반탈을 포함하여 아홉 종류가 있다.

❼ 예당

현대도자기 제품가게로 도예작가 여섯 명이 만든 여러 종류의 생활용품들이 나열되어 있다. 때때로 다른 도예작가들의 작품들이 전시되기도 한다.

❽ 골동품 상설전시장

전국골동품상들의 모임인 고미술협회에서 운영하는 골동품가게이다. 골동품 중에는 가구 · 도자기 · 도기 · 토기 · 서화들이 주로 진열된다. 협회에서 정한 값대로 정찰제 판매를 하는 이 가게에는 비싼 것도 있지만, 인사동 안의 다른 골동품가게들에 비해 값이 싼 물건들도 많이 진열되고 있다.

3. 농업관광

농업관광이란 농업을 관광대상으로 한 여행형태로, 협의로는 농장견학 · 관찰, 영농연수 등을 일컫고, 광의로는 농업을 대상으로 한 레크리에이션이라고 할 수 있다.

농업관광은 인간의 자연에 대한 동경이 커짐에 따라 레크리에이션의 방편으로 농장을 찾는 경향이 두드러지게 늘어나고 있다. 따라서 관광농업은 본래의 성격이 약하고, 레크리에이션 농업색채가 강해졌으며, 보통 레크리에이션을 목적으로 이루어지는 농림어업을 의미하고 있다. 즉, 1차 산업과 3차 산업의 복합적 성격을 띠고 있기 때문에 그 경영형태도 순수한 1차 산업적인 성격만을 띠고 있지는 않다. 이러한 성격을 갖는 농업관광개발의 필요성과 그 기대효과를 살펴보면 다음과 같다.

(1) 경제적 측면

① 농촌 지역주민의 소득증대

② 농촌 지역경제의 활성화 및 지방재정기반의 강화

③ 유휴자원의 소득자원화

(2) 사회적 측면

① 농촌과 도시와의 상호교류 촉진

② 농어촌지역의 삶의 질 향상

(3) 환경적 측면

버려진 불모지나 유휴공간을 관광시설 개발목적으로 이용할 수 있어 환경보전 수준이 양호한 자연경관지구에 대한 무분별한 관광시설 개발을 방지할 수 있다.

1) 농업관광의 구성요소와 유형

(1) 농업관광의 기본요소

농업관광의 기본요소는 관광객, 관광개발주체, 농촌관광자원 등이 있는데, 관광객을 제외한 관광개발주체와 농촌관광자원을 설명하면 다음과 같다.

❶ 관광개발주체

농민은 관광객을 맞이하는 주인인 동시에 관광개발의 주체이다.

개발규모에 따라 농민이 단독으로 참여할 수도 있고, 다수가 참여할 수도 있으며, 조직을 구성해야만 참여할 수 있는 것이 있다. 또 지방자치단체와 주민이 공동으로 출자하는 제3섹터방식과 농촌에 기반을 둔 여러 조직이 공동으로 출자하는 제4섹터방식이 관광개발의 주체가 될 수 있다. 경우에 따라서는 농촌을 떠났지만 농촌에 연고를 둔 도시의 기업 등과 연계될 수도 있다. 지역이 주체가 된 향토회사들이 최근 잇따라 창업되고 있는데, 예를 들면 강원도 태백지역에서는 시민들이 참여하여 국내 최초의 시민기업 '태백하이랜드'를 설립하고 전천후 레저관광단지를 조성할 목적으로 자본을 형성하였으며, 강원도 정선군은 석탄산업 합리화로 침체된 광산지역을 개척하고 관광도시로 탈바꿈시켜 나가기 위해 주민들이 '정선그린랜드'를 창업하기도 하였다.

강원도 고성군의 경우 주민 100여 명이 출자하여 '고성향토기업'을 설립하고 광천수 생산 및 판매, 관광숙박업 및 관광객 이용시설사업 등 영리사업과 장학사업과 같은 비영리사업을 수행하고 있다.

❷ 농촌관광자원

농촌의 자연환경 전부가 농업관광자원이 된다. 논 · 밭 · 산 등에서 나는 생산물은 농촌의 주요소득원이지만, 저수지 · 계곡 · 하천 · 폭포 · 들녘 · 산 · 각종 농산품 · 풍습 · 인심 등이 농촌관광자원으로 잘 활용될 경우 지역에 좋은 농외소득원이 될 수 있다.

(2) 농업관광의 유형

❶ 입지별 유형

가) 농촌관광휴양지

농촌지역의 생활기반 및 농산물, 내륙의 평탄지와 내수면 등의 지형적 여건을 고려하여 개발하는 관광지유형이다. 주요유치시설로는 농촌공원, 화훼단지, 자연농원, 채소농원, 과수원농원, 레저랜드, 소동물원, 전원휴양주택 등이 있다.

나) 산촌관광휴양지

산촌지역의 자연적 지형 및 숲 · 삼림 등 산악자원을 이용하여 개발하는 유형으로 관광목장, 삼림공원, 야생방목장, 야생조류원, 자연식물원, 수목전시관, 주말휴양주택 등의 유치시설이 있다.

다) 어촌관광휴양지

어촌지역의 자연적 환경 및 수산물 등 임해자원을 이용하여 개발하는 유형으로 해양목장, 어촌공원, 낚시휴양센터, 마리나, 해변공원, 해수욕장, 해중전망휴게센터 등과 같은 유치시설이 있다.

② 활동별 유형

가) 농수산물 생산체험형

관광객들이 농수산물 생산도구를 가지고 직접 농수산물 등을 생산함으로써 농촌생활을 체험할 수 있는 관광형태이다.

나) 농림수산물채취형

지역민들이 재배한 각종 농산물을 관광객이 직접 채취하여 노동의 즐거움을 맛보고, 채취한 농림수산물을 직접 구입해 갈 수 있는 관광형태이다.

다) 감상 및 레크리에이션 활동형

농원 · 화원 · 목장 · 과수원 · 농장 등 전원적 분위기의 농어촌관광휴양지를 감상 · 견학하고 레크리에이션시설 등을 이용하여 전원풍경 속에서 위락활동 및 휴식을 즐길 수 있는 형태이다.

❸ 주제별 유형

가) 자연풍경

관광객의 관심을 끄는 가장 중요한 요소로 경관이 아름다울수록 많은 도시관광객의 방문을 촉진할 수 있다.

나) 야외 레크리에이션

자연자원을 배경으로 이루어지는 활동으로 역사 · 문화자원, 축제 · 이벤트, 인공적인 매력물이 있다.

역사문화 지역적인 역사유적이나 문화예술에 관한 생산물의 전시와 사용을 통해 특색있는 분위기를 창조

축제와 이벤트 지역의 전설 · 민화 · 풍속 등에 착안한 특징적 주제를 가진 것으로서 관광객 유입을 촉진시키는 중요 매력대상

인공적 매력물 조각품, 각종 전시물, 장식품 등

2) 우리나라의 농업관광

(1) 관광농업의 현황

우리나라에서는 도시민의 관광수요를 농 · 어촌지역으로 흡수하여 도시민의 정서를 함양시키고 농 · 어촌가계의 소득에도 기여할 목적으로 관광농업 개발사업이 추진되어 왔다.

농 · 어촌 관광사업의 대상지구는 자연경관이 수려하고 관광자원이 풍부하여 외래객의 방문이 많은 곳, 지역특산품의 판촉과 해수욕장 · 낚시터 등 지명도를 활용할 수 있는 곳, 교통이 편리하여 주변여건의 활용으로 관광객유치가 쉬운 곳으로서 시 · 도지사가 지정하여 휴게소 · 직판장 · 민박시설 등의 부대 및 편의시설 설치에 대한 시설자금을 지원해 주고 있다.

(2) 관광농업의 상품개발

❶ 충남 보령시의 사례

보령시는 관광특구로 지정된 대천해수욕장과 무창포해수욕장을 축으로 인근의 산 · 바다 · 섬 · 사적지 등 풍부한 관광자원을 활용, 백제문화권과 연계한 4계절 종합관광권을 형성하는 계획을 추진하였다.

1995년을 '보령시 방문의 해'로 정하고 연간 1천만 명 이상의 관광객이 다녀가도록 부여 · 공주 등 백제문화권지역과 연계한 1박 2일, 2박 3일 간의 새로운 관광코스 및 관광상품을 개발하여 "스쳐 지나가는 관광지에서 머무르는 체류형 관광지로 탈바꿈시킨다"는 계획을 가지고 관광개발사업을 추진하였다. 보령시는 관광객 유치 차원에서 먼저 4개 국어(한 · 영 · 중 · 일어)를 혼용한 국제적 수준의 홍보물을 제작해 전

국에 배포하였다. 또한 한국 철인 3종 경기연맹에서 주관하는 아이스맨(Ice Man) 대회를 내천해수욕장에서 개최하는 것을 시발로 한 해에 30여 회에 길친 전국단위 행사를 유치하였다.

특히 전국에 화제거리가 되었던 머드팩 코너(진흙을 이용한 마사지)를 국내 유명화장품회사를 통해 개발하고, 진흙 · 해수사우나 및 모래찜시설 등도 설치해 연중 이용할 수 있는 종합건강센터를 조성하였다. 또 관광객들의 먹거리 편의를 위해 천북면의 '굴밥' 을 비롯, 각 읍 · 면 · 동에 지역특성을 살린 전통음식점을 발굴 · 육성하고, 콘도미니엄 · 수양관 · 여관 등의 관광숙박시설을 조성하였다.

❷ 제주도의 사례

제주도는 감귤과 유채꽃을 원료로 하여 '제주향수' 를 개발하였다. 개발된 시제품은 감귤과 이국적 이미지를 담은 제품을 비롯, 감귤꽃과 바다, 감귤꽃과 한라산을 느끼게 할 수 있는 향수들이다.

제주도와 (주)한불화농은 시제품에 대한 평가결과를 토대로 향료의 국산화 성공가능성과 외국제품과의 경쟁력, 시장형성 여부를 최종 검토한 후 완제품을 출하하고 있다. 제주도는 제주향수를 제주의 주력 특산품으로 선정할 계획이며, 원료확보를 위해 농협을 통한 수매와 계약재배를 통해 농가소득을 높이는 방안을 추진할 예정으로 있다.

❸ 울릉도의 사례

울릉도 앞바다에 배를 띄우고 맨손으로 꽁치를 잡는 원시 어로방법인 손꽁치잡이가 울릉도 특별관광상품으로 개발되었다. 울릉군은 최근 점마선 2척에 나누어 탄 어부 7명으로 '손꽁치잡이단' 을 구성, 울릉도 저동항 북쪽 5마일 해상에서 3시간 동안 6백 마리의 싱싱한 꽁치를 손으로 잡아 올리는 데 성공했다.

손꽁치잡이는 울릉도 개척민들이 식량으로 삼기 위해 꽁치를 잡았던 방법으로 소형 어선에 해초를 채취해 싣고 바다로 나가 해초로 어망을 치고 기다리다 알을 낳기 위해 해초 주변에 모여드는 꽁치를 두 손으로 잡아 올리는 방식이다. 그물이나 낚시를 이용해 잡은 고기보다 신선도가 뛰어나 즉석물회 · 소금구이 · 매운탕 · 미역국 등으로 요리하면 독특한 맛을 즐길 수 있다. 이 때문에 손꽁치요리는 울릉도 섬주민뿐만 아니라 관광객들에게도 인기가 높아 오징어 · 호박엿과 함께 울릉도가 자랑하는 먹거리로 개발할 예정이다. 울릉도 근해에는 매년 4월 중순부터 6월 중순까지 꽁치떼가 몰려와 특별한 고기잡이 장비없이도 맨손으로 꽁치를 잡을 수 있다.

(3) 농업관광의 발전방안

첫째, 숨겨진 잠재특성을 발굴하여 유 · 무형의 관광상품으로 개발하기 위한 노력이 이루어져야 한다. 관광객을 유인할 수 있는 독특한 매력이 없으면 농촌관광의 개발은 성공할 수 없다. 다른 지역과의 경쟁에서 이길 수 있는 독창적인 관광매력을 개발하고 관광상품화시켜야 한다.

둘째, 지역주민의 자발적인 참여가 이루어져야 한다. 관광농업을 개발하는 주체는 역시 그 지역의 주민들이다. 지역주민들의 자발적이고 적극적인 참여만이 농업관광을 육성시킬 수 있다. 따라서 지역주민들은 관광농업개발에 따른 긍정적 영향과 부정적 영향을 사전에 충분히 인식하고, 자발적이고 협동적으로 사업을 추진해가는 것이 필요하다.

이러한 기본적인 인식하에 다음의 부분별 발전방안을 모색해 보아야 한다.

첫째, 농촌지역 내에서 생산되는 농림수산물 및 가공품, 지역특산품, 향토식품 등을 관광전통요리나 관광 서비스 상품의 개발 등과 상호 연계함으로써 농가의 소득원을 다양화하는 방법이 중시되어야 한다.

둘째, 해당지역에서나 볼 수 있는 동 · 식물이나 희귀한 기념물들을 소재로 활용하여 소규모 기념관이나 전시관 · 동물원 · 곤충박물관 · 식물관 등을 조성하고, 그와 관련된 기념품을 판매하는 방법이 모색되어야 한다.

셋째, 부대시설은 마을별로 공동출자나 지방자치단체에서 설치 · 운영하도록 하고, 농어민은 그 주변에서 과수원 · 화훼원 · 목장 등 마을별로 특화된 프로그램을 개발하여 참여할 수 있다.

넷째, 관광농업의 경우 경사가 완만한 곳은 산채 · 약초 또는 유실수 등을 재배하여 관광객들에게 적정요금을 받고 그것들을 직접 채취해 보도록 하는 현장체험 상품을 개발하도록 유도한다.

다섯째, 관광어업의 경우 축양장이나 양어장 · 낚시터 등을 활용하여 어류의 생태를 체험할 수 있는 살아있는 관광학습장이 되도록 하고, 이와 함께 다양하고 싱싱한 해산물을 직접 채취하거나 맛볼 수 있도록 하며, 관련식품을 특산품형태로 생산 · 판매하도록 한다.

여섯째, 효과적인 홍보를 위해 각종 관련이벤트 행사, 관광농원 경영워크숍, 관광어업촉진의 밤 등 관광농수산업 관련세미나 등을 개최토록 유도하고, 지역 내 민관협동의 농촌관광 진흥지원센터 등 전담조직을 구성한 후 동 조직의 주도로 농림수산부 · 건설교통부 · 철도청 · 관광회사 등과 연계하여 자기지역으로 연계되는 농촌관광 여행상품을 많이 개발하도록 하고, 잠재고객에 대한 유치홍보를 강화하도록 한다.

이 밖에도 급증하는 농촌관광수요에 부응하여 국민에게 저렴하고 편리한 숙박시설을 제공하고, 농가에서는 농외소득을 증대시킬 수 있는 민박을 제도적으로 개선하여 새로운 농촌관광 서비스로 발전시켜 나가야 한다.

제7장 위락관광자원

제1절 위락관광자원의 개념

위락(recreation)은 다분히 자주적 또는 자기발전적 성향을 띠고 있으며, 생활의 변화추구라는 인간의 기본적인 욕구를 충족시킨다는 점에서 관광자원으로서의 비중을 점차로 높여 가고 있다. 최근 관광 · 여가부문에 대한 수요는 보다 높은 '삶의 질'을 추구하는 방향으로 다양화 · 고급화되고 있고, 급속한 도시화와 산업화는 여러 형태의 위락적 관광상품을 개발해내고 있다.

이하에서는 최근에 국내 · 외에서 주목받고 있는 대표적인 위락관광자원들에 대해서 살펴보기로 한다.

제2절 위락관광자원의 유형 및 현황

1. 테마파크(Theme Park)

테마파크(주제공원)란 일정한 테마로 전체 환경을 만들면서 쇼와 이벤트로 공간 전체를 연출하는 레저 시설이라고 할 수 있다. 테마파크는 일정한 테마를 차별화함으로서 유원지(Leisure Land)보다는 한 단계 앞섰다고 할 수 있다. 즉, 유원지는 어른들이 휴일에 아이들에게 이끌려서 가는 곳이라면 테마파크는 어린이들은 물론 어른들까지 휴가를 내서라도 스스로 가고 싶다고 생각하는 시설이라고 할 수 있다. 현재 우리나라에는 에버랜드, 롯데월드, 서울랜드 등의 테마파크가 있다.

테마파크 사업은 "꿈"을 고객에 파는 것이라고 하는데, 이 꿈을 실현하기 위해서는 막대한 자금이 투자되어야 한다.

테마파크 사업은 계절변동성이 높고 기후에 좌우된다는 의미에서 1차 산업적인 특성을 갖고 있다. 또한 초기 투자가 막대하고 시설유지비 및 추가 투자비가 막대하다는 점에서 장치산업적인 요소가 있는 2차 산업적인 특성을 갖고 있다. 개장 후에는 많은 인력을 필요로 해 인건비가 많아지는 등 고정비 부담이 큰 3차 산업적인 성격도 있다. 즉, 테마파크 사업은 1차, 2차, 3차 산업이 함께 공존하는 산업이라고 할 수 있다.

한편 테마파크의 채산성을 확보하기 위해서는 입장객을 많이 끌어들일 수 있어야 한다. 입장객 수는 파크의 입지, 규모, 시설, 서비스 등 여러 가지 요소에 의해 결정된다. 아무리 입지가 좋다하더라도 시설과 서비스가 매력적이지 못하다면 집객력은 낮을 수 밖에 없다. 반대로 시설과 서비스가 아무리 매력적이고 대규모라 할지라도 입지가 나쁘면 집객력은 떨어진다. 특히 입장객 수를 지속적으로 확보하기 위해서는 추가적인 설비투자가 필수적이다.

1) 테마파크 사업의 특징 및 경제적 효과

❶ 입지조건이 크게 좌우한다.

테마파크 사업은 입지조건이 크게 좌우되는 사업으로 처음의 입지선정이 개장 후의 사업수익에 큰 영향을 미친다. 용지의 취득비용, 파크의 교통여건, 장래의 주변환경 변화 및 인프라(infra) 확충 정도에 따라 파크의 사업주체의 비용부담은 크게 달라진다. 테마파크의 입지는 고객을 확실히 유치할 수 있는 대도시권이 가장 좋고, 원래 집객력이 우수한 유명 관광지 주변도 좋다.

❷ 투자비가 막대하다.

테마파크는 초기투자가 막대하고 개장 후에도 고객들을 지속적으로 끌어들이기 위해 추가적인 시설도입이 필수적이다. 특히 설비의 개체, 필연적으로 발생하는 추가비용의 증가 등은 개장 후 수지를 악화시킬 수 있는 요소들이다. 따라서 테마파크 사업은 지불이자의 비중이 높기 때문에 값싼 이자를 지불할 수 있는 자금을 조달해야 한다. 이같이 테마파크 사업은 막대한 자금이 소요되기 때문에 자금동원력이 뛰어난 대기업이 아니면 운영하기 어려운 사업이다. 일반적으로 테마파크의 초기 투자액은 예비비를 포함해 연간 매출액의 2배가 적정(2.5배가 최대)한 것으로 되어 있다.

❸ 소프트의 진부화가 예상외로 빠르다.

테마파크 영업에 있어서는 하드부문이 크지만 소프트부문도 적지 않아 소프트의 진부화가 예상 외로 빠르기 때문에 감가상각을 빨리 해야 한다. 예컨대, 도시형 테마파크에서는 투입된 고객유인시설(attraction)들의 라이프 사이클이 보통은 6개월, 짧은 것은 3개월 정도로 대단히 짧아지고 있다. 새로운 시설을 계속 투입하려면 소프트와 하드의 연구개발에 막대한 자금이 투자되어야 한다.

❹ 인건비 비중이 높다.

테마파크 개장 후에는 매출액에서 차지하는 인건비의 비중을 25% 이하로 낮추는 것이 바람직하다. 그러나 연중 영업하지 않는 파크의 경우에는 인력을 탄력적으로 운영할 필요가 있지만 파트 타이머(part timer)의 교육훈련비도 적지 않다. 제3섹터가 사업주체인 테마파크에서는 파트타이머의 훈련비를 적게 예상하는 경우가 많고 노무관리가 엉성해 인건비의 비중이 높아 수지를 악화시키는 사례도 발견되고 있다.

❺ 입장객의 체류시간과 소비단가는 비례한다.

테마파크의 소비단가는 파크 내의 체류시간에 비례한다. 따라서 고객들이 파크 내에 오래 머무르게 하는 것이 중요한데, 고객을 끌어들일 수 있는 시설의 배치와 종류의 선택은 신중을 기해야 한다. 일본 주요 테마파크의 평균 객단가는 3,500엔 수준인데, 이의 구성요소(입장료, 음식, 상품판매 등)는 테마파크마다 다르다.

❻ 음식 · 상품판매는 이익의 원천이다.

테마파크에서의 음식 및 상품판매 시설은 소비단가를 높이는데 중요하다. 따라서 이의 운영은 직영으로 하는 것이 좋으나 상품관리가 허술한 경우가 많다. 테마파크에서 이익의 원천이 음식 · 상품판매라는 것을 감안하면, 보다 철저한 이익관리가 필요하다.

❼ 입장객 수의 예측이 어렵다.

일본 테마파크의 경우, 대게 1억 엔을 투자하면 연간 입장객 수는 1만 명 정도 늘어난다고 한다. 따라서 앞으로 테마파크를 운영하는 경우, 이 관계를 목표로 계획을 책정하는 것도 하나의 방법이다.

테마파크 사업의 수지계획에서 입장객 수를 예측하는 것이 가장 어렵다. 입장객수를 예측할 때, 기본적으로 유사 사례와 비교, 관광지로서의 평가, 교통편의 등을 종합적으로 판단, 결정해야 한다.

평균 개장 후 3년 정도부터 입장객 수가 감소하기 시작하는데, 이때쯤이 초년도의 붐이 사그러들어 파크 본래의 실력이 시험받는 시기이다. 따라서 이 시기에는 새로운 영업전략을 수립하거나 추가시설을 도입할 시기이다.

개장 후 입장객 수와 소비단가가 예측치보다 크게 적은 경우에는 테마파크의 경영에 큰 타격을 준다. 따라서 예상되는 가장 낮은 숫자로 수지계획을 세우고 이를 바탕으로 자금계획을 수립하지 않으면 안 된다.

2) 국내 테마파크 현황

우리나라의 테마파크 시장은 TEA(formerly Themed Entertainment Association) and ERA(Economics Research Associates)에서 2006년에 발표한 세계 25대 테마파크에 에버랜드(10위), 롯데월드(15위) 등 2개의 테마파크가 포함되어 있어 아시아에서는 일본에 이어 두 번째로 큰 규모이다. 대표적 테마파크로는 삼성에버랜드, 롯데월드, 서울랜드, 서울대공원, 우방타워랜드 등이 있다.

1980년대 후반부터 1990년대 전반까지 전국적으로 테마파크들이 개장되어 시장규모가 확대되어 왔으나, IMF 직후 국내경기 침체에 따른 소득감소 및 소비심리의 위축 등으로 입장객들이 점차 감소하고 지방 테마파크의 운영사들의 경영 악화로 시장분위기는 더욱 침체되는 추세를 보였다. 2001년에는 레저심리의 회복과 일부 테마파크의 신규시설투자, 신용카드사와의 제휴확대 등으로 입장객 수가 회복세를 보였다. 그러나 이후 내수경기 침체와 테마파크의 사고 등 내부의 위기요인들이 복합적으로 작용하여 국내 대표적 테마파크들의 입장객 수는 2002년부터 점차 감소세가 시작되어 2004년도에는 약 3천여 만 명으로 전년대비 9.4%까지 감소하였다.

그러나 1인당 국민소득 증가와 주 5일제 등으로 인한 여가문화의 확산, 테마파크에 대한 선호도 증가 등에 따라 인구당 테마파크의 방문횟수는 더욱 늘어날 것으로 기대되고 있다.

정부와 광역자치단체 등에서 추진하는 대규모 관광단지 및 레저기업도시 개발에 테마파크가 도입되고 한류열풍으로 드라마와 영화를 주제로 한 테마파크의 개장 등으로 테마파크 시장 규모는 더욱 커질 전망이며 가족을 중심으로 한 국제적 수준의 테마파크가 요구되고 있다.

3) 테마파크의 유형

(1) 우리나라의 테마파크

❶ 에버랜드

영원과 활력을 의미하는 'Ever'와 자연, 포근함을 상징하는 'Land'를 결합한 EVERLAND는 인간과 자연과의 조화, 인간의 꿈과 사랑과 희망을 표현하고 있다. 에버랜드는 1976년, 국내 최초의 가족공원인 자연농원을 시작으로 국내 레저, 서비스 문화의 심지에 불을 당긴 에버랜드는 그 후 20여 년 넘게 거침없는 개척정신을 발휘, 국내 가족놀이의 문화수준을 세계적으로 끌어올리는데 크게 기여하였다.

▲에버랜드

에버랜드는 지난 1996년, 월드 클래스 리조트로 거듭나기 위하여, 용인자연농원에서 에버랜드로 BI를 변경하여 더욱 더 즐겁고 행복한 공간으로 태어났다.

2006년에는 개장 30주년을 맞이하여 인류사회에 공헌하는 삼성의 기업 이념을 바탕으로 인간존중, 복합화, 국세화를 통한 [21세기 체재형 복합 리조트 단지]로 도약하고 있다. 40여 개의 최신 어트랙션과 세계 유일의 복합 야생 사파리월드, 1985년 장미축제를 시발점으로 한 사계절 꽃축제, 국내 최초, 최장의 눈썰매장을 갖춘 [페스티발 월드]와 세계 최고 수준의 실내외 워터파크 [캐리비안 베이], 그리고 [에버랜드 스피드 웨이] 등 3개의 Park를 갖춘 [에버랜드]는 남녀노소, 가족과 연인 모두에게 늘 새로움과 즐거움, 행복을 안겨주는 놀이문화의 대명사로서 자리매김하였다.

에버랜드는 4,500~5,000개의 일자리를 창출하고, 연간 용인시 지방세의 약 2%에 해당하는 약 50억 원을 납부함으로써 경제적 파급효과를 극대화하고 있다. 또한 테마파크의 비수기에 해당하는 겨울철에 눈썰매시설 도입 등의 다각적인 노력들을 통해 계절적인 편차를 완화시킴으로서 계절적 한계를 극복하여 세계적 테마파크와 경쟁하고 있다.

2001년 연간 입장객 910만 명이라는 진기록을 세우면서 디즈니 사단에 이어 세계 5위의 테마파크로 선정되는 기염을 토했으며, 3년 연속 세계 최고의 입장객 증가율이라는 놀라운 성과로 세계 레저업계에 신선한 충격을 불러일으키기도 했다. 또한, 세계테마파크협회(IAAPA)에서 수여하는 '2001 최우수 직원보상 프로그램부문(Best Employee Recognition Program)' 대상을 수상하는 등 세계 테마파크 업계에서 두각을 나타내고 있다.

2006년 TEA and ERA의 발표에 의하면 세계 25대 테마파크 순위에서 10위를 차지하고 있으며 세계 10대 테마 어트랙션 체인 중 10위로 선정되어 세계적 테마파크로서 도약하고 있다.

❷ 롯데월드

1989년 7월 12일 국내에 본격적인 테마파크의 시대를 열며 개원한 롯데월드는 세계 최대규모의 실내 테마파크로서 1995년 기네스북에 올랐으며 2006년 TEA and ERA가 선정한 세계 25대 테마파크 순위에서 15위에 선정되는 등 세계적인 테마파크로 평가받고 있다.

▲롯데월드

한 해 평균 800만 명에 가까운 손님이 방문하는 롯데월드는 2003년 7월 개장 이후 총 방문객 수 8,000만 명을 돌파하였으며, 이 가운데 약 10%가 외국인 관광객으로, 이는 롯데월드가 한국인이 가장 즐겨 찾는 테마파크일 뿐만 아니라 세계적인 관광명소로서 위상을 얻고 있음을 보여 주는 것이라 할 수 있다.

놀이기구 중심의 유원지(Amusement Park)가 아닌 특정한 주제(Theme)에 따라 탑승시설에서 건물, 공연 & 퍼레이드, 식음, 기념품 등에 이르기까지 공통의 스토리를 갖고 구성함으로써, 방문객들로 하여금 비일상적인 공간의 분위기 속에서 일련의 즐거운 경험을 갖게 하는 공원이라 할 수 있으며, 국내에서는 '작은 지구 마을(Small World)' 이라는 테마를 갖고 1989년 7월 롯데월드가 개원함으로써 본격적인 테마파크의 시대를 열었다.

롯데월드는 테마파크 외에도 백화점, 호텔, 면세점, 대형 할인점, 스포츠 센터가 한 곳에 모여 있는 대단위 복합생활공간(CLT : Complex Life Town)으로 관광에서 레저, 쇼핑, 문화, 스포츠에 이르기까지 원하는 모든 것을 한 곳에서 즐길 수 있는 도심 속의 또 하나의 도시라 할 수 있다.

❸ 우방타워랜드

대구광역시 달서구 두류동에 위치한 종합테마파크로 1995년 3월 28일 개장하였다. 면적은 총 40만 6000㎡이고, 시설은 광장 6개소(광장별로 테마 부여), 놀이시설 31종(부메랑, 코스타 등), 교양시설로 공연장 3개소(대공연장, 영타운, 잔디광장 야외

무대), 전시관 2개소(고스 트하우스, 수퍼시네마), 운동시설 2개소(잔디썰매장, 눈썰매장)가 있다.

조경 시설로는 인공연못 3개소, 분수 2개소, 대형 폭포 1개소와 플라워 가든(튤립, 장미, 국화 등 꽃식재), 느티나무 · 소나무 등 5만 여 그루의 식재가 있다. 그밖에 식음시설 35개소, 선물의 집 등 상품시설이 25개소 있고 편의시설로 주차장 3개소(총 2,500여 대 동시 수용 가능), 물품보관소, 유모차대여소, 의무실 등이 있다.

우방타워랜드 안에 있는 우방(주)이 시공한 우방타워는 탑높이 202m(탑신 153m, 철탑 49m), 해발 312m로 1984년 10월 대구직할시 승격(1981. 7. 1) 기념으로 건립을 시작하여 1992년 1월 개관한 국내 최대의 전망탑이다. 다보탑 형태의 팔각형 탑신으로 안정감과 한국의 전통적 건축미를 재현해냈다.

운영 특성은 ① 도심에 있는 종합 테마파크로서 사계절 야간영업을 실시하여 주중 시민의 일상 휴식공간으로서의 기능을 하며, ② 연간 회원제 운영, 중저가 이용료 설정으로 공원의 대중성 확보, ③ 상설 공연단 운영, 각종 공연 · 행사 · 전시를 매일 20~30회 개최하는 등 각종 문화 · 공연 행사 개발로 시민 문화 공간으로서의 역할 수행, ④ 서비스 전문인력 개발을 통한 지역 내 서비스산업 육성 등이다.

❹ 아인스월드

세계 최대, 세계 최고, 세계 유명건축물 테마파크로 부천시 상동 영상문화단지 내 약 18,000평의 대지에 예술성과 역사성이 뛰어난 전 세계 25개국의 유명건축물과 세계7대 불가사의, 유네스코 지정 문화유산 등 총 109점의 건축물을 실제 그대로 재현해 놓았다.

시대와 공간을 뛰어넘어 전 세계의 건축예술과 각 나라의 독특한 문화를 체험하고 느낄 수 있는 새로운 콘셉트의 실외 박물관형 테마파크이다. 단순히 보고 즐기는 수준에서 한차원 높은, 교육적 효과와 더불어 다른 곳에서는 느끼지 못하는 감격과 경험을 할 수 있다.

이 외에 서울대공원, 서울드림랜드, 경주월드, EXPO 과학공원 등 복수의 주제를 구비한 종합적 주제공원과, 용인 민속촌, 제주 민속촌, 조각공원 등 단일주제의 소주제 공원이 있다. 〈표 2-11〉은 우리나라 종합휴양업체의 대표적 시설현황이다.

▲ 성바실리사원

▲ 샤크레케르대성당

▲ 프랑스 에펠탑

▲ 미국 존

표 2-13 국내 종합휴양업체의 대표적 시설현황

구분	이름	업체명	소재지	면적(m^2)	시설내용
수도권	에버랜드	에버랜드	경기도 용인	10,466,825	음식점 : 식당 4개, 동 · 식물원, 유기장(24종), 민속관, 야영장, 눈썰매장
	어린이 대공원	(주)동마	성동구 능동	약 600,000	동 · 식물원, 식당, 전시관, 도서관, 운동시설, 유기시설(88열차 외 12종)
	드림랜드	(주) 일우공영	도봉구 번동	347,878	운동시설 : 수영장, 탁구장, 오락시설(16종)
	서울랜드	(주) 한덕개발	경기도 과천	280,000	오락시설(29종 33개소) 교양시설(9종 20개소) 편익시설(16종 74개소) 조경시설(11종 52개소)
	롯데월드	(주) 호텔롯데	송파구 잠실	204,685	운동시설, 오락시설(47종), 식당, 동 · 식물원
	63빌딩	(주) 대생기업	영등포구 여의도		관람시설 : 63골든타워, 63씨월드, 63IMax
	남양주 랜드	홍정선	경기도 기흥	604,376	숙박시설 : 가족호텔 88실 오락시설 : 모노레일 등 3종 운동시설 : 정구장 등 5종 기타 간이골프장, 낚시터
	기흥 패밀리 랜드			297,735	운동시설 : 잔디구장 등 5종 오락시설 : 회전목마 등 3종 식당, 가족휴게소 등
기타지역	경주월드	(주) 아진건업	경북 경주시	1,955,291	교육문화시설, 관람시설, 운동시설, 유희시설 12종
	부곡 하와이	제일 흥업	경남 부곡	410,509	숙박시설 : 동 · 식물원 운동시설 : 수영장 등 오락시설 : 11종

구분	이름	업체명	소재지	면적(m^2)	시설내용
수도권	금호랜드		광주	171,000	숙박시설 : 방갈로 9동 운동시설 : 수영장 등 5종 오락시설 : 회전목마 등 15종
	코타 레저타운	충북	중원	588,463	기타 휴식공간, 낚시터 숙박시설 : 산장, 방갈로 9동 운동시설 : 정구장 등 6종
	프라자 랜드	한국 국토개발	강원도 속초	230,613	오락시설 : 회전목마 등 10종 식당 · 운동시설 : 정구장, 수영장, 승마장 유희시설 : 18종
	제주 민속촌		남제주	181,895	운동 · 오락 · 식당시설
	대전 꿈돌이동산	대덕 크리스탈	대전	5,780	운동 · 오락 · 식당시설

(2) 외국의 테마파크

❶ 미국

미국은 세계 주제공원의 대표적인 역할을 담당하고 있다. 특히 월트 디즈니의 이상을 구현시킨 플로리다의 올랜도에 위치한 월트 디즈니 월드는 세계 최대의 주제공원으로서 다음과 같이 3개의 구역으로 나뉘어져 있다.

▲월트 디즈니 월드

가) Magic Kingdom

LA 디즈니랜드를 조금 더 보완한 시설로 구성된 위락공원으로 입구에서 모노레일로 인공호수인 Seven Seas Lagoom을 우회하거나 페리보트를 타고 건너면 매직 킹덤이 나온다. 이러한 연출기획은 현실세계에서 꿈의 세계로 이동하는 듯한 경이로움을 갖게 하는, 훌륭한 연출이 돋보이는 기획이다. 메인 스트리트, USA 모험의 나라, 개척의 나라, 자유의 광장, 환상의 나라, 미래의 나라, Micky's Birthday Land 등 모두 7개의 구역으로 나뉘어져 있다.

나) EPCOT Center

매직 킹덤에서 남쪽으로 4.5km 지점에 자리잡고 있는 EPCOT Center는 Experimental Prototype Community Of Tomorrow의 약자로 '인류에 의한 인류를 위한 신세계, 즉 미래의 실험적 모델사회'를 건설하기 위한 커다란 계획의 하나로 1,052km²의 대지에 세워진 국제전시관이다.

매직 킹덤보다 10년 늦은 1982년에 문을 열었으며, Furture World와 World Show Case의 두 테마지구로 구성되어 있다. 주제는 미국의 최첨단 산업기술을 집대성하여 미래에 있을 새로운 도시의 방향을 제시하려는 것이다. 대기업의 홍보에 따른 스폰서십으로 운영되는 Furture World는 미래의 이상향을 보여주며, World Show Case는 문자 그대로 '세계의 진열장'이다.

세계 10개국의 전통적인 건축물이 연달아 있고, 건물 안의 플라자에서는 독자적인 매력물과 요리 및 특산품 등을 준비하여 관람객들에게 서비스하고 있다.

다) Disney MGM Studio

EPCOT Center의 정남쪽에 위치한 영화 주제공원으로, 약 40m의 Earffel Tower와 용량 16톤의 거대한 물탱크로 미키마우스 모자를 쓴 형태의 Mouse Keteer Cap이 상징적인 기능을 갖고 '오즈의 마법사'나 '레이더스' 등과 같은 장면을 볼 수 있는 45분 소요의 'The Great Movie Ride'가 있으며, 지구의 자연현상인 지진과 폭발, 홍수 등의 장면을 보여주는 'Catastrophe Canyon'이 핵심시설로 이루어져 있다.

미국 내의 대기업형 주제공원 운영사와 주제공원은 〈표 2-14〉와 같다.

표 2-14 **미국의 대기업형 주제공원 현황**

이름	소재지	시설내용
월트 디즈니컴퍼니	〈겸업〉 테마파크 영화 캐릭터 상품판매	월트 디즈니월드(플로리다) 디즈니랜드(캘리포니아) (동경 디즈니랜드)
부슈 엔터테인먼트	임하이저 부슈(맥주)의 자회사	부슈가든 닥 컨티넨트(플로리다) 부슈가든 올드컨츄리(버지니아) 세사미 플레이스(펜실베니아)
하코트플레이스 야바노비치	〈겸업〉 출 판 테마파크 보 험	씨월드(4개소) 보드윅 & 베이스볼 사이플레스 가든즈 (이상 플로리다)
씩스 플락스	〈전업〉	그레이트 어드벤처(뉴저지) 매직 마운틴(캘리포니아) 그레이트 아메리카(일리노이) 오버 텍사스(텍사스) 미드아메리카(미주리) 아스트로 월드(텍사스) 파워 브란트(메릴랜드) 아틀란티스(플로리다) 어드미럴(미주리)
킹스 엔터테인먼트	〈전업〉	킹스 아일랜드(오하이오) 킹스 도미니온(버지니아) 그레이트 아메리카(캘리포니아) 켈로우 원더(노스캐롤라이나) 원더랜드(오스트레일리아) 캐나다 원더랜드(캐나다)

자료 : 국제산업정보 연구소

❷ 일본

일본의 경우 여가선호의 고조나 사람들의 가치관의 개성화 · 다양화를 배경으로 더욱 개성화된 '위락공간'을 찾을 수 있는 기반이 생겼다. 그러한 조류를 재빨리 포착하고 성공을 거둔 것이 도쿄 디즈니랜드였고, 그 뒤 나가사키의 네덜란드 마을, 스페이스 월드 등 특정주제에 개념을 한정한 위락공간, 곧 주제공원이 각지에서 조성되고 현재 계획 중인 것까지 포함하면 참으로 많은 주제공원이 조성되고 있어서 그야말로 일본의 주제공원의 붐을 이루고 있다고 하겠다.

표 2-15 **일본 수도권의 주제공원 현황**

이름	장소	개업년	사업주체	시설 · 내용
도 쿄 디즈니랜드	자바현 우리야수시	1983년	(주)오리엔탈랜드	디즈니의 요소를 중심으로 한 환상적인 유원지
도쿄 세사미 플레이스	도쿄도 이쓰카이초	1990년	세사미 저팬(주) 커뮤니케이션 월드	세사미 스트리트를 주제로 한 교육형 공원
선리오 퓨로랜드	도쿄도다마	1990년	(주)선리오 커뮤니케이션 월드	새로운 요소 '퓨로'를 특징으로 한 인도어 주제공원
나리타 저팬 빌리지	자바현 나리타시	1991년	(주)나리타 저팬 빌리지	에도시대의 일본을 재현
오이 야조공원	도쿄도 오타구	1989년 개조 오픈	일본야조회	야조의 성역, 야조의 관찰소, 산림감시원에 의한 해설 등을 통해서 도시 사람들이 야조에 친숙해질 수 있는 장소를 형성
라라포트	자바현 후나바시	1981년 1988년	(주)라라포트 (주)미쓰이부동산 (주)다이에 리얼에스테이트	문화센터, 대극장, 커뮤니티센터, 골프코스, 입체주차장, 드라이브 인 시어터시티호텔, 테니스코트, 렌즈포로에이즈
닛케콜톤 플라자	자바현 이치가와시	1988년	니혼게오리	키데난트, 쁘랭땅, 스포츠 프라자, 골프연습장, 공원
노아	자바현 노다시	1989년	자스코	스포츠 프라자, 영화관, 볼링장, 어뮤즈먼트 파크(유원지, 드라이브 인 시어터, 패터골프장)
도시바 기술관	가나가와현 가와사키	1961년	(주)도시바	'환상의 숲'을 비롯 3 플로어, 61코노, 인접한 도시바과학종합연구소에서의 연구 성과분을 포함하여 첨단기술을 알기 쉽고 즐겁게 소개

자료 : 미쓰비시종합연구소, TMS, 다이아몬드사, '테마파크 시대의 도래' 참조하여 작성.

일본이 구상하고 있는 주제공원의 주제와 내용은 매우 다양하고 풍부하지만, 그 주된 경향을 살펴보면 다음과 같다.

가) 우주를 주제로 전개하는 계획

스페이스 월드, 선라이프, 타넥스, 코스믹 월드, 요코하마 코스믹 포트, 스페이스 하이테크랜드 등을 들 수 있다. 1990년에 신일철(新日鐵)이 전개한 스페이스 월드를 비롯해, 전국에 대형 주제공원이 있다. NASA 우주개발의 박물관시설, 과학관, 스페이스 캠프, 우주여행 시뮬레이터, 우주와 별을 테마로 한 어뮤즈먼트 시설 등이 주된 내용이다.

나) 환상적인 캐릭터를 주제로 전개하는 계획

산타클로스 빌리지, 그리스 왕국, 산타랜드, 산리오 커뮤니케이션 월드, 세사미 플레이스 등을 들 수 있다. 동화와 민화의 캐릭터를 테마로 하면서 낭만과 메르헨촌 조성을 목적하고 있는 것으로 내용은 동화의 어트랙션, 성, 레스토랑, 캐릭터숍, 퍼레이드 등이며, 유럽동화의 고향과 국제교류를 목표로 하는 케이스가 많다.

다) 역사를 주제로 전개하는 계획

하네다의 저팬 빌리지, 나가사끼의 에도촌 등을 들 수 있다. 역사와 시대의 풍속을 오락으로서 전개하는 것으로 성 · 무사의 집 · 거리 · 극장 등 건물을 재현해 역사적인 내용도 어트렉션으로 전시하며 상점, 레스토랑 등을 병설한다.

라) 산업을 주제공원화하여 전개하는 계획

광산활동 유명한 광산 · 동광 등의 폐광을 이용하여 관광지화하는 것으로 갱도체험 · 박물관 · 자료관 등을 주제로 한 어트렉션시설, 레스토랑, 상점 등을 병설한다.

지역산업활용 해당지역의 생산품 · 공예품 등의 생산시설을 활용하면서 자료관, 공예공방, 이벤트, 워크숍, 레스토랑 등으로 구성한다.

꽃, 과일, 식물 후르츠 공원, 플라워 공원, 올리브 월드, 사과마을, 덴마크 공원 등에서처럼 지역산업인 고사원예시설을 활용해 공원화를 목표하고 있는 것으로 자료관, 관광농원, 온실, 레스토랑, 특산품점, 연구시설, 호텔과 의료시설을 더하여 복합체재형을 목표로 하고 있는 곳이 많다.

마) 지역문화자원, 유적을 주제로 전개하는 계획

원시고대촌, 1억 년 고대의 숲, 일본고대촌 구상, 백제마을과 같이 지역에 남아있는 유적과 고고자료를 주제로 전개한 공원조성으로 자료관, 역사관, 신화관, 체험학습시설, 호텔 등을 정비해 즐겁게 학습하는 문화적인 공원으로 조성하는 것이다.

바) 외국촌으로서 세계의 민속 · 건축을 주제로 전개하는 계획

▲하우스텐보스

덴마크촌, 도이치촌, 오스트리아촌, 스페인촌, 뉴질랜드촌, 보르도촌, 유로피안빌리지, 카나디안 월드 등을 들 수 있으며, 세계의 거리와 문화를 재현하는 주제공원에 대한 계획이며, 그 주된 시설전개는 미술관, 박물관, 교회, 옥외극장, 레스토랑, 시장, 정원 등이 포함되고, 이벤트로서 축제, 국제교류, 상품판매 등을 목표로 하는 곳이 많다.

사) 외국의 공원을 도입해 전개하는 계획

센츄리 파크 티보리, 세사미 플레이스, 유니버셜 스튜디오 저팬 등을 들 수 있다. 티보리 공원은 유럽을 대표하는 역사와 품격을 갖는 덴마크의 종합공원이고, 세사미 플레이스는 미국의 교육 프로그램인 세사미 스트리트를 캐릭터로 한 어린이 대상의 활동형 교육유원지이다.

유니버셜 스튜디오는 미국의 유니버셜 영화시설을 모방한 주제공원이다. 일본이 각기 모국에서 성공하고 있는 노하우를 그대로 도입해 그 완성도의 매력으로 집객을 도모하는 계획이다.

❸ 호주

가) Featherdasle Wildlife Park

시드니 서쪽 37㎞ 지점에 있는 문자 그대로 야생적인 동물공원이다. 코알라를 비롯하여 캥거루, 왈라비, 웸바트, 태즈메니아 데블 등의 동물을 자연에 가까운 상태에서 사육하고 있다.

나) Ballarat Wildlife Park

이곳은 호주에 서식하는 모든 야생동물들의 집합소로 맑은 공기와 신선한 향을 간직한 검추리나무들이 즐비한 언덕에 위치한다. 공원 내에서는 이리저리 뛰어다니는 수십 마리의 캥거루와 호주산 악어(크로커다일)의 생태모습과 미시시피악어(엘리케이터)도 관찰할 수 있다.

또한 이곳에서는 실제로 열대지방과 같은 환경을 조성하여 동물들을 보호하고 육성한다. 악어 외에도 도마뱀, 독사가 이 곳에서 사육되며, 방문자들은 유리를 통해 그들의 모습을 볼 수 있다. 공원의 이름처럼 야생생활을 최우선으로 하고 있는 이곳은 호주 최초로 개인이 코알라를 직접 사육할 수 있도록 인정받은 곳으로 코알라에 관한 모든 것이 완벽하게 이루어져 있다.

이외에 돼지와 두더지를 혼합한 호주 순수토종 웜바트를 볼 수 있는 기회도 주어진다. 또 호주에 하나밖에 없는 동물 타즈메니아 타이거의 생태도 이곳에서 볼 수 있다. 무섭기는 하지만 신비스러움이 가득해 호기심이 많은 아이들에게는 단연 인기이다. 공원 내에는 안내자가 항상 따라다니며 도움말을 준다.

다) Cleland Coservation Park

로프티산 기슭에 펼쳐지는 790㏊의 자연보호구역겸 공원이다. 이곳에서는 에뮤와 앵무새, 캥거루와 왈라비, 웸바트, 코알라 등 오스트레일리아 원산동물을 야생상태로 관찰할 수 있다. 또 이 나라 원산의 들개인 딩고와 뱀을 사육하는 곳도 있다. 이곳은 부지가 넓기 때문에 사람들로 붐비지 않고 자연스럽게 동물과 접촉할 수 있는 것이 가장 큰 장점이다.

라) Camel Park

많은 수의 낙타들이 사육되고 있는 곳이며, 이곳의 낙타를 타고 사막을 여행할 수 있다.

❹ 뉴질랜드

가) Ferrymead Historical Park

이곳에는 늪지를 메워 광대한 부지 위에 조성해 놓은 역사박물관과 옛날의 집과 자동차 · 자전거 · 마차 · 비행기 · 전차 등이 전시되었고, 나팔식 축음기와 수동전화기와 제1차 세계대전 때의 곡사포 등도 전시되어 있다. 특히 뉴질랜드 최초의 철도차량과 증기기관차, 43종류나 되는 소방차들이 전시되어 있다.

나) Haritage Park

시가지에서 9㎞쯤 떨어져 있는 공원으로 마오리족의 쇼가 펼쳐지고 목각과 양털깍

이, 베짜기 등의 실연이 행해지며, 직접 체험할 수 있다. 동물을 많이 사육하고 있어서 키위나 타카헤 등 진귀한 동물도 구경할 수 있다.

다) Kelly Tarlton's Underwater World

와이테마타만의 바닷가 타마키 드리이브에 만들어진 뉴질랜드 제일의 대형 수족관이다. 뉴질랜드 근해에 사는 모든 어족을 관찰할 수 있다. 시설도 특이해 120m나 되는 통로가 모두 유리로 되어 있고, 그 안에 움직이는 보도가 설치되어 관람자는 그 위에 가만히 서서 좌우나 머리 위로 전개되는 해저모습을 관찰할 수 있다. 커다란 상어가 유유히 헤엄치고 있는 광경은 장관이다.

2. 워터파크

1) 워터파크의 개황

워터파크(Water Park)는 물속에서 단지 수영과 물놀이만을 즐기는 것이 아니라 매개체로 한 각종 놀이시설과 건강시설, 그리고 휴식공간이 함께 갖추어진 물놀이 공간을 말한다. 색다른 경험과 도전의식을 심어줄 수 있는 유수 풀(lazy river), 파도 풀(wave pool), 워터 슬라이드(water slide) 등을 다양하게 갖추고 있는 워터파크는 새로운 레저스포츠 공간으로 인기를 끌고 있다.

한편 실내형 워터파크를 운영하는데 있어 최대 관심사는 역시 집객이다. 통상 입장객의 집객범위는 이동시간으로 2시간, 거리 100㎞ 이내이지만 고속도로 개통으로 그 범위가 다소 넓어질 수 있다. 입장객 수를 계절별로 보면, 여름방학인 7~8월 동안에 가장 많고, 나들이 철인 봄에 가장 적게 이용한다. 특히 8월에는 연간 입장객 수의 20~30%를 차지하고 있다.

실내형 워터파크는 볼링장처럼 비 오는 날의 입장객이 늘어나는 특성을 갖고 있다. 특히 봄 · 가을은 날씨에 좌우되는 경우가 많다고 한다. 단지 볼링장에 방문하는 입장객 의식과 크게 다른 점은 볼링장은 계절에 관계없이 부담없이 즐길 수 있는 반면, 워터파크는 3시즌(특히 겨울)에 수영복을 입고 수영을 한다는 점이다.

2) 국내 워터파크의 현황

1980년대 말 세계적으로 워터파크 붐이 일자 국내에서도 공원이나 리조트업계에서 관심과 투자가 시작되었다. 1996년 용인에버랜드의 '캐리비안베이'의 성공적인 개장은 워터파크의 개념과 인식의 변화를 가져왔다. 이후 준비 중이었던 50여 개의 워터파크 프로젝트는 IMF라는 국가부도사태를 맞아 자금부족 및 레저시장위축 등으로 국내 경기가 본격 회복되는 시점으로 미뤄졌으나 최근 레저환경 및 레저문화의 인식 변화에 따라 리조트업계와 정부지자체를 중심으로 새로운 수익창출모델로서 재조명되어 개발이 빠르게 추진되고 있다.

웰빙열풍과 함께 온천문화와 워터파크의 결합은 새로운 테마로 등장하고 있으며 단순히 수질 좋은 온천을 찾아 몸을 담그던 수준을 넘어 여러 가지 기능과 요소들이 첨가된 스파들이 속속 생겨나면서 '재미(Fun)'을 제공하는 복합적 형태를 가진 레저파크 개념의 워터파크 형태로 진화하고 있다.

▲캐리비안베이

▲스파벨리

▲오션돔

표 2-16 국내 기업들의 워터파크 현황

워터파크명 (운영회사)	소재지 (개장년도)	단지구성 (시설구성)	단지콘셉트 및 특징	시설면적 (수용인원)	주요시설
용인 캐리비안베이 (삼성에버랜드)	경기도 용인시 (1996)	테마파크 +워터파크 (물놀이 위주)	17세기 중남미 카리브해 다양한 테마의 놀이시설 국내 최고의 워터파크	22,000평 (1만4천명)	파도풀 '서핑라이더' 스파빌리지, 워터봅슬레이 인공숲
설악 한화워터피아 (한화국토개발)	강원도 속초시 (1997.07/ 2006.07-2차)	콘도 +워터파크 (스파 위주)	유럽풍 체계적, 단계적 개발지속 온천수	16,000평 (5천명)	대형테라피 '아쿠아돔' 프랑스' 뷰티&슬림' 센터 유수풀, 실외파도풀
대명홍천 오션월드 (대명레저산업)	강원도 홍천군 (2006)	종합리조트 +워터파크 (물놀이위주)	이집트풍 사막의 오아시스, 주변 리조트 시설과 유기적인 계획으로 개발 홍천강 복류수 사용	11,000평 (1만명)	익스트림리버, 유수풀, 테라피센터, 수륙범퍼카, 제트보트
덕산 스파캐슬 (엠캐슬)	충남 예산군 (2005)	콘도 +워터파크 (스파위주)	유럽풍, 국내 최초 멤버쉽 스파리조트 온천수(49° C)사용	6,300평 (5천명)	실내외스파, 급류풀 마스터 블라스터 바이탈 테라피 센터
아산 스파비스 (태천개발)	충남 아산시 (2001)	워터파크 /단독 (스파위주)	국내 최초 온천 테마 워터 파크 온천수(38° C)사용	5,142평 (3천5백명)	바데풀, 유수풀, 오가피탕, 대형슬라이드, 에어바운스 슬라이드
이천 테르메덴 (서림리조트)	경기도 이천시 (2006)	워터파크/단독, 콘도예정 (스파위주)	유럽풍 독일식 온천리조트, 온천수(40~50° C)사용	3,120평	대형 바데풀 닥터피쉬 족탕
대구 스파밸리 (동우E&C)	대구 달성군 (2003)	워터파크 /단독 (물놀이위주)	UK-Ball 이용 음양오행, 건강온천욕 시스템 도입	3,250평 (3천명)	파도풀, 키즈풀 찜질방(UK볼) 유수풀, 수구풀
상록아쿠아피아 (공무원연금 관리공단)	충남 천안시 (1998)	호텔 +워터파크 (물놀이위주)	중부권 최대 실내 물놀이공원, 지하수 사용	2,500평 (2천명)	마스터 블라스터 튜브/바디 슬라이더
용평 피크아일랜드 (용평리조트)	강원도 평창군 (2008.7)	종합리조트 +워터파크 (물놀이위주)	눈을 테마로 여름속의 겨울연출	7,500평 (3천5백명)	파도풀, 바데풀, 동굴 유수풀, 아쿠아플래이풀, 핀란드사우나 하이스피드슬라이드
휘닉스 워터파크 (보광 휘닉스파크)	강원도 평창군 (2008.6)	종합리조트 +워터파크 (물놀이위주)	지중해풍 물놀이 공간	6,000평 (6천명)	파도풀, 바데풀, 웨이브리버, 아쿠아플래이 웨이브풀, 레이지운틴

3. 카지노 산업

1) 카지노의 개념

카지노는 '여러 가지 오락활동을 즐길 수 있는 연회장'의 의미를 갖는 이탈리아어의 'Casa'라는 말에서 유래되어 17~18세기 중엽 중세유럽의 귀족사회에서의 사교 · 오락용의 별관을 뜻하였으나 현재는 해변, 온천, 휴양지 등에 있는 일반 실내 도박장을 의미한다. 관광진흥법 제3조 제5호에서 카지노업은 전용영업장을 갖추고 주사위 · 트럼프 · 슬롯머신 등 특정한 기구 등을 이용하여 우연의 결과에 따라 특정인에게 재산상의 이익을 주고 다른 참가자에게 손실을 주는 행위 등을 하는 업이라고 정의하고 있다.

오늘날의 카지노는 각 부분에서 차지하는 비중이 커짐에 따라 도박이라는 의미는 점점 사라져 가고, 카지노 산업(casino industry) 또는 게임 산업(gambling industry)이라고 하는 외화획득이 높은 서비스 산업으로 간주해 가는 추세이다.

2) 카지노 산업의 특성

카지노 산업의 특성은 긍정적 특성과 부정적 특성으로 정리할 수 있다.

(1) 카지노 산업의 긍정적 특성

첫째, 카지노업의 기본적인 기능의 하나로 건전한 게임이나 오락을 제공하면서 외국인 관광객을 통한 관광수입 확대에 기여할 수 있다. 카지노 대국인 미국의 관광수입이 세계 1위인 점이 이를 증명하는 것이다.

둘째, 타 산업에 비해 고용창출 효과가 높다. 특히 카지노 산업은 일정한 시설을 갖추고 연중 영업하는 순수한 인적서비스 상품인 동시에 노동집약적 산업으로 카지노 산업의 고용효과는 다른 관광산업에 비해 3배 이상 높다고 한다. 카지노 산업의 고용승수를 분석해 보면, 카지노 고용승수 0.098(카지노 수입 10억당 약 98명 고용파급효과 발생), 전산업 평균 0.069보다 높음, 산업부문 3위)로 고용효과가 매우 높은 것으로 나타났다.

셋째, 카지노 산업의 경제적 파급효과가 높다. 카지노로 인한 외화수입은 우리나라 경제에 투입되어 직 · 간접적으로 연관 산업에 대한 생산 및 부가가치 창출효과, 지역

▲블랙잭

▲바카라

▲룰렛

▲빅휠

▲슬롯머신

▲다이사이

주민에 대한 소득 및 고용 창출효과, 중앙 및 지방자치단체에 대한 재정수입 창출효과 등 다양한 경제적 파급효과를 발생시킨다. 또한 카지노 산업의 매출액 증대로 인한 외화가득효과, 고용효과, 소득효과 및 부가가치 효과는 매우 높은 반면, 수입의존도는 다른 산업에 비해 매우 낮다. 실례를 들면, 카지노 산업의 외화가득률은 93.7%인데 반해 반도체산업 39.3%, TV 수출산업 60.0%, 승용차 수출산업 79.5% 불과한 것으로 나타났다. 따라서 카지노 외래객 1명의 유치는 반도체 56개 또는 컬러 TV 3대를 수출한 것과 동일하며, 카지노 외래객 20명을 유치하면 승용차 1대를 수출한 것과 효과가 동일한 효과를 내는 것이라 할 수 있다.

넷째, 카지노의 설치로 외국인 관광객의 1인당 소비액이 증가하면서 체재기간을 연장시키면서 관광을 통한 지역경제 활성화에 기여할 수 있다. 카지노 이용객 1인당 소비액은 US$527로 외래관광객 1인당 소비액인 US$1,107의 약 48%를 차지하여 단일 지출항목으로 매우 높은 비중을 차지하고 있다. 또한 카지노이용객의 1인당 소비액은 매년 증가 추세로 외래 관광객의 소비지출을 증가시키는 주요한 관광 상품으로 인식되고 있다.

다섯째, 카지노 고객은 호텔영업 매출액 향상에 대한 기여도가 높다. 즉, 전체 호텔 매출액에서 카지노 수입이 59%, 객실수입이 12%, 식음료 수입이 22% 등으로 나타나 카지노 수입이 호텔의 경영수지를 좌우하는 것으로 나타났다.

여섯째, 카지노 산업은 자연관광자원의 기후에 대한 한계성을 극복할 수 있는 좋은 대체 관광산업이다. 카지노 산업은 실내공간에서 행하는 여가활동으로 악천후일 때 옥외 관광 상품의 대체상품으로서 거의 한계가 없다고 할 수 있다. 또한 24시간 영업함으로써 야간 관광 상품으로도 이용될 수 있다는 장점이 있다.

(2) 카지노 산업의 부정적 특성

카지노 산업은 사회적 부작용을 일으키는 양면성이 있다.

첫째, 단기적으로는 카지노 산업 내 고용을 증가시키지만, 지나치게 도박에 빠질 경우 결국 주변의 생산적 산업에서는 경제 내 생산성과 성장성을 약화시켜 전체적으로 고용이 감소하는 효과를 유발할 우려가 높다.

둘째, 사회에 사행 심리가 만연할 경우 경제 생산성 하락, 세수입 감소, 인적자본 투자 동기 저하 등의 부작용을 유발함에 따라 성장잠재력을 약화시키는 결과를 초래한다.

셋째, 사행 산업의 주된 소비 계층은 대부분 저소득층이고 이들을 더욱 가난하게 만들어서 사회 내 소득 · 분배 · 복지면에서 양극화를 심화시킬 수 있다.

넷째, 지하 경제 비중 증가 및 부정부패를 유발할 수 있다.

다섯째, 사행 산업의 합법화에 따른 부작용을 막기 위한 사회적 비용이 증대된다. 예를 들어 도박 중독자 및 예방프로그램의 개발, 사행 기업 관리 감독비용, 범죄자 교정 및 예방시스템 구축비용 등이 이에 해당된다.

미국의 경우 사행 산업 허가 지역 전체 사회 비용이 사행 산업 활성화에 따르는 이익을 압도하는 경향이 있고 우리나라의 경우 2002년 도박으로 인한 사회적 비용은 1조 5,000억 원으로 추정되었다.

3) 세계 카지노 산업의 현황

카지노는 단순히 도박이란 개념에서 벗어나 관광객의 욕구를 충족시켜줄 수 있는 합법화된 여가 · 관광 활동의 하나로 자리 매김하고 있다.

19세기에 들어와 유럽인들의 활동이 활발해지면서 클럽스타일의 상업적 카지노가 유럽 각국에서 개업하였고, 아프리카 · 호주 · 아시아 · 미국지역으로 확산되기 시작하였다. 미국에서는 1960년대 이후 대형 카지노가 허가되어 하와이를 제외한 모든 주에서 게이밍산업의 합법화를 위한 입법조치가 완료되었거나 상정 중에 있다. 2005년 기준으로 전 세계 120여 개국의 3,342개소가 운영 중에 있으며, 북미 2개국에 1568개소(47.3%), 유럽 34개국 1099개소(33.1%), 중 · 남미 지역은 12개국에 356개소(10.7%), 아프리카 33개국에 143개소(9%), 아시아 18개국에 150개소(3.8%), 오세아니아는 7개국에 26개소(0.8%)가 있다. 이 중에서 북미와 유럽이 80% 이상을 점유하고 있고 관광수입이 세계 10위권에 속하는 미국, 프랑스, 스페인, 영국, 독일 등은 카지노산업에서도 세계 10대 카지노 보유국인 것으로 나타났다. 이처럼 대부분의 주요 국가들이 카지노사업을 합법화하여 첨단 관광사업으로 장려하는 것은 외화유출 방지와 세수확보, 경제활성화, 고용창출, 도시의 재개발, 국토의 균형발전 및 외래 관광객 유치 등의 목적으로 분석되며 그 중요성이 매우 크다는 사실을 보여준다.

세계 각국 카지노의 신규개장 및 증설은 가속화하고 있으며 미국을 중심으로 한 북미와 아시아 지역이 세계 카지노산업의 대형화 · 테마파크화를 주도하고 있다. 카지노 영업이 법적으로 허용된 아시아의 국가는 한국을 비롯해 중국의 마카오, 말레이시아, 필리핀, 네팔, 인도 등이며 외화 획득의 수단으로 카지노 산업을 육성하고 있다.

세계적으로 유명한 카지노로는 미국의 라스베이거스와 아틀랜타시의 카지노를 비롯하여 몬테카를로(모나코왕국)의 카지노, 남프랑스의 칸느와 니스, 몬테비데오(우루과이), 산탄(푸에르토리코) 카지노 등이 있다.

◀Las Vegas hotels
-Mirage, Bellagio, MGM Grand, Mandalay Bay, Paris Las vegas, New York-New York

4) 국내 카지노 산업의 현황

우리나라는 관광산업의 일환으로 외래관광객 유치와 외화획득 및 경제적 파급효과를 위해 카지노업을 허용하였다.

우리나라 카지노의 설립 근거가 된 최초의 법은 1961년 11월에 제정된 「복표발행현상 기타사행행위단속법」이며, 1962년 9월 동법의 개정사항에 외국인을 상대로 하는 오락시설로서 외화획득에 기여할 수 있다고 인정될 때 이를 허가할 수 있게 규정된 후 1967년 인천 올림포스호텔이 우리나라 최초의 카지노로 개장되었다. 당초 카지노사업은 사행사업으로 간주하여 경찰청에서 관리하였다. 1968년 워커힐호텔에 카지노가 개장되어 당시 주한외국인과 외래관광객전용의 위락시설로 이용되었다. 1970년대 우리나라 카지노산업은 주요관광지에 확산되어 1971년 속리산관광호텔 카지노, 1975년에 제주칼호텔 카지노, 1978년에 파라다이스비치호텔 카지노, 1979년에 코오롱관광호텔 카지노의 개장으로 총 6개소가 신설되었다. 1980년에 설악파크호텔 카지노가 강원도에 최초 개설되었고, 1985년에는 제주하얏트호텔 카지노가 개장된데 이어, 카지노 신규허가완화로 1990년, 1991년에 제주그랜드호텔 카지노, 제주남서울호텔 카지노, 제주서귀포칼호텔 카지노, 제주오리엔탈호텔 카지노, 제주 신라호텔 카지노 순으로 개장하였다. 1994년 8월 「관광진흥법」의 개정 후 관광산업으로 전환되어 문화체육관광부가허가권과 지도 · 감독권을 갖게 되었다.

관광진흥법에 의거 카지노업은 내국인 출입을 허용하지 않는 것이 기본이나 「폐광지역개발지원에관한특별법」에 의거 폐광지역의 경제 활성화를 위해 내국인 출입이 가능한 카지노가 허가되어 1998년에 (주)강원랜드가 설립되고 2000년 10월 강원랜드 카지노가 개장되었다. 제주도의 경우 「제주특별자치도특별법」에 따라 2006년 7월부터 제주지역카지노에 대해서 제주특별자치도가 허가 및 지도감독 기능을 갖고 있다.

세계적인 카지노들은 카지노를 복합 리조트화하는 추세이나 우리나라의 카지도들은 대부분 호텔에 부속된 단순한 영업형태로 영세성을 벗어나지 못하고 있는 실정이다. 이에 정부는 외국인 투자를 통하여 관광인프라를 구축하고 카지노 리조트로 육성하기 위해 관련법의 제 · 개정을 통하여 카지노업 허가특례규정을 마련하여 시행하고 있다.

문화체육관광부는 2005년 1월 28일자로 적극적인 외래관광객 유치와 외화획득을 통한 관광수지 개선, 일자리 창출 및 카지노산업의 경쟁력 제고를 위하여 한국관광공사의 자회사인 ㈜그랜드 레저 코리아에 서울 2개소, 부산 1개소 카지노를 신규 허가하고 2006년 상반기 '세븐럭'(SEVEN LUCK) 카지노 3개소가 모두 개장하였다.

▲ '세븐럭'(SEVEN LUCK)카지노의 개장 광고

표 2-17 국내 카지노 업체 현황

(2016. 6월 기준)

시도	업소명(법인명)	허가일	운영형태(등급)	종사원 수(명)	'15매출액(백만 원)	'15입장객(명)	허가증 면적(㎡)
서울	워커힐카지노 (주)파라다이스	'68.3.5	임대 (특1)	923	355,454	572,959	3,970.97
	세븐럭카지노 서울강남코엑스점 그랜드코리아레저(주)	'05.1.28	임대 (컨벤션)	809	215,279	470,735	6,093.57
	세븐럭카지노 서울강북힐튼점 그랜드코리아레저(주)	'05.1.28	임대 (특1)	493	196,215	919,799	2,811.94
부산	세븐럭카지노 부산롯데점 그랜드코리아레저(주)	'05.1.28	임대 (특1)	320	85,157	210,276	2,554.50
	부산카지노지점 (주)파라다이스	'78.10.29	임대 (특1)	352	73,151	90,098	2,283.50
인천	인천카지노 (주)파라다이스세가사미	'67.8.10	임대 (특1)	412	95,107	48,526	1,703.57
강원	알펜시아카지노 (주)지바스	'80.12.9	임대 (특1)	8	185	3,893	689.51
대구	인터불고대구카지노 (주)골든크라운	'79.4.11	임대 (특1)	171	13,141	69,483	3,473.37
제주	더케이제주호텔카지노 (주)엔에스디영상	'75.10.15	임대 (특1)	158	17,805	30,734	2,359.10
	제주카지노지점 (주)파라다이스	'90.9.1	임대 (특1)	252	49,502	45,702	2,756.76
	마제스타카지노 (주)마제스타	'91. 7.31	임대 (특1)	264	40,175	36,597	2,886.89
	로얄팔레스카지노 (주)건하	'90.11.6	임대 (특1)	199	16,305	18,362	1,353.18
	파라다이스카지노제주롯데 (주)두성	'85.4.11	임대 (특1)	189	36,748	33,461	1,205.41
	제주썬카지노 주)지앤엘	'90.9.1	직영 (특1)	217	4,127	19,559	2,802.09
	랜딩카지노 그랜드익스프레스코리아(주)	'90.9.1	임대 (특1)	230	32,204	15,474	803.30
	골든비치카지노 (주)골든비치	'95.12.28	임대 (특1)	157	12,713	27,962	1,528.58
12개 법인, 16개 업체(외국인대상)			직영 : 1 임대 : 15	5,154	1,243,268	2,613,620	39,276.24

시도	업소명(법인명)	허가일	운영형태(등급)	종사원 수(명)	'15매출액(백만 원)	'15입장객(명)	허가증 면적(㎡)
강원	강원랜드카지노 (주)강원랜드	'00.10.12	직영 (특1)	3,672	1,561,145	3,133,391	12,792.95
13개 법인, 17개 업체(내 · 외국인대상)			직영 : 2 임대 : 15	8,826	2,804,413	5,747,011	52,069.19

자료 : 문화체육관광부

2017년 현재 국내 카지노는 내 · 외국인 전용을 모두 포함하여 17개소가 운영 중에 있다. 이중 외국인전용 카지노는 1967년 인천 올림포스 카지노 개설을 시작으로 2005년 신규 허가 3개소를 포함하여 전국에 16개 업체가 운영 중에 있으며, 지역별로는 서울 3개소, 부산 2개소, 인천 1개소, 강원 1개소, 대구 1개소, 제주 8개소이다. 내국인출입 카지노는 강원랜드 카지노 1개소가 운영 중이다. 카지노업 종사원 수는 8,826명(외국인전용 카지노 5,154명, 강원랜드 카지노 3,672명) 등이다.

2015년 카지노업체 총 매출액은 2조 8,044억 원(외국인전용 카지노 1조 2,433억 원, 강원랜드 카지노 1조 5,611억 원)이고 입장객은 574만 명(외국인전용 카지노 261만 명, 강원랜드 카지노 313만 명)이며, 2015년 말 기준 16개 외국인전용 카지노의 외국인 관광객 대비 카지노 이용객 점유율은 19.8%이다.

2006년도 이후 관광외화 수입 및 카지노외화 수입은 꾸준히 증가하고 있으며, 외래관광객유치와 외화획득의 측면에서 카지노는 중요한 관광사업이 아닐 수 없다.

표 2-18 관광외화수입 대비 카지노 매출액

연도	관광외화수입(백만불)(A)	연평균 성장률(%)	카지노외화수입(천불)(B)	연평균 성장률(%)	점유율(%)(B/A)
2010	10,291	5.4	869,679	20.5	8.5
2011	12,347	20.0	1,015,982	16.8	8.2
2012	13,357	8.2	1,110,244	9.3	8.3
2013	14,525	8.7	1,250,093	12.6	8.6
2014	17,712	21.9	1,307,776	4.6	7.2
2015	15,177	-14.3	1,098,778	△16.0	7.2

자료 : 문화체육관광부

4. 스포츠

오늘날의 생활은 스포츠 본연의 기능이나 자세를, 우리의 생활의 질을 변화시키는 중요한 요소로 받아들이지 않으면 안 되는 단계에까지 와 있다. 따라서 인간의 건강문제, 대인관계, 지역사회의 형성, 자유시간의 증대 등과 스포츠의 질적 향상, 활동내용의 다양화라든가, 환경조건의 충실화 방안 등 경제적 문제만 따지는 차원 이상으로 신속하게 대처해 나가지 않으면 안 된다.

선진국이나 우리나라에서 스포츠 인구의 증대는 생활의 변화, 생활의식의 변화 등에 놀라운 경향을 보이고 있다. 이러한 추세를 감안할 때 앞으로의 관광의 형태도 자연경관 관람형에서 골프, 스키, 스킨스쿠버, 산악마라톤, 하이킹, 페러글라이딩 등 자연 속에서 즐길 수 있는 관광형태로 다양화될 것이 예상되며, 또는 요트, 해양유람선, 경륜, 자동차경주 등 관광형태의 고급화가 이루어질 것으로 전망된다.

스포츠, 위락에 대한 관광객의 욕구는 날로 높아가고 있다. 스키나 골프, 서바이벌게임과 같은 위락을 즐기는 인구가 급증하고 있음에서도 알 수 있듯이, 관광지에서 정적으로 자연경관을 감상하던 형태에서 이제는 직접 참여하고 경험하는 형태로 관광객의 이용형태가 변화되고 있다.

다음에서는 최근에 주목받고 있는 스포츠 위락활동에 대하여 살펴보기로 한다.

1) 스키

'겨울철 스포츠의 꽃'으로 불리는 스키는 90년대 들어 소득수준의 향상, 자유시간의 증가 등으로 빠르게 보급되었다.

▲스키

국내 스키리조트 업계는 1980년대까지는 중소기업들이 주도했으나 90년대 들어 풍부한 자금력을 바탕으로 규모의 대형화와 체계적 경영시스템을 구축한 대기업들이 주도하고 있다. 이는 공급 측면에서 소득수준 향상과 여가시간의 확대에 따른 레저시장 규모확

표 2-19 **국내 스키리조트 현황**

스키장명 (법인명)	스키장위치	슬로프 (면)	리프트(기)	슬로프면적 (m^2)	최초등록 연월일
용평리조트 (주)용평리조트	경기, 평창, 대관령	28	14 (곤도라 1기 포함)	1,103,449	75.12.21
양지파인리조트 (주)파인리조트	경기, 용인, 처인	8	6	178,652	82.12.07
스타힐리조트 선진종합(주)	경기, 남양주, 화도	4	5	102,026	82.12.20
덕유산리조트 (주)무주덕유산리조트	전북, 무주, 설천	34	14 (곤도라 1기 포함)	1,291,015	90.12.20
비발디파크 (주)대명레저산업	강원, 홍천, 서면	10	10 (곤도라 1기 포함)	435,794	93.12.24
휘닉스파크 (주)보광휘닉스파크	강원, 평창, 봉평	21	9 (곤도라 1기 포함)	729,549	95.12.15
웰리힐리파크 신안종합리조트(주)	강원, 횡성, 둔내	18	9 (곤도라 1기 포함)	526,046	95.12.15
지산포레스트리조트 지산리조트(주)	경기, 이천, 마장	7	5	298,400	96.12.23
엘리시안 강촌 GCS Plus(주)	강원, 춘천, 남산	10	6	203,740	02.12.07
오크밸리 한솔개발(주)	강원, 원주, 지정	7	3	281,168	06.11.27
하이원리조트 (주)강원랜드	강원, 정선, 고한	18	9 (곤도라 3기 포함)	880,838	06.12.07
곤지암리조트 (주)서브원	경기, 광주, 도척	9	5	367,687	08.12.17
알펜시아 (주)알펜시아	강원, 평창, 대관령	6	3	177,648	09.11.24
베어스타운리조트 (주)예지실업	경기, 포천, 내촌	7	8	245,920	85.12.19
에덴벨리리조트 (주)에덴벨리리조트	경남, 양산, 원동	7	3	226,420	06.11.27

자료 : 한국스키장경영협회

대에 힘입어 레저사업의 수익성이 크게 개선되었으며, 레저패턴이 단순숙박에서 체류/휴양형으로 변화함에 따라 다양한 시설을 구비한 대형 리조트가 필요했기 때문이다.

그러나 IMF 금융위기로 인한 국내경기 침체 및 레저업체의 경영수지 악화 등에 기인하여 1998년에는 입장객이 45%나 감소하고 리조트 업계의 구조조정이 활발히 진행되어 사업주체가 바뀌는 등의 어려운 조정기간을 겪었다. 연도별 스키리조트 개발현황을 살펴보면 1989년 이전까지는 용평, 알프스, 양지, 베어스타운 등 5개소에 불과했으나 90년대에는 무주리조트와 사조마을이 개장해 7개소로 늘어났다. 그후 92년에는 서울리조트와 대명홍천이, 95년에는 현대성우, 휘닉스파크 등이 개장하여 11개소로 증가하였고, 96년에는 지산리조트, 2002년에는 강촌리조트, 2006년에는 오크밸리와 하이원이 개장함으로써 현재 전국에서 운영 중인 스키리조트는 15개로 늘어났다.

국내 스키리조트 현황은 〈표 2-19〉와 같다. 스키리조트 대부분이 경기도 및 강원도에 편중되어 있는 이유는 이들 지역이 눈이 많이 내리고 설질이 좋은데다 수도권의 스키어들을 유치하는데 유리하기 때문이다.

국내 스키의 양적 성장세는 국내 스키문화를 크게 발전시켰다. 대형 리조트의 등장과 함께 서비스 경쟁에 돌입한 각 스키장들은 그동안 등한시했던 모글스키고스, 스노보드 전용코스, 크로스컨드리 스키코스 등을 마련했고 리프트권에 마일리지를 적용하는 스키 마일리지, 리프트를 이용한 스키미팅 등 각종 이벤트를 마련해 스키어들을 끌어들였다.

2) 스노우보드

스노우보드는 겨울스포츠의 꽃이라고 불리며 1959년경 미국의 사냥꾼들이 산을 내려오기 위해 판을 사용한 것이 최초로 1960년대에 미국에서 스포츠로 발전하였다. 1970년대에 들어와서는 소재도 많이 개발되었고, '스노우보드'라는 이름이 정착된 것도 이 무렵이다. 그 후 스노우보드 인구도 급상승하였고 현재 겨울스포츠 중

▲스노우보드

최고의 인기 스포츠로 자리잡았다. 슬로프를 원통으로 자른 듯 반원형으로 길게 파놓은 하프파이브(half pipe)파크는 국내 스키리조트에서도 점차 증가되고 있으며 점프와 공중제비를 즐기는 프리스타일의 보더들에게 인기있다.

3) 골프

골프장에는 회원제(Membership) 골프장과 퍼블릭 골프장(Public Course)로 나눌 수 있다. 회원제 골프장은 골프회원을 모집해 회원을 중심으로 운영되는데 반해, 퍼블릭 골프장은 회원권 분양도 없고 회원도 없기 때문에 누구나 이용할 수 있고 이용요금도 값싼 편이라고 할 수 있다.

▲골프장

우리나라의 대표적인 리조트 단지로는 용평리조트, 보광휘닉스파크, 대명비발디파크, 무주덕유산리조트 등이 있다.

표 2-20 **운영 중인 전국 골프장 현황**

구분 \ 지역		부산	대구	인천	대전	광주	울산	세종	경기	강원	충북	충남	전북	전남	경북	경남	제주
합계	483	8	2	8	3	4	4	2	150	59	37	21	26	38	46	35	40
회원	218	6	1	2	1	1	2	1	80	24	17	8	6	11	17	19	22
대중	265	2	1	6	2	3	2	1	70	35	20	13	20	27	29	16	18

자료 : 한국골프장경영협회

국내의 운영 중인 골프장 수는 2016년 1월 기준 483개소이며 이 중 회원제 골프장이 218곳이며 대중골프장은 265개소이다.

골프장이용객 수는 2000년도 1,200만 명에서 2006년 1,965만 명으로 1.64배 증가하였다. 미국은 14천 명, 일본은 52천명당 18홀을 갖고 있는 반면, 한국은 260천명당 명당 18홀을 갖고 있어 매우 부족한 실정이다. 골프장의 홀당 이용객 수를 보면,

회원제 골프장이 13,507천명인데 반해 퍼블릭 골프장은 6,146천 명으로 회원제 골프장보다 홀당 이용객 수가 1.5배 더 많다. 국내 골프인구는 약 400만 명으로 골퍼 1인당 연평균 6~7회 라운딩을 한다는 수치이며 골프인구로만 따지면 미국, 일본, 유럽국가 등에 이어 비교적 많은 수준에 속한다. 한편 대중골프장 이용객 수는 2000년 236만 명에서 2006년에는 614만 명으로 2.60배의 증가율을 보였으며 전체 골프장 이용객 수는 2006년 말 기준으로 회원제 골프장과 대중 골프장을 합하여 총 1,965만 명을 넘어섰다.

표 2-21 지역별 내장객 현황

지역	홀당 내장객 수		내장객 수	
	2014.12	2013.12	2014.12	2013.12
강원	34	43	21,351	26,229
경기	59	81	127,024	174,596
경북	218	242	95,947	98,141
경남	279	312	181,009	176,951
전북	31	123	2,748	11,035
전남	162	218	39,381	52,976
충북	48	96	15,106	30,330
충남	48	103	14,721	31,582
제주	148	176	77,069	91,897
계	1,027	1,394	574,356	693,737

자료 : 한국골프장경영협회

4) 경마

경마(Racing)란 경주거리, 상금, 출주기준 등 정해진 조건에서 두 마리 이상의 말을 뛰게 해 승부를 겨루는 경기에 고객이 승마투표권이라는 돈을 걸어 적중 시 환급금을 지급받고 즐기는 성인(成人)레저이다. 말과 사람이 호흡을 맞춰 연출하는 스포츠인 경마 레이스(race)라는 스포츠와 배팅(betting)이라는 오락이 유기적으로 결합된 것으로 과학적으로 예측한 결과와 우연이라고 할 수 있는 이변 간의 조화가 매력이다.

▲경마

경마는 투기성이 강한 특성을 갖고 있다. 그럼에도 불구하고 경마는 세계 86개 국가에 1,420여 개의 경마장과 5억 명의 팬이 있는 레저스포츠이다. 이는 경마가 가지는 순기능적인 측면이 역기능적인 측면보다 강하기 때문이라고 볼 수 있다.

이런 경마는 선진국에서는 '레저스포츠의 왕' 으로 대접받으며 발전을 거듭해 왔으나 한국에서는 '복마전', '도박장', '패가망신의 장소' 등의 부정적인 이미지를 갖고 있다. 특히 IMF 사태와 기업들의 정리해고 등으로 실직자수가 급증하면서 거액을 손에 쥐기 위해 이들이 경마장 가는 길을 가득 매우고 있다. 게임을 즐긴다는 생각보다는 도박을 위해 돈을 벌겠다는 생각이 강하다는 것을 반증하는 것이다.

경마는 가족이나 친구와 함께 박진감 넘치는 경주도 보고 여러 레저시설도 이용할 수 있는 건전한 레저스포츠로 자리잡을 때가 되었다. 더구나 경마수익금의 상당부분이 공익과 복지기금으로 사용되고 있다는 점을 감안, 경마가 건전한 레저스포츠로 육성, 발전되어야 한다. 현재 한국마사회가 주관하는 각종 경마대회가 과천경마장에서 열리고 있다.

5) 경륜

경륜(Cycle Racing)은 7명의 선수가 사이클 경기장에서 경주를 하고 관객은 경주권을 구입, 승자를 적중시켰을 때, 일정 비율의 배당금을 지급받는 레저스포츠이다. 경주

▲경륜

는 선수들이 사이클 트랙을 6바퀴(2,025m) 돌아 결승선에 도착하는 순서대로 순위가 결정되며, 일반적으로 선두 유도원이 일정 거리(4~5바퀴)를 이끈 후 물러나는 선두유도 경주방식을 시행하고 있다.

한편 경륜은 기계인 자전거를 이용하는 두뇌스포츠라는 점에서 경마와 다소 차이가 있다. 선수의 훈련량과 컨디션, 최근 기세를 나타낸 체력적인 능력과 두뇌를 이용한 작전을 50대 50으로 보아야 한다. 기량이 뛰어난 선수들도 있지만 경기에 나서는 7명의 선수는 대부분 능력이 엇비슷하다. 즉, 기량이 다소 떨어지더라도 자리만 좋고 작전만 통하면 누구든지 우승이 가능하다는 얘기이다.

유력한 우승후보가 힘도 한 번 못써보고 맥없이 무너지거나 전날 경기에서 꼴지한 선수가 다음날 1위로 골인하는 것도 바로 같은 맥락에서이다. 경마는 말의 역량이 경기결과의 70% 좌우하는 경기라면, 경륜은 선수의 능력과 작전으로 우승하는 경기라 할 수 있다.

경주는 보통과 특별경주로 나뉘며, 매주 금 · 토 · 일요일 경주당 7~9명이 참가한다. 투표방식은 단승식, 연승식, 복승식, 쌍승식 등으로 나누어진다. 단승식은 1위 선수 1명을 맞추는 방식, 연승식은 1 · 2위 중 한 명만을 맞추는 방식, 복승식은 순위에 관계없이 1 · 2위 2명을 1조로 해서 맞추는 방식, 쌍승식은 1 · 2위 2명을 순위에 맞게 맞추는 방식이다.

6) 번지점프

국내 최초의 번지점프장이 대전 엑스포공원지역에 1995년 8월에 개장되었다. 레저 이벤트회사인 점보클럽이 미국 스포츠타워사의 번지점프시설과 기술을 도입하여 대전 엑스피아월드에 개설한 것으로 21m 높이의 철탑에서 허리에 줄을 매단 안전장구를 착용, 아래로 떨어지게 되어 있다. 바닥에 깔아 놓은 에어백에 닿을 듯하며 5~6차례 진동하면서 추락의 공포와 스릴을 맛보는 것이다. 발목에 로프를 매달로 강물로 뛰어내리는 뉴질랜드식 번지 점프장도 도입되어 있으며, 한국종합레저개발에서는 뉴질랜드 에로스포츠사와 기술공여 독점 계약을 맺고 강원도 철원군의 한탄강 고석정 부근 계곡에 점프대를 만들어 48m 아래의 강물로 뛰어내리게 한다. 수백 가닥의 생 고무줄로 만들어진 로프를 발목에 매달고 뛰어내리며 3~6회 수직으로 상하 진동한다.

▲번지점프

7) 자동차경주

국내 유일의 자동차 경주장인 경기도 용인지역 내에 에버랜드의 모터파크가 법정 자동차경주장으로 정식 승인을 받으면서 1995년부터 우리나라에서도 제한적이기는 하지만 자동차경주가 정식으로 시작되었다. 현재 전국에 총 60여 개의 동호인 클럽이 있고, 동호인 수는 5백여 명을 헤아린다. 자동차경주는 경주 전용의 특수 오픈카로 트랙을 도는 포뮬라(for-mula) 레이스, 정해진 트랙없이 일반차로 출발점과 골인지점 사이의 일정한 포스트를 통과하는 랠리경주 등이 있다.

▲자동차 경주

5. 리조트

1) 리조트의 개념과 특징

리조트(Resort)는 '일상의 공간을 떠나 다른 공간에서 거주 · 체재할 수 있는 생활의 장소로서의 여가공간' 으로, '일상의 생활환경으로부터의 격리를 전제로 일시적인 체류와 일상생활과는 이질적인 것에의 접촉을 주목적' 으로 하는 관광과는 다른 것이다. 즉, 리조트단지는 일정 규모의 지역에 레크리에이션, 스포츠, 상업, 문화 · 교양, 숙박 등을 위한 시설들이 복합적으로 갖추어져, 인간 심신의 휴양 및 에너지의 재충전

▲용평 리조트

을 목적으로 구성되어진 지역이라고 할 수 있다. 리조트단지의 부대시설로는 콘도, 가족호텔 등 숙박시설이 필수적이며, 4계절 고객을 끌어들일 수 있는 스키장, 골프장, 온천(수영장), 놀이시설 등이 복합적으로 들어서고 있다.

리조트를 입지별로 구분하면, 고원형은 피서지보다는 스키장 성격이 강하기 때문에 하냉지에 주로 위치하고 있다. 해양형은 바다가 있는 대도시 근교에 입지하고 있고, 도시근교형은 테마파크 및 유원지 등의 시설을 중심으로 도심이나 도시근교에 건설된다. 이 중 국내 리조트들은 대부분 강원도의 고원지대에 위치한 고원형 리조트들이고, 해양형은 충무 마리나리조트(Marina Resort)가 유일하다.

국내 리조트업계는 1980년대까지는 스키장을 중심으로 중소기업들이 리조트업계를 주도했으나 90년대 들어 막대한 자금력과 인력을 갖고 있는 대기업들이 주도하고 있다. 우리나라의 대표적인 리조트 단지로는 성우종합레저산업(주)의 현대성우리조트, (주)보광의 휘닉스파크, 세계일보의 용평리조트, (주)쌍방울의 무주리조트, (주)대영의 알프스리조트, (주)대명레저산업의 대명비발디파크 등을 들 수 있다.

이처럼 대기업들의 참여가 활발했던 것은 레저수요가 크게 확대되고 있기 때문이다. 즉, 레저패턴이 단순숙박 · 관광형에서 체류 · 휴양형으로 변화함에 따라 다양한 시설을 구비한 대형 리조트가 필요하기 때문이다.

이들 대형 리조트들의 특징을 보면, ① 단지면적이 최소 100만 평 이상이고, ② 골프장 · 스키장 · 콘도미니엄 등의 시설이 필수적이며, ③ 고객들이 단지내에서 남녀노소가 즐길 수 있는 수영장 · 사우나 · 볼링장 · 연회장 · 회의실 등 부대시설들을 골고루 갖춰 놓았고, ④ 투자규모가 1,000억 원에 달하며, ⑤ 숙박시설이 1,000실 정도이고, ⑥ 리조트들이 대부분 강원도 영동고속도로 주변지역에 위치하고 있다는 점이다.

▲대명 비발디 파크의 복합 리조트화 – 오션월드 개장으로 비수기 계절성 극복
사진 출처 : http://www.daemyungresort.com/vp/

표 2-22 국내 리조트의 대표적 유형

유형	현황	대표적 사례	비고
온천 리조트	온천지구의 개념, 전국적으로 고른 분포	수안보, 도고, 온양, 부곡, 유성 등	
스키 리조트	-가장 활발한 개발추세 -스키인구의 지속적 증가	현대성우리조트 등	골프와 복합 사례다수
골프 리조트	-경기장 위주의 골프장 -전형적 형태의 부족	오크밸리(스노우파크 개장), 한화리조트(용인), 상록리조트 등	스키와 복합 사례다수
해양 리조트	-해수욕장 중심 -호텔보다 콘도위주의 소규모	제주, 경포대, 해운대, 낙산, 대천, 등	
테마파크	-대규모(서울근교)및 소규모 (지방) -체재성 결여	에버랜드, 롯데월드, 서울랜드 등	
카지노 리조트	-전형적 개념의 형태 전무 -강원랜드의 복합리조트화	강원랜드 (하이원 스키장 개장)	골프, 스키를 결합한 복합 리조트화
마리나 리조트	대규모 전무, 대중성 부족	충무마리나, 수영만 등	유사한 호반리조트 존재
콘도 미니엄	콘도 미니엄의 직영 및 전국 체인화	일성레저산업, 삼립개발, 그린앤블루 등	유사한 호반리조트 존재
복합 리조트	2가지 이상의 목적개념 개발 증가 추세	제주중문, 경주보문, 무주, 용평, 휘닉스파크, 양지 파인 리조트, 강촌리조트, 대명비발디 파크 등	골프와 스키 또는 워터파크를 결합한 비수기 계절성 극복

자료 : 신해수, "우리나라 리조트기업의 재무적 특성과 재무구조개선을 위한 정책 개선방안", 2004, 저자 재구성

2) 리조트의 개발방향

현재 리조트 시설은 복합화, 대형화되는 추세를 보이고 있다. 소비자의 다양한 레저활동 욕구를 충족시키고 계절성을 보완하려는 측면에서 단일 시설 위주보다는 복합적인 시설이 도입되고 있다. 관광의 형태도 점차적으로 경유형 관광보다는 체류형 관광으로 변화하는 흐름을 보이고 있어서 리조트 내에 숙박시설을 포함시켜가고 있다. 또한 확대되고 있는 관광수요에 대응하고 경쟁력을 확보하려는 측면에서 시설도 점차적으로 대형화되는 추세를 보이고 있다. 21세기에는 고령화 사회, 정보화 사회, 국제화 사회 등이 도래할 것으로 예상된다. 이런 새로운 흐름 속에서 기존의 스키, 골프 등의 스포츠를 중심으로 한 리조트보다는 건강이나 문화를 중심으로 하는 리조트가 주목받을 것으로 전망된다.

(1) 건강리조트의 형성

대부분의 리조트는 건강과 의료를 목적으로 조성되었다. 영국에서는 해양리조트, 온천리조트, 산악리조트도 건강 · 의료와 깊은 관계가 있다. 특히 고령화 사회의 도래와 스트레스로 인해 우리 국민들은 건강문제에 관심이 높다. 따라서 건강은 리조트에서 최대의 테마로 부상할 것이다. 자연, 온천, 식사 등 그 장소의 자원 및 환경 전체가 건강이라는 주제에 따라 활용되는 것이 중요하다. 그 장소에서 지내면서 건강해지고 상쾌해진다는 것은 건강리조트의 큰 역할이다.

특히 어떤 리조트에서도 건강을 배려한 식사를 제공하는 것이 필요하다. 고령자에게는 식사를 제한하는 사람이 많고 일반인에게도 비만을 해소하려고 하는 사람은 적지 않다. 이런 사람들을 위해 건강리조트에서는 하루 1,000㎈ 정도로 제한되는 식사와 적절한 운동을 통해 효과적인 소양이 가능하도록 도와주는 것도 필요하다.

▲Brenners Park Hotel And Spa-Baden-Baden, Germany

독일의 온천리조트에는 다이어트하는 사람의 메뉴를 제공한다. 고령자에게 많은 고혈압, 심장병, 당뇨병 등의 질환에는 증상에 맞는 메뉴가 필요한데, 이런 것이 없다면 안심하고 리조트에 체재할 수 없다. 엄격하게 통제하지 않으면서도 유기농업의 채소를 사용한 요리 및 자연식 레스토랑은 정신적으로 건강하게 되는데 효과적이다. 또한 건강증진 및 보양이라는 목적을 위해 온천뿐만 아니라 삼림, 산, 물, 약초 등을 활용하는 것도 효과적이다.

(2) 고도정보화 시대의 리조트

인터넷의 급속한 발전과 사회에의 보급으로 우리 사회가 크게 변화하고 있다. 또한 기술적으로도 가정에까지 보급되면서 멀티미디어와 통신의 접합으로 고도정보화 사회가 도래하게 되었다.

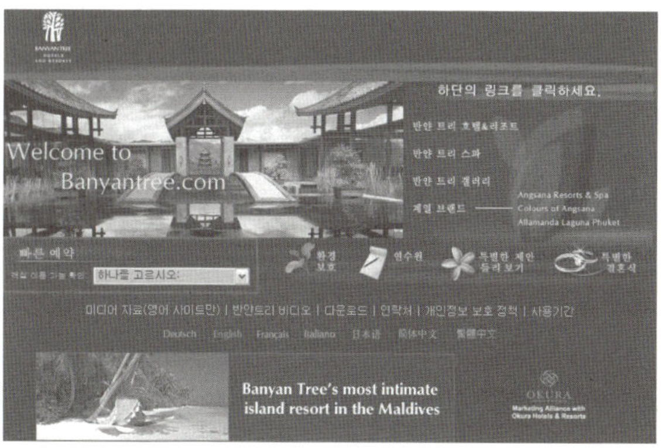

▲Banyantree Resort의 인터넷 홈페이지
인터넷 유저들을 겨냥해 각국의 언어 및 예약시스템이 갖추어져 있다.
출처 : http://www.banyantree.com/

인터넷이 급속도로 발전함에 따라 리조트 업체들은 숙박시설의 안내와 예약, 이벤트 가이드, 특산품의 통신판매 등이 가능해졌다. 또한 팜플렛 등의 미디어에서는 최종 소비자까지 그 정보가 잘 전달되지 않고 비용이 많이 들었으나, 인터넷은 신속하면서 비용이 거의 들지 않는다는 장점이 있다. 또한 리조트 오피스나 별장에서의 재택근무 등도 가능하여 통신수달의 발달은 기존의 리조트 및 향후의 리조트 발달 방향을 크게 변화시켰다.

(3) 복합형 리조트 및 체험형 리조트의 확대

고령화 사회, 정보화 사회, 국제화 사회로의 변화에 따른 다양한 레저활동 욕구를 충족시키고 체류 · 휴양형 관광에 대한 수요의 증가, 계절적 비수기를 보완하려는 측면에서 기존의 스키, 골프 등의 스포츠를 중심으로 한 단일 시설 위주보다는 건강, 문화, 체험 등을 중점으로 한 복합적 시설들이 주목받고 있다.

기존의 단일 스포츠를 주축으로 한 리조트들은 계절적인 영향으로 인한 비수기의 경영비효율성 극복을 위해 복합화를 추진하고 있다.

골프리조트였던 오크밸리(OAK VALLEY)는 2006년 12월 스노우 파크를 개장함으로써 비수기였던 겨울에도 고객을 유치할 수 있게 되었고, 대표적 스키리조트인 대명비발디파크(DAEMYUNG VIVALDI PARK)는 비수기인 여름시즌 극복을 위해 골프장 개설하고, 2006년 7월 오션월드 개장으로 다양한 고객층들이 사계절 이용 가능한 복합적 리조트로서 변모한 대표적 사례이다.

▲OAK VALLEY의 골프장과 스노우 파크
사진출처 : http://www.oakvalley.co.kr/

▲대명비발디파크의 복합화 사례-스키, 골프, 워터파크, 콘도 등이 결합된 리조트 단지로 사계절 이용이 가능
사진 출처 : http://www.daemyungresort.com/vp/

각 리조트기업들은 시설뿐만 아니라 다양한 체험이벤트 및 문화행사들을 통해 체재 기간 동안 고객이 다양한 경험을 할 수 있는 장을 마련함으로써 고객층을 확보하여 매출증대에 기여한다.

(4) 향후 리조트의 전망

주 40시간 근무제 시행, 웰빙 등 삶의 질을 중시하는 가치관으로의 전환 등 사회적 여건 변화로 국민 관광여가 활동이 급증하고 다변화되어 국내 관광레저산업의 규모가 지속적으로 확대됨에 따라 리조트 라이프에 대한 국민들의 수요도 변화하고 있다.

개인의 소득수준 향상, 여가시간 증가, 가치관 변화, 자동차 보급의 확대 및 가족단위의 레저활동 등으로 보다 적극적이고 활동적인 여가생활에 대한 요구도가 증가하고 국내여행이나 해외여행, 외식, 드라이브, 등과 관련된 여가산업이 붐을 이룰 전망이다. 레저패턴이 단순숙박 · 관광형에서 체류 · 휴양형으로 변화함에 따라 단독사업보다는 골프, 스키, 콘도미니엄, 워터파크 등이 복합화한 대형 리조트들이 조성되고 있으며 이는 리조트 기업에서도 성수기와 비수기 경영효율성을 높일 수 있는 사업아이템인 것이다.

국내여행의 경우 골프와 같은 여가활동을 즐기며 가족들과 심신의 피로를 푸는 온천여행을 함께 할 수 있는 가족단위의 여가활동을 다양하게 즐길 수 있는 리조트 개념의 여가상품이 인기를 누릴 것이다. 리조트는 단순이 자연과 더불어 휴식을 취한다는 의미보다 천천히 한가롭게 시간을 보내며 각 세대에 맞는 다양한 여가활동이 제공된다는 의미에서 현대인들의 여가욕구를 충족시키기에 충분하다.

리조트 산업은 건설업, 호텔산업, 스포츠산업, 여객운송업, 하이테크산업 등 타 산업에 많은 전후방 산업연관효과를 발생시킨다. 이러한 리조트 개발은 지역주민의 고용 창출, 지역경제 활성화 등 기여도가 높으나 대규모 초기투자, 자본회수기간의 장기화, 비수기의 경영 악화의 근본적 문제점과 환경문제에 따른 생태환경 중시현상으로 자연을 훼손시키는 개발은 크게 제약받을 것으로 전망된다. 이를 극복할 수 있는 다양한 방안의 모색과 더불어 자연을 보호, 관리하면서 개발하는 생태(ecology) 중심의 리조트가 크게 늘어날 것으로 예상된다.

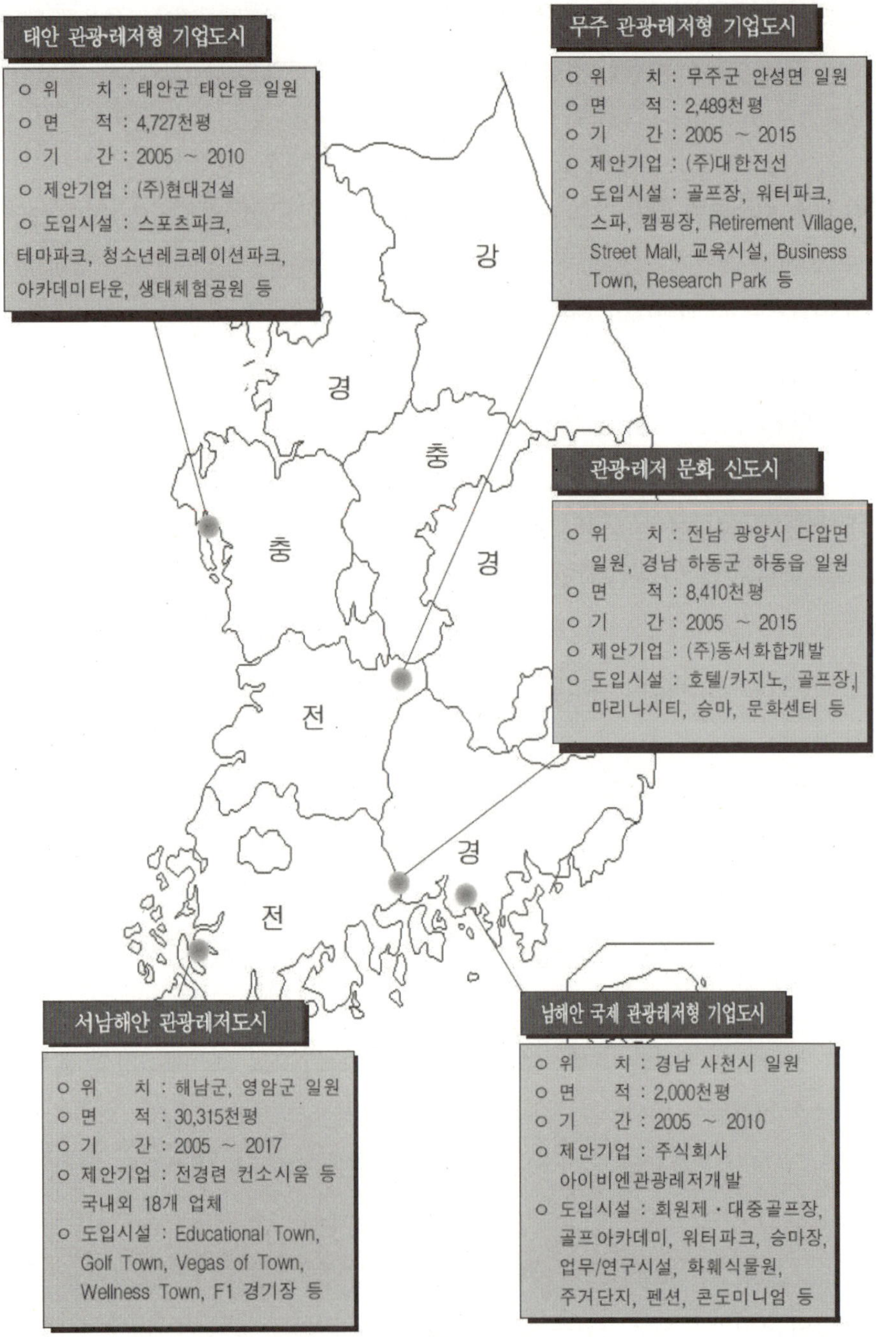

▲관광레저형 기업도시 신청현황

출처 : 한국문화관광정책연구원(2005). 관광레저형 기업도시 시범사업 평가기준 및 절차연구

공급 측면에서는 최근 국내경기 침체 및 국내 기업들의 구조조정 여파에서 점차 국내경기가 회복될 것을 예상으로 국민들의 레저니즈를 충족시키면서 수익성을 확보하기 위해 〈그림〉에서와 같이 일부 기업들과 지방 자치단체들을 중심으로 리조트 개발사업을 주축으로 한 관광레저형 기업도시 추진방안이 논의되고 있다.

6. 크루즈(Cruise)

1) 크루즈의 역사

크루즈의 역사는 1800년대 말에 유럽의 부유층을 대상으로 한 지중해부터 시작되었다. 항송시대 이전의 당시에는 해외의 명소나 유적의 관광여행은 선박에 의존하지 않을 수 없었으며, 여행의 기회도 극히 제한된 계층에 한정되었다.

1930년대에 디젤 선박시대가 열리면서 호화롭고 쾌적한 설비를 갖춘 대형 여객선 운항이 시작되었다. 1936년에 취항한 세계 최대 유람선 Queen Marry호(81,123톤)를 위시하여 영국의 카르리아호, 네덜란드의 노테르담호 등이 유람선 시대를 열게 되었다. 그러나 1960년대 후반에 카리브해에서 시작된 새로운 형태의 크루즈가 본격적인 크루즈 사업의 발단이다.

이때부터 크루즈는 운송이라는 관념에서 탈피하여 움직이는 리조트 호텔로서 자리잡기 시작했다. 특히 카리브해는 평온하고 다양한 기항지가 발달하여 연중 크루즈 사업이 행해짐으로써 크루즈의 최적지로 부각되었다. 또한 과거의 크루즈 선사들이 고객이 많은 지역의 인접 항만을 중심을 선박을 운항하는 것과는 대조적으로 비행기를 이용해 배가 출발하는 항구까지 이동, 크루즈에 탑승해 크루즈 관광을 즐기고 다시 비행기를 이용해 귀국하는 방식의 여행인 Fly & Cruise가 도입되면서 크루즈 사업이 도약할 수 있는 발판을 마련해 주었다.

1960년대 말 카리브해에서 운항되던 선형은 1만 8천~2만 톤 규모였으나, 최근에는 크루즈 인구가 급격히 증가함에 따라 선사들은 규모의 경제에 의한 운항효율의 향상을 위해 크루즈의 대형화를 추진하고 있다. 이에 따라 선형이 3~4만 톤에서 최근에는 5만~7만 톤으로 대형화되고 있으며, 최근 전통의 크루즈 기업인 노르웨이의 Kloster사는 25만 톤의 신조선 계획을 추진하고 있다. 반면에 최근 4~6천톤 규모의 소형 크루즈선에 대한 선호도가 높아지는 경향도 나타나고 있다. 과거에는 남극이나 아마존강 등의 모험 크루즈에 소형선이 주로 이용되었으나 최근에는 적은 수의 승객에 최상의 서비스를 제공하는 것을 목적으로 소형선이 출현하기 시작하였다.

오늘날의 유람선 상품은 다양한 관광객층의 기호에 맞도록 과거보다 일정이 단축된 것과 항공권과 연계된 air & sea여행 상품 및 지상의 휴양지를 방불케 하는 각종 선상행사 등에 이르기까지 매우 다양화되고 있다. 최근의 크루즈 업계는 일반대중을 대상으로 대중화하고 부유층을 대상으로 고급화(개성화)하는 양상에 따라 최근 건조된 크루즈선은 크게 대형화와 소형화의 경향을 나타내고 있다.

현대의 크루즈는 주로 유럽인들을 중심으로 한 독특한 관광형태의 하나로 자리를 잡고 있으며, 아시아에서도 최근 여행수요의 다양화와 고급화 추세가 심화됨에 따라 우리나라의 크루즈 관광에 대한 관심 또한 증대하게 만들었다. 이는 관광객의 시대변화에 따른 요구의 변화와 해안 및 해양지향적인 패러다임의 형성 그리고 금강산 관광의 이동수단으로 크루즈 방식이 채택된 것이 큰 요인이라고 할 수 있다.

2) 대륙별 주요 크루즈 특성 및 지역별 시즌

(1) 북미 크루즈 시장

북미 크루즈 산업은 1980년 중반 이후 지중해를 연결하는 항로의 증가로 인해 매년 연평균 약 8%의 급격한 성장세를 보이고 있으며 크루즈 이용객은 노인층(평균 65세)에서 비교적 짧은 기간과 적은 비용을 선택하는 젊은 층으로 확산되어 2004년을 기준으로 북미지역에 68.1% 시장점유율을 보이고 있다.

북미지역은 연중 온난한 기후로 물결이 비교적 평온한 Miami항을 중심으로 세계 최대의 상시 크루즈 지역인 카리브해와 북미서해안을 기점으로 알래스카, 멕시코를 정기적으로 4일에서 1주일 일정의 코스로 운항한다. 북미지역에는 18개의 주요 항만이 있으며 플로리다 카리브해의 Miami항을 중심으로한 Port Canaveral, Fort

Lauderdale, San Juan, Los Angeles, Vancouver 항만 등이 자주 이용되고 있다. 2005년 현재 북미지역의 대표적인 크루즈 운항선사로는 Carnival Cruise Line (CCL)이며, 다음으로 Royal Caribbean International(RCI), Princess Cruise, Holland America Line, Celebrity Cruise 등이 있다.

(2) 유럽의 크루즈 시장

유럽 크루즈시장은 유럽내 잠재고객 및 미국의 고객들이 주요 고객층이며 선박의 기술력을 기반으로 1980년 이후 급성장하여 1998년 26%, 2004년 20.9%의 시장점유율 기록하고 이중 영국 45%, 독일 21%, 프랑스 11%를 차지하며 그밖에 이탈리아, 네덜란드 이용객이 주류를 이루고 있다.

▲ Cunard's Air/Sea Programme
Cunard's Brochure

유럽지역은 에게해를 중심으로 미코노스 섬, 산토리니 섬, 고대로마와 그리스 유적지, 노르웨이의 피요르드 해안과 빙하지역, 발틱해의 다도해, 여름의 백야 등 매력 있는 관광자원을 중심으로 관광객들을 유치하고 있다.

그리스를 중심으로 크루즈 기점이 형성되며, 그리스 국적의 크루즈선은 페레우스항을 기점으로 하고 그리스 이외의 선적을 가진 선박들은 베니스(Venice)를 기점으로 운항하는 경우가 많다. 에게해는 7박 일정이 많고 북유럽과 피요르드 일정은 11~13박 일정의 코스로 진행된다. Cunard사가 도입한 전세(charter) 방식의 Air/Sea 상품은 미국 내 여행사를 통해 미국 고객유치에 큰 영향을 미치고 있다.

유럽지역의 대표적인 크루즈 운항선사로는 Costa Cruises, Cunard Line, Seabourn Cruise Line 등이 있다.

(3) 아시아의 크루즈 시장

북미 카리브지역과 유럽의 지중해 지역 중심으로 발전한 크루즈시장이 최근 아시아지역으로 확산되면서 대중화 추세에 있다. 아시아지역의 경우 크루즈관광에 대한 문화적 인식 차이로 크루즈상품의 개발수준이 낮고 성숙돼 있지 않았으나 1990년대 Star Cruise Group이 싱가폴을 거점으로 크루즈사업을 급성장시킴으로써 세계 주요 크루즈선사의 대열에 올랐으며, 일본도 최근 자국의 크루즈선사를 설립하고 운영하여 Star Cruise Group과 일본선사의 상품이 아시아지역 크루즈수요의 대부분을 차지하고 있다.

90년대와 비교할 때 아시아지역의 비중은 점차 확대되고 있으며 WTO(2003)에 의하면 아시아지역의 크루즈여행자 수는 2000년 기준 50만 명이며 국가별로 일본 · 대만 · 한국의 수요가 많은 것으로 조사되었다.

아시아지역 크루즈관광객은 서구에 비해 강한 가족주의 하에 생활하고 있어서, 어린 자녀나 노부모를 동반하는 관광객의 수가 높은 경향이 있고 3~4일간 휴가를 활용할 수 있는 단기간 패키지 상품이 개발되고 있다. Star Cruise사의 싱가폴과 홍콩에서 운항하는 크루즈선은 항공료와 크루즈선 운임, 숙박 및 식음료, 기본 부대시설 이용료가 포함된 항공과 크루즈를 연계한 Fly & Cruise 패키지 상품으로 주목받고 있다.

중국 아웃바운드 크루즈 시장은 2002년 1,650만 명에서 2005년 3,200만 명으로 약 2배 정도 증가하였으며 UNWTO는 중국 아웃바운드 관광객 수가 1억 명을 초과할 것으로 전망하고 있다. 세계 3대 크루즈 선사는 1960~1975년 출생의 신흥 중산층(중국 인구의 약 10%, 1억 3,600만 명)을 크루즈 관광의 주 소비계층으로 보고, 중국시장을 개발 중에 있다.

일본은 1980년대부터 세미나 크루즈 형태로 발전하기 시작하여 4개의 국적 선사(NYK 크루즈 등)로 구성된 총 8척의 크루즈 선박을 보유하고 있다. UNWTO(2003)에 의하면 일본 크루즈 승객의 75%가 자국 크루즈를 이용하는 것으로 조사되었는데 일본인 여행객들의 자국선에 대한 높은 선호도는 일본 크루즈 선사가 자국 시장에 중점을 두는 가장 큰 이유이다.

3) 주요 크루즈 지역 및 시즌

일반적으로 크루즈 여행은 장기간 하는 것으로 인식돼 있지만 일주일 일정 여행이 주종이고 짧게는 3박 4일 일정과 2주 이상의 장기일정, 전 세계 유람 크루즈 상품으로 세분화되어 있다. 크루즈 코스는 전 세계 60~70여 개에 이르며 대표적 항해 코스로는 카리브해와 알래스카, 지중해, 미국 캐나다의 서부해안, 멕시코, 발틱해, 남미국가의 북부해안지역, 동남아시아 등을 꼽을 수 있으며 세계적으로 카리브해와 지중해가 중심권역이 되고 있는 실정이다.

세계 크루즈여행 지역별 시즌 및 여정 일수

지역		1월	2월	3월	4월	5월	6월	7월	8월	9월	10월	11월	12월	여정일수
알래스카	빙하, 사우스, 노스													9~11일
카리브해	동,서,남부													11일
	완전일주													27일
지중해	지중해													10~15일
카나리 제도	카나리 제도													10~12일
에게해	에게해													7~12일
북유럽	노르웨이 &노스캡													17일
	스칸디나비아 &러시아													15일
바하마	바하마													7, 8, 9일
하와이	하와이섬													9일
멕시코	바하멕시코													7, 8, 9일
	멕시코													10일
남미	완전일주													32일
세계일주	세계일주													30일~115일

1) 카리브해(Caribbean)

카리브해는 1960년 말부터 미국 마이애미항을 중심으로 새로운 형태의 본격적 정기크루즈가 시작되면서 크루즈의 붐을 불러일으킨 세계 최대의 가장 인기 있는 상시 크루즈 시장이다. 북미 전 지역에서 이용객을 항공기로 수송하여(이용객의 95%가 항공기를 이용) 바다가 평온한 해역만 크루즈선에 승선시켜 즐기게 하는 것이 일반적 형태이다. 특히 미국대륙에서의 싼 항공운임이 카리브해 크루즈 산업 성장의 큰 요인이 되고 있다. 크루즈선은 1970년대까지는 2만 톤 전후, 여객정원 800명 전후의 선박이 1980년대 들어와 대형화하기 시작하여 최근에는 4~7만 톤으로 여객정원도 2,000명 내외의 선박이 대부분이다.

카리브제도는 카리브 해에 떠있는 수백 개의 섬들로 이루어져 있으며, 지리적으로는 북쪽의 플로리다와 남쪽의 베네쥬엘라 사이에 있는 모든 섬들을 포함한다.

이중 세계 크루즈시장의 50% 이상을 점유하고 있는 카리브해 코스는 북미 각지에서 이용객을 항공기로 수송하는 형태로 미국 플로리다주 마이애미나 케이프커내벌, 푸에르토리코의 산후안을 기점으로 하는 일정이 주를 이루며 이 밖에 뉴욕을 기점으로 하는 카리브해 크루즈도 있으나, 카리브해까지의 항해시간이 길고 해상의 파도가 잔잔하지 않는 수역에서 장시간 항해를 해야 하기 때문에 취항선도 적고 성공하는 예도 드물다.

3박 4일에서 길게는 13박 14일 일정으로 출항하며 특히 겨울에 인기가 있다. 비교적 가격이 싼 편이며 스쿠버 다이빙, 선상에서의 오락이 주요 인센티브이다. 연중기온 25~29℃로 연중 크루즈 시즌이며 성수기는 여름과 겨울이다. 8월에서 10월까지는 허리케인의 영향이 있으며 그로 인해 항구가 파손되어 일정의 변화를 가져오는 경우도 있다. 카리브해 크루즈의 기간은 1주일이 주류를 이루고 있으며, 최근에는 3일 또는 4일 크루즈 등도 높은 비중을 차지하고 있다.

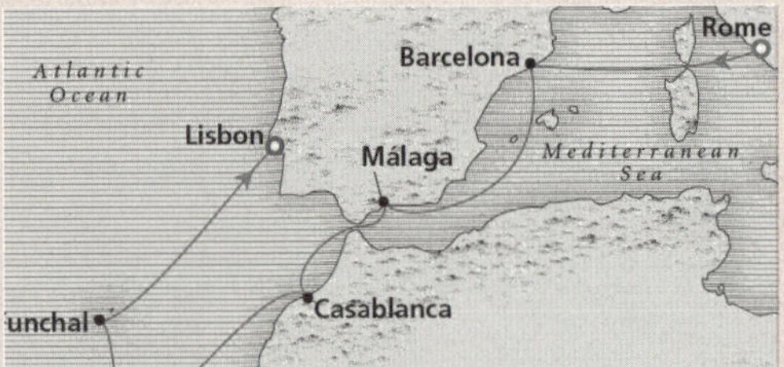

▲Crystal Cruises의 카리브해 항로

주요기항지로는 푸에르토리코, 자메이카, 멕시코, 버진 아일랜드, 바하마, 낫소, 케이만군도, 도미니카 공화국 등이 있다.

2005년 현재 카리브해의 최대 크루즈 선사는 Carnival Cruise Line (CCL)이며, 다음으로 Royal Caribbean International (RCI), Princess Cruise이다. 이외에도 Disney Cruise Line, Celebrity Cruise 등의 선사들이 운항하고 있다.

II) 알래스카(Alaska)

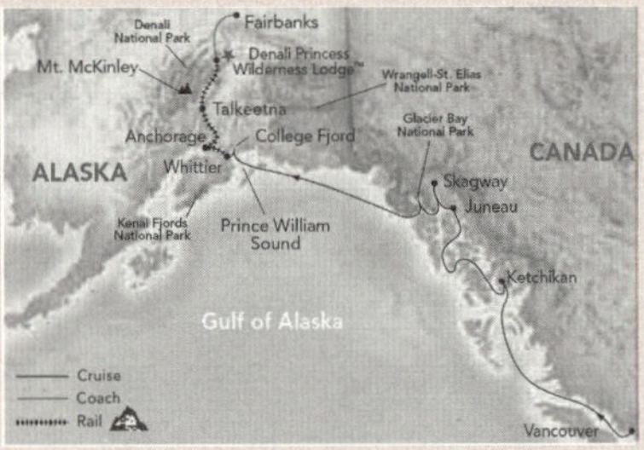

▲Princess Cruises의 알래스카 항로

북미 서해안지역은 봄에서 가을까지 운항되는데 특히 여름철에 인기가 높다. 겨울철에는 내륙 루터를 이용하여 카리브해나 멕시코 지역으로 운항하며 카리브해 다음으로 정기 크루즈가 발달된 지역이다. 알래스카 크루즈는 지난 10년간에 걸쳐 평균 10%의 성장률을 보이고 있으며 주요항로는 밴쿠버, 주누지역과 알래스카 만으로 경치와 빙하, 산, 야생지역관찰이 주요 인센티브이다.

크루즈 기간은 7~14일간으로 5월 말에서 10월 초에 주로 운항되며 성수기는 6월~8월 초이다. 주요 입출항 지역은 밴쿠버, 시애틀, 샌프란시스코이며 기항항은 주노, 스카그웨이, 케치칸, 발데즈 등이다.

2005년 현재 북미 서안지역의 대표적인 크루즈 운항선사로는 Princess, Holland America Line, Celebrity Cruise, Royal Caribbean International, Carnival Cruise Line 등이다.

Ⅲ) 지중해(Mediterranean)

지중해는 1890년대에 범선의 전용 크루즈선이 운항되었던 가장 역사가 오래된 카리브 해와 더불어 가장 인기 있는 크루즈 지역으로, 고대 로마와 그리스 유적 등 풍부한 문화 사적지를 돌아보는 코스 등이 있다. 스페인 바르셀로나를 출항, 프랑스 마르세이유와 이탈리아 플로렌스, 나폴리, 베네치아, 로마 등에 기항한다.

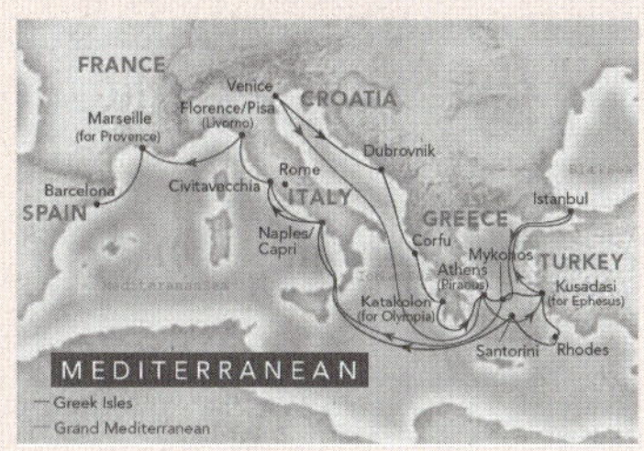

▲Princess Cruises의 지중해 항로

크루즈 기간은 4박의 단기 일정도 있지만 12박 13일 코스가 인기 있으며 5월~11월 초가 시즌이다. 하계에는 북유럽지역으로 옮겨가는 선박이 많아 서지중해 크루즈에 취항하는 선박의 수는 감소한다.

대표적인 크루즈 운항선사로는 Cunard Line, Costa Cruises, Princess Cruises 등이 있다.

Ⅳ) 에게해(Aegean Sea)

동지중해의 에게해 수역은 크루즈의 최적지로서 크루즈 산업이 크게 성장하고 있다. 고대 문명의 발생지인 그리스 섬들과 터키 서부 연안지역을 중심으로 넓게는 이집트와 이스라엘지역까지 운항하기도 하며 크루즈 기간은 대략 7박 일정에서 12박 일정으로 5월~11월 초가 시즌이다.

▲Princess Cruises의 이집트/에게해 항로

주요기항지로는 그리스의 산토리니, 미코노스, 크레타섬, 로데스와 터키의 쿠사다시, 이스탄불 등이 있다. 대표적인 크루즈 운항선사로는 Costa Cruises, Princess Cruises 등이 있다.

V) 북유럽/발트해

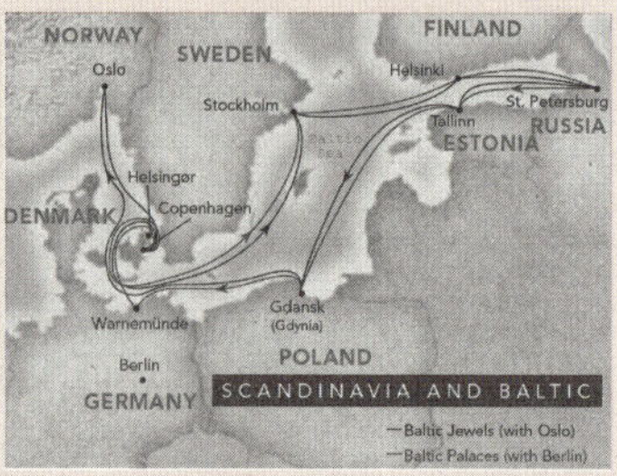

▲Princess Cruises의 북유럽/발트해 항로

빙하가 살아 있는 웅장한 피오르드를 비롯한 북유럽의 자연이 보여주는 투명하고 장엄한 아름다움과 바이킹과 그 후예들이 만들어 놓은 독특한 문화를 경험할 수 있다. 크루즈 기간은 대략 11박~13박 일정으로 7월~8월이 주요 시즌이다. 주요 기항지로는 오슬로, 스톡홀름, 코펜하겐, 헬싱키, 비크, 플람, 게이랑거 등이 있다.
대표적인 크루즈 운항선사로는 Cunard Line, Princess Cruises 등이 있다.

VI) 카나리제도

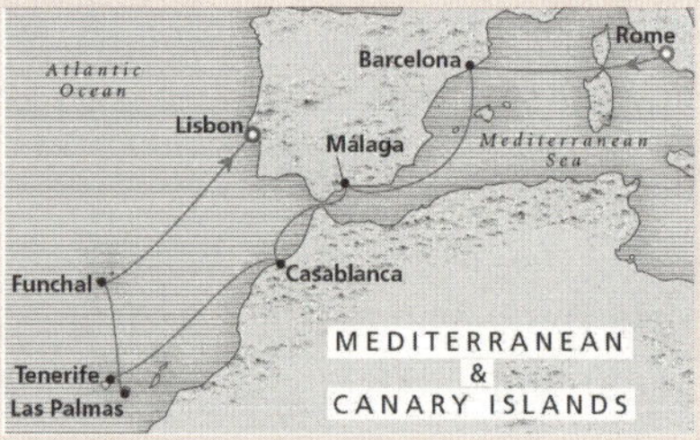

▲Crystal Cruises의 지중해&카나리 항로

카나리제도의 섬은 대부분 화산섬으로 7개의 섬과 대서양 심해에서 솟아오른 화산들이 만들어낸 6개의 작은 섬으로 구성되어 있으며 산악지대와 검은 모래의 맑은 해변과 같은 아름다운 절경과 함께, 카나리 제도 고유의 다양한 식생들이 서식하고 있다. 크루즈 일정은 대략 10박~12박으로 온난한 기후로 연중 크루즈시즌이다. 지중해 노선이 운항되지 않는 겨울 시즌에는 크리스마스 크루즈와 새해 크루즈와 같은 특별 노선과 파티 및 축제 프로그램들을 운영하여 유럽에서 유명한 휴양지이다. 주요기항지로는 란자로테, 카사블랑카, 테네리페, 펀철 등이 있다.

VII) 세계일주 크루즈

항공기가 개발되지 않았던 시대에는 세계 각 지역을 관광할 때, 선박이 유일한 방법이었기에 세계일주 크루즈는 동경의 대상이 되었으나, 항공기를 이용하여 짧은 기간에 자유롭게 관광을 즐길 수 있게 됨으로써 세계일주 크루즈의 매력은 반감되었다.
현재 세계일주 크루즈의 주요 고객은 경제적으로 상당한 여유가 있는 노부부들이다. 세계일주 크루즈의 이용률은 일반적으로 낮은 편이기 때문에 크루즈 선사들은 북유럽이나 알래스카 등에 취항하고 있는 선박들이 동계에 운항할 곳이 마땅치 않아 세계일주 항로에 취항하는 경우가 많다.
세계일주 크루즈의 경우 1년에 단 1회만 출발하는 특별 일정이 대부분이며 원하는 등급의 원하는 위치의 객실을 확보하기 위해서는 6개월~1년 전에 예약을 하는 것이 좋다. 세계일주 크루즈 구간의 특성상 100일 정도의 일정이 가장 많으며 전 노선 가운데, 원하는 노선만 선택해 30여 일, 혹은 50여 일 등으로 단기간 탑승하는 일정도 개발되어 있다. 미국을 시작으로 태평양 횡단-소사이어티 아일랜드-프렌치 폴리네시아-사모아-피지-뉴질랜드-호주-적도 횡단-브루나이-중국-베트남-태국-싱가포르-말레이시아-미얀마-인도-인도양 횡단-오만-홍해 횡단-이집트-수에즈운하 통과-그리스-이탈리아-모나코-지중해 항해-스페인-대서양 횡단-포르투갈-영국 등의 일정으로 구성된다.
주로 호화 크루즈 선사로서 Regent Seven Seas Cruises, Crystal Cruises, Silversea Cruise, Cunard Line 등이 있다.

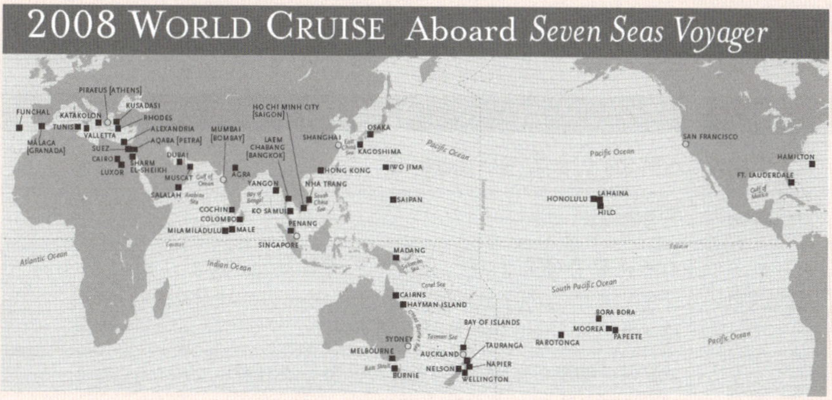

▲Regent Seven Seas Cruises의 2008년 세계일주 코스

7. 마리나(Marina)

1) 마리나 시설

마리나는 요트(pleasure boat ; 어선이나 상선, 군항 등 특정한 목적으로 쓰이는 배가 아닌 순수한 놀이나 스포츠형의 배)를 위한 정박지 또는 중계항으로서 시설 및 관리체계를 갖춘 곳을 의미하며, 요트활동을 매체로 각종 서비스를 제공하는 동적인 레크리에이션 항구이다. 따라서 마리나에서는 요팅, 보

▲드로르닉의 마리나

팅, 수상스키 등 수상활동을 위한 기본시설로서 마리나도크를 위시해서 육상 계류장(동력, 무동력), 요트수선소, 요트클립하우스, 요드렌털하우스, 해상 안전관리소, 유람선 터미널 등이 있다. 이 밖에도 급유, 급수, 보관시설 등을 설치하고 관광객을 수용할 수 있는 호텔(요텔) 및 숙박시설 등 각종 위락시설과 부대시설을 입지시킨다. 이와 같은 시설의 부지(site) 확보를 위해서 매립을 하는 경우도 있으며, 파랑을 차단하여 정온을 유지해야 되기 때문에 방파제 시설과 선박의 접안시설 및 해상관광활동 무대로서 수역시설을 한다.

표 2-23 마리나의 분류

유형	분류
입지유형	자연지형 이용형, 매립형, 굴착형
개발주체	공공마리나, 민간마리나
요트유형	소형 보트 중심(육상보관), 소형 요트 중심(육상보관) 중대형 보트 중심(수상, 육상보관, 크루저 보트는 수상보관의 경향) 중대형 요트 중심(수상, 육상보관)
활동유형	커뮤니티형(모터보트 이용, 일반적인 활동을 대상) 해양스포츠형(세일링 요트 등, 스포츠 중심)
기능유형	단일형(보관, 체류, 수리 등 기본적 기능) 복합형(기본시설 외에 레스토랑, 숙박시설 등 각종 레저시설 복합)

2) 마리나의 입지조건 및 도입활동

(1) 입지조건

① **조위** 조수간만의 차가 1.5m 이상일 때는 부잔교식, 1.5m 이하일 때는 고정식 잔교를 채택한다.

② **파랑** 계류에 적절한 정온이 0.3m 이내이며, 요트타기에 적당한 파도의 높이는 1.0m 내외이다.

③ **조류** 조류속도는 소형요트가 1~2노트/h 정도, 동력선은 6~8노트/h 정도가 적당하다.

④ **수온** 수온은 15℃ 이상이 안전하다.

⑤ 풍속　소형요트 5~15m/sec. 대형요트 10~25m/sec

⑥ 기온　요트놀이는 계절과 무관하지만, 보트놀이의 쾌적한 온도는 20~30℃이다.

⑦ 지형　풍향과 조류의 영향없이 항내 정온이 유지될 수 있는 지형이어야 한다. 수역면적의 확보와 소요수심을 유지해야 한다. 하내에 암초 등 장애물이 없어야 하고, 토사의 퇴적이나 침식이 일어나지 않는 지형 및 토질이어야 한다.

⑧ 보팅 가능일 수　강수가 없고 최소 오후 4시간 동안의 풍속이 2.0~7.7m/sec 정도, 최소 주간온도 12℃ 이상이 유지되어야 한다.

⑨ 수역시설　전체 보트수요를 확정하여 수상 보관 대수에 의해서 면적을 산출하고, 대상보트에 대한 소요수심 유지가 필요하다. 14m인 모터보트를 기준으로 하면 소요 수심은 3.5m 이상되어야 한다.

⑩ 방파제　항 입구 폭은 최대선박 폭원의 4배 이상 무동력인 경우 20m 이상, 개구부의 방향은 항상적인 풍향과 90℃ 각도를 이루는 것이 바람직 하다.

(2) 도입활동 및 도입시설

활동구역	주요활동	주요시설
관람활동	• 자연경관 심방 • 야생동물, 조류, 식물 • 해양관찰, 견학 • 역사유적지 심방 • 드라이브 여행 • 특정목적의 위락시설 관람	해중전망소, 해상 · 산릉전망대, 수족관, 전망시설, 유적지, 사적지, 자연탐방객, Orien- tation link Course, 하이킹 코스(Biketrail), 관광도로, 해안도로, 주제공원, Race Track, 수족관, 식물원, 조수공원 등
휴양활동	• 숙박 • 휴게, 휴식 • 쇼핑, 건강증진, 삼림 • 스포츠 활동 • 연수, 집회, 교육기관 • 산책, 전망	관광호텔(한국전통, 해상관광, 가족호텔), 휴양콘도, 유스호스텔, 야영장 등의 숙박시설, 골프장, 마리나, 해수욕장, 실외수영장, 피크닉장, 다목적 잔디광장, 헬스장, 낚시터, 종합휴식센터, 레스토랑, 인공호수휴양촌, 나이트클럽 등
운동놀이활동	• 육상활동(테니스, 트랙 등) • 수상활동(동력-Motorboating, Jet Skiing/무동력-Snorkelling, Wind Surfing, Boating) • 수변활동(Fishing, Swimming) • 놀이코스(오락, 볼링, 당구, 승마)	Track, 실내체육관, Sport Complex, 낚시터, 선유장, 수영장, 수상체육시설, 경서낭, 야외운동공원, 골프장, 승마코스 등

활동구역	주요활동	주요시설
교양문화활동	• 전시관람 • 행사참가, 컨벤션 참가, 이벤트 참가	커뮤니티센터, 컨벤션센터, 기념관, 도서관, 미술관, 박물관, 전시관, 방송국, 영화관, 콘서트홀 등
관리서비스 활동	• 편익시설 • 판매시설 • 교통시설	종합안내소, 비치클리닉, 레스토랑, 주점, 모노레일, 버스터미널, 주차장, 여객항, 헬리포트 등

3) 마리나의 현황

(1) 우리나라의 마리나 현황

18세기에 영국에서 해수욕이 보급된 것을 계기로 해안 및 해상은 관광공간으로서의 가치성이 인정되었으며, 현대관광시대 이후에는 해상관광에 대한 수요가 날로 증대되고 있다. 서구에서는 20세기에 해안 리조트 개발을 추진하여 해상의 관광공간화가 두드러지고 리조트의 이용자가 대중화되고 있는 추세이다.

국내에서도 이와 같은 선진국의 관광개발의 추세와 마찬가지로 국민관광 수요가 고급화되고 다양화하는 변화에 부응하여 해안의 리조트 개발에 대한 관심을 갖게 된 것이다. 따라서 국토종합개발계획에 있어서도 기존의 경부축뿐만 아니라 세 해안의 U자형 개발축을 강조하고 있다. 더욱이 해안 리조트 개발은 적극적으로 관광공간을 확대한다는 의의와 미래의 해양시대에 대한 패러다임 그리고 관광의 세계화를 추구한다는 의미에서도 필요하다. 특히, 마리나 개발은 부수적으로 도입할 수 있는 관광활동과 관광시설이 다양하여 리조트 개발의 효과를 크게 높일 수 있는 장점이 있을 뿐만 아니라 해상공원을 비롯한 주변 해상관광지 및 리조트는 물론이고 해양관광의 거점으로서 역할을 기대할 수 있다.

우리나라는 동북아 중심에 위치한 입지조건과 다도해 등 해양경관이 우수하고 세계 최고의 조선 및 IT 기술 보유하고 있어 해양레저관광산업의 경쟁력을 높일 수 있을 것으로 전망된다. 해외관광객의 요트체험 참여 증가 등 해양레저수요는 지속적으로 증가하는 추세이며, 동아시아 지역의 마리나 조성 붐은 국내 해안 리조트 개발을 가속화 시킬 것으로 기대되며 해안이 미래의 관광대상지로 부상되고 있다는 점에서 마리나를 비롯한 해안리조트 개발은 선진국의 모범적인 개발방식을 검토하고 개발대상지역의 입지조건과 관광환경을 고려하여 합리적인 조성방안을 강구해야 한다.

표 2-24 전국 마리나 항만 현황

구분	위치(항명)	마리나명	개발	운영주체	개발근거	개발연도	개발구역	시설규모		개발사업비(억)	투자주체
								해상	육상		
운영중 33	한강	서울	(주)서울마리나	(주)서울마리나	민투법	'11	하천	60	30	270	민간
	경인	김포	수·공	워터웨이플러스	항만법	'12	무역항	136	58	777	민간
	전곡	전곡	화성시	화성도시공사	어촌어항법	'09 '11	지방어항	145	55	467	국비(92) 지방비(375)
	보령	보령	보령시	보령시	공유수면매립법	'01	기타	-	50	30	국비(8) 지방비(22)
	격포	보령	부안군	전북요트협회	어촌어항법	'11	국가어항	37	-	48	국비(24) 지방비(24)
	목포	목포	목포시	세한대 산학협력단	항만법	'09	무역항	32	25	70	국비(35) 지방비(35)
	여수요트경기장	소호	여수시	전남요트협회	공유수면매립법	'87	기타	-	50	16	국비(7) 지방비(9)
	여수	웅천	여수시	세경건설(주)	산입법	'11 '16	기타	60	90	150	국비(25) 지방비(111)
	완도	완도	국가(전남도)	-	항만법	'13	무역항	9	-	16	국비
	물건	물건	남해군	남해군 요트협회	어촌어항법	'11	국가어항	25	-	20	지방비(20)
	삼천포	삼천포	(주)삼천포	(주)삼천포	어촌어항법	'06	기타	22	20	5	민간
	통영	충무	금호충무마리나	금호충무마리나	공유수면관리법	'97	무역항	92	40	652	민간
		충무(공공)	국가(경남도)	경상남도	항만법	'13		23	-	15	국비
	지세포	거제요트학교	거제시	거제 요트협회	어촌어항법	'09 '13	국가어항	20	-	35	국비(2) 지방비(33)
	수영만	수영만	(주)대우	체육시설관리사업소	공유수면관리법	'86	기타	293	155	711	기부채납 대우→부산시
	운촌	The bay 101	(주)삼미	(주)더베이	지역특화발전특구에대한규제특례법	'14	기타	61	-	-	민간

구분	위치(항명)	마리나명	개발	운영주체	개발근거	개발연도	개발구역	시설규모		개발사업비(억)	투자주체
								해상	육상		
운영중33	남천	남천	(민간)	(민간)	공유재산 및 물품관리법	'14	기타	36	-	-	민간
	양포	양포	국가(해수부)	포항시	어촌어항법	'09	국가어항	36	-	10	국비(10)
	포항구항	포항구항	포항시	포항시	공유수면 점사용	'10	무역항	50	-	1.2	지방비(1.2)
	오산	오산	울진군	-	어촌어항법	'13	국가어항	20	10	20	국비(10) 지방비(10)
	후포	후포	국가(해수부)	-	항만법	'13	연안항	7		15	국비
	강릉	강릉	(주)시마스터	(주)시마스터	어촌어항법	'10	국가어항	40	5	30	민간
	수산	수산	양양군	강원도 요트협회	어촌어항법	'09	국가어항	60	80	50	국비(36) 지방비(14)
	대포	대포	제이엠(주)	제이엠(주)	어촌어항법	'11	지방어항	4	-	6	민간
	속초	공공	국가(강원도)	강원도	항만법	'13	무역항	30	-	15	국비
	도두	도두	(주)도두마리나	(주)도두마리나	어촌어항법	'09	국가어항	10	-	13	민간
		한라	한라대학	한라대학		'08		6	-	12	민간
		공공	제주도	제주도		'13		9	-	46	국비(23) 지방비(23)
	김녕	김녕	(주)에니스	(주)김녕요트투어	어촌어항법	'08	국가어항	4	-	5	민간
		공공	제주도	제주도		'13		15	10	28	국비(11) 지방비(17)
	위미	위미	해비치호텔&리조트(주)	해비치호텔&리조트(주)	어촌어항법	'08	국가어항	1	-	140	민간
	중문	중문	퍼시픽랜드	퍼시픽랜드	공유수면 점사용	'91~'11	기타	5	-	706	민간
	왕산	왕산	인천시	-	경제자유구역법	'14	무역항	266	34	1,500	국비(11) 지방비(17) 민간(1,333)
	소계	2331척									

구분	위치(항명)	마리나명	개발	운영주체	개발근거	개발연도	개발구역	시설규모		개발사업비(억)	투자주체
								해상	육상		
개발중 7	여수	웅천2	경기도	-	산입법	'16	기타	56	-	56	지자체
	제부	제부	경기도	-	마리나 항만법	'15	기타	176	124	582	국비(291) 지방비(291)
	홍원	홍원	국가(해수부)	-	어촌어항법	'15	국가어항	50	50	81.98	국비 방파제 등 기반시설 비용
	비봉	비봉	보성군	-	어촌어항법	'14.6	기타	20	-	70	국비(35) 지방비(35)
	당항포	당항포	고성군	-	어촌어항법	'16	기타	50	50	92	국비(49) 지방비(43)
	대포근포	대포근포	거제시	-	어촌어항법	'15	국가어항	60	40	135	국비(50) 지방비(85)
	울진	후포	울진군	-	마리나 항만법	'16	연안항	150	150	418	국비(260) 지방비(158)
	소계	976척									

자료 : 해양수산부

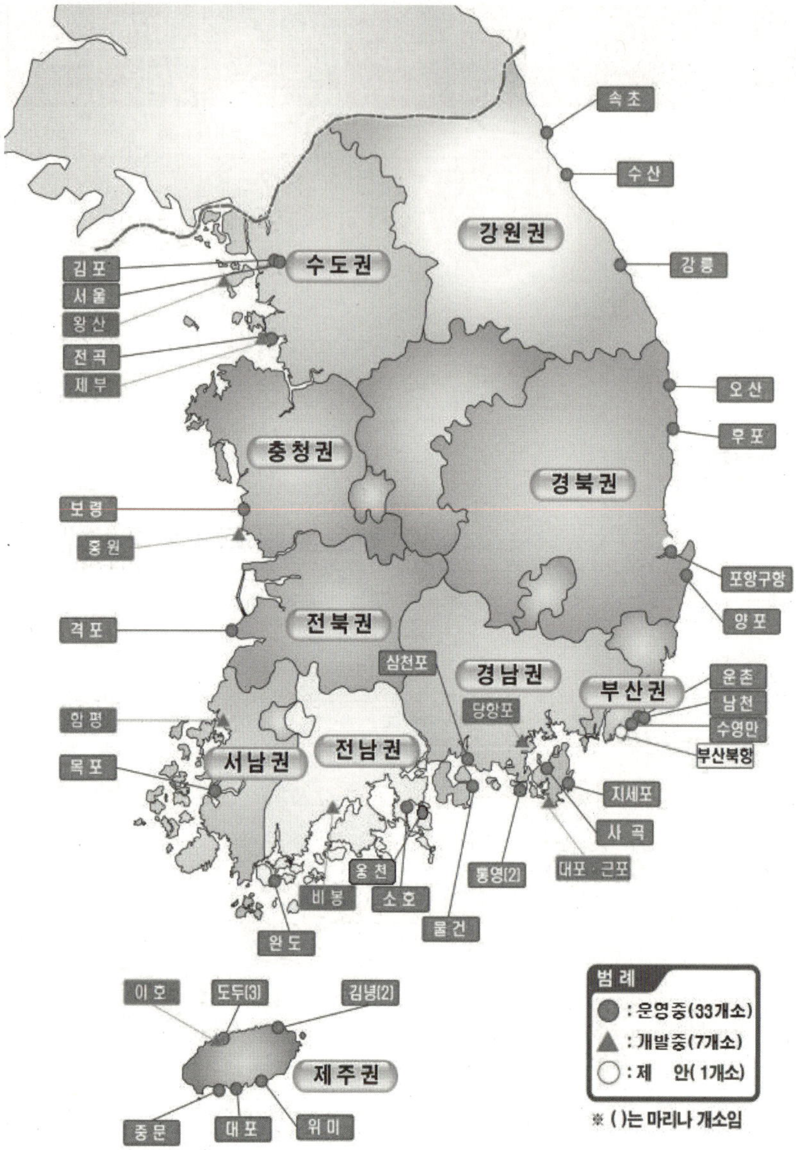
강원권
수도권
충청권
경북권
전북권
경남권
부산권
서남권
전남권
제주권
속초
수산
강릉
김포
서울
왕산
전곡
제부
오산
후포
보령
홍원
포항구항
양포
격포
삼천포
당항포
운촌
남천
수영만
부산북항
함평
목포
지세포
사곡
대포·근포
통영(2)
웅천
비봉
소호
물건
완도
이호
도두(3)
김녕(2)
중문
대포
위미
범례
: 운영중(33개소)
: 개발중(7개소)
: 제 안(1개소)
※ ( )는 마리나 개소임

자료 : 해양수산부

(2) 세계의 마리나 현황

전 세계 마리나 수는 2만3천여개이며, 이 중 90%가 북미 및 유럽에 위치하고 있으며 아시아는 일본(570개), 중국(89개) 순으로 집계되고 있다. 선진국들은 마리나의 대형화 및 관광거점화에 정책적 중점을 두고 있고, 크로아티아 등 신흥 마리나 국가들은 관광전략의 하나로 마리나 시설의 확충을 추진하고 있다. 아시아 지역에서는 중국이 청도, 하문, 산야 등에 대형 마리나 항만을 개발하고 있고, 싱가포르 정부는 부지 무상임대, 방파제 구축 등 민간투자사업을 파격적으로 지원하면서 슈퍼요트 유치를 위한 리조트형 마리나 개발을 적극 지원하고 있다.

일반 레저보트 시장이나 마리나 시장과는 달리 선박 한척당 평균가격이 100억원을 상회하는 슈퍼요트(24m 이상 호화요트)는 판매가격이 높고 관리 및 유지 비용도 높아서 새로운 형태의 고부가가치 서비스 시장을 형성하고 있다. 2013년 355척(3.8조원) 규모의 슈퍼요트가 거래되었고, 이탈리아의 점유율이 40%에 육박하며, 아시아 지역에서는 중동 지역과 더불어 중국, 싱가포르가 슈퍼요트의 목표 시장으로 평가받고 있다.

▲모나코에서 항해 중인 수퍼요트

제8장 세계유산(World Heritage)

제1절 세계유산

1. 세계유산의 의의와 목적

세계유산(World Heritage)이란 국제연합 교육과학문화기구(유네스코)가 1972년 11월, 제17차 정기총회에서 채택한 "세계문화 및 자연유산 보호협약(World Heritage Convention)"에 따라 지정한 유산을 말한다. 인류문명과 자연사에 있어 매우 중요한 자산인 세계유산은 전 인류가 공동으로 보존하고 이를 후손에게 전수해야 할 세계적으로 매우 중요한 가치를 가진 유산이다.

자연재해나 전쟁 등으로 파괴의 위험에 처한 유산의 복구 및 보호활동 등을 통하여 보편적 인류 유산의 파괴를 근본적으로 방지하고, 문화유산 및 자연유산의 보호를 위한 국제적 협력 및 나라별 유산 보호활동을 고무하는데 그 목적이 있다.

2. 세계유산의 분류

『세계유산협약』에 따라 세계유산위원회가 인류 전체를 위해 보호해야 할 현저한 보편적 가치(outstanding value to humanity)가 있다고 인정하여 UNESCO 세계유산일람표에 등록한 문화재로 문화유산, 자연유산, 복합유산으로 분류한다.

1) 문화유산(Cultural Heriatge)

- 유적 역사와 예술, 과학적인 관점에서 세계적인 가치를 지닌 비명(碑銘), 동굴 생활의 흔적, 고고학적 특징을 지닌 건축물, 조각, 그림이나 이들의 복합물
- 건축물 건축술이나 그 동질성, 주변경관으로 역사, 과학, 예술적 관점에서 세계적 가치를 지닌 독립적 건물이나 연속된 건물
- 장소 인간 작업의 소산물이나 인간과 자연의 공동 노력의 소산물, 역사적, 심미적, 민족학적, 인류학적 관점에서 세계적 가치를 지닌 고고학적 장소를 포함한 지역

2) 자연유산(Natural Heritage)

- 무기적 또는 생물학적 생성물로 이루어진 자연의 형태이거나 그러한 생성물의 일군으로 이루어진 미적 또는 과학적 관점에서 탁월한 가치를 지닌 것
- 과학적 보존의 관점에서 탁월한 세계적 가치를 지닌 지질학적, 지문학(地文學) 생성물과 멸종위기에 처한 동식물의 서식지
- 과학, 보존 또는 자연미의 관점에서 탁월한 세계적 가치를 지닌 지점이나 구체적으로 지어진 자연지역

3) 복합유산(Mixed Properties)

- 문화유산과 자연유산의 특징을 동시에 충족하는 유산

3. 세계유산 등록기준

1) 문화유산

① 독특한 예술적 혹은 미적인 업적, 즉 창조적인 재능의 걸작품을 대표할 것.

② 일정한 시간에 걸쳐 혹은 세계의 한 문화권 내에서 건축, 기념물조각, 정원 및 조경디자인, 관련예 술 또는 인간정주 등의 결과로서 일어난 발전사항들에 상당한 영향력을 행사한 것.

③ 독특하거나 지극히 희귀하거나 혹은 아주 오래된 것.

④ 가장 특징적인 사례의 건축양식으로서 중요한 문화적, 사회적, 예술적, 과학적, 기술적 혹은 산업의 발전을 대표하는 양식.

⑤ 중요하고 전통적인 건축양식, 건설방식 또는 인간주거의 특징적인 사례로서 자연에 의해 파괴되기 쉽거나 역행할 수 없는 사회 · 문화적 혹은 경제적 변혁의 영향으로 상처받기 쉬운 것.

⑥ 역사적 중요성이나 함축성이 현저한 사상이나 신념, 사진이나 인물과 가장 중요한 연관이 있는 것.

2) 자연유산

① 생명체의 기록, 지형발달과 관련하여 진행 중인 중요한 지질학적 과정, 또는 중요한 지형학적, 지문학적 특징을 비롯하여, 지구사의 주요 단계를 보여주는 매우 훌륭한 사례

② 육상, 담수, 해안 및 해양 생태계와 동식물군의 진화 및 발달과 관련하여 진행중인 중요한 생태학적, 생물학적 과정을 보여주는 훌륭한 사례

③ 특별한 자연미와 심미적 중요성을 지닌 빼어난 자연 현상이나 지역

④ 과학적 또는 보전적 관점에서 뛰어난 보편적 가치가 있는 멸종위기종을 포함하는 곳을 비롯하여, 생물다양성의 현장보전을 위해 가장 중요하고 의미있는 자연 서식지

3) 위의 요건의 기준항목

• 해당 유산이 진정성(authenticity)이 있어야 하고 유산의 보존을 보장할 수 있는 적절한 법적보호와 관리체계를 갖추고 효과적 시행도 보장되어 있어야 함.

• 다수 관람자들에게 개방되는 유산의 관리와 그 보존에 대한 적절한 행정적 체계의 증거를 제출할 수 있어야 함.

4. 세계유산 등록절차

① 잠정목록 유네스코 제출

세계유산 등록신청을 위한 사전예비단계, 문화재위원회, 현지조사 등을 거쳐 잠정목록 선정 예정

② 등록신청 대상 문화재 선정

문화재위원회 심의를 선정

③ 등록신청 서류 유네스코 제출 : 매년 2월 1일까지

접수처 : 세계유산위원회 사무국

제출서류 : 신청서(영문) 및 부속자료(사진, 슬라이드, VTR)

④ 1차 평가 : 제출익년 2월

유네스코의 자문기구인 국제자연보존연맹(IUCN))과 국제기념물유적협의회(ICOMOS)에서 전문가를 해당국가에 파견, 현지 조사 후 평가서 작성

⑤ 2차 검토 : 매년 4월

- 세계유산위원회 집행이사회(BUREAU)회의에서 1차 평가결과를 토대로 등록대상 검토 후 세계유산위원회에 권고
- 세계유산목록에 등재 권고
- 등재하지 말 것을 권고
- 추가가료 제출요구를 위해 세계유산위원회 사무국 환부
- 심층연구가 필요하여 검토 연기

⑥ 최종 심의 · 결정 : 제출 매년 6월 중

세계유산위원회 정기총회에서 등록 여부 최종 심의 · 결정, 공표

5. 세계유산 등록효과

1) 등록의 이점

국내 · 외로부터의 관광객이 크게 증가되며 이에 따라 고용 기회와 수입이 늘어날 뿐만 아니라, 정부의 추가적인 관심과 지원으로 지역의 계획과 관리를 향상시킬 수도 있고, 또한 지역 및 국가의 자부심을 고취 · 보호를 위한 책임감을 형성한다.

2) 소유권 행사

세계유산등록은 소유권이나 통제에 영향을 주지 않으며, 소유권은 지정 이전과 동일하게 유지되고 국내법도 여전히 적용된다.

3) 국제협력 및 지원

세계유산으로 지정되면 세계유산기금(World Heritage Fund)으로 부터 기술적, 재정적 원조를 받을 수 있다.

4) 등록된 유산의 보전, 관리

협약국이 세계유산 지역의 보존상태를 모니터하고 그에 따른 조치를 취하기 위하여 보고하는 것과 세계유산센터나 다른 기구들이 위험에 처한 유산의 상태에 관하여 보고하는 것이 있다.

6. 유네스코 세계유산 위원회

1) 설립

세계문화유산 및 자연유산의 보호에 관한 협약 제8조에 의거 정부 간 위원회로 설립

2) 기능

- 현저하고 보편적 가치를 지닌 각국의 유산을 세계유산으로 선정
- 세계유산의 보존조치를 심사하여 위기에 처한 세계유산목록 작성, 필요 시 문화재관련 연구 · 조사 및 세계유산기금의 사용결정

3) 위원국

- 위원국 : 21개국(※한국은 1997년 위원국에, 1998년 부의장국에 선출되었음)
- 임기 : 6년(관행상 자발적으로 4년만 역임)

• 위원국 현황

임기	위원국명	임기	위원국명
2013~2017 (12개국)	한국 · 레바논 · 카자흐스탄 · 필리핀 · 베트남 · 크로아티아 · 핀란드 · 폴란드 · 포르투갈 · 터키 · 페루 · 자메이카	2015~2019 (9개국)	앙골라 · 아제르바이잔 · 부르키나파소 · 쿠바 · 인도네시아 · 쿠웨이트 · 튀니지 · 탄자니아 · 짐바브웨

• 의장단 : 의장 1, 부의장 5, 서기 1

-2006.7.~2007.7. 의장단

의장 : Mr. Tume te Heuheu, 뉴질랜드

서기 : Mr. John Pinkerton, 캐나다

부의장 : 베닌, 쿠바, 일본, 모로코, 노르웨이

• 정기총회 : 21개 위원국 대표, 매년 6~7월 개최

-세계유산협약 가입국 총회 : 매년 12월 혹은 유네스코 총회 시 개최

-재정부담금액 : 협약 가입국의 유네스코분담금의 1%

-세계유산협약 가입국 : 183개국(2006.10.25 현재)

(우리나라는 1988년 102번째, 북한은 1998년 153번째로 가입)

7. 세계유산 현황

2017년 7월 기준 세계유산협약 가입국은 192개국이다. 세계유산은 전 세계 167개국에 분포되어 있으며, 총 1,073점(2017년 7월 기준) 가운데 문화유산이 832점, 자연유산 206점, 복합유산이 35점이다. 한편 위험에 처한 세계유산목록에는 총 54점(2016년 8월 기준)이 등재되어 있다.

표 2-25 주요국가별 세계유산 보유현황

국가별(유산수)	주요유산
한국 (문10)	창덕궁(1997), 수원화성(1997), 불국사 · 석굴암(1995), 해인사 장경판전(1995), 종묘(1995), 경주역사 유적지구(2000), 고인돌유적(2000), 제주 화산섬과 용암동굴(2007), 조선시대 왕릉(王陵) 40기(2009), 한국의 역사마을 : 하회와 양동(2010)
조선민주주의 인민공화국(북한)	고구려 고분군(2004)
중국 (문24, 자5, 복4)	자금성(1987), 만리장성(1987), 돈황석굴(1987), 진시황릉(1987), 황산(1990), 라사의 포탈라궁(1994), 소주고대정원(1997), 천단(1998), 용문석굴(2000), 명과 청시대의 황릉(2000), 은허유적(2006), 스촨 자이언트 팬더 보호지역(2006)
일본 (문10, 자3)	법륭사불교유적(1993), 희로성(1993), 야쿠시마(1993), 경도기념물군(1994), 나라기념물군(1998), 니코사당과 사원(1999), 규슈큐유적 및 류큐왕국유적(2000)
인도 (문21, 자5)	아잔타석굴(1983), 타지마할(1983), 마나스야생보호구역(1985), 함피기념물군(1986), 산치불교유적(1989), 휴매윤무덤(1993), 다르질링 히말라야 철도(1999)
이탈리아 (문40, 자1)	산타마리아교회(1980), 피렌체(1982)피사듀오모광장(1987), 이 사시 마테라(1993), 폼페이유적(1997), 우르비노역사지구(1998), 에올리안섬(2000), 베로나도시(2000)
프랑스 (문28, 자1,복1)	베르사이유 궁원(1979), 퐁텐블로 궁전(1981), 가르수도교(1985), 파리 세느강유역(1991), 피레네산맥(1997), 리용역사지구(1998), 생때밀리옹포도재배지구(1999)
스페인 (문35,자2,복2)	브르고스 대성당(1984), 알타미라 동굴(1985), 아빌라구시가지(1985), 가라호네이 국립공원(1986), 포블렛트 수도원(1991), 타라코 고고유적(2000), 루고성벽(2000), 엘치시의 야자수림 경관(2000), 비즈카야 다리(2006)
스리랑카 (문6, 자1)	시리기야 고대도시(1982), 신하라자삼림보호구역(1998), 담블라 황금사원(1991)
태국 (문3, 자2)	수코다이유적(1991), 아유타야유적(1991), 반치앙고고유적(1992), 동 파야엔-카오 야이 삼림지역(2005)

※ 문 : 문화유산, 자 : 자연유산, 복 : 문화 · 자연 복합유산
자료 : 문화재청

8. 한국의 세계유산(World Heritage)

우리나라는 1988년 유네스코「세계문화유산 및 자연유산보호에 관한 협약」에 가입한 이후 우리 문화재의 우수성과 독창성을 국제사회에 널리 홍보하고 문화재의 관광자원화를 위하여 우리문화재의 유네스코 세계유산(World Heritage) 등록을 추진하고 있다.

우리나라는 총 12점이 세계유산으로 등재되었다. 등재 목록으로는 해인사 장경판전(1995년), 종묘(1995년), 석굴암 · 불국사(1995년), 창덕궁(1997년), 수원화성(1997년), 고창 · 화순 · 강화 고인돌 유적(2000년), 경주역사유적지구(2000년), 제주 화산섬과 용암동굴(2007년), 조선왕릉(2009년), 한국의 역사마을 : 하회와 양동(2010년), 남한산성(2014년), 백제역사유적지구(2015년)가 있다.

우리나라의 유네스코 세계유산 잠정 목록 중 문화유산으로는 강진 도요지, 염전, 대곡천암각화군, 대곡천암각화군, 중부내륙산성군, 외암마을, 낙안읍성, 한국의 서원, 한양도성, 김해 · 함안 가야고분군, 고령 지산동 대가야고분군, 한국의 전통산사, 화순 운주사 석불석탑이 있으며, 자연유산으로는 서남해안 갯벌, 설악산 천연보호구역, 남해안 일대 공룡화석지, 우포늪이 있다(2017년 1월 기준).

1) 한국의 세계문화유산(World Cultural Heriatge)

(1) 석굴암과 불국사(Seokguram Grotto and Bulguksa Temple(1995))

석굴암은 서기 751년 신라 경덕왕 때 당시 재상이었던 김대성이 창건하기 시작하여 서기 774년인 신라 혜공왕 때 완공하였으며, 건립 당시의 명칭은 석불사로 칭하였다. 석굴암의 석굴은 백색의 화강암재를 사용하여 토함산 중턱에 인공으로 석굴을 축조하고 그 내부 공간에는 본존불인 석가여래불상을 중심으로 그 주벽에 보살상 및 제자상과 역사상, 천왕상 등 총 39체의 불상을 조각하였으며, 석굴암의 석굴은 장방

▲본존불인 석가여래좌상

형의 전실과 원형의 주실이 통로로 연결되어 있는데 360여 개의 판석으로 원형주실의 궁륭천장 등을 교묘하게 구축한 건축 기법은 세계에 유례가 없는 것이며, 석굴암의 입구쪽에 위치하고 있는 평면방형의 전실에는 좌우로 4구씩 8부신장을 두고 있으며 통로 좌우 입구에는 금강역사상을 조각하였으며, 좁은 통로에는 2구씩의 사천왕상을 조각하였다.

주실 입구에는 좌우로 8각 석주를 세웠고 이곳을 지나면 평면원형의 주실로 본존은 중심에서 약간 뒤로 안치되어 있으며 입구 좌우로부터 천부상 이구, 보살상 이구, 나한상 십구로 주벽을 채우고 본존 정후면에는 십일면관음보살상이 있다.

조각에 있어서 원숙한 조법과 사실적인 표현에서 완벽에 가까운 석가여래상, 10구의 얼굴과 전신이 화려하게 조각된 십일면관음보살상, 인왕상의 용맹, 사천왕상의 위엄, 주실내의 보살들의 유연 우아한 모습, 나한상들의 개성있는 표현 등은 동아시아 불교조각의 최고의 걸작품이라 할 것이다.

석굴암 석굴은 국보 제24호로 지정 관리되고 있으며 신라시대 전성기의 최고 걸작으로 그 조영계획에 있어 건축, 수리, 기하학, 종교, 예술이 총체적으로 실현된 유산이며, 불국사는 불교교리가 사찰 건축물을 통해 잘 형상화된 대표적인 사례로 아시아에서도 그 유례를 찾기 어려운 독특한 건축미를 지니고 있어 세계유산적 가치가 크다.

불국사는 석굴암과 같은 서기 751년 신라 경덕왕 때 김대성이 창건하여 서기 774년 신라 혜공왕 때 완공하였다. 토함산 서쪽 중턱의 경사진 곳에 자리한 불국사는 심오한 불교사상과 천재 예술가의 혼이 독특한 형태로 표현되어 세계적으로 우수성을 인정받는 기념비적인 예술품이다.

▲불국사

불국사는 신라인이 그린 불국, 이상적인 피안의 세계를 지상에 옮겨 놓은 것으로 법화경에 근거한 석가모니불의 사바세계와 무량수경에 근거한 아미타불의 극락세계 및 화엄경에 근거한 비로자나불의 연화장세계를 형상화한 것이다.

불국사의 건축구조를 살펴보면 크게 두 개의 구역으로 나누어져 있다. 그 하나는 대웅전을 중심으로 청운교, 백운교, 사하문, 범영루, 자경루, 다보탑과 석가탑, 무설전 등이 있는 구역이고 다른 하나는 극락전을 중심으로 칠보교, 연화교, 안양문 등이 있는 구역이다.

불국사는 사적 · 명승 제1호로 지정 관리되고 있으며 불국사내 주요 문화재로는 다보탑(국보 제20호), 석가탑(국보 제21호), 청운교와 백운교(국보 제23호), 연화교와 칠보교(국보 제22호), 금동아미타여래좌상(국보 제27호), 비로자나불(국보 제26호) 등이 있다.

(2) 종묘(Jongmyo Shrine(1995))

▲영녕전

종묘는 조선왕조 역대 왕과 왕비 및 추존된 왕과 왕비의 신주를 모신 유교 사당으로서 가장 정제되고 장엄한 건축물 중의 하나이다. 종묘는 태조 3년(1394) 10월 조선 왕조가 한양으로 도읍을 옮긴 그해 12월에 착공하여 이듬해 9월에 완공하였으며, 곧이어 개성으로부터 태조의 4대조인 목조, 익조, 도조, 환조의 신주를 모셨다. 56,503평의 경내에는 종묘정전을 비롯하여 별묘인 영녕전과 전사청, 재실, 향대청 및 공신당, 칠사당 등의 건물이 있다.

조선시대에는 정전에서 매년 춘하추동과 섣달에 대향을 지냈고, 영녕전에는 매년 춘추와 섣달에 제향일을 따로 정하여 제례를 지냈으나 현재는 전주이씨 대동종약원에서 매년 5월 첫째 일요일을 정하여 종묘제례라는 제향의식을 거행하고 있으며 제사드릴 때 연주하는 기악과 노래와 무용을 포함하는 종묘제례악이 거행되고 있다.

종묘제례는 종묘인 의례공간과 함께 의례절차, 의례음식과 제기, 악기와 의장물, 의례음악과 의례무용 등이 조화되어 있으며, 1462년에 정형화된 형태를 500년 이상 거의 그대로 보존하고 있다는 점에서 현재 세계에서 가장 오래된 종합적 의례문화라고 할 수 있다.

종묘는 사적 제125호로 지정 보존되고 있으며 소장 문화재로 정전(국보 제227호), 영녕전(보물 제821호), 종묘제례악(중요무형문화재 제1호), 종묘제례(중요무형문화제 제56호)가 있다.

(3) 해인사 장경판전(Haeinsa Temple Janggyeong Panjeon, the Depositories for the Tripitaka Koreana Woodblocks(1995))

해인사 장경판전은 13세기에 만들어진 세계적 문화 유산인 고려 대장경판 8만여 장을 보존하는 보고로서 해인사의 현존 건물 중 가장 오래된 건물이다. 장경판전은 정면 15칸이나 되는 큰 규모의 두 건물을 남북으로 나란히 배치하였다. 장경판전 남쪽의 건물을 수다라장, 북쪽의 건물을 법보전이라 하며 동쪽과 서쪽에 작은 규모의 동 · 서사간판전이 있다.

건물을 간결한 방식으로 처리하여 판전으로서 필요로 하는 기능만을 충족시켰을뿐 장식적 의장을 하지 않았으며, 전 · 후면 창호의 위치와 크기가 서로 다르다. 통풍의 원활, 방습의 효과, 실내 적정 온도의 유지, 판가의 진열 장치 등이 매우 과학적이며, 합리적으로 되어 있는 점은 대장경판이 지금까지 온전하게 보존되어 있는 중요한 이유 중의 하나라고 평가받고 있다.

장경판전은 세계유일의 대장경판 보관용 건물이며, 해인사의 건축기법은 조선 초기의 전통적인 목조건축 양식을 보이는데 건물 자체의 아름다움은 물론, 건물 내 적당한 환기와 온도 · 습도조절 등의 기능을 자연적으로 해결할수 있도록 설계되었다.

이 판전에는 81,258장의 대장경판이 보관되어 있으며, 글자 수는 무려 5천2백만 자로 추정되는데 이들 글자 하나 하나가 오자 · 탈자없이 모두 고르고 정밀하다는 점에서 그 보존가치가 매우 크며, 현존 대장경 중에서도 가장 오랜 역사와 내용의 완벽함으로 세계적인 명성을 지니고 있는 문화재이다.

해인사 장경판전은 국보 제52호로 지정 관리되고 있으며, 소장 문화재로서는 대장경판 81,258판(국보 제32호), 고려각판 2,725판(국보 제206호), 고려각판 110판(보물 제734호)이 있으며, 1995년 12월 유네스코 세계문화유산으로 등록되었다.

(4) 창덕궁(Changdeokgung Palace Complex(1997))

창덕궁은 조선왕조 제3대 태종 5년(1405) 경복궁의 이궁으로 지어진 궁궐로 경복궁의 동쪽에 위치한다 하여 이웃한 창경궁과 더불어 동궁이라 불렀다. 창건 시 창덕궁의 정전인 인정전, 편전인 선정전, 침전인 희정당, 대조전 등 중요 전각이 완성되었다. 그 뒤 태종 12년(1412)에는 돈화문이 건립되었고 세조 9년(1463)에는 약 6만2천 평이던 후원을 넓혀 15만여 평의 규모로 궁의 경역을 크게 확장하였다. 임진왜란으로 모든 궁궐이 불에 타자 광해군 때 다시 짓고 고종이 경복궁을 중건하기까지 정궁역할을 한 조선왕조 500년의 5대 궁궐 중 가장 잘 보존되어 온 궁궐이자 우리나라 별궁의 유일한 표본이라 할 수 있다.

창덕궁은 조선시대의 전통건축으로 자연경관을 배경으로 한 건축과 조경이 고도의 조화를 표출하고 있으며, 후원은 동양조경의 정수를 감상할 수 있는 세계적인 조형의 한 단면을 보여주고 있는 특징이 있다.

태종 5년(1405) 창덕궁 창건시 조성된 창덕궁 후원은 비원이라고도 하며 창경궁과도 통하도록 설계되어 왕들의 휴식처로 사용된 우리나라의 대표적인 전통 조원 시설로서 자연적인 지형에 300년이 넘은 거목과 연못, 정자 등 조원시설이 자연과 조화를 이루도록 함으로써 건축사적으로 또 조경사적 측면에서 빼놓을 수 없는 귀중한 가치를 지니고 있다.

창덕궁은 사적 제122호로 지정 관리되고 있으며 돈화문(보물 제383호), 인정문(보물 제813호), 인정전(국보 제225호), 대조전(보물 제816호), 구선원전(보물 제817호), 선정전(보물 제814호), 희정당(보물 제815호), 향나무(천연기념물 제194호), 다래나무(천연기념물 제251호)등이 지정되었다. 창덕궁은 1997년 12월 유네스코 세계문화유산으로 등록되었다.

(5) 화성(Hwaseong Fortress(1997))

화성은 조선왕조 제22대 정조대왕이 선왕인 영조의 둘째왕자로 세자에 책봉되었으나 당쟁에 휘말려 왕위에 오르지 못하고 뒤주 속에서 생을 마감한 아버지 사도세자의 무덤을 양주 배봉산에서 조선 최대의 명당인 수원의 화산으로 천봉하고 화산부근에 있던 읍치를 수원의 팔달산 아래 지금의 위치로 옮기면서 축성되었다.

화성은 축성시의 성곽이 거의 원형대로 보존되어 있을 뿐 아니라, 팔달문과 장안문, 화성행궁과 창룡문을 잇는 가로망이 현존하고 있다. 축성의 동기가 군사적 목적보다는 정치·경제적 측면과 부모에 대한 효심으로 성곽 자체가 효사상이라는 동양의 철학을 담고 있어, 문화적 가치 외에 정신적·철학적 가치를 가지는 성으로 이와 관련된 문화재가 잘 보존되어 있다. 화성은 중국·일본 등지에서 찾아볼 수 없는 평산성의 형태로 군사적 방어기능과 상업적 기능을 함께 보유하고 있으며, 시설의 기능이 과학적이고 합리적인 실용적 구조로 되어 있는 동양 성곽의 백미라 할 수 있다. 화성은 사적 제3호로 지정 관리되고 있으며 소장 문화재로 팔달문(보물 제402호), 화서문(보물 제403호), 장안문, 공심돈 등이 있다. 화성은 1997년 12월 유네스코 세계문화유산으로 등록되었다.

▲ 팔달문(보물 제402호)

▲ 화서문(보물 제403호)

▲ 장안문

▲ 서북공심돈

(6) 경주역사유적지구(Gyeongju Historic Areas(2000))

경주역사유적지구(Kyongju Historic Areas)는 신라 천 년(B.C 57~A.D 935)의 고도(古都)인 경주의 역사와 문화를 고스란히 담고 있는 불교유적, 왕경(王京)유적이 잘 보존되어 있으며, 이미 세계유산으로 등록된 일본의 교토, 나라의 역사유적과 비교하여 유적의 밀집도, 다양성이 더 뛰어난 유적으로 평가된다.

2000년 12월 세계유산으로 등록된 경주역사유적지구는 신라의 역사와 문화를 한눈에 파악할 수 있을 만큼 다양한 유산이 산재해 있는 종합역사지구로서 유적의 성격에 따라 모두 5개 지구로 나누어져 있는데 불교미술의 보고인 남산지구, 천년왕조의 궁궐터인 월성지구, 신라 왕을 비롯한 고분군 분포지역인 대능원지구, 신라불교의 정수인 황룡사지구, 왕경 방어시설의 핵심인 산성지구로 구분되어 있으며 52개의 지정문화재가 세계유산지역에 포함되어 있다.

(7) 고창, 화순, 강화의 고인돌 유적(Gochang, Hwasun and Ganghwa Dolmen Sites(2000))

우리나라 청동기시대의 대표적인 무덤 중의 하나인 고인돌은 세계적인 분포를 보이고 있으며 지역에 따라 시기와 형태가 다르게 나타나고 있다.

▲고창고인돌유적

동북아시아 지역이 세계적인 분포권에서 가장 밀집된 곳으로 그 중 우리나라가 그 중심지역이라고 할 수 있다. 우리나라에는 전국적으로 약 30,000여 기에 가까운 고인돌이 분포하고 있는 것으로 알려져 있는데 그 중 이번에 세계유산으로 등록된 고창 · 화순 · 강화 고인돌 유적(Gochang, Hwasun, and Ganghwa Dolmen Sites)은 밀집분포도, 형식의 다양성으로 고인돌의 형성과 발전과정을 규명하는 중요한 유적이며 유럽, 중국, 일본과도 비교할 수 없는 독특한 특색을 가지고 있다.

고창고인돌유적은 전라북도 고창군 죽림리와 도산리 일대에 매산마을을 중심으로 동서로 약 1,764m 범위에 442기가 분포하고 있으며 우리나라에서 가장 큰 고인돌 군집을 이루고 있는 지역이다. 10톤 미만에서 300톤에 이르는 다양한 크기의 고인돌이 분포하고 있으며 탁자식, 바둑판식, 지상석곽형 등 다양한 형식의 고인돌이 공존하고 있다.

(8) 조선 왕릉(Royal Tombs of the Joseon Dynasty(2009))

조선왕릉의 규모는 18개 지역에 흩어져 있고 총 40기에 달한다. 1408년부터 1966년까지 5세기에 걸쳐 만들어진 왕릉은 선조와 그 업적을 기리고 존경을 표하며, 왕실의 권위를 다지는 한편 선조의 넋을 사기로부터 보호하고 능묘의 훼손을 막는 역할을 했다. 왕릉은 뛰어난 자연경관 속에 자리 잡고 있으며, 보통 남쪽에 물이 있고 뒤로는 언덕에 의해 보호되는 배산임수의 터이며, 멀리 산들로 둘러싸인 이상적인 자리를 선택해 마련되었다. 왕릉에는 매장지만 있는 것이 아니라 의례를 위한 장소와 출입문도 있다. 봉분뿐만 아니라 T자형의 목조 제실, 비각, 왕실 주방, 수호군의 집, 홍살문, 무덤지기인 보인의 집을 포함한 필수적인 부속 건물이 있다. 왕릉 주변은 다양한 인물과 동물을 조각한 석물로 장식되어 있다. 조선왕릉은 5,000년에 걸친 한반도 왕실 무덤 건축의 완성으로 평가된다.

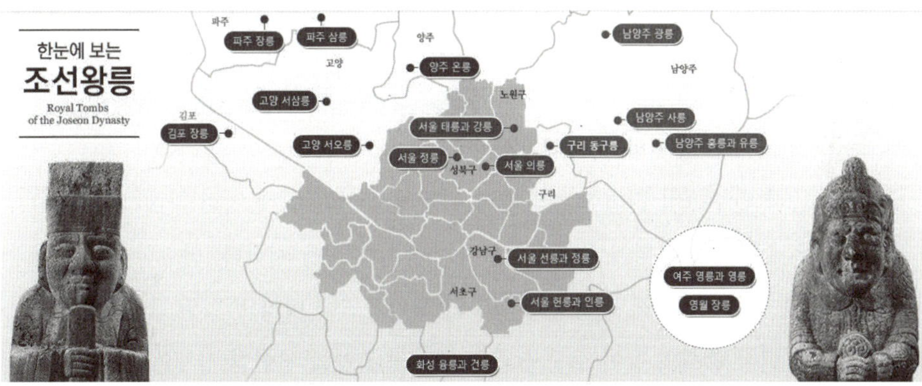

자료 : 문화재청

(9) 한국의 역사마을 : 하회와 양동(Historic Villages of Korea : Hahoe and Yangdong(2010))

하회마을과 양동마을은 14세기~15세기에 조성된 한국을 대표하는 역사적인 씨족 마을이다. 숲이 우거진 산을 뒤로 하고, 강과 탁 트인 농경지를 바라보는 마을의 입지와 배치는 조선 시대(1392~1919) 초기의 유교적 양반 문화를 살 반영하고 있다. 옛 마을은 주변 경관으로부터 물질적, 정신적 자양분을 함께 얻을 수 있는 곳에 자리하고 있다. 마을에는 종가와 양반들의 기거했던 목조 가옥, 정자와 정사, 서원과 사당, 옛 평민들이 살던 흙집과 초가집 등이 있다. 17세기~18세기의 시인들은 정자와 쉼터에서 마을을 둘러싼 강과 산과 나무의 경치를 바라보며 아름다운 시를 지어 노래한 것으로 알려져 있다.

(10) 남한산성(Namhansanseong(2014))

서울에서 남동쪽으로 25km 떨어진 산지에 축성된 남한산성은 조선시대(1392~1910)에 유사시를 대비하여 임시 수도로서 역할을 담당하도록 건설된 산성이다. 남한산성의 초기 유적에는 7세기의 것들도 있지만 이후 수차례 축성되었으며 그중에서도 특히 17세기 초, 중국 만주족이 건설한 청나라의 위협에 맞서기 위해 여러 차례 개축되었다. 남한산성은 승군이 동원되어 축성되었으며 이들이 산성을 지켰다. 남한산성은 중국과 일본으로부터 전해온 성제의 영향과 서구의 화기도입에 따라 변화된 축성 기술의 양상을 반영하면서 당시의 방어적 군사 공학 개념의 총체를 구현한 성채이다. 오랜 세월 동안 지방의 도성이었으면서 아직도 대를 이어 주민들이 거주하고 있는 도시인 남한산성의 성곽 안쪽에는 당시에 만들어진 다양한 형태의 군사 · 민간 · 종교 시설 건축물의 증거가 남아 있다. 남한산성은 한민족의 독립성과 자주성을 나타내는 상징이기도 하다.

(11) 백제역사유적지구(Baekje Historic Areas(2015))

대한민국 중서부 산지에 위치한 백제의 옛 수도였던 3개 도시에 남아 있는 유적은 이웃한 지역과의 빈번한 교류를 통하여 문화적 전성기를 구가하였던 고대 백제 왕국의 후기 시대를 대표한다. 백제는 기원전 18년에 건국되어 660년에 멸망할 때까지 700년 동안 존속했던 고대 왕국으로, 한반도에서 형성된 초기 삼국 중 하나였다. 백제역사유적지구는 공주시, 부여군, 익산시 3개 지역에 분포된 8개 고고학 유적지로 이루어져 있다. 공주 웅진성과 연관된 공산성과 송산리 고분군, 부여 사비성과 관련된 관북리 유적(관북리 왕궁지) 및 부소산성, 정림사지, 능산리 고분군, 부여 나성, 그리고 끝으로 사비시대 백제의 두 번째 수도였던 익산시 지역의 왕궁리 유적, 미륵사지 등으로, 이들 유적은 475년~660년 사이의 백제 왕국의 역사를 보여주고 있다. 백제역사유적은 중국의 도시계획 원칙, 건축 기술, 예술, 종교를 수용하여 백제화한 증거를 보여주며, 이러한 발전을 통해 이룩한 세련된 백제의 문화를 일본 및 동아시아로 전파한 사실을 증언하고 있다.

자료 : 문화재청

2) 한국의 세계자연유산(World Natural Heritage)

(1) 제주 화산섬과 용암 동굴(Jeju Volcanic Island and Lava Tubes(2007))

세계유산으로 지정된 지역은 한라산, 성산일출봉, 거문오름용암동굴계 3개이다. 한라산은 남한에서 가장 높은 산으로서 화산활동에 의해 생성된 순상화산체이다. 성산일출봉은 제주도에 분포하는 360개의 단성화산체(cinder cones : 제주방언으로는 오름이라 함) 중의 하나이며, 수성화산체로서 해안선 근처에 뛰어난 경관을 제공하는 분석구이다. 거문오름용암동굴계는 지금으로부터 약 10~30만 년 전에 거문오름에서 분출된 용암으로부터 여러 개의 용암동굴이 만들어진 것이며, 이 동굴계에서 세계자연유산으로 신청된 동굴은 벵뒤굴, 만장굴, 김녕굴, 용천동굴, 그리고 당처물동굴이다.

제주도는 약 180만 년 전부터 역사시대에 걸쳐 일어난 화산활동으로 만들어졌다. 한라산 정상부에는 한라산 조면암과 백록담현무암이 분포하며 한라산조면암은 높은 점성을 갖고 돔상으로 솟아 한라산을 더 웅장하게 만들고 있다.

제2절 세계기록유산(Memory of the World)

1. 세계기록유산의 의의와 목적

도서관, 문서고 등에 보관된 세계적 가치가 있는 값진 소장문서로서 그 유형에는 필사본, 도서, 신문, 포스터 등 기록이 담긴 자료, 그림, 프린트, 지도, 음악 등 비기록 자료, 전통적인 움직임과 현재의 영상 이미지, 오디오, 비디오, 원문과 아날로그 또는 디지털 형태의 정지된 이미지 등을 포함한 모든 종류의 전자 데이터 등이 포함된다.

세계적 가치가 있는 귀중한 기록유산을 보존할 수 있도록 지원하고 유산의 중요성에 대한 전 세계적인 인식과 보존의 필요성을 증진하며 기록유산 사업 진흥 및 신기술의 응용을 통해 가능한 많은 대중이 기록유산에 접근할 수 있도록 한다.

2. 세계기록유산의 등재기준

1) 기준항목

① 한 국가를 초월하여 세계사와 세계문화에 중요한 영향을 준 자료
② 역사적 중요시기를 이해하는데 중요하거나 그 시기를 특별한 방법으로 반영하는 자료
③ 세계사 또는 세계문화 발전에 기여한 지역에 대한 정보를 지닌 자료
④ 세계사 또는 세계문화에 기여한 인물에 관련된 자료
⑤ 세계사 또는 세계문화의 중요한 주제를 기록한 자료
⑥ 형태와 스타일에서 중요한 표본이 된 경우, 뛰어난 미적 양식을 보여주는 자료
⑦ 하나의 민족문화를 초월하는 뛰어난 사회적 · 문화적 또는 정신적 가치를 가지는 자료

2) 등재보조기준

완성도 또는 완전성에 있어 탁월한 자료, 독특하거나 희귀한 자료

3. 세계기록유산의 등재효과

국제적 보존 · 보호를 받을 수 있는 법적 기구로서 발전 가능성을 대비하고 보존관리에 대한 유네스코의 보조금 및 기술적 지원 및 홍보가 가능하다. 또한 CD-ROM, 디지털 테이프와 오디오 CD 같은 디지털기술을 활용하여 세계기록유산을 가능한 많은 대중에게 제공할 수 있다.

4. 세계기록유산의 등재현황

세계기록유산은 전 세계 107개국 및 6개 기구 348건이 등재되었다(2015년 10월 기준).

우리나라의 세계기록유산은 총 13건이 등재되었으며 세계에서 네 번째, 아태지역에서는 첫 번째로 많다. 우리나라의 세계기록유산목록으로는 훈민정음(1997년), 조선왕조실록(1997년), 직지심체요절(2001년), 승정원일기(2001년), 해인사 대장경판 및 제경판(2007년), 조선왕조의궤(2007년), 동의보감(2009년), 일성록(2011년), 5.18 민주화운동 기록물(2011년), 난중일기(2013년), 새마을운동 기록물(2013년), 한국의 유교책판(2015), KBS 특별생방송 '이산가족을 찾습니다' 기록물(2015)이 있다.

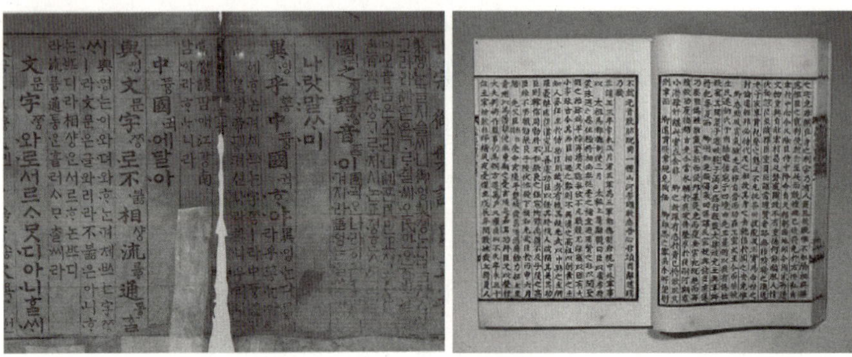

▲훈민정음과 조선왕조실록

제3절 인류무형문화유산(Intagible Cultural Heritage)

1. 인류무형문화유산의 의의와 목적

무형문화유산은 전통 문화인 동시에 살아있는 문화이다. 무형문화유산은 공동체와 집단이 자신들의 환경, 자연, 역사의 상호작용에 따라 끊임없이 재창해온 각종 지식과 기술, 공연예술, 문화적 표현을 아우른다. 무형문화유산은 공동체 내에서 공유하는 집단적인 성격을 가지고 있으며, 사람을 통해 생활 속에서 주로 구전에 의해 전승되어 왔다.

유네스코는 상당히 오래 전부터 무형문화유산 보호에 관심을 가져왔으며, 1997년 제29차 총회에서 산업화와 지구화 과정에서 급격히 소멸되고 있는 무형문화유산을 보호하고자 '인류 구전 및 무형유산 걸작 제도'를 채택했다.

이후, 2001년, 2003년, 2005년 모두 3차례에 걸쳐 70개국 90건이 인류 구전 및 무형유산 걸작으로 지정되었다. 무형문화유산의 중요성에 대한 국제사회의 인식이 커지면서 2003년 유네스코 총회는 무형문화유산 보호 협약을 채택하였다.

2. 인류무형문화유산의 등재기준

(1) 무형문화유산의 정의(협약 제2조 1항)

공동체, 집단 및 개인이 자신의 문화유산의 일부분으로 인식하는 관습, 표현, 지식 및 기술 이와 관련된 전달 도구, 사물, 공예품 문화 공간

(2) 무형문화유산의 범위(협약 제2조 2항)

무형문화유산의 전달체로서 언어를 포함한 구전 전통 및 표현 공연 예술(전통음악, 무용 및 연극 등) 자연 및 우주에 관한 지식 및 관습 전통 기술

(3) 무형문화유산의 특징(협약 제2조 1항)

세대와 세대를 거쳐 전승 인간과 주변 환경, 자연의 교류 및 역사 변천 과정에서 공동체 및 집단을 통해 끊임없이 재창조 공동체 및 집단에 정체성 및 지속성 부여 문화 다양성 및 인류의 창조성 증진 공동체 간 상호 존중 및 지속가능발전에 부합

3. 인류무형문화유산의 등재효과

국제사회의 문화유산 보호 활동이 건축물 위주의 유형 문화재에서 눈에 보이지 않지만 살아있는 유산(living heritage), 즉 무형문화유산의 가치를 새롭게 인식하고 확대하였음을 국제적으로 공인하는 이정표가 되었다.

4. 인류무형문화유산의 등재현황

인류무형문화유산은 긴급보호목록, 대표목록, 모범사례목록으로 분류되어 등재된다. 긴급한 보호가 필요한 긴급보호목록은 2009년 처음 선정된 이래 26개국 47건의 무형문화유산목록이 등재되었다(2016년 12월 현재).

인류무형문화유산 대표목록에 등재된 무형유산은 전 세계 108개국 366건에 이른다. 유네스코가 2001년, 2003년, 2005년 각각 선포했던 '인류 구전 및 무형유산걸작' 90건은 2008년 11월, 대표목록으로 자동 전환되었다. 대표목록 선정은 2009년부터 시작되었으며, 2009년 75건, 2010년 44건, 2011년 18건, 2012년 27건, 2013년 25건, 2014년 34건, 2015년 23건, 2016년 33건이 새로 대표목록에 등재되면서 전체 366건이 되었다.

유산 보호의 모범사례목록은 협약의 원칙과 목적에 잘 부합한 보호 프로그램과 프로젝트, 활동 들을 보여준다. 2009년 3건, 2011년 5건, 2012년 2건, 2013년 1건, 2014년 1건, 2016년 5건 등 총 17건이 목록에 등재되어 있다.

▲종묘제례악과 강릉단오제

우리나라의 인류무형문화유산 대표목록으로는 종묘 및 종묘제례악(2001년), 판소리(2003년), 강릉단오제(2005년), 강강술래(2009년), 남사당(2009년), 영산재(2009년), 제주 칠머리당영등굿(2009년), 처용무(2009년), 가곡(2010년), 대목장(2010년), 매사냥(2010년, 공동등재), 줄타기(2011년), 택견(2011년), 한산모시짜기(2011년), 아리랑(2012년), 김장문화(2013년), 농악(2014년), 줄다리기(2015년 공동등재), 제주해녀문화(2016) 등 현재까지 총 19건의 유산이 등재되었다.

제3부

관광자원 개발

제9장_관광자원 조사

제10장_관광자원계획 · 개발

제11장_관광자원 관리 및 보호

제12장_관광자원의 해설과 연출

제13장_관광자원의 개발방향

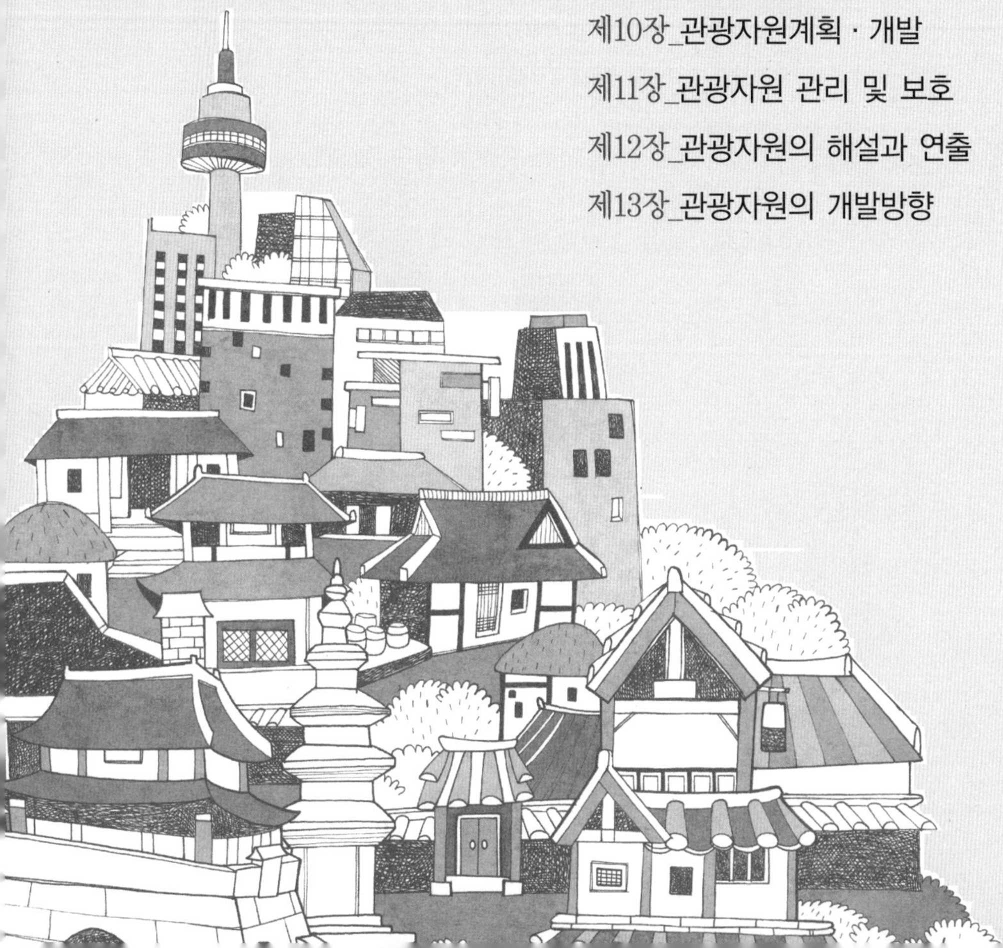

제9장 관광자원 조사

제1절 관광자원 조사의 개념

관광조사의 정의를 명확히 하는 것이 관광조사의 역할과 절차에 대한 정확한 이해의 시발점이 될 것이다. 관광조사란 관광과 관련한 의사결정을 위해 실행가능한 정보제공을 목적으로 자료를 체계적으로 획득 · 분석 · 해석하는 객관적이고 공식적인 연구과정이다.

이러한 정의의 내용을 세분한 구체적 내용을 살펴보면 다음과 같다.

첫째, 관광의사결정을 위해서 관광조사가 어떤 구체적인 목적달성을 위해서 수행된다는 것이다. 곧 관광연구자들이 의사결정을 하는데 필요한 기초를 제공해 주고 보다 나은 의사결정을 할 수 있도록 실행가능한 정보를 제공하는 것이다.

둘째, 실행가능한 정보제공이라는 말은 관광조사의 목적은 궁극적으로 자료의 제공이 아니라 의사결정을 위한 정보의 제공에 있다는 것을 의미한다. 자료는 수집과정에서 얻어진 그 자체로는 의사결정에 도움이 되지 못하는 사실이나 숫자인 반면에, 정보는 자료의 분석결과에 의해서 도출된 결론이라고 할 수 있다.

셋째, 체계적으로 자료를 수집하고 분석하여 해석한다는 것은 관광조사가 자료를 획득하기 위하여 단순히 질문하고 대답을 기록하는 것에 그치지 않고 그 이상의 것을 수행해야만 한다는 것을 의미한다. 관광조사는 여러 가지 다양한 방법들을 이용하여 자료를 획득하고, 정보를 제공한다는 차원에서 여러 가지 분석방법을 이용하여 수집된 자료를 분석 · 해석하여 관광 전략수립에 도움을 주는 일련의 과정을 의미한다.

넷째, 객관적이라는 말은 관광조사도 다른 과학적인 연구에서와 마찬가지로 현상에 대한 참된 정보를 얻기 위해서 실시하는 것이므로 관광조사도 객관적으로 이루어져야 한다.

다섯째, 공식적 과정이라는 것은 관광조사에서 명확히 규정되고 의도적으로 설정된 절차들이 하나의 일관성 있는 과정으로 집합된 것을 의미한다. 따라서 관광조사는 사전에 철저히 계획된 절차에 따라서 체계적이고 과학적으로 수행돼야 하는 과정이라는 것을 의미한다.

이상의 절차는 문제를 해결하는 관광의 응용적인 연구에 해당되는 내용이며, 관광의 학문적 영역인 이론의 개발과 검증을 목적으로 관광의 기초적 측면의 연구를 토대로 한다.

관광자원조사란 관광객의 관광욕구를 충족시켜주는 관광의 대상에 대한 조사를 의미하는 것으로, 사람들이 앞으로 관광행위를 위해 어떠한 관광지로 떠나야 할 것인가 하는 자기가 목적하는 지역에 대한 자료조사와 또한 일정한 관광지에 대한 연구 · 개발과 보호의 목적으로 그 실태를 조사하는 두 가지 형태로 구분할 수 있다. 관광자원은 관광의 목적물로, 어떤 국가의 관광사업도 그 국가에서 보유하고 있는 관광자원의 우열에 의해 좌우되므로 관광자원의 실태와 관광자원개발을 위한 관광조사는 국가적인 차원에서 중요시되고 있으며, 그 실제적인 조사과정 및 조사방법은 과학적이고 객관적으로 이루어져야 한다. 즉 관광개발자료, 관광정책자료, 학문연구자료의 과학적 근거를 추출해 내기 위하여 관광자원의 조사는 실시되고 있다.

관광자원을 효율적으로 이용하고 관리하기 위해서는 자원이용 또는 관리에 관한 계획 및 정책을 수립해야 하는데, 계획 및 정책의 수립과정에서 조사와 분석단계는 주어진 계획이나 정책의 목적을 달성하기 위한 필수적인 과정이라고 할 수 있다.

관광자원의 조사는 계획대상 관광자원에 대하여 자연환경 · 인문환경 · 이용상황 그리고 이용자의 지각 정도 등을 조사하고 이를 종합분석하는 것을 의미한다.

주로 문헌이나 통계자료를 통한 연구로도 가능한 분야도 있으나 이것만으로는 불가능한 경우가 많다. 그러므로 현지에 분포되어 있는 관광자원을 직접 야외조사를 통해 가장 최근의 정확한 자료를 수집함으로써 관광개발계획 및 관광정책수립에 기여할 수 있게 된다.

제2절 관광자원 조사 방법 및 과정

1. 관광자원의 조사방법

관광조사 방법의 선택은 조사의 목적 및 조사대상의 특성과 조사항목에 따라 조사기법을 선정하여야 한다. 관광조사와 관련된 주요기법에는 일반적으로 다음과 같은 것들을 볼 수 있다.

1) 예비조사

본격적인 조사작업을 실시하기 전에 그 분야에 필요한 예비지식을 얻기 위한 자료로서, 예비조사(pilot study)는 관계되는 문헌을 찾아 종래의 연구결과를 검토 · 이용하기 위한 문헌조사와 참고할 문헌이 충분하지 못할 경우에 특정분야에 전문지식을 가진 전문가를 통해 의견을 들어보는 전문가의 의견조사가 포함된다.

2) 시험조사

시험조사(pre-test)는 본조사에 들어가기 전에 본조사에서 실시하는 것과 똑같은 절차와 방법으로 질문서가 잘 구성되어 있는지를 시험해 보는 것이다. 따라서 이것은 예비조사와는 다르다. 예비조사는 조사연구에 있어서 주제에 관한 충분한 사전지식을 얻기 위해 행해지는 비교적 소규모이고 비조직적인 탐색적 조사의 성격을 띤 현지조사인 것이다.

3) 설문지 조사

문제의 성격이 명확하고 다루고자 하는 내용이 확실한 경우에 설문지에 대한 응답자료를 분석하여 계량화된 결론을 얻어내는 조사이다. 응답자와 만나서 응답자가 기입하거나 조사자가 기입하는 경우와 전화를 통하여 작성하거나 우편조사 또는 집합조사를 실시하기도 한다. 설문형식은 크게 개방식과 폐쇄식으로 구분되며, 폐쇄식은 다시 찬부식 · 선다식 · 평정식 · 조합비교식 · 서열식 · 의미차분석식 등으로 구분한다.

(1) 개방형 질문과 폐쇄형 질문

개방형 질문은 질문에 대하여 자유롭게 응답할 수 있는 질문으로 자유응답질문이라고 한다. 개방형 질문의 단점은 응답의 해석에 편견이 개입될 가능성이 있고, 응답에 심적 부담을 준다는 것이다. 또한 응답에 시간이 많이 소모되고, 표현능력이 부족한 응답자에게 부적합하여 자료를 처리하는 데도 어려움이 있다.

ex) 귀하께서는 이번 유럽여행 중 가장 인상깊었던 점은 무엇입니까? (자유롭게 기재)

폐쇄형 질문은 응답자가 선택할 수 있는 응답의 내용이 미리 몇 가지로 한정되어 있어 응답자가 그 중 하나를 선택하도록 하는 질문을 말한다. 폐쇄형 질문의 장점은 응답의 처리가 용이하고 계측에 통일성을 기할 수 있어서 신뢰성을 높일 수 있다.

ex) 귀하께서 이번 유럽여행 중 가장 불편하셨던 점은? (   )
① 숙박문제 ② 안내원의 안내 ③ 음식 ④ 쇼핑

(2) 찬부식 질문

'좋다 – 나쁘다', '찬성 – 반대' 식의 응답을 구하는 방식으로 간단한 문제나 찬부양론을 묻는 문제에 적합하다.

ex) 2002년 월드컵 기간 중 짝 · 홀수 차량운행을 어떻게 생각하십니까?
찬성 ( ) 반대 ( )

(3) 체크 리스트

체크 리스트는 의견 · 태도에 관한 질문 이외에도 객관적 사실의 존부 등에 대한 관찰사실을 기록하는 조사표에도 적합하다. 체크 리스트는 선다식 설문의 일종이나 선택개수를 제한하지 않고 해당하는 것을 모두 선택하게 한다는 점에서 차이가 있다.

ex) 한국 관광발전에 장애요인으로 생각되는 것을 ○표 해 주십시오.
① 숙박시설 부족 ( ) ② 복잡한 출입국절차 ( )
③ 관광사업 세제지원 부족 ( ) ④ 관광사업 관련행정의 복잡성 ( )
⑤ 한국관광 홍보부족 ( ) ⑥ 관광상품개발 부족 ( )

(4) 다지선다형 질문

다지선다형(multiple choice question) 질문은 응답자들로 하여금 대여섯 개의 고정된 응답문 중에서 하나를 선택하게 하는 것을 말한다. 다지선다형은 응답자가 대답할 수 있는 응답내용을 제약하므로, 제한된 응답항목을 제시하여 설문조사하는 형이다. 연구자가 사전조사 등을 통하여 응답할 수 있는 대답들을 제시하고, 응답자들을 이 중에서 자신에게 해당하는 사항에 하나 또는 둘 이상(복수선택)을 선택하게 한다. 특히 응답자들이 항목들을 선택할 경우 애매모호하거나 중복 응답하게 하는 등은 주의해야 하는 요소이다. 다지선다형 질문의 장점은 집계와 분석 시 매우 편리하다는 점과 응답자에게 선택할 수 있는 응답문항을 제공함으로써 응답상 내용파악이 어렵지 않으므로 오류를 최소화할 수 있다.

ex) 귀하께서는 올 여름휴가 때 어느 관광지를 방문하실 예정입니까?(선택 2개 이상) (　　)

① 설악산　② 경포대　③ 부 산　④ 대 천
⑤ 주왕산　⑥ 경 주　⑦ 부 여　⑧ 무 주

(5) 서열식 질문

서열식 질문은 어떠한 문제에 대해 가능한 대답을 모두 열거해 놓고 중요한 순서, 좋아하는 순서, 싫어하는 순서 등으로 가려 놓으라고 하는 것이다. 보통 응답항목을 10개 항목 이내로 줄이는 것이 좋다.

ex) 귀하께서 우리나라 관광지 중 가장 가보고 싶은 곳이 있으시면 다음 관광지 중에 서 우선순위별로 기재해 주십시오.(5개 이하) (　　)

① 설악산　② 경주　③ 제 주　④ 지리산　⑤ 판문점
⑥ 무주　⑦ 민속촌　⑧ 한려해상　⑨ 정선카지노　⑩ 부여 · 공주

(6) 평정식 질문

평정식 질문은 어떠한 질문에 대한 대답의 강도(intensity)를 요구하는 질문이다. 항목의 수는 셋, 넷, 다섯 또는 그 이상이다. 리커트 척도식 질문이라고도 한다.

ex) 귀하께서 제주도 관광시설을 이용해 보신 후 느끼시는 만족도는 어느 정도입니까?

	1	2	3	4	5
	매우만족	만족	보통	불만족	매우불만족
① 관광숙박시설					
② 관광위락시설					

4) 면접조사

면접이란 일정한 조건 아래서 언어를 매개체로 해서 질문을 하여 응답을 얻는 것으로서 언어적 상호과정을 통하여 피면접자가 내적으로 갖고 있는 것을 인지해내는 것이라 하겠다.

면접조사는 피조사자와 대면하여 질문을 함으로써 이용자들이 무엇을 생각하고, 느끼며, 어떠한 행동을 하는가, 무엇을 알고 있으며, 믿고 또 기대하는가 하는 등에 관한 사항에 관하여 표준화하거나, 또는 비표준화된 문항을 가지고 의견을 파악하는 조사기법이다. 이 기법은 특히 새로운 분야의 개척도구로서 적절하고, 개별적 상황에 높은 적응성을 갖는다.

5) 관찰조사

관찰조사는 자료수집에 있어서 물리적 현상을 직접 관찰하는데 의존하는 방법이며, 야외에서 직접 조사하는 방법으로 많이 이용되고 있다. 이 방법은 조사대상의 내용 · 정도 · 상태를 직접 보고 자료를 얻는 방법이며, 조사하려는 자원과 관찰상황을 정확히 기입해야 한다.

관찰은 물리적 흔적의 관찰과 인간행태의 관찰 2가지로 구분할 수 있는데, 관찰은 연구의 성격상 연구 전의 특정한 요구에 부합하고, 문제의 긴급성이나 연구의 전반적 목표에 적합해야 하는 방법이다.

6) 전화조사법

전화를 이용하여 응답자에게 전화를 걸어서 질문을 하고 면접원이 기입하는 방법이며, 면접조사의 한 형태이다. 근래에 와서는 컴퓨터와 CRT를 이용한 전화조사법이 사용되고 있다. 이는 전화를 이용한 질문과 응답의 조사방법으로서 정보자료를 빨리 수집할 수 있으며, 개인면접법보다 비용이 적게 든다.

7) 우편조사법

우편조사법은 조사내용의 질문서를 표본으로 응답자들에게 송부하고 그들이 질문서를 작성하여 회송하는 방법이다. 우편조사는 모집단으로부터 추출된 표본들에게 질문지 회수율이 낮으므로 설문지의 난이도를 특별히 고려하여야 한다.

8) 전자장치조사

조사방법 중에서 비교적 새로운 방법이라고 할 수 있으며, 고객의 질문에 컴퓨터시스템의 전자장치를 이용하여 즉시 기록되고 그 결과를 기록해내는 방법이다. 이러한 전자장치는 호텔 로비나 사람들이 많이 왕래하는 도로상에 설치하여 조사대상에 관한 고객의 응답을 기록하게 할 수 있다. 즉, 이 방법은 기계를 사용하여 질문사항이 기계장치에 의해 조정되고, 그 결과도 자동적으로 처리되어 나오게 하는 고객의 정보수집 방법이다.

2. 관광자원의 조사과정

관광자원조사는 과정단계별로 과학적으로 잘 기록 · 관리하여야 한다. 따라서 관광자원의 조사실시에 앞서 조사과정단계를 설정하고, 설정된 과정에 의하여 체계적인 관광자원조사가 행해져야 한다.

관광자원조사의 첫과정은 문헌조사와 이용가능한 관광대상의 입지 및 유형결정을 위하여 전문가와의 인터뷰과정이 필요하다. 다음 단계는 관광조사의 범위와 조사기준이 정해져야 한다. 그 다음으로 관광자원을 답사하여 조사대상의 이름, 유형, 위치, 접근성, 시장성, 관리 · 보존상태 등에 관한 조사 및 사진을 포함하여 관광자원조사대상에 관한 간략한 설명을 기재하면서 체계적으로 행해져야 한다.

이를 세부적으로 살펴보면 6단계의 과정으로 정리할 수 있다.

1) 문제의 제기

관광자원조사에서 문제의 제기는 관광자원개발 · 보존 · 이용 · 관리 등 우선순위의 선정과 관광정책과 관광계획 수립에 필요한 부분을 고려하여 조사주제를 확정하여야 한다.

2) 조사대상 관광자원의 선정

관광자원의 개발계획을 수립하기 위하여 어떤 지역을 조사할 것인가는 관광자원의 성격을 고려하여 결정하여야 한다. 관광자원의 분포상황 파악이 조사의 목적인가, 자원특성의 관광가치가 목적인가, 아니면 어떤 자원의 개발가능성인가 등 조사를 나서는 목적이 먼저 정립되어야 하고, 대상범위를 결정해야 한다.

3) 가설 및 조사설계

관광자원조사의 목적에 가설을 설정하고, 이것을 검증할 모형에 기초한 조사표를 작성하고 검증하는 단계가 필요하다. 관광자원조사의 설계의 표본추출에서 모집단을 무엇으로 설정할 것인가와 조사에 필요한 조사표의 작성이 이루어져야 한다. 조사표의 작성은 관광자원조사의 유형에 따라 상이하게 구성될 수 있다.

4) 자료수집과정

조사대상에 대하여 관련된 문헌자료가 무엇이 있는가를 조사 · 수집하고 고찰하는 것이 대단히 중요하다. 문헌자료를 연구하여 문제의식을 보다 명확하게 하고 조사대상에 대한 예비지식을 축적하여 실제 조사단계의 효율적 진행을 도모할 수 있다. 이를 기초로 하여 관광자원에 대한 조사를 위하여 조사표를 작성한다. 조사표에는 인구통계학적인 자료와 조사대상지역에 관한 일반적 정보 및 조사대상지역의 관광자원조사 등이 사전자료수집의 범주 속에 포함된다.

5) 조사단계

조사방법의 선택은 주로 획득해야 할 정보의 특성과 자료의 획득가능성에 의해서 좌우되며, 조사자의 조사기술과 경험 및 시간 그리고 사용가능한 예산에 의해서도 영향을 받을 수 있다. 따라서 동일한 조사목적을 위한 조사라도 조사방법과 조사여건에 따라 차이가 있을 수 있다. 관광자원조사는 조사표에 의한 조사 · 면접조사 · 관찰 · 목측법 등에 의한 조사로 구분된다. 조사항목은 조사목적의 문제인식에 의해서 다르며, 각 연구자의 의도가 반영되도록 신중하게 검토해서 조사항목을 설정해야 한다.

또한 그 조사항목을 수집할 수 있는 통계와 자료들을 구하기 위하여 방문기관 스케줄을 짜 두는 것도 필요하지만, 관광에 관한 통계자료가 정비되어 있지 않은 실태를 감안해서 조사목적에 합당한 독자적 자료를 작성하는 일에 유의해야 한다.

6) 자료분석 및 정리단계

관광의사결정에 필요한 정보를 얻기 위해서 조사자가 선택할 수 있는 분석방법은 다양하다. 그러므로 조사자는 분석방법의 선택이 자료의 양과 질에 따라서 달라질 수 있다는 점을 고려하여 조사설계를 하여야 할 것이다. 곧 자료의 양과 질은 그 자료를 수집하는데 소요되는 비용과도 밀접한 관계가 있으므로 조사예산을 고려하여 자료의 양과 질 그리고 분석방법의 결정이 이루어져야 할 것이다.

조사자료를 활용하기 위하여 자료를 분석하는 통계적인 작업이 이루어진다. 이러한 통계처리방법은 ❶ 전산처리로써 SPSS, ❷ 분석방법으로써 단순 빈도 · 리커트(Likert) 5점 척도 · 분산분석(ANOVA) 등의 방법으로 처리할 수 있다.

조사결과에 대한 해석방법으로는 단순 빈도의 경우 백분율에 의거한 분석을 할 수 있으며, 이보다 정교한 통계적 접근법으로 7점 척도평가의 방법을 활용하고 있다.

제3절 자료의 정리

관광자원에 관한 수집된 각종 자료를 정리·분석하는 작업이 자료의 정리작업이다. 자료의 정리작업은 문헌적 자료와 야외관찰과 관측에서 얻은 자료 그리고 설문지 조사자료, 면접자료 등을 조사목적에 따라 집계·분석하는 것이다.

1. 자료의 검토

조사한 자료를 종합하는 과정으로 수집된 자료의 신빙성에 대한 충분한 검토와 잘못 기입된 것이나 누락된 것을 발견·시정하여 정리한다.

2. 자료의 기록화

자료를 컴퓨터로 전산처리하기 위한 조사항목을 기호화(coding)하는 과정으로, 먼저 각 조사항목을 분류하고, 이를 숫자·기호를 부여하여 기호화한다. 이렇게 함으로써 각종 자료를 전산화할 수 있다.

3. 자료의 도표화

이 과정은 기호작업이 끝난 뒤 항목별로 회답에 대한 집계를 도표화(graphing)하는 것으로, 이것은 조사결과를 지도나 도표로서 요령있고 명확하게 표현하여 연구상의 정확한 추론의 기초를 얻는데 도움을 준다. 정확한 도표화는 관광자원의 연구뿐만 아니라 관광의 전반에 걸친 연구의 유력한 수단으로써 이용가치를 갖는다.

4. 자료의 분석

문헌자료, 기존자료, 전문가 의견자료, 설문지조사자료, 면접자료, 기타 수집된 자료 등을 계획목표와 대조하여 자료의 내용, 정밀도에 따라 계획의 기초자료가 될 수 있는가를 검토하고, 각각의 자료를 정리할 때 항상 계획 가운데 어떤 부분을 뒷받침하기에 적절한가를 염두에 두고 계통적으로 파악 · 정리해야 한다.

다음에서는 관광자원 및 시설조건, 시장조건, 관광이용상황 등의 분석방법에 관해 살펴보기로 한다.

1) 관광자원 및 시설조건

관광자원 및 시설조건의 분석은 계획목표, 개발방침, 관광활동의 종류, 관광활동의 적지, 환경보전과 관광이용을 위한 토지이용구분 등에 이용할 수 있도록 관광자원 및 시설의 분포상태를 분석해야 하는데, 이를 위해서는 다음의 방법을 활용할 수 있다.

(1) 망분석법

망분석법(mesh analysis method)은 계획대상지역을 모두 분석하기 위하여 전지역을 균등한 작은 단위로 세분하고 각 단위의 특성을 파악함으로써 대상지역 전체의 특성을 알아내는 방법으로써 컴퓨터 이용이 쉽기 때문에 가장 많이 사용된다. 이 방법은 1929년 핀란드의 지리학자 그라노(J.G. Grano)가 지형분석에 사용한 것이 최초였다. 군 단위 정도의 구상계획에서는 각 단위의 길이는 가로 · 세로가 0.5~1㎞, 시 · 읍 · 면 단위 정도의 기본계획에서는 250~500m 단위가 많이 사용되며, 각 단위의 표고 · 지표대상 · 식생 · 규제상태 · 시설내용 등 정보를 입력시킨 후 이용목적에 따라서 특징의 조건을 설정하고 그 조건에 적합한 단위를 선정함으로써 계획지역 전체를 판단할 수 있게 된다. 예를 들면, 경사도가 15~30도가 되는 지역으로써 초지에 적당한 지역을 알아내기 위해서는 표고를 이용하여 단위마다의 경사도를 산정하고 지표상태를 판단하여 이 두 가지 조건이 충족되는 단위를 추출할 수 있게 된다.

(2) 임의지점법

임의지점법(random point method)은 망분석법 원리와 동일하며, 다만 대상지역이 방대할 경우에 대상지역의 부분을 분석해 보고, 이를 토대로 하여 전체를 추측하는 방법이다.

(3) 직감적 방법

시각적으로 동일지역을 이루는 범위 등을 직감적으로 판단하여 이것을 구획하는 방법으로서 객관성이 결여되나 광범위한 자원분포상태를 개략적으로 파악하는데는 효과적이다.

2) 시장조건

시장조건을 분석하는 목적은 방문가능성을 가진 사람들이 어디에, 얼마나, 어떤 목적을 가지고 존재할 수 있는가를 현재와 미래에 걸쳐 밝힘으로써 계획지역에서 기대되는 관광 · 위락활동형태를 검토하고 개발규모를 설정하여 인접관광지와의 사이에 관광루트 설정, 개발시점의 결정 등을 위한 정보를 작성하는 데 있다.

(1) 분석범위

분석범위는 계획지역을 방문할 가능성을 가진 사람들이 거주하는 넓은 지역으로서 보통 유치권이라고 부른다. 계획지역의 유치권이 설정되면 그것의 약 2배 넓이에 계획지역에 의해 경쟁상대가 되는 관광지가 존재하는가 어떤가를 탐색하는 범위가 된다. 그리고 유치권의 20~30%의 넓이는 방문자들의 회유 및 주유가 일어나기 쉬운 범위로서, 이 가운데서 보완 가능한 관광지가 있는가도 분석해 보아야 한다.

(2) 분석항목

관광활동의 발생조건, 대상지역의 선택조건, 교통조건 등 세 가지 조건이 계획목표년도에 어떠한 동향을 보이게 될 것인가를 평가하고, 이들을 종합하여 예측하는 일을 작업내용으로 하게 된다.

❶ 발생조건

계획지역의 1차시장 가운데 어디에 어떤 형태의 인구가 집적하고 있고, 그들이 어떤 활동을 어느 정도 하려고 하는가 하는 수요의 양과 질에 관한 동향이 분석대상이 된다.

❷ 대상지역 선택조건

경합권과 보완권 가운데서 어떤 형태의 관광지가 분포하고 있는가, 또 이들의 현재의 이용실적과 장래의 동향, 신규개발 움직임 등이 분석대상이 된다.

❸ 교통조건

1차시장, 2차시장과 계획지역과의 사이에 어떤 교통기관을 이용하여 몇 시간 걸려서 얼마의 요금으로 올 수 있는가, 그리고 그 용량 및 서비스 수준은 어떠한가, 특히 고속도로, 페리보트, 공항 등이 신설되거나, 철도의 전철화, 국도 및 지방도의 포장, 교량건설 등에 의해 종래의 시간거리가 비약적으로 개선되는 경우, 이를테면 숙박을 해야 하는 거리에 있던 것(숙박권)이 밤에 귀가가 가능하게 된다든가, 인접관광지까지의 이동이 용이하게 되는 것과 같은 교통조건의 변화가 일어날 것인가를 판단하는 일이 중요하다.

3) 관광이용현황

관광활동의 종류 · 규모 등을 설정하기 위하여 특히 필요한 자료로, 분석대상은 대상지역 내의 관광위락시설(관람시설, 오락 · 유희시설, 전망시설, 운동시설 등)인데, 이들 시설을 둘러싼 관광위락서비스가 전달되는 현상이 어떻게 전개되어 어떤 효과를 발생하게 되는가를 분석한다.

(1) 개발현황(서비스의 공급)

각종 시설의 규모, 수준, 종업원 수, 연간 매상액 등을 분석범위 내외의 관광지와 비교하여 얻게 된다. 또한 개개의 시설 가동률(유효율, 혼잡률), 자원의 개발률(이를테면 온천용출량에 대한 이용량의 비율은 온천숙박의 수용력 규모에서 산출된다), 주유의 연속성(주변관광지와 비교), 시설의 경영효율 등을 분석하여 어디에 개선의 여지가 있는가를 분석한다.

(2) 이용현황(서비스의 향유)

연간 방문자 수, 연도별 증가율, 월별 변동 및 계절변동, 발생지역범위, 유동구조, 이용자층의 구성을 타지역과 비교하여 파악한다. 이 항목을 모두 파악한다는 것이 어려울 경우 최소한 처음 4항목은 관광지 이용성격 파악을 위해서는 중요하므로 가능한 한 자료를 갖추어야 한다.

5. 보고서 및 논문작성

관광조사는 관광연구의 이론정립을 위한 자료수집으로서, 그리고 정보체계 수립의 한 방법으로서 관광의사결정자에게 필요한 정보를 제공하기 위한 것이다. 따라서 관광조사도 관광정보를 필요로 하는 관광연구자의 목적에 맞게 수행되어야 한다. 다시 말해 조사의 착수단계에서 작성한 조사계획서를 포함한 모든 보고서 및 논문은 연구조사자의 연구목적을 달성하는 의사결정의 수단이 된다.

1) 연구보고사항의 결정

연구보고사항을 결정하는 데 공통적으로 포함하여야 하는 사항은 다음과 같다.

❶ 연구목적

❷ 연구범위와 방법

❸ 연구한계

❹ 연구이론과 가설

❺ 연구조사설계

- 조사대상 모집단
- 조사방법 : 표본수, 표본추출방법, 표본의 적정성과 대표성, 유효표본비율, 표본검증과정, 모수추정방법, 통계의 유의성

❻ 자료분석 실시

❼ 분석결과 해석

2) 보고서 및 논문 작성기준

보고서 및 논문을 작성할 때는 연구결과의 효과성을 높이기 위한 작성기준은 다음과 같이 전제되어야 한다.

첫째, 이해전달 시 용이성과 완벽성을 기해야 한다. 연구목적에서 제기되었던 여러 해결대안, 그리고 기타 결과분석에 대한 내용을 이해할 수 있도록 되도록 쉽고 자세하며 구체적으로 작성하여야 한다.

둘째, 정확하고 명백해야 한다. 정확성은 연구결과의 해석에 중요한 영향을 미치는 기준이 된다. 정확성을 결정하는 요소는 수집된 자료나 자료처리과정 그리고 자료분석과정의 정확성이나 적정성이다. 되도록 정확성에 기준한 자료분석결과에 대하여 보다 이해를 돕는 차원에서 쉽게 또는 명백한 문장으로 표현하도록 한다.

셋째, 간결해야 한다. 보고서 및 논문 작성 시에는 반드시 필요한 연구결과만 요약 · 정리되어 있어야 한다.

제10장 관광자원계획 · 개발

제1절 관광자원계획

1. 관광자원계획의 개념

계획은 일반적으로 현재상태로부터 미래를 위하여 설정된 목표위치로 계획관련함수를 구성하고 있는 제반요소를 끌어올리기 위한 방법과 수단을 마련하는 일체의 행위이다. 따라서 모든 계획은 계획여건에 따른 시간과 공간의 제약을 받으며, 객관적이고 정확한 정보와 계획개발가의 가치의식 그리고 다양한 과학적 기법을 활용하여 이루어지게 된다.

계획은 계획내용의 정도에 따라 구분되는데, 광의의 계획은 정책사항까지도 포함한 의사결정과정이라고 볼 수 있고, 반면 협의의 계획은 정책범주를 제외한 단순한 목적달성을 위한 수단강구의 한 과정이라 할 수 있다.

계획의 일반적 개념을 관광자원과 관련시켜보면 계획구성요소는 관광이라는 욕구(needs)를 요인으로 한 추상적 요소와 관광자원이라는 구체적 형태를 갖는 자연과 물리적 실체와 공간으로 구성되어 있다. 따라서 관광자원 계획 · 개발은 사회적 · 경제적 · 자연적 · 물리적 계획의 복합적 성격을 지니고 있다. 학자들의 정의를 살펴보면 다음과 같다.

❶ Mydal 계획이란 정책적인 전개과정에서 미래에 일어날 사태에 대해 보다 완전하고 신속하게 바람직한 목적을 달성하기 위해서 정부의 공공정책을 보다 합리적으로 조종하기 위한 의식적인 시도이다.

❷ Dor 계획이란 적절한 수단을 통해 목표를 달성하기 위한 미래의 조치에 대 한 일단의 결정을 준비하는 과정이다.

❸ Webber 계획이란 미래의 목표와 미래의 행동노선에 관한 합리적인 과정이다. 이 과정은 여러 행동대안과 관련이 있는 반응과 가치에 대한 분명한 추적에 근거해서 이룩되며, 또한 여러 가지 목표와 행위 대안들에 대한 분명한 평가와 선택을 요구한다.

❹ Simon 계획이란 성취하고자 하는 목표와 과정 속에서 발생하는 변화 사이의 관념적 연쇄과정이다.

이처럼 계획의 개념규정은 다양하다. 그 이유는 계획이라는 용어가 불분명하고 계획대상 및 계획을 다루는 내용이 계속적으로 변화하고 있기 때문이다. 여러 학자들의 견해를 종합해 보면 다음과 같이 요약될 수 있다.

첫째, 계획은 미래지향적인 활동이다. 인간이 지닌 한계, 즉 미래예측의 능력은 극히 제한되어 있다. 그러나 인간은 자신의 요구사항과 목적하는 바를 성취하기 위하여 부단히 노력하게 된다. 이러한 미래의 불확실성 속에서 목적하는 바를 성취하려는 일련의 노력이 바로 계획활동으로 나타나게 된다. 물론 미래에 대한 계획은 미래 그 자체가 불확실하고 미래예측 방법이 한계성이 있으므로 위험부담을 수반하게 된다. 이처럼 정확한 예측은 할 수 없다고 하더라도 계획을 통하여 미래사회의 현상을 파악하고 미래에 대한 준비를 하여야 한다.

둘째, 계획은 과정지향적이다. 계획은 소위 청사진적 계획개념에 국한되기보다는 계속적으로 변화하는 상황에 의해 수정 · 보완되는 반복되는 과정이다. 이는 계획이라는 용어가 plan이라는 용어보다는 planning을 쓰는 데에서도 알 수 있는데, 여기서 plan은 계획과정을 거쳐 나온 결과적인 것을 가리키고, planning은 계획이 과정적인 것이며 연속성을 띠고 있음을 알 수 있다. 따라서 계획은 인간환경의 변화에 따라 시행하는 과정에서 사정(monitoring)을 통하여 수정이 가능하며, 시행이 종료된 후에도 그 결과를 평가하여 다시 수립하는 과정이 계속된다.

셋째, 계획은 목표지향적인 활동이다. 계획은 우리가 기대하는 바가 이루어지고,

일어나지 않기를 바라는 것은 미리 방지하고자 하는 것이다. 따라서 계획은 적절한 수단을 통해 목표를 달성하려는 과정이라고 볼 수 있다.

따라서 관광자원계획이란 미래의 발생될 관광자원현상에 대하여 합리적이고 과학적인 수단을 통해 관광자원개발의 목표를 달성하기 위한 과정이라고 볼 수 있다.

2. 관광자원계획의 목표

관광자원계획 목표는 관광자원개발계획이 미래에 개발수립 및 집행과정을 통하여 달성하고자 하는 바람직한 상태를 의미하는 것으로서, 개발계획이 다루어야 할 범위 · 추진방향 및 진행과정의 지침이 되며, 개발평가의 기준이 된다. 따라서 관광자원개발의 목표를 설정할 때는 합리성, 일관성, 포괄성, 실현가능성 등의 원칙에 준거하여 설정되어야 한다.

관광자원계획의 일반적인 목표는 관광현상의 제 환경에 따라 다양하게 접근될 수 있다. McIntosh & Goeldner는 관광의 편익을 통해 지역주민의 생활수준 향상을 위한 구조제공, 관광객과 지역주민을 위한 위락시설 제공 및 기반시설 새건, 관광지역의 목적에 부합되는 방문자 센터의 개발유형 확립, 지역주민과 지방정부의 사회문화적 · 경제적 환경과 일치하는 개발 프로그램의 확립, 관광객 만족의 최적화를 관광자원개발계획의 목적으로 제시하고 있으며, Gets는 지역사회개발, 유적 및 환경보전, 문화정체성 향상, 인구구조 변화, 사회복지, 그리고 생활의 쾌적성 유지 및 제공 등으로 설명하고 있다. 또한 Murphy는 지역관광객의 관광욕구 충족, 지역주민의 생활권 보장, 효율적인 관광자원개발 수행, 지역발전 등으로 설정하면서 지역관광정책의 목표달성을 위해서는 관광지역의 환대성(hospitality)에 의존해야 하고 관광상품의 개발도 특화된 지역의 고유성(authenticity)을 바탕으로 이루어져야 한다고 주장하고 있다.

이상에서 제기된 목표설정의 기준과 학자들의 견해를 종합하여 관광자원계획의 목표를 설정하고자 한다.

첫째, 생활의 질 향상 : 생활의 질(quality of life)이란 지역사회의 수요와 욕구의 실질적인 만족 정도를 의미하는 생활수준으로서 복지에 대한 포괄적인 표현으로 보기도 한다. 그러나 대부분 선진 국가정책목표의 실천적인 의미에서는 양적인 혜택보다는 질적인 여건조성에 역점을 두어 기회균등을 통하나 인간다운 삶의 보장+질+가치=복지로 시행되고 있다. 이러한 생활의 질 문제는 선진국에 있어서 당면한 과제로 경제적 성장문제가 아니라 인간의 삶에 있어서 질적 가치를 증진시키기 위한 이른바 사회개발의 관심이 확대됨으로써 사회문제화되었다.

생활의 질 향상을 위한 수단으로 이용되는 여가생활의 한 부분인 관광은 레크리에이션의 사회적 기회를 제공하고 정신적 건강에 기여하며, 서로 다른 사회 계층 간의 관계 개선을 촉진시켜 지역사회의 생활의 질 향상에 크게 기여하고 있다.

따라서 지역주민의 욕구가 경제적, 물질적, 풍요함에서 건강, 정신적 안정이나 인간다운 문화적 가치의 추구 등 경제외적 내지 내면적인 것의 충실로 옮아가고 있음을 감안할 때, 인간개발의 중요성을 강조한 관광자원개발계획이 하나의 목표로서 생활의 질을 새롭게 인식할 필요성이 있다.

둘째, 관광객의 욕구충족과 체험의 질을 창조 : 인간은 기본적 욕구충족과 의식주가 해결되면 그 다음 단계는 고차원의 욕구와 기대를 가지게 되는 속성을 지니고 있다. 그 추구방식은 시대, 민족, 사회에 따라 약간의 차이를 보일 수 있으나 일반적으로 공통된 것은 Maslow가 주장한 인간욕구 5단계설에 대체로 접근하고 있다.

인간욕구 5단계에 의하면 인간의 욕구는 하나의 서열을 이루고 있으며, 하위욕구는 생리적 욕구에서 사회적 욕구를 거쳐 상위욕구인 자아실현의 욕구로 단계적인 성장을 거치게 된다는 이론이다. 인간의 관광활동차원에서 보면 개인의 잠재능력을 발견하고 실현하고자 하는 자아실현의 욕구와 관련시킬 수 있다. Mayo & Jarvis는 관광과 관련된 욕구를 인간의 지적추구라고 보면서 알고자 하는 욕구(need to know)와 이해하고자 하는 욕구(need to understanding)로 구성된다고 설명하고 있다.

이러한 관광욕구는 어떤 동기가 부여되지 못하면 구체적인 관광행동으로 발전하지 못한다. 관광동기는 관광행동을 일으키게 하는 중요한 요인으로서 인간이 관광을 통하여 만족을 얻으려 할 때 일어난다. 따라서 관광자원개발계획은 사회구성원 각자의 관광욕구에 각종 자극을 가하여 관광동기를 부여하기 위해서 관광객 지향의 개발목표를 설정하여 관광욕구가 충족될 수 있도록 관광환경을 조성해야 한다.

셋째, 관광환경의 질 창출 : 관광의 성장은 불가피하게 환경변화를 가져오고 환경의 질이 나쁘면 관광체험의 질이 떨어지므로, 관광자원개발은 관광과 상호의존적이며 공생적인 관계를 유지하면서 환경의 질을 창출해야 한다. 물론 관광은 환경을 개선한다는 주장에서와 같이 다른 산업과 달리 공해를 유발하지 않는다는 무공해 산업이라는 견해도 있지만, 물리적 · 양적 환경 파괴적인 경성관광(hard tourism)을 삼가고 환경의 질을 보존하는 연성관광(soft tourism)을 강조하기도 한다.

그러므로 관광자원개발계획은 관광환경의 질을 극대화하기 위해서는 관광의 경제적 편익만을 강조한 개발이 아니라 자연적 · 문화적 가치를 충분히 반영한 연성관광개발을 고려해야 한다. 또한 원상 회복할 수 없는 모든 활동은 피하고 적정한 이용을 전제로 한 촉진을 강조하여 환경의 질을 고무시키는 동시에 환경적, 경제적 측면에 초점을 둔 상호의존성을 인식해야 한다. 따라서 관광자원개발계획이 미래세대의 기회를 보호 · 증진해 주면서 현재의 관광객과 지역의 욕구를 충족시키는 과정이라고 본다면 환경은 관광의 최대 자본임으로 관광자원개발은 양질의 관광환경 창조를 유지하는데 최선을 다해야 하며 동시에 환경보전을 통한 관광발전을 관광자원개발계획의 목표로 설정해야 한다.

넷째, 지역 간의 균형적인 발전 : 지역 간 균형발전은 경제적 측면과 사회적 측면의 불균형요소를 해결하고 지역의 모든 주민들이 그들의 삶의 터전에서 기초적인 평등을 향유하고 인간다운 삶의 조건과 동일한 기회를 보장받을 수 있는 권리를 의미한다고 볼 수 있다.

지역균형개발이 지역 간의 경제적 · 사회적 요소의 격차를 해소하고 안정적인 지역발전을 추구하는 것이라고 본다면 관광자원개발계획은 지역주민의 소득증대, 고용기회 확대, 재정수입증가 등의 경제적 편익과 문화유산과 보전관리, 지역 여가공간 확충, 지역 이미지 향상, 지역주민의 자부심 고취 등 사회문화적 편익을 줄 수 있으므로 지역 간의 균형개발을 달성할 수 있는 수단이 될 수 있다.

따라서 관광자원개발계획은 지역 간의 불균등적 요소를 해결하고 지역발전을 도모할 수 있는 유일한 수단 카드로 제시되고 있기 때문에 그 목표로서 지역간 균형발전을 설정할 수 있다.

3. 관광자원계획의 유형

관광자원계획의 유형에 대한 이론적 접근을 위해서 먼저 일반계획이론을 살펴보면, 대부분 팔루디(A. Faludi)의 계획이론이 자주 언급된다. 간단하면서도 계획의 다양성을 포함하고 있기 때문이다. 팔루디의 계획이론은 크게 청사진 계획 대 과정적 계획, 합리적 종합적 계획 대 단편적 점진적 계획, 규범적 계획 대 기능적 계획으로 구분하고 있다. 구체적으로 살펴보면 다음과 같다.

❶ 청사진 계획 대 과정적 계획　청사진 계획은 처음부터 완벽한 계획을 세우는 것을 말하고, 과정적 계획은 계획을 하나의 과정으로 보고 수정 · 보완하는 과정을 당연시 여기는 계획을 말한다. 따라서 청사진 계획은 융통성이 적고 계획대상과 관련된 변화와 불확실성이 적은 경우에 적합한 계획으로써, 대부분 소규모 물리적 계획에 적합하다. 그러나 과정적 계획은 계획관련 이익집단의 의사반영 및 계획대상의 변화와 변동으로 인한 계획의 수정이 불가피한 경우에 주로 적용되는 것으로써 목표와 대안의 수정이 불가피한 경우에 적절한 계획이다.

❷ 합리적 종합적 계획 대 단편적 점진적 계획　합리적 종합적 계획은 가능한 한 모든 정보를 수집하고 취합하여 가장 합리적이고 종합적인 계획을 입안할 수 있다는 전제하에 주로 사용되는 계획으로 시장조사, 수요예측, 입지조사 등을 통하여 수집된 자료를 분석 · 종합하여 최적 대안을 작성하는 계획방법이다. 그러나 아무리 많은 정보를 활용하여 좋은 대안을 낸다고 하더라도 예측하지 못한 사건이 발생할 수도 있다. 따라서 추후에 수정 · 보완이 불가피하게 되므로 조금씩 계획을 입안하여 수행해 나가야 한다는 것이 단편적 점진적 계획이다.

❸ 규범적 계획 대 기능적 계획　규범적 계획은 계획방향 및 목표설정에 적합하다. 기능적 계획은 목표를 달성하기 위해서 필요한 수단이 기능성을 발휘할 수 있도록 조달 · 배치 그리고 합리화하는데 중점을 준다.

위에서 언급된 계획방법들은 상호 배타적이기보다는 한 계획에 효율적으로 접근하기 위해서 필요한 접근방법의 면을 보여준다고 하겠다. 따라서 상황에 적절한 계획방법을 조합하여 활용함으로써 계획의 효용성과 경제성을 극대화할 수 있을 것이다. 이상에서 고찰한 계획의 유형은 관광자원개발계획의 성격과도 유관하며, 어떠한 형태의 관광자원개발계획이든 위의 분류와 상관성을 가지고 있기 때문에 관광자원계획의 유형 설정에도 많은 도움을 준다.

관광자원계획의 유형은 계획단계, 지역과 공간규모, 시간 등에 따라서 여러 가지로 구분될 수 있다. 이 각각에 따른 관광자원계획의 유형을 고찰하기로 한다.

1) 계획단계에 의한 분류

계획단계에 의한 관광자원계획의 분류는 계획의 정밀도와 성격에 의한 분류이다. 따라서 관광자원계획 수립 시에서부터 시작하여 관광자원개발계획이 완성되어 실시되고 난 이후의 관리계획과정까지를 포함하는 계획으로서 일종의 계획시작에서부터 이어지는 시간흐름의 종적 흐름과 관광자원계획의 구체적 과정을 정밀도의 순서로 나타낸 관광계획의 분류이다. 이에 의한 분류는 네 가지로 구분한다.

❶ 구상계획 계획의 초기에는 세부사항보다도 계획의 방향, 지역설정, 계획안 의 성격결정 등에 치중하는 것이 보통인데, 이러한 것을 개념계획 또는 구상 계획이라고 한다.

❷ 기본계획 계획을 구체화하는데 고려해야 할 여러 가지 중요 항목을 명시하고, 이들의 시행이 가능하게끔 구체적인 내용의 기본방향이 제시되는 계획을 말한다.

❸ 실시계획 이는 집행계획이라고도 하며, 기본계획을 현지조건에 맞게 구체화 · 현실화하기 위한 계획인데, 여기에는 세부계획과 설계가 포함된다.

❹ 관리계획 계획안이 현실화된 다음 시설 · 인원 · 자금 · 기타 모든 재산관리를 대상으로 하는 계획으로서 종합위락단지의 경우 이 부분의 계획이 매우 중요하다.

2) 지역 · 공간규모에 의한 분류

계획은 지역과 공간규모와 연관시켜 논할 때 가장 일반적인 분류는 전국규모(national), 지역규모(regional), 지방규모(local), 지구규모(area) 등으로 구분하게 된다. 마찬가지로 지역과 공간에 따른 관광자원개발계획도 다음과 같이 분류된다.

❶ 전국단위의 관광자원계획(national tourism planning)

❷ 광역관광자원계획(metropolitan tourism planning)

❸ 지역관광자원계획(regional tourism planning)

❹ 지방관광자원계획(local tourism planning)

❺ 지구관광자원계획(area tourism planning)

3) 시간규모에 의한 분류

시간분류에 의한 관광자원개발계획의 분류는 시간의 분화를 어떻게 하느냐에 따라서 달라진다. 일반적으로 20년, 10년, 5년이라는 시간분화를 가지고 관광자원개발계획을 분류하게 된다.

❶ 초장기 관광자원계획(super-long-range tourism planning)
20년 이상의 계획

❷ 장기 관광자원계획(long-range tourism planning)
10년에서 20년 사이의 계획

❸ 중기 관광자원계획(middle-range tourism planning)
5년에서 10년 사이의 계획

❹ 단기 관광자원계획(short-term tourism planning)
5년 이하의 계획

4. 관광자원계획의 접근방법

관광자원은 자연관광자원, 문화관광자원, 사회관광자원, 산업관광자원으로 분류된다. 국가나 지역의 계획수준에서 현재의 매력물과 잠재매력물이 관광시장과 관련하여 중요한 매력성을 갖고 있는 자원과 그 다음으로 보완적인 것들을 갖고 있는 것을 관광대상으로 결정한다. 그러한 점에서 관광계획의 기본적인 원칙은 관광객이 방문하는 관광지의 관광기반시설과 접근수단을 준비하고, 효율적으로 매력물을 구성하는 것이다.

관광자원개발은 관광편의시설과 병행하여 관광매력물계획을 국가적 · 지역적 수준에서 계획한다. 관광계획에서 다양화한 매력물을 적절히 계획하고 개발하는 것은 관광산업의 발전을 위해 필수적이다. 한편 관광자원계획은 관광편의시설과 관광매력물 그리고 그 보존을 포함한다. 이러한 계획의 접근방법은 관광시설의 물질적인 개발계획뿐만 아니라 환경의 보존과 관련하여 매력물의 특징과 관광지를 이용하는 관광객의 관리를 결합시켜야 한다.

관광자원의 관리는 자연관광자원, 문화관광자원, 그리고 인공적인 매력물도 포함된다. 즉, 주제공원(theme park)과 같은 특별한 형태의 매력물, 컨벤션 시설(convention facilities), 그리고 특별행사(special event)도 관리 · 운영이 요구된다. 일부 관광지에서 당면한 문제는 관광객의 과대한 집중현상과 과도한 이용으로 인한 혼잡성 및 관광지의 훼손이다. 미국 캘리포니아주의 요세미티국립공원(Yosemite National Park), 이탈리아 베네치아, 영국의 런던탑(Tower of London), 중국 북경 근처의 만리장성 같은 곳은 지난 몇 년 동안에 관광객의 과잉혼잡을 경험하고 있다. 이 문제는 전 세계를 통하여 국내 · 국제관광사업이 성장함에 따라 더욱 심각해질 것이다. 그러므로 관광지의 관광객을 적정수준으로 유지하고, 매력물의 유지 · 관리와 보호는 관광계획에서 선행할 최우선과제라고 할 수 있다. 이러한 혼잡성 문제들을 완화하기 위한 접근방법은 관광지의 수용능력수준으로 관광객의 유입을 통제하는 방법과 관광객의 분산을 위한 지역정책 및 관광의 계절성, 혹은 시기적 요인을 감소시키는 방법이다.

매력물 계획과정 전반에 있어서 반드시 고려해야 할 중요한 사항은 관광객의 이용측면과 관광산업의 경제 · 사회 · 문화적 목적과 자원보호를 적절히 유지하고 관리하는 것이다. 자연적 매력물의 계획과정은 일반적으로 다음과 같다.

❶ 공원과 보호정책의 기본구조 내에서 개발과 보호의 목표설정

❷ 야생생물의 서식지와 같이 보호해야 할 특별한 환경적 지역을 확인함과 동시 에 야생동물, 식물군, 생태적 체계와 같이 특별히 조사가 요구되는 것을 포함 한 환경적 · 생태학적 분석

❸ 방문객 이용형태의 다양한 추정에 근거한 관광객 수용력의 확립

❹ 1일관광, 등산, 야영장과 같은 이용형태에 의한 관광객 수요의 계획. 만일 필수적이라면 최적의 관광객 이용 수준에 부합하기 위한 수용능력의 분석을 위한 조정

⑤ 요구되는 방문객 시설의 형태와 시설공간의 결정

⑥ 계획의 목적과 환경적 영향 등 구상계획의 준비와 평가를 포함한 계획의 공 식화

⑦ 관광객이용에 관한 조직과 적합한 동선계획의 준비

⑧ 최종적으로 환경적 영향분석

⑨ 자원과 관광객 이용계획 및 지속적인 관리의 실행

정상적으로 응용되는 계획기법은 다양하고 다른 이용과 보호지역을 위한 구역(zone)을 지정하는 것이다. 특수한 보호구역은 동물 · 식물 그리고 생태적 체계의 보호를 위한 엄격한 보호구역으로 과학자와 생태계 연구자, 그리고 공원직원만이 출입이 허용된다. 그러나 관광객이 자연생태계의 동물 · 식물을 관찰하고 자연경관을 보고 즐기기 위한 자연구역도 있는 것이다. 공원 내의 시설구역은 관광센터, 편의시설, 숙박시설, 레크리에이션 시설, 야영장으로 구분된다. 이러한 구역들은 관광객이용의 집중도에 기초를 두고 있는데, 이는 자연환경과 생태학적 분석을 통하여 시설구역의 위치를 선정하고, 그 다음에 각 이용지역들 사이에 접근성이 용이하도록 도로계획을 수립한다.

5. 관광자원계획의 과정

계획이란 보다 나은 수단으로 목표를 달성하기 위해서 장래의 행동에 관한 일련의 의사결정을 준비하는 과정이다. 이러한 계획의 과정은 일반적으로 수립, 집행, 평가의 세 단계를 거치면서 일련의 순환과정을 거친다. 그러나 이 계획과정을 몇 단계로 구분하는가는 학자들의 견해에 따라서 약간의 차이를 발견할 수 있다. 관광자원개발계획의 과정은 어떤 시스템 내에서의 변화를 예견하고 통제하는데 관심을 갖고 관광개발과정의 사회적 · 경제적 · 환경적 편익을 증대시키기 위해 질서정연한 개발을 촉진하고자 하는 것이다.

1) 문제인식

문제인식 단계는 우선 필요한 자료를 수집하는 준비과정을 통하여 거시적 환경을 분석하고, 또한 기존의 관광자원개발계획의 목적 · 목표들을 분석하여 집행에 따른 문

제점을 파악하여 문제를 인식한다. 이러한 인식과정을 거침으로서 현재의 위치가 파악되고 미래에 대한 방향설정이 보다 합리적일 수 있다.

2) 목표설정

계획의 목표란 계획의 수립, 집행을 통하여 달성하려는 미래의 바람직한 상태를 의미하는 것으로, 이것은 계획이 추구하는 미래상이며 희망하는 성과이다. 이러한 목표는 일반적으로 궁극적 목표(ultimate goal), 일반목표(general goal), 부분목표(subgoal), 세부목표(target)로 설정하여야 하며, 상위목표와 하위목표 간에는 위계가 존재하는 동시에 서로 연계성이 필수적으로 수반되어야 한다.

3) 자료의 모집과 분석

자료의 모집과 분석은 계획수립에 필요한 방향을 설정하며, 계획에 대한 보다 더 깊이 있는 이해를 하여 미래계획을 위한 준비를 철저히 하고자 하는 것이다. 자료는 과거와 현재의 것이며, 시계열상으로는 장기적인 것이 바람직하다. 자료의 모집과 분석단계에서 관광자원개발계획의 과학성을 확보하기 위하여 객관적 자료를 확보하는 것은 필수적인 요소이다.

4) 미래예측

계획은 미래의 상태를 설정하는 과정이므로 관광자원개발계획의 수립과정은 미래지향적 성격을 지니고, 이는 미래예측 분석을 통하여 가능하게 된다. 예측분석에는 사용가능한 자료의 성격에 따라 적용하는 기법도 달라지게 되는데, 일반적으로 질적분석 방법과 양적분석 방법을 각각 사용할 수도 있고 병행하여 합리적인 방법으로 적용할 수도 있다.

5) 대안작성

계획의 목표가 설정되고 미래에 대한 예측분석이 진행되면 계획의 목표달성을 위한 대안작성과정에 임하게 된다. 대안작성을 대안탐색으로 표현하기도 하며, 이는 대안을 상호 비교 · 평가하는 과정이라고 볼 수 있다. 이러한 과정에서 과거의 비슷한 문제에 대한 대안작성을 참조하게 되며, 이 경우에 유사한 상황에서 발견된 대안들은 자신의 경험이나 관광개발사례를 참조하는 선택적 모방(selective imitation) 방법이 널리 이용되고 있다. 그러나 이것은 타당성에 한계가 있을 수 있어 보다 창의적이고 개척적인 탐색을 통하여 독창성있는 대안을 작성할 필요가 있다.

6) 타당성 분석

계획의 대안이 탐색되면 탐색되어진 제 대안에 대한 현실성 · 실현가능성 · 합리성 등에 대한 의문을 풀어 나가는 과정이 타당성 분석이다. 타당성 분석과정은 예측되는 발생문제와 제약조건, 재원조달 능력, 필요인력과 전문성, 기술수준, 대아실시에 필요한 시간이 주요한 고려요인이 된다. 이러한 타당성 분석에는 주로 편익 · 비용분석(benefit-cost analysis)이 활용되고 있으며, 필요에 따라서는 전문가 집단의 패널이나 과거에 활용했던 사례 등도 준거가 될 수 있다.

7) 최종대안의 선택

계획의 마지막 단계는 비교 · 분석된 결과에 비추어 최종대안을 선택하는 것이다. 이를 위하여 선택된 제 결과에 대한 가치판단, 일어날 수 있는 불확실성에 대한 조정, 선택의 검증을 통하여 최종대안을 결정할 수 있다.

도표 3-1 **관광개발계획수립의 과정**

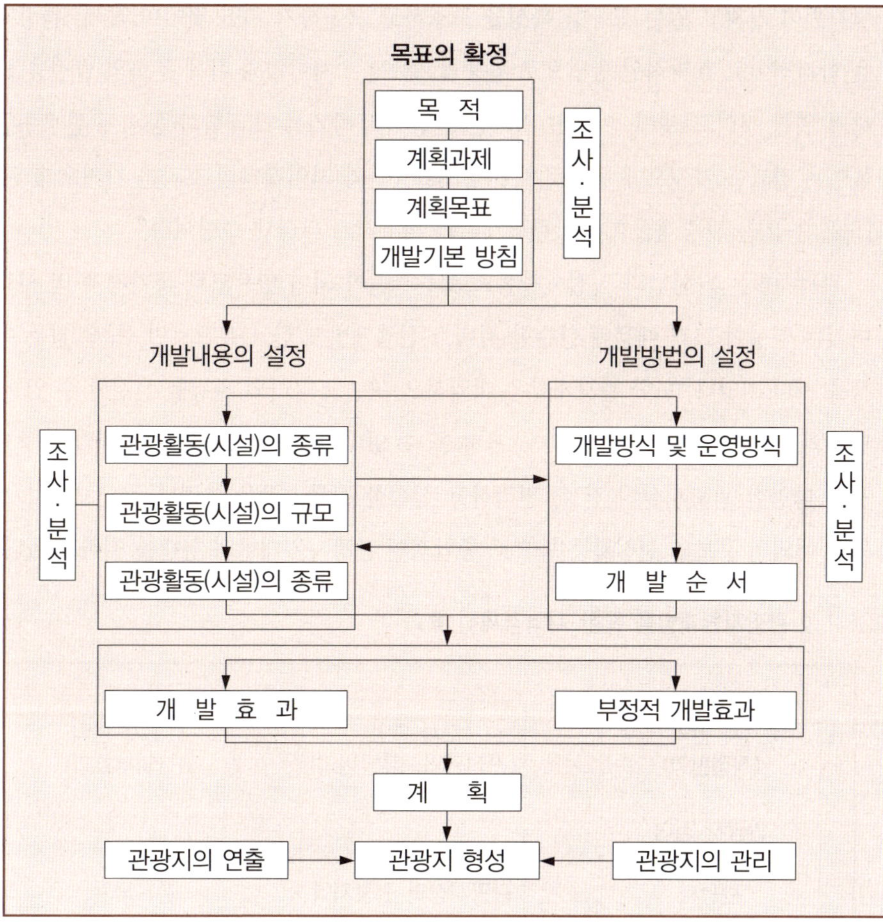

제2절 관광자원개발

1. 관광자원개발의 개념

관광자원개발이란 일반적으로 관광자원의 특성을 살려 관광상의 편의를 증진시키고, 관광객의 유치와 관광소비의 증대를 목적으로 하는 개발사업을 가리킨다.

관광개발사업을 시행하는 목적은 첫째, 관광자원의 가치상실을 최대한 줄이고 관광자원이 가지고 있는 고유한 특성을 보호하고 보전하기 위한 것이며 둘째, 관광자원을 합리적이고 효과적인 방법으로 활용함으로써 정서함양과 함께 문화의 발전을 도모하기 위한 것이고 셋째, 이러한 결과는 관광객의 증가를 초래함과 동시에 관광수입을 높이는 결과를 가져오게 됨으로써 관광개발효과와 지역개발의 효과를 가져오게 된다. [도표 3-2]는 관광개발효과를 관광개발과 결부시켜 나타낸 그림이다.

관광개발은 타산업과 직접 · 간접으로도 관련이 되어 있으므로 국가경제 및 사회에 미치는 영향이 크기 때문에 단순한 서비스 산업개발의 한 부분으로만 볼 수 없는 복합성을 지니고 있다. 또한 관광개발은 대외적으로는 그 나라의 관광을 선전할 수 있으며, 민간외교증진 등의 다양한 효과도 가져 올 수 있다. 따라서 오늘날 관광개발의 주요내용은 다양한 관광시설의 건설, 편리하고 신속한 교통수단을 고려한 접근체계의 개선 및 국내외의 홍보와 선전활동 등으로 종합적인 관광자원개발의 형태를 취하고 있다.

도표 3-2 관광자원개발을 통한 지역경제적 효과

1차 편익 (직접편익)	2차 편익 (간접편익 · 유발편익)	3차 편익 (외부효과)
관광자 잉여		
관광자	관광시장과 관광지역	국가

자료 : 김은헌, 「관광경제학」, 1998

2. 관광자원개발의 효과

관광자원개발의 효과는 크게 경제적 효과, 사회문화적 효과, 환경적 효과 등으로 구분된다. 그러나 관광자원개발의 파급효과는 관광기업, 지역주민, 지방정부, 관광객 등에 따라 직접적인 효과일 수도 있고, 간접적인 효과로 나타날 수도 있다. 구체적으로 긍정적인 영향과 부정적인 영향으로 구분하여 설명하면 〈표 3-1〉과 같다.

표 3-1 관광자원개발의 효과

구분	항 목		지역주민	관광기업	지방정부	관광객
긍정적 영향	경제 효과	소득증대	●	●	◎	
		고용증대	●	●	◎	
		세수증가	◎		●	◎
		관광산업진흥	●	●	●	●
		지역산업진흥	●	●	●	◎
		자산가치상승	●	●	●	
		관련산업도입	●	●	●	◎
		지역상점활성화	●		◎	●
		인구증가	●	◎	●	
	사회문화 효과	생활환경개선	●	◎	●	◎
		여가공간확보	●	●	●	●
		건강증진	●			●
		교양의 향상	●			●
		문화교류	●	◎	●	●
		지역교류증진	●	◎	●	●
		기반시설확충	●	●	●	●
		자원가치상승	●	◎	◎	●
		지역지명도제고	●	◎	●	◎
부정적 영향	자연 영향	자연환경파괴	●	◎	◎	●
		수질오염	●	◎	◎	●
		생태계파괴	●	◎	◎	●
		경관파괴	●	◎	◎	●
		토양오염	●	◎	◎	◎
	경제 사회 문화 영향	지가앙등	●	●	●	◎
		지역경제균형붕괴	●	◎	●	◎
		생활환경변화	●	◎	●	◎
		지역의식붕괴	●	◎	●	◎
		지역문화붕괴	●	◎	●	●
		교통혼잡	●	●	●	●
		윤리 및 풍기문란	●	◎	●	●
		고용문제	●	●	◎	◎

자료 : 관광자원론, 이광원

●직접적 효과, ◎ 간접적 효과

1) 관광자원개발의 경제적 효과

관광자원개발의 효과는 관광개발의 양 · 질(the quantity and quality of tourism development), 대상지역의 규모, 그리고 관광자의 유형 또는 수와 밀접한 관계를 가지고 있는데, 특히 이들 요소의 특성에 따라 관광자원개발의 경제적 효과는 결정적인 영향을 받게 된다.

관광자원개발의 경제적 효과는 관광지역의 인플레이션과 지가상승, 그리고 기회비용(opportunity cost) 발생 등과 같은 부정적인 측면도 있다. 그러나 긍정적 효과는 지역주민의 소득증대, 지역경제구조의 개선, 고용창출, 지역 간 균형발전효과 등을 들 수 있으며, 관광자원개발을 통한 지역경제적 효과는 [도표 3-3]과 같다.

즉, 관광대상(자원 및 시설)에 대한 관광자원개발과 관광소비가 증대됨으로써 관광지역 내에는 여러 가지 경제적 관광효과가 발생할 수 있는데, 그것은 긍정적 편익일 수도 있고 부정적 비용일 수도 있는 것이다.

도표 3-3 관광자원개발의 경제적 효과

관광자원개발 　 관광소비

↓

관광매력물 　 교통시설 　 숙박시설 　 위락시설 　 기반시설

↓

효 과 발 생

↓

편 익 측 면	비 용 측 면
• 고용효과 • 지역개발 촉진효과 • 타산업에의 관광승수효과 • 조세수입	• 투자비용 • 수출효과 – 재화, 용역수입 – 급료, 수익송금 • 인플레이션 지가 상승

자료 : D.G Pearce, Tourist Development(New York : Longman. Inc., 1981).

2) 관광자원개발의 사회 · 문화적 효과

관광자원개발은 국토개발 · 지역개발 · 지역사회개발의 일환으로 점차 그 중요성이 증대하고 있으나, 지금까지 관광자원개발은 관광지역주민의 욕구충족보다도 관광개발주체의 편리성과 관광자의 욕구충족에 초점을 두었기 때문에 다소의 부정적 효과도 제기되고 있는데, 지역발전면에서 관광자원개발의 효과는 [도표 3-4]와 같은 개념적 틀을 갖는다.

도표 3-4 **관광자원개발의 효과에 대한 개념적 틀**

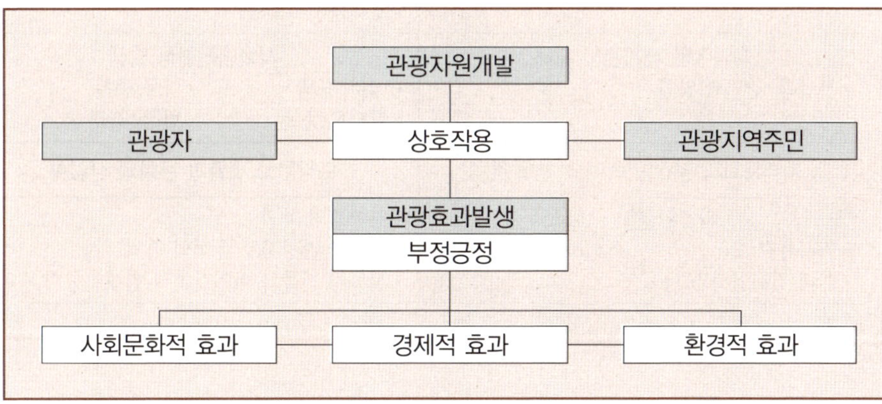

자료 : A. Mathineson & G. Wall, Tourism : Economic Physical and Social Inpacts(New York : Longman, 1984)에 의해 재작성

관광자원개발의 사회문화적 효과는 주로 전시효과, 문화의 상업화, 사회적 병리현상 등의 부정적 면이 강하다. 특히 관광자의 생활양식에 노출되지 않던 사회 속에서 새로운 생활양식의 도입은 전시효과를 야기한다. 이 전시효과는 관광지역의 내부구조에 있어서 여성역할, 지역사회의 응집력, 인구통계적 구조, 제도적 구조 등 4가지 면에서 변화를 발생시킨다.

또한 문화의 산업화는 원래 문화의 고유성이 소멸되면서 하나의 상품으로 되는 경우이며, 이 밖에도 사회적 병리현상으로서 매춘, 도박, 약물중독, 풍기문란 등을 열거할 수 있다. 그러나 긍정적 효과도 있는데 관광지역이 관광자의 왕래로 새로운 사상 · 사회적 관심사가 풍부해지고 공동체의식도 고양시킨다.

따라서 이와 같은 관광자원개발의 사회문화적 효과를 요약하면 〈표 3-2〉와 같다.

표 3-2 관광자원개발의 사회 · 문화적 효과

긍정적 측면	부정적 측면
사회구조의 분화 • 농업에서 서비스 분야로 고용전환 • 농업의 근대화 • 생활수준의 격차 감소	인구구조의 분극화 • 소득분배의 불균형 • 미숙련 취업의 기회
가족구조의 근대화 • 여성의 지위향상 • 자녀교육의 민주화	가족구조의 와해 • 이혼율 증대 • 성적 자유분방 • 소비지향적 태도
지역주민 세계관의 확대 • 선입관, 편견의 완화	사회병리현상 발생 • 매춘, 도박 • 약물 중독 • 알코올 중독 • 범죄, 폭력
지역문화의 발전(민족예술, 박물관)	토착문화 소멸과 문화의 상업화
자연환경의 보호 • 역사유적 보존 • 현대 건축양식 도입	자연환경의 파괴 • 과다한 관광자로 유적의 파괴 • 전통적 건물과 비인간화된 현대건물의 병존

자료 : WTO, Social and Cultural Impact of Tourism Movement(Madrid : WTO)

3) 관광자원개발의 환경적 효과

관광자원개발의 환경적 효과는 선진국과 후진국 어디서나 발생하는 중요한 문제이다. 특히 저개발지역의 관광자원개발은 팽배해 있는 생활위협환경문제를 해결할 수 있는 반면에 개발지역에서는 이들 기초적 환경문제가 해결되어졌으므로 관광자원개발의 환경적 영향평가는 주로 성장효과와 혼잡 및 오염 측면에서 고려될 것이다.

관광자원개발의 장기적 환경효과는 지역의 물리적 특성, 역사적 토지이용형태, 그리고 방문자 시설형태를 포함하는 많은 변수에 따라 지역마다 매우 다양하다 할지라도 환경적 효과는 관광자원개발의 기획과정에서 반드시 고려되어야만 한다.

관광자원개발의 환경적 효과에 있어서 긍정적인 면은 첫째로 저개발지역에서 생활위협환경문제(부족한 용수공급, 부적당한 하수시설, 나쁜 주거조건, 그리고 질병 등)를 해결할 수 있다. 둘째로는 개발지역 녹지(open space)를 확보하는데 있으며, 셋째는 자연적 · 인간적 환경의 보전과 역사적 · 문화적 자원의 보전효과가 있다.

한편, 부정적인 면은 첫째로 혼잡과 오염수준의 증대, 둘째로는 자연풍경 및 생태계의 균형에 변화를 초래하여 자연적 매력 또는 야생지역을 파괴시키며, 셋째는 역사적 · 문화적 자원의 보전에 드는 비용 등이다.

이처럼 관광자원개발로 인한 환경적 변화는 불가피하지만 자원개발지역의 수용능력(carrying capacity)의 결정은 환경변화에 대한 방향과 정도를 결정하는데 도움이 될 수 있다. 특히 수용능력 주제는 환경파괴와 관광자가 관광자원 이용시 질이 상실됨이 없이 주어진 환경내에서 가능한 이용수준(level of use)을 확립하는데 있다.

관광자원개발의 효과에 있어 과거에는 경제적 측면에 주로 초점을 두었으나 오늘날에는 사회적 · 문화적, 그리고 환경적 측면에 더욱 큰 비중을 가지는데, 특히 관광자원개발의 환경적 효과의 중요성이 강조되고 있다.

3. 관광자원개발의 방식

1) 개발주체에 의한 방식

개발주체에 의한 개발방식은 크게 공공주도형, 민간주도형, 지역주민 공동주도형으로 구분되는데, 구체적인 개발방식을 살펴보자.

(1) 공공주도형 관광자원개발방식

공공주도형 관광자원개발은 국가, 지방자치 단체 또는 한국관광공사, 토지개발공사 등과 같은 정부투자기관과 경주개발공사와 같은 정부재투자기관에서 직접 또는 간접적으로 개발의 주체가 되는 것을 의미한다.

관광개발의 공공주도형은 공익성을 확보하기 위해 국토개발과 자연환경을 중심으로 한 관광자원의 효율적인 보존과 일반대중에게 관광활동에 보다 많은 참여기회를 제공하여 궁극적으로는 복지를 증진시키고자 하는 것이 그 목적이라고 하겠다.

이러한 공공주도형 관광자원개발방식은 일반적으로 직영방식, 공사방식, 출자방식, 대행방식으로 구분되며, 국토개발 및 관광자원의 효율적인 보존이 강조되면서 관광시설과 기반시설을 개발하는 공익성 형태의 개발이다. 특히 공익성 우선의 개발목표로 소득의 재분배 효과, 비용분담의 감소에 의한 이용기회의 균등화, 외부경제 효과 등을 기대할 수 있다는 장점이 있는 반면에 관광자원개발 투자 시 공공부문 투자 예산의 경식성, 관광개발후 관광시설의 사후관리 및 운영의 비능률성 등의 단점이 있다.

우리나라의 경우 관광지(국민관광지)는 문화체육관광부가 주관이 되어 지방자치단체와 합동으로 개발이 진행되어 오고 있으며, 자연공원 중에서 국립공원은 환경부가 국립공원관리공단을 통해 개발과 관리를 담당하고 있고, 도립공원은 시 · 도 지사, 군립공원은 해당시장과 군수가 개발과 관리를 담당하고 있다. 그리고 유원지와 도시공원은 각 지방자치단체에서 개발을 담당하고 있다.

(2) 민간주도형 관광자원개발방식

민간주도형 관광개발은 개인 또는 기업이 영리를 목적으로 토지를 확보하여 관광시설과 공간을 개발하는 것을 의미한다. 대체로 민간주도형 관광개발은 개발규모와 투자 및 재원조달방법에 따라 차이가 있으나, 토지를 완전히 매입한 후에 개발을 추진하게 되므로 부동산개발에 의한 개발이익을 독점하게 되며, 개발자금의 조달 및 투자방법도 수지타산에 맞추어 진행하거나 결정한다.

사회구조의 변화에 따라 관광수요가 다양한 형태로 변화하고, 관광산업의 계절적 특성, 즉 수요의 불안전성을 갖고 있어 관광사업의 계절적 편차가 큰 것을 감안하면, 민간부문에 의한 관광개발사업은 관광수요변화에 탄력적으로 대응할 수 있고, 영리를 위한 종합적인 개발이 가능한 장점이 있다.

그러나 관광개발사업이 토지자원의 개발이라는 점에서 공공성과 입지적 의존성이 높은 점을 고려하면, 공익성을 위한 자연보호 또는 환경보존과 같은 비영리적 분야에 대한 투자는 소홀히 하는 단점도 있다. 그리고 영리성을 추구하는 과정에서 지역주민의 복지증진이나 지역경제의 활성화에 의한 지역발전에 기여하지 못하여 지역의 주민과 갈등을 초래하는 원인이 되기도 한다.

민간주도형 관광개발이 공익성의 확보와는 다소 상반되는 점이 있다고 해도 민간부문의 투자능력과 관광부문의 시장이 다양한 형태로 변화하고, 관광재 또는 관광상품에 대한 수명주기(life cycle)가 점점 짧아지고 있는 것을 고려하면 관광개발에 있어서 민간부문의 역할은 중요하다고 하겠다.

표 3-3 개발주체별 사업의 유형

구분	개발주체의 구성체계	개발사업의 유형 사례
공공부문	국가, 지방자치단체, 정부투자기관(한국관광공사)	지역발전을 위한 관광개발사업, 공익성 확보를 위한 관광개발사업
민간기업 합동부문	• 민간기업 • 공공기관+민간기업 • 공공기관+지역주민 지역주민+민간기업 공공기관+지역주민+민간기업	• 영리목적의 관광개발사업 • 민관합작: 주제공원, 대규모관광개발사업, 농어촌관광개발사업, 소규모관광개발사업 • 부동산개발형의 관광사업: 온천개발, 관광 도시, 마을개발 : 농어촌관광개발, 온천개발, 항만시설 · 마리나시설

자료 ; 한국관광공사, 국민관광연구의 이론과 실제(1986)

(3) 지역주민 공동주도형 관광자원개발방식

지역주민 공동주도형 관광개발방식은 개발대상지역의 토지를 소유한 지역주민을 중심으로 지역주민과 상가번영회, 지역의 관광협회 등이 공동으로 투자하기 위해 조합이나 협회를 구성하여 개발하는 방식을 의미한다. 이러한 개발방식은 개발에 참여하는 주민들이 자기 소유의 토지를 근간으로 민박, 상가 또는 숙박시설 등과 같은 관광사업에 참여하기 때문에 관광개발에 따른 이익이 지역 내에 정착되는 장점을 갖고 있다. 특히 외부자본에 의존한 대부분의 관광개발사업은 개발의 이익이 재투자되어 지역 내에 정착되지 못하고 있는 것을 감안하면 주민이 개발의 주체가 되는 지주공동개발방식은 바람직한 방법이라고 할 수 있다.

그러나 도로, 주차장, 전기, 통신, 상 · 하수도 등과 같은 기반시설에 대한 투자도 지역주민이 부담을 하게 되어 지역주민의 영세한 자본과 재원조달의 어려움을 감안하면 지역주민들의 사업추진에 대한 충분한 이해와 지속적인 노력과 협력이 없으면 성공하기 어려운 방법이라고 할 수 있다.

한편 지역주민 공동개발방식은 토지소유자인 지역주민들의 영세한 투자능력을 보완하기 위해 민간기업을 개발사업의 시행자로 선정하는 경우가 대부분이라고 할 수 있다. 이러한 개발방식은 주택건설을 위한 택지개발의 방식과 온천지역과 같이 특정 관광자원을 중심으로 한 개발에서 그 사례를 찾아 볼 수 있는 유형이라고 하겠다.

이상의 논의를 바탕으로 지역의 관광개발을 위한 개발주체의 설정방향을 정리하면 다음과 같다.

첫째, 중앙정부, 지방자치단체, 한국관광공사, 토지개발공사 등과 같은 공공부문에서는 지역개발의 차원과 공공재적 성격을 갖는 관광자원에 대한 개발과 관리업무를 공익성의 확보차원에서 지속적으로 확대해 나가야 한다.

둘째, 관광에 대한 수요변화와 민간기업의 투자능력의 확대 등을 감안하여 관광개발사업에 대해 시장원리를 적용하고, 민간부문의 참여를 유도하기 위한 각종 제도개선이 필요하다.

셋째, 관광개발사업이 지역경제에 미치는 영향이 크고, 부동산개발의 성격을 갖고 있는 점을 감안하여 개발과정에 주민의 참여가 적극적으로 이루어지도록 하는 것이 과제이다. 이러한 점에서 지역주민이 자본 대신에 토지를 동원하여 참여하는 지주공동개발방식과 같은 개발방법을 통해 관광개발사업의 효과가 주민에게 귀속될 수 있는 방안의 강구가 중요하다고 하겠다.

2) 정책전략에 의한 방식

정책전략에 의한 개발방식은 크게 하향식 개발과 상향식 개발로 구분된다. 구체적이 내용을 살펴보자.

(1) **하향식 개발방식**(Top-down Development Approach)

하향식 개발방식은 1950년대 균형성장과 불균형 성장에 관한 논쟁에서 나타난 개념으로서, 저 발전국가의 성장론은 생산요소의 부족으로 모든 산업부분을 균형적으로 발전시킬 수 없다는 전제하에 개발의 잠재력이 있는 곳을 선정하여 그 지역에 집중투자 하자는 방식이다.

이러한 방식은 신고전적 균형이론에 근거한 불균형성장론이 이론적 틀로 구성되고 있으며, 이는 경제성장만 이룩하면 경제문제는 물론 사회문제까지도 자연히 해결된다는 논리이다.

하향식 개발방식은 대부분 신고전 이론 · 수출기반 이론 · 중심지 이론 · 성장거점 이론 · 불균형이론 등에 기초한 것으로서 총량적 성장만을 추구하는 이러한 개발 이론들은 한 나라의 지역개발정책에까지 영향을 미쳐 여러 이론 중에서 가장 일반화된 성장거점 중심의 개발을 택하는 계기가 되었다.

성장거점 중심의 하향적 개발이란 불균형성장 이론을 근거로 개발의 잠재력이 큰 몇 개의 지역을 선정하고 그 지역에 집중 투자함으로써 총량적인 경제성장을 이룩하면, 이러한 과정에서 공간적 배분을 고려한다는 논리로서, 전국적 총량적 경제개발계획의 지역화라는 성격을 지니는 것으로 형평성보다는 능률성을 중요시하는 개발전략이다.

표 3-4 정책전략에 의한 개발방식 비교

구분	하향식 개발방식	상향식 개발방식
개발의 기본가정	• 외부수요와 혁신력에 기초한 선발적 산업 혹은 공간의 발전은 주변 지역으로 확산된다는 가정 • 개발의 효과는 높은 계층수준으로 파급된다는 가정	• 선택적, 폐쇄공간에서 내부적인 수요, 기술, 자원을 동원하여 주민의 기초수요 충족 • 개발의 효과는 낮은 계층수준에서 높은 계층수준으로 전달된다는 가정
의사결정 형태	중앙집권적	지방분권적
공간범역 및 통합체계	• 국가 혹은 국제적 수준 • 공간기능적 통합	• 선택적 하위단위 공간수준 • 정주공간적 분할
주요 개발방식	• 외향적, 수출지향적 • 도시, 공업개발 • 자본, 기술집약적 • 대규모 사업방식 • 외부자본 의존	• 내향적, 내부수요 충족 • 농촌, 농업개발 • 노동집약적 • 소규모 비공식 부문의 사업방식 • 내부자본 의존
지역계획유형	국가적 지방계획	지방적 지역계획
관련주요이론	근대화이론, 신고전경제이론, 성장 거점이론, 중심지이론, 혁신전파이론	종속이론, 신마르크스이론, 분배와 성장론, 비공식 부분론, 기초수요접 근론, 도농통합개발론

성장거점 개발방식은 일반적으로 계획을 위한 계획공간, 경제구조에 기초한 경제공간, 그리고 지역의 동질성에 기초한 동질공간으로 구분되는데, 이러한 성장거점 개발방식은 다음과 같은 특징과 장점이 있다.

첫째, 성장을 유도하고 그 성장을 다른 곳으로 확산시킨다.

둘째, 성장을 촉진시키는 쇄신, 새로운 아이디어 등을 받아들이는 성향을 가진다.

셋째, 경제적인 지배력을 가질 수 있을 만큼 매우 큰 규모를 가진다.

넷째, 전체산업의 평균성장률보다 더욱 빠른 성장률을 가진다.

다섯째, 타산업과의 연계성이 강하다.

반면에 성장거점 개발방식은 실천적인 면에서 또는 이론적인 면에서 다음과 같은 비판을 받고 있다.

첫째, 성장거점개발방식은 개발의 방향을 제시하고 있으나 성장거점의 수나 규모, 위치, 간격, 투자량 등에 명확한 지침을 제시하지 못해 구체성이 결여되어 있다.

둘째, 성장거점개발방식의 특징인 공간적 확산이론의 효과가 전파되는 방식이나 범위정도에 대하여 조작적으로 설명이 불충분하기 때문에 과연 성장거점방식이 의도하는 공간적 확산효과가 지역발전수준에 기여하게 될지는 불확실하다.

(2) 상향식 개발방식(Bottom-up Development Approach)

상향식 개발방식은 하향식 개발방식이 가져온 지역 간의 불균형에 반응하여 등장한 개념으로서 전통적인 경제이론에서 발달되었다기보다는 하나의 개발이념으로서 그 발생 배경을 두고 있다.

상향식 개발방식은 내부로부터의 창조적 발전을 기함으로써 지역경제의 자립을 강화하고 이러한 지역경제를 토대로 국가 전체경제의 재조직화를 꾸미자는 내부지향적이며 내발적인 개발방식을 의미한다. 이러한 상향식 개발방식은 균형적 개발이론 · 기초수요이론 · 종속이론에 근거한 것으로 다음과 같은 특징이 있다.

첫째, 지역적이며 미시적인 개발방식이다. 이 방식은 지역주민의 참여를 전제로 한 지방정부가 중심이 되어 개발정책의 수립 및 집행의 주체가 된다.

둘째, 형평성 위주의 배분적 개발방식이다. 하향식 개발방식은 총량적 성장 위주의 개발인 반면에, 이 방식은 분배와 형평성에 중점을 둔다.

셋째, 내부지향적 개발방식이다. 상향적 개발방식은 내부로부터의 창조적 발전을 추구함으로써 지역경제의 자립을 강화하고, 이러한 지역경제를 토대로 하여 국가 전체경제를 재조직하고자 하는 내부지향적 개발전략을 의미한다.

3) 단계 및 형태에 따른 개발방식

계획의 단계에 따라서 계획은 각기 다른 성격을 갖게 되는데, 이것을 기준으로 하면 계획은 다음의 네 가지 유형으로 구분된다.

(1) 개념계획

계획의 초기에는 세부적 사항보다는 계획의 방향 및 지역설정, 계획안의 성격 등에 치중하는 것이 보통인데, 이것을 개념계획 또는 구상계획이라고 한다. 이것은 비교적 장기적인 입장에서 넓은 지역을 대상으로 하는 계획이다.

(2) 기본계획

기본계획에는 계획의 기본적 사항이 총망라되므로 종합계획이라고 한다. 이 단계에서는 계획을 구체화하는데 고려해야 할 여러 가지 주요항목이 명시되고, 이에 따라 시행이 가능한 구체적인 기본방향이 제시되어야 한다. 이 계획은 개념계획과 마찬가지로 넓은 지역을 대상으로 총체적인 계획을 수립하려는 것이다.

(3) 실시계획

실시계획은 기본계획을 현지조건에 적합하게 구체화 · 현실화하기 위한 계획인데, 이 부분에서는 세부적 계획과 설계가 포함된다.

(4) 관리운영계획

관리운영계획은 보통 최종단계에서 작성되는 것이며, 계획이 현실화된 다음 시설 · 인원 · 자금 · 기타 재산관리측면을 대상으로 하는 계획으로 복합적 관광위락단지에는 이 부분의 계획이 중요시된다.

표 3-5 **관광개발과 관련계획단계 및 계획표**

개발단계	개발기간	관광지 개발계획	경제사회발전계획	국토종합개발계획
1단계(단기)	1892~1986	관광지개발 기반구축	선진국화 기반구축	국토이용계획의 완성
2단계(중기)	1987~1991	관광지개발 확대	선진국형 사회구조형성	국토공간구조의 정착
3단계(장기)	1992~2001	관광이용의 성숙	선진국형 생활의 정착	국토이용체계의 성숙

자료 : 문화체육관광부, 제2차 관광개발기본계획, 2002

4. 관광자원개발의 접근방법

관광자원개발의 접근방법은 크게 5가지로 물리적 · 단위이용기준 · 경제정책적 · 수용력적 · 행동론적 접근방법으로 분류할 수 있다.

1) 물리적 접근방법(physical approach)

관광자원개발계획이 국가 또는 지역의 물리적 자원에 대한 세부적인 조사에 기초하므로, 이 접근방법은 시장정보를 간과한 단점이 있다.

물리적 접근방법은 일련의 조사, 평가, 계획의 단계를 포함한다. 구체적인 내용은 [도표 3-5]와 같으며, 이 접근방법은 중앙정부와 지방정부의 투자와 민간개발자로부터의 계획을 평가하고 지도하기 위한 일반적 프레임워크를 제공한다.

도표 3-5 **물리적 접근방법**

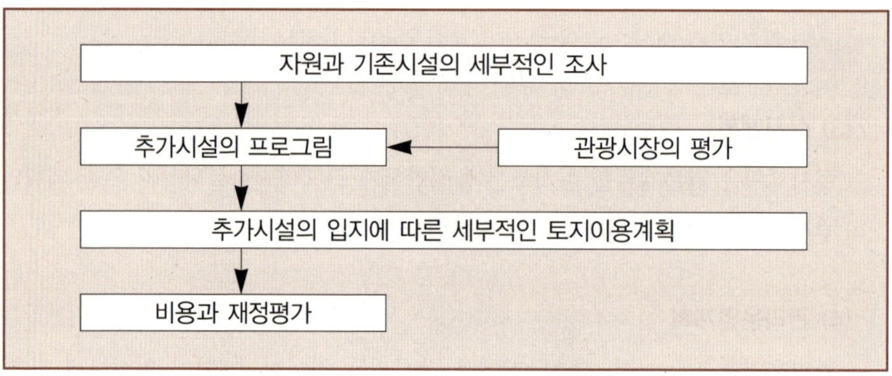

자료 : 관광자원론, 김홍운(p. 339)

2) 단위이용기준 접근방법(unit use standard approach)

관광시장과 관광자원에 동등한 비중을 두는 이 접근방법은 외국에서 옥외 레크리에이션을 위한 주단위기획(state planning)에 광범위하게 이용되었다.

이 접근방법의 절차는 다음과 같다.

- 단위이용기준의 평가를 포함한 현재 레크리에이션 활동에 관한 연구
- 각 활동의 현재 평균이용조사
- 현재 수요평가와 활동에 의한 미래수요의 예측

• 시설부족을 파악하기 위해 미래수요와 현재 수용력을 비교

• 필요한 추가장소와 시설 프로그램 개발

이 접근방법의 주요한 한계는 적당한 '단위이용기준'의 결정과 활동에 의한 미래 수요예측의 어려움에 있다.

3) 경제정책적 접근방법(economic policies approach)

최근 들어 더욱 좋은 토지이용기법의 소개와 관광자원개발계획의 사회경제적 영향에 대한 증가된 인식을 고려한 더욱 정교한 접근방법이 개발되었는데, 이 접근방법은 [도표 3-6]과 같다.

도표 3-6 **경제정책적 접근방법**

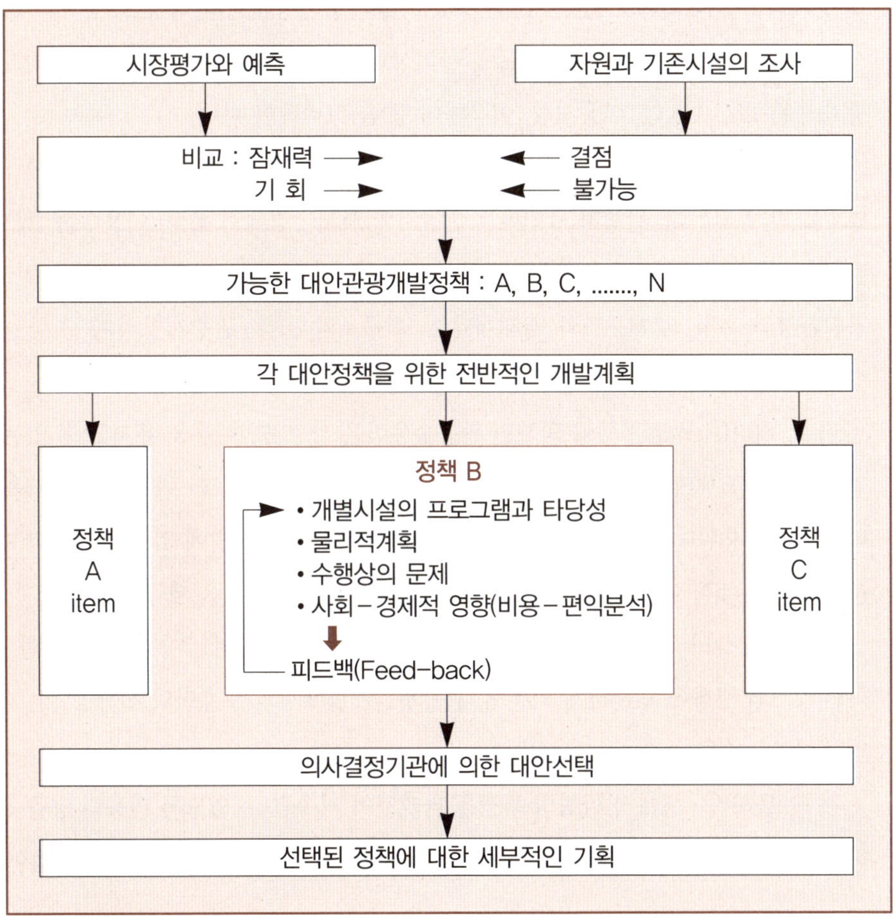

자료 : 관광자원론, 김홍운(p. 341)

이 접근방법은 관광자원개발에도 이용될 수 있으며, 대안경제정책 또는 대안입지 개발의 효과를 평가하는데도 응용될 수 있다.

4) 수용력적 접근방법(carrying capacity approach)

수용력이 관광자원의 생산성 측면에서 중요하기 때문에 장소적 특징과 심리적 특성이 그 정의에 포함되어야 한다. 일반적으로 관광수용력(tourism carrying capacity)은 관광자원의 세분화된 단위가 그 자원의 생물학적 · 물리적 파괴 및 관광체험의 중요한 감소없이 항상 제공할 수 있는 관광기회의 수라고 정의할 수 있다. 그러므로 관광수용력은 관광자원의 원상회복력(tourism resources resi-lience)과 균형적 이용률(balanced use rate)에 기초하며 극대화(maximization)가 목표가 되는 것이 아니고 최적화(optimization)에 있기 때문에 관광지역의 특성(토양, 기후조건, 식물생태, 동물서식상태, 물의 양 등), 관리상의 특성(정책과 관리방법 등), 그리고 관광자의 특성(심리요인, 이용시설, 이용형태 등)을 고려해야 한다.

또한 수용력 수준은 관광자의 특성과 관광지역 · 관광지역주민의 특성요인에 의해 영향을 받게 되는데, 관광자 요인에는 관광자의 사회 · 경제적 특성, 이용수준, 체재기간, 관광활동의 유형, 관광만족수준 등이 있으며, 관광지역 · 관광지역주민 요인에는 자연환경의 특징, 경제구조와 경제개발, 사회구조와 조직, 관광개발의 수준 등을 들 수 있다.

한편, 헨디(Hendee) 등에 의하면 관광수용력은 관광자원이용을 유지할 수 있는 환경의 물리적 · 생태적 능력 또는 관광체험에 있어서 질의 정도와 관련된 이용량을 나타내는데 이용된다고 한다. 이처럼 수용력 개념은 각각의 개발에 있어서 정확한 수치를 제공하는 것이 아니라 분석과 평가에 대한 틀(framework)을 제공해 준다.

각 관광대상의 개발특성에 따라 수용력의 종류는 다양하며 수용력 결정은 환경변화의 정도와 방향에 의존하게 되는데, 관광자원개발에서의 수용력의 접근방법은 다음과 같다.

첫째, 물리적 · 생태적 환경의 특성을 파괴없이 지속될 수 있도록 이용의 양을 결정하는 물리적 · 생태적 수용력(physical/biological carrying capacity) 접근방법이다.

둘째, 관리기관에서 이용가능한 인적 · 물적 자원을 가지고 관광자들에게 효율적이고 안전한 관광지가 되도록 관광활동수준(level of tourist activity)을 결정하는 관리상 수용력(management-based carrying capacity) 접근방법이다.

셋째, 관광지 이용에 있어서 관광자들에 의해 인지된 만족도를 결정하는 심리적 수용력(psychological carrying capacity) 접근방법이다.

관광자원개발에 있어서 수용력 결정은 관광지역의 상태적 변수와 함께 관광활동 및 관광자의 욕구도 고려해야 하는데 그 개념적 구조는 [도표 3-7]과 같다.

도표 3-7 수용력결정을 위한 개념적 구조

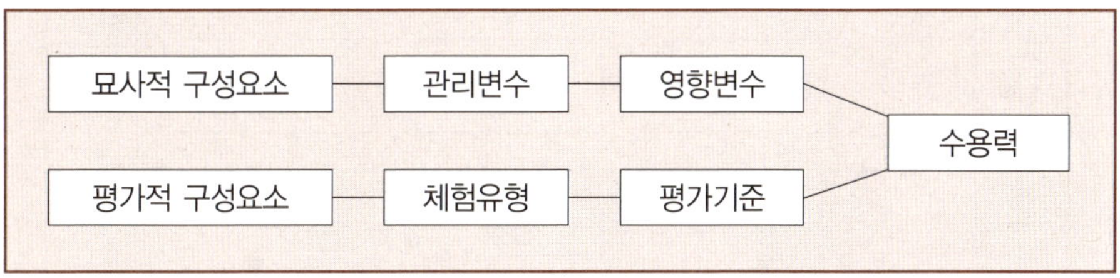

자료 : B. Shelby & T. A. Heberlerlein, "A Conceptual 'Framework for Carrying capacity Determination", Leisure Sciences, Vol. 6, No. 4, 1984.

이러한 수용력 결정을 위한 개념적 구조에서 묘사적 구성요소(discriptive component)는 이용수준을 나타내고, 관리변수(management parameter)는 각 관광자의 관광효과와 관련되며, 영향변수(impact parameter)는 이용량과 이용수준을 포함한다. 또한 평가적 구성요소(evaluative component)는 관광자 만족과 관련되는데, 관광자원개발의 수용력적 접근방법에서는 이 모든 요소를 포괄적으로 고려해야 한다.

한편, 게츠(Getz)는 관광자원개발을 위해 전통적 기획과정의 수정을 통한 수용력 평가에 따른 8단계의 기획과정을 가지는 모형을 개발하였는데, 구체적인 내용은 [도표 3-8]과 같다.

도표 3-8 **관광자원 개발기획의 수용력 평가모형**

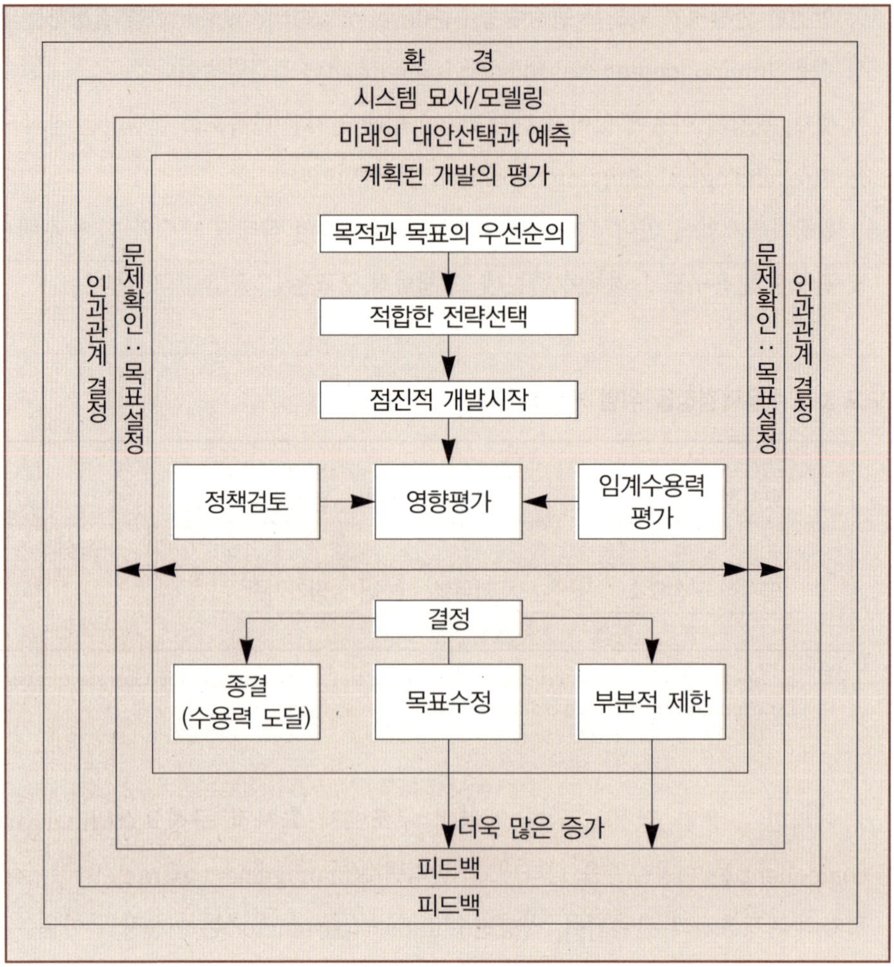

자료 : D. Getz, "Capacity to Absorb Tourism : Concepts and Implications for Strategic Planning," Annals of Tourism Reseach, Vol. 10, No. 2, 1983, p. 252.

5) 행동론적 접근방법(behavioral approach)

일반적으로 관광자행동에는 3가지 광범위한 단계-가정, 참여, 평가단계-가 있다. 가정단계(hypothesis stage)에서 관광자는 어떤 관광혜택이 있는가를 가정하게 되며 이때 관광자는 상당한 선유경향(predisposition)을 가진다. 참여단계(input stage)에서 실제로 관광자는 가정단계가 실제적인 체험에서 얼마나 재강화되었는지 평가하게 되는데, 관광자원개발이 이상의 관광자행동 3단계와 일치되게 구성되면 더욱 만족스러운 방향으로 유도될 수 있다.

더구나 주유형 관광자행동과 체재형 관광자행동은 차이가 있는데, 이와 같은 관광자 행동특성의 두 범주는 각각 전체적인 관광자원개발 만족에 영향을 미치며 주유형 관광자원개발(touring tourism resources development)과 체재형 관광자원개발(destination tourism resources development)의 기획은 [도표 3-9]와 대상에서의 반복이용이 불필요하며, 관광대상복합체(attraction complexes), 서비스 센터(service centers), 교통(transportation) 등의 잠재적인 개발요소의 기준을 충족시키도록 계획하는데 있다. 체재형 관광자원개발의 특징은 체재형 관광자원에 기초하고 관광대상에서의 반복적인 활동이 요구되며 관광시장과 관광지역과의 접근성이 강조된다.

도표 3-9 관광자원 개발을 위한 행동론적 기획

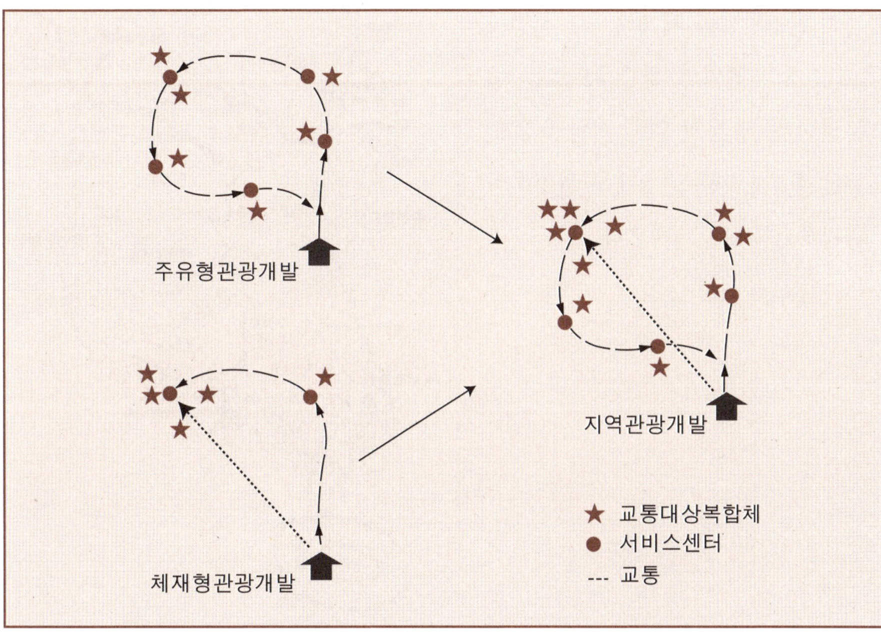

자료 ; C. A. Gunn, "An Approach to Regional to Regional Assessment of Tourism Development Potential," in D. E. Hawkins, eds., Tourism Planning and Development Issues(Washington, D. C. : George Washington University, 1980), p. 262.

5. 관광자원개발사례

1) 관광권의 설정과 개발계획

관광개발기본계획은 관광지, 관광단지 등 관광자원 개발을 추진함에 있어 전국적 규모와 장기적으로 개발계획을 수립하여 국제관광의 변화를 반영하고 국민 관광의 질적 · 양적 성숙 등에 원활히 대응할 수 있도록 문화체육관광부에서 수립하였다.

(1) 제1차 관광개발기본계획(1992~2001)

제1차 관광개발기본계획은 관광자원의 효율적 개발과 이용, 관리 및 보전과 관광객의 다양한 관광욕구의 적극적 수용을 위해 관광자원의 특성과 교통망 및 지역특성을 고려하여 전국을 5대 관광권과 24개 소관광권으로 권역화하여 각각의 권역별 개발구상을 제시하였다. 전국의 주요 관광지와 관광명소 간을 연계하는 육로 9개, 해상 3개, 항공 18개 등 총 30개의 관광루트를 체계적으로 설정하고 15개의 권역별 관광루트로는 중부권 4개, 충청권 3개, 서남권 3개, 동남권 3개, 제주권 2개를 설정하여 관광루트를 표준화하였다.

▲제1차 관광개발기본계획 권역구분도

자료 : 문화체육관광부, 2015년 기준 관광동향에 관한 연차보고서

표 3-6 권역별 관광루트

중부관광권

- 산악 · 문화관광루트
  - 서울-용인-이천-여주-원주-오대산국립공원-강릉-동해-삼척-태백-속초
- 수변 · 위락관광루트
  - 서울-가평-춘천-소양호-파로호-속초-강릉/화진포
- 해안 · 도서관광루트
  - 서울-강화도-영종도-서포리(덕적도)-아산호-수원-서울
- 통일안보관광루트
  - 서울-강화도-판문점-철원-평화의 댐-고성-속초

충청관광권

- 산악 · 수반관광루트
  - 대전-청주-충주-월악산-단양팔경
  - 대전-청주-속리산-영동-대둔산도립공원
- 해안 · 문화관광루트
  - 대전-공주-부여-대천-안면도-천리포 · 만리포-서산-당진-온양-천안-경주

서남관광권

- 산악 · 문화관광루트
  - 광주-정주-전주-진안-무주-장수-남원-구례-순천-여수
- 해안 · 도서관광루트
  - 전주-군산-고군산군도-변산반도국립공원-선운산도립공원-목포-흑산도 · 홍도-목포- 광주
- 산악 · 해상관광루트
  - 광주-영암-해남-진도-거차군도-토말-완도-거문도-백도-여수-순천-화순

동남관광권

- 내륙 · 해상관광루트
  - 부산-양산-경주-대구-고령-합천-진주-남해대교-삼천포-충무-거제
- 내륙 · 해안관광루트
  - 부산-울산-감포-경주-대구-부곡-마산-진해-김해
- 해안 · 문화관광루트
  - 대구-경주-포항-주왕산국립공원-울산-청량산도립공원-안동-문경새재-구미

제주관광권

- 제주-용두암-제주민속박물관-함덕-만장굴-성산일출봉-표선-남원-서귀포-수락계곡- 한라산-산천단-민속자연사박물관-제주
- 제주-한라산-중문관광단지-안덕계곡-대정-협재-애월-용두암-제주

자료 : 문화체육관광부, 2006 관광 동향에 관한 연차보고서(2007)

(2) 제2차 관광개발기본계획(2002~2011)

2차 관광개발기본계획은 '21세기 한반도 시대를 열어가는 관광대국 실현'의 비전 실현을 위해 국제경쟁력 강화를 위한 관광시설 개발 촉진, 지역특성화와 연계화를 통한 관광개발 추진, 문화자원의 체계적 관광자원화 촉진, 관광자원의 지속가능한 개발 및 관리 강화, 지식기반형 관광개발 관리체계 구축, 국민 생활관광 향상을 위한 관광개발 추진, 남북한 및 동북아 관광협력체계 구축 등 7대 개발전략을 제시하였다. 또한 기존 7대권 24개 소권 체제 관광권역과 집행권역의 불일치로 인한 문제점 개선을 위해 16개 광역지방자치단체를 기준으로 관광권역의 구분을 재설정하고 권역별 관광개발기본방향을 제시하였다.

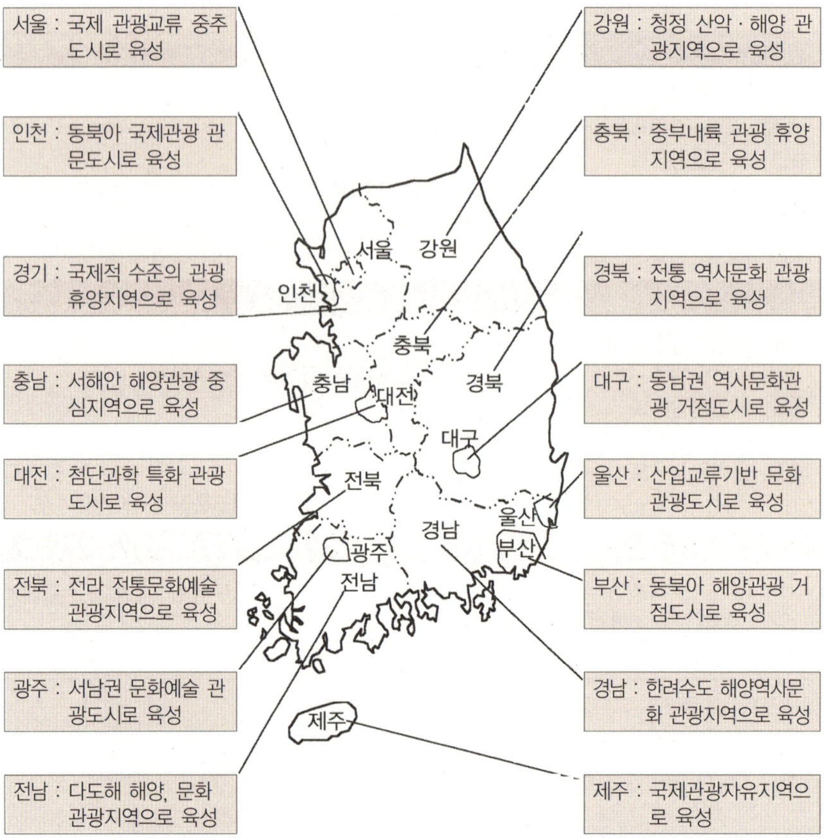

▲제2차 관광개발기본계획 권역구분도

자료 : 문화체육관광부, 2015년기준 관광동향에 관한 연차보고서

(3) 제3차 관광개발기본계획(2012~2021)

제3차 관광개발기본계획은 '글로벌 녹색한국을 선도하는 품격 있는 선진관광' 이라는 비전 달성을 위해 품격관광을 실현하는 관광개발 정책효율화, 미래 환경에 대응한 명품 관광자원 확충, 문화를 통한 품격 있는 한국형 창조관광 육성, 국민이 행복한 생활관광 환경 조성, 저탄소 녹색성장을 선도하는 지속가능한 관광 확산, 관광경쟁력 제고를 위한 국제 협력 강화 등 6대 개발전략을 제시하였다.

또한 16개 시 · 도, 광역경제권, 초광역 개발권 등 다층적 지역 관광발전 전략을 도입하여 시 · 도 관광권과 더불어 5+2 광역경제권을 계획 관광권역으로 설정하였으며 해안을 중심으로 한 동 · 서 · 남해안 관광벨트 등 초광역 관광벨트 설정으로 계획권역을 기능적으로 연계 · 보완하였다.

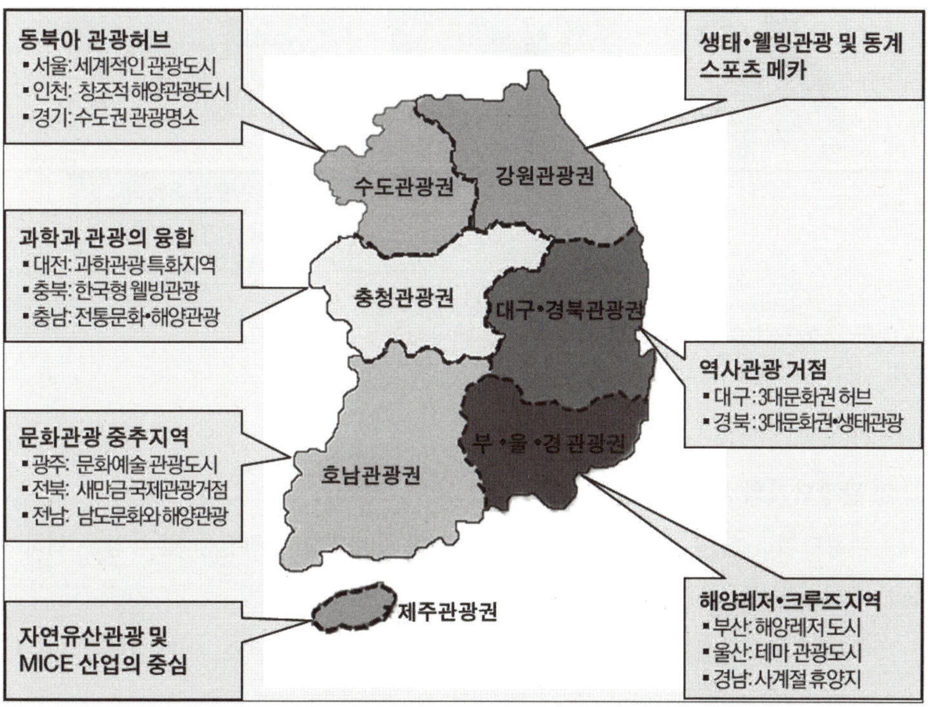

▲ 제3차 관광개발기본계획 권역구분 및 개발방향, 광역관광권(시 · 도 관광권 포함)
자료 : 문화체육관광부, 2015년기준 관광동향에 관한 연차보고서

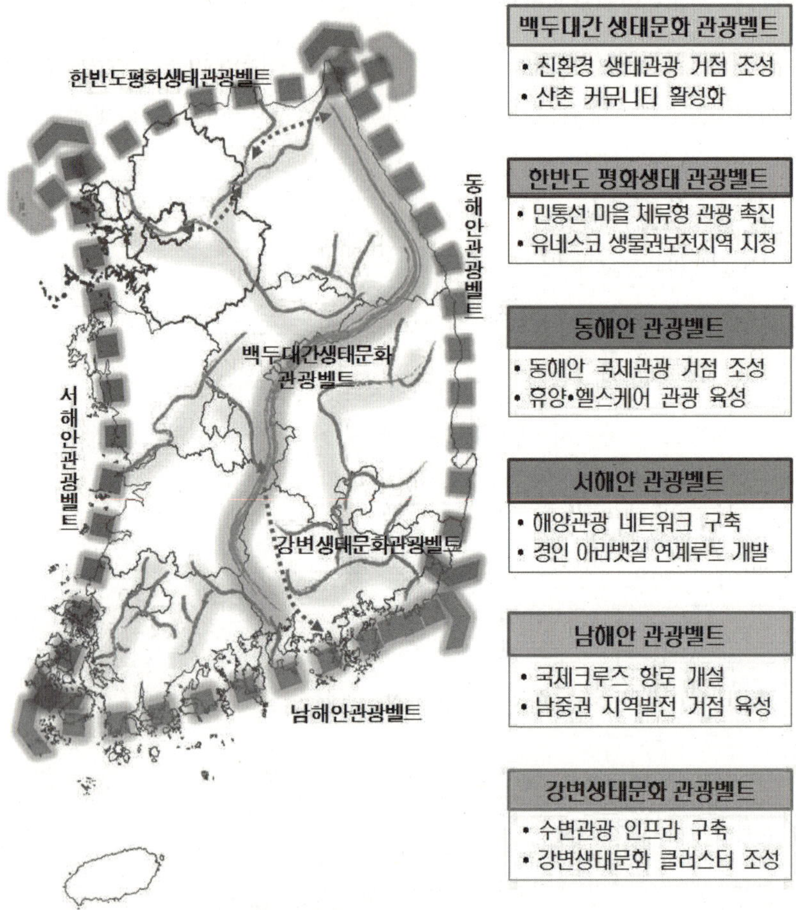

▲제3차 관광개발기본계획 권역구분 및 개발방향, 광역관광권(초광역관광벨트)
자료 : 문화체육관광부, 2015년기준 관광동향에 관한 연차보고서

2) 관광단지의 개발

관광단지라 함은 관광산업의 진흥을 촉진하고 다양한 관광활동 및 휴양을 위하여 각종 관광시설을 종합적으로 개발하는 관광거점지역을 말한다.

우리나라는 외래관광객 유치를 통한 외화수입 증대를 위하여 1970년대에 이르러 관광단지개발에 착수하였다. 초기에는 정부가 주도하여 개발이 추진되었으나 근래에는 우리나라의 경제여건의 호전과 민간부문의 자립기반이 정착되어감에 따라 적극적인 민간참여를 유도하고 있다. 관광개발사업을 효율적으로 하기 위하여 문화체육관광부, 지방자치단체 및 민간부문의 관광개발수행상 역할을 분담하여 문화체육관광부에서는 관광개발 관련계획을 총괄 · 조정하고, 대규모 관광거점지 및 관광단지개발사업을 주관하도록 하였고 시 · 도에서는 권역별 관광개발계획을 수립하여 당해지역의 소규모 관광지개발사업을 추진하도록 하고 있다.

표 3-7 관광단지 지정 현황

단지명	지정 (조성 계획)	사업 기간	규 모 (㎢)	사업비 (억 원)	개발주체	주요 도입시설
동부산	2005.03 (2006.04)	2005~ 2017	3.663	11,497	부산도시 공사	호텔, 콘도, 복합상가, 골프장, 테마파크, 녹지시설 등
강화 종합리조트	2012.07 (2012.07)	2012~ 2015	0.645	960	(주)오션빌, 한달삼	스키장, 콘도, 전망휴게소
송도	2008.03 (2011.10) 실효	2008~ 2018	0.907	15,000	인천도시 공사	호텔, 골프장, 쇼핑시설 등
강동	2009.11 (2014.12)	2007~ 2016	1.368	25,000	울산시 북구청	워터파크, 타워콘도, 스키돔, 청소년 수련시설, 허브테마, 문화체험, 테마파크 등
어등산	2006.01 (2007.04)	2005~ 2015	2.736	3,400	광주광역시 도시공사	빛과예술센터, 테마파크, 골프장, 관광호텔, 콘도미니엄 등
평택호	2009.10 (예정)	1982~ 2019	2.743	-	사업시행자 (선정중)	
고성 델피노골 프앤 리조트	2012.04 (2012.04)	2010~ 2016	0.900	2,520	㈜대명 레저산업	골프장, 호텔, 콘도
설악 한화리조트	2010.08 (2010.08)	2010~ 2020	1.314	4,203	한화호텔앤 드리조트(주)	콘도, 온천장, 드라마세트장, 골프장 등
원주 오크밸리	1995.03 (1996.01)	1995~ 2020	11.288	18,293	한솔개발 주식회사	관광호텔, 콘도, 골프장, 스키장, 미술관, 청소년수련시설, 생태관광지 등
신영	2010.02 (2010.05)	2010~ 2017	1.669	3,400	신영종합 개발(주)	골프장, 스키장, 콘도, 커뮤니티센터 등
무릉도원	2009.09 (2009.09)	2009~ 2017	4.844	5,985	㈜에이 엘앤디	한옥호텔, 콘도, 골프장, 세계풍물거리, 힐링&클리닉센터, 명품아울렛
한원춘천	2012.06 (2014.02)	2012~ 2015	0.745	3,024	㈜한원 개발	승마장, 골프장, 화목원, 호텔, 콘도

단지명	지정 (조성 계획)	사업 기간	규 모 (㎢)	사업비 (억 원)	개발주체	주요 도입시설
알펜시아	2005.09 (2006.04)	2004~2018	4.855	16,946	강원도 개발공사	호텔, 콘도, 엔터테인파크, 골프장, 스포츠파크, 워터파크, 컨퍼런스센터, 동계스포츠 지구 등
평창용평	2001.02 (2004.03)	2002~2015	16.367	14,465	㈜용평 리조트	관광호텔, 콘도, 골프장, 스키장, 빙상장, 워터파크, 테마파크 등
평창 휘닉스파크	1998.10 (1999.03)	1994~2016	4.233	10,337	㈜보광	관광호텔, 콘도, 골프장, 스키장, 체육관, 빙상장, 상가 등
홍천 비발디파크	2008.11 (2011.01)	2007~2015	7.050	13,534	㈜대명 레저산업	콘도미니엄, 관광호텔, 스키장, 골프장, 다목적운동장, 정구장, 양궁장, 호수공원, 유원시설 등
횡성 웰리힐리파크	2005.06 (2012.07)	1992~2020	4.842	12,498	신안 리조트㈜	콘도, 호텔, 골프장, 스키장, 식물원, 공연시설 등
원주 더네이처	2015.01 (2015.01)	2013~2018	1.444	1,098	경안개발 (주)	콘도, 가족호텔, 골프장, 아이스링크, 골프박물관, 야영장 등
양양 국제공항	2015.12 (2015.12)	2013~2018	2.448	2,394	㈜새서울 레저	관광호텔, 콘도, 생활형숙박시설, 아울렛몰, 특산물상가, 골프장 등
골드힐 카운티 리조트	2011.12 (2013.06)	2011~2020	1.691	4,414	㈜골드힐	자연치유센터, 스포츠센터, 골프장, 콘도미니엄 등
백제문화	2015.01 (2015.01)	2014~2017	3.026	1,106	㈜호텔 롯데	콘도, 스파빌리지, 골프빌리지, 아울렛, 골프장, 전통민속촌 등
고흥 우주해양	2009.05 (2009.05)	2008~2015	1.158	3,239	㈜태인 개발	우주 해양 전망대, 우주 과학 교육관, 해양생물 수산교육관, 숙박시설, 골프장 등
여수화양	2003.10 (2006.05)	2003~2015	9.989	14,435	일상해양 산업(주)	호텔, 스포츠타운, 골프장, 테마파크, 화훼원, 오션파크
여수 경도해양	2009.12 (2009.12)	2009~2016	2.143	4,292	전남 개발공사	해양생태체험장, 기업연수원, 숙박시설, 골프장, 마리나 등
해남 오시아노	1992.09 (1994.06)	1991~2015	5.084	11,809	한국관광 공사	관광호텔, 콘도, 골프장, 마리나, 해수욕장, 남도음식 빌리지 등
감포해양	1993.12 (1997.03)	1997~2015	4.019	9,330	경상북도 관광공사	호텔, 콘도, 골프장, 오션랜드, 씨라이프파크, 연수원, 수목원 등
마우나오션	2009.12 (2009.12)	1994~2017	6.419	9,844	㈜엠오디	상가, 골프장, 휴게실, 콘도미니엄, 화훼공원, 물놀이장, 눈썰매장, 루지 등

단지명	지정 (조성 계획)	사업 기간	규 모 (㎢)	사업비 (억 원)	개발주체	주요 도입시설
보문	1975.04 (1973.05)	1973~2018	8.515	15,271	경상북도 관광공사	관광호텔, 콘도, 골프장, 신라촌, 상가, 놀이시설, 청소년수련시설 등
김천 온천	1996.03 (1997.12)	1997~2011	1.424	5,357	주식회사 우촌개발	관광호텔, 콘도, 온천장, 스포츠센타, 승마장, 노인휴양촌, 연수원 등
안동문화	2003.12 (2005.04)	2002~2025	1.655	4,858	경상북도 관광공사	호텔, 콘도, 골프장, 상가, 유교랜드, 온뜨레피움, 전망대, 놀이공원 등
창원 구산해양	2011.4 (2015.3)	2012~2020	3.008	3,236	창원시	골프장, 승마장, 리조트호텔, 기업연수원, 체험모험지구 등
록인제주 체류형 복합	2013.12 (2013.12)	2013~2018	0.523	2,736	㈜록인 제주	호텔, 콘도, 불로장생테마파크
성산포 해양	2006.01 (2006.01)	2006~2016	0.748	5,096	㈜보광제주 ㈜제주해양 과학관	호텔, 콘도미니엄, 웰컴센터, 전시관, 해중전망대, 해양국제공원, 해수스파랜드
신화 역사공원	2006.12 (2006.12)	2006~2014	4.000	22,649	제주국제 자유도시 개발센터	테마호텔, 비즈니스호텔, 영상테마파크, 워터파크, 세계음식관, 항공우주박물관 등
예래 휴양형 주거단지	2005.10 /2009.02 (2010.11)	2010~2015	0.744	25,000	버자야 제주 리조트(주)	호텔, 콘도, 공연장 등
제주 헬스케어 타운	2009.12 (2009.12)	2010~2015	1.539	15,214	제주국제 자유도시 개발센터	헬스케어센터, 전문병원, 명상원, 힐링가든 등
제주중문	1971.05 (1978.06)	1978~2010	3.562	15,503	한국관광 공사	관광호텔, 콘도, 골프장, 해양수족관, 식물원, 야외공연장, 놀이시설 등
팜파스 종합휴양	2008.12 (2008.12)	2008~2018	3.001	8,775	남영산업㈜	관광호텔, 가족호텔, 휴양콘도미니엄, 테마스트리트몰, 승마클럽, 스파랜드 등

자료 : 문화체육관광부, 2015년 12월 31일 기준

3) 자연공원의 지정 및 개발

자연공원은 자연자원, 유적, 휴양자원 등 공원자원을 포함하고 있는 수려한 자연경관지를 보전함과 동시에 합리적 이용을 도모함으로써 국민의 보건휴양 및 정서생활의 향상을 기하고 후손에게 영구히 계승시키기 위하여 지정한 일정 구역으로서 국립공원 · 도립공원 · 군립공원으로 구분되어 있다.

(1) 국립공원

▲설악산 국립공원

우리나라 자연공원법은 1967년 공원법이 제정 · 공포되었으며, 동년 12월 29일에 지리산국립공원이 전북 · 전남 · 경남에 위치한 면적 440,485㎢에 최초로 지정되었다. 그 다음 해인 1968년 12월 31일에 경주 · 계룡산 · 한려해상국립공원이 국립공원으로 지정되었으며, 1970년 3월 24일에 설악산 · 속리산 · 한라산이 각각 국립공원으로 지정되었다. 현재 우리나라의 국립공원은 총 20곳으로 1960년대 지리산 · 경주 등 4개 국립공원과 1770년대에 설악산 · 속리산 · 한라산 · 덕유산 · 오대산 등 9개 국립공원이 지정되었으며, 1980년대에도 다도해해상 · 북한산 · 치악산 · 소백산 등 7개 국립공원이 지정되었다. 총 면적은 6581㎢로 육지가 3900㎢이며 해상이 2681㎢를 차지한다. 우리나라 국립공원은 자연풍경이 뛰어난 명산 또는 해상에 위치하여, 사적지와 사찰 및 불교문화재 그리고 많은 국보와 보물 등 문화적 관광자원을 소장하고 있는 문화재 보존의 장소이며, 관광지이기도 하다. 우리나라 국립공원현황은 〈표 3-8〉과 같다.

표 3-8 국립공원 현황

구분	공원	행정구역	지정일	면적(km²)
산악	지리산	전남, 전북, 경남	1967.12.29	472
	계룡산	충남, 대전	1968.12.31	65
	설악산	강원	1970.3.24	399
	속리산	충북, 경북	1970.3.24	275
	한라산	제주	1970.3.24	153
	내장산	전남, 전북	1971.11.17	82
	가야산	경남, 경북	1972.10.13	77
	덕유산	전북, 경남	1975.2.1	232
	오대산	강원	1975.2.1	304
	주왕산	경북	1976.3.30	107
	북한산	서울, 경기	1983.4.2	80
	치악산	강원	1984.12.31	182
	월악산	충북, 경북	1984.12.31	288
	소백산	충북, 경북	1987.12.14	322
	변산반도	전북	1988.6.11	155(해상 9)
	월출산	전남	1988.6.11	56
해상해안	한려해상	전남, 경남	1968.12.31	546(해상 395)
	태안해안	충남	1978.10.20	327(해상 290)
	다도해해상	전남	1981.12.23	2322(해상 1987)
사적	경주	경북	1968.12.31	139

(2) 도립공원

도립공원은 광역시 · 도 내에 위치하며, 도를 대표할 만한 수려한 자연풍경지로서 도립공원위원회와 시 · 도 건설종합계획심의회의 심의를 거쳐 환경부장관의 승인을 얻어 시 · 도지사가 지정한 공원이다. 도립공원은 우리나라에서 자연경관이 국립공원 다음으로 훌륭한 자연공원이며 경북의 금오산, 전북의 대둔산, 강원도의 경포 등 우리 국민들이 많이 이용하는 국민관광지이기도 하다. 우리나라 도립공원은 1970년 6월 1일 경북의 금오산도립공원의 지정을 시작으로 하여 전국에 22개소가 있다.

▲마이산도립공원

▲문경새재도립공원

▲팔공산도립공원

표 3-9 도립공원 지정 현황

지정순위	공 원 명	위 치	면 적(㎢)	지정연월일
1	금 오 산	경북 구미, 칠곡, 김천	37.290	1970.6.1
2	남 한 산 성	경기 광주, 하남, 성남	36.447	1971.3.17
3	모 악 산	전북 김제, 완주, 전주	45.567	1971.12.2
4	무 등 산	광주, 전남 담양, 화순	30.230	1972.5.22
5	덕산	충남 예산 , 서산	21.024	1973.3.6
6	칠갑산	충남 청양	32.946	1973.3.6
7	대둔산	전북 완주	38.100	1977.3.23
7-1	대둔산	충남 논산 , 금산	24.770	1980.5.22
8	낙산	강원 양양	8.659	1979.6.22
9	마이산	전북 진안	17.221	1979.10.16
10	가지산	울산, 경남 양산, 밀양	105.429	1979.11. 5
11	조계산	전남 순천	27.380	1979.12.26
12	두륜산	전남 해남	33.390	1979.12.26
13	선운산	전북 고창	43.700	1979.12.27
14	팔공산	대구, 경북 칠곡, 군위, 경산, 영천	125.668	1980.5.13
15	문경새재	경북 문경	5.494	1981.6.4
16	경포	강원 강릉	9.475	1982.6.26
17	청량산	경북 봉화, 안동	49.470	1982.8.21
18	연화산	경남 고성	22.260	1983.9.29
19	태백산	강원 태백	17.440	1989.5.13
20	팔영산	전남 고흥	9.881	1998.8.4
21	천관산	전남 장흥	7.606	1998.10.13
22	연인산	경기 가평	37.445	1905.9.12
23	신안증도 갯벌	전남 신안	12.824	2008.06.05
24	무안갯벌	전남 신안	37.123	2008.06.05
25	제주 조각	제주 남제주군 안덕면	0.370	2008.9.19
26	마 라 해 양	제주 남제주군 대정읍, 안덕면	49.755	2008.9.19
27	성산일출해양	제주 남제주군 성산읍	16.156	2008.9.19
28	서귀포시립해양	제주 서귀포시 보목 강정동	19.540	2008.9.19
29	추자	제주 북제주군 추자면	95.292	2008.9.19
30	우도해양	제주 북제주군 우도면	25.863	2008.9.19
31	수리산	경기 안양, 안산, 군포	6.606	2009.7.16
계	3 1개소	-	1,050.421	-

자료 : 환경부, 2009년 기준

주) 대둔산은 전라북도와 충청남도에서 행정구역에 따라 각각 도립공원으로 지정하여 2개의 도립공원이 존재

(3) 군립공원

군립공원은 시장 · 군수가 군립공원위원회의 심의를 거친 후 도지사의 승인을 얻어 지정하는 공원으로 현재 전국에 31개소가 있다.

표 3-9 도립공원 지정 현황

지정순위	공 원 명	위 치	면 적(㎢)	지정연월일
1	강천산	전북 순창군 팔덕면	15.844	1981.1.7
2	천마산	경기 남양주시 화도읍, 진천면, 호평면	12.714	1983.8.29
3	보경사	경북 포항시 송라면	8.509	1983.10.1
4	불영계곡	경북 울진군 울진읍, 서면, 근남면	25.140	1983.10.5
5	덕구온천	경북 울진군 북면	6.054	1983.10.5
6	상족암	경남 고성군 하일면, 하이면	5.106	1983.11.10
7	호구산	경남 남해안 이동면	2.869	1983.11.12
8	고소성	경남 하동군 악양면, 화개면	3.177	1983.11.14
9	봉명산	남 사천시 곤양면, 곤명면	2.645	1983.11.14
10	거열산성	경남 거창군 거창읍, 마리면	4.252	1984.11.17
11	기백산	경남 함양군 안의면	2.013	1983.11.18
12	황매산	경남 합양군 대명면, 가회면	21.190	1983.11.18
13	웅석봉	경남 산청군 산청읍, 금서 ·삼장 · 단성	17.250	1983.11.23
14	신불산	울산 울주군 상북면, 삼남면	11.585	1983.12.2
15	운문산	경북 청도군 운문면	16.173	1983.12.29
16	화왕산	경남 창원군 창녕읍	31.283	1984.1.11
17	구천계곡	경남 거제시 신현읍, 동부면	5.871	1984.2.4
18	입곡	경남 함양군 산인면	0.995	1985.1.28
19	비슬산	대구 달성군 옥포면, 유가면	13.000	1986.2.22
20	장안산	전북 장수군 장수읍	6.246	1986.8.18
21	빙계계곡	경북 의성군 춘산면	0.880	1987.9.25
22	고복	충남 연기군 서면	1.949	1990.1.20
23	아미산	강원 인제군 인제읍	3.160	1990.2.23
24	명지산	경기 가평군 북면	12.730	1991.10.9
25	방어산	경남 진주시 지수면	2.588	1993.12.16
26	대이리	강원 삼척시 신기면	3.665	1996.10.25
27	월성계곡	경남 거창군 북상면	0.650	2002. 4.25
계	27개소	–	239,217	–

자료 : 환경부, 2009년 기준

▲위봉산성 군립공원

▲화왕산 군립공원

3) 관광지 지정과 개발

관광지의 지정은 관광자원이 풍부하고 관광객의 접근이 용이하며 개발제한요소가 적어 개발이 가능한 지역과 관광정책상 관광지로 개발하는 것이 필요하다고 판단되는 지역을 대상으로 하여 지정한다.

관광객의 관광활동에 필수적인 주차장, 상 · 하수도, 음료수대, 벤치 등 공공 및 편의시설은 공공사업으로 추진하고, 그 외에 이용관광객의 편의를 위한 각종 유희시설과 숙박 및 상가시설은 민간자본을 유치하여 개발하는 사업이다.

(1) 관광지 개발

정부에서는 관광지를 확대 · 개발함으로써 국민이 자유롭고 쾌적하게 이용할 수 있는 관광환경을 조성함은 물론, 관광을 통하여 국민의 복지수준을 향상시키는 복지관광정책의 일환으로 국민관광지를 개발해 오고 있다.

급증하는 국민관광수요에 부응하고 건전한 관광문화의 조성을 위해서는 국민이 자유롭게 이용할 수 있는 휴식공간과 이용편의시설의 확충과 함께 관광자원의 계획적 개발을 통한 환경훼손 등을 최소화함이 필요하다.

우리나라의 국민관광지는 1981년부터 매년 연차적으로 개발해 오고 있으며, 현재 전국의 관광지는 총 226개소이다.

표 3-11 **관광지 지정 현황**

시 · 도	지정개소	지정개소
부산	5	태종대, 황령산, 해운대, 용호씨사이드, 기장도예촌
인천	2	서포리, 마니산
경기	13	대성, 용문산, 소요산, 신륵사, 산장, 한탄강, 산정호수, 공릉, 수동, 장흥, 백운계곡, 임진각, 내리
강원	40	춘천호반, 고씨동굴, 무릉계곡, 망상해수욕장, 화암약수, 고석정, 송지호, 장호해수욕장, 팔봉산, 삼포?문암, 옥계, 맹방해수욕장, 구곡폭포, 속초해수욕장, 주문진해수욕장, 삼척해수욕장, 간현, 연곡해수욕장, 청평사, 초당, 화진포, 오색, 광덕계곡, 홍천온천, 후곡약수, 어흘리, 등명, 방동약수, 용대, 영월온천, 어답산, 구문소, 직탕, 아우라지, 유현문화, 동해 추암, 영월 마차탄광촌, 평창 미탄마하 생태, 속초 척산온천, 인제 오토테마파크
충북	22	천동, 다리안, 송호, 무극, 장계, 세계무술공원, 충온온천, 능암온천, 교리, 온달, 수옥정, 능강, 금월봉, 속리산레저, 계산, 괴강, 제천온천, KBS 제천촬영장, 만남의광장, 충주호체험, 구병산, 늘머니과일랜드
충남	26	대천해수욕장, 구드래, 신정호, 삽교호, 태조산, 예당, 무창포, 덕산온천, 곰나루, 용연저수지, 죽도, 안면도, 아산온천, 마곡온천, 금강하구둑, 마곡사, 칠갑산도림온천, 천안종합휴양, 공주문화, 춘장대해수욕장, 간월도, 난지도, 왜목마을, 남당, 서동요역사, 만리포
전북	21	남원, 은파, 사선대, 방화동, 금마, 운일암 · 반일암, 석정온천, 금강호, 위도, 마이산회봉, 모악산, 내장산리조트, 김제온천, 웅포, 모항, 왕궁보석테마, 백제가요정읍사, 미륵사지, 오수의견, 벽골제, 변산해수욕장
전남	28	나주호, 담양호, 장성호, 영산호, 화순온천, 우수영, 땅끝, 성기동, 회동, 녹진, 지리산온천, 도곡온천, 도림사, 대광해수욕장, 율포해수욕장, 대구도요지, 불갑사, 한국차소리문화공원, 마한문화공원, 회산연꽃방죽, 홍길동테마파크, 아리랑마을, 정남진 우산도-장재도, 신지명사십리, 해신장보고, 운주사, 영암 바둑테마파크, 사포
경북	32	백암온천, 성류굴, 경산온천, 오전약수, 가산산성, 경천대, 문장대온천, 울릉도, 장사해수욕장, 고래불, 청도온천, 치산, 용암온천, 탑산온천, 문경온천, 순흥, 호미곶, 풍기온천, 선바위, 상리, 하회, 다덕약수, 포리, 청송 주왕산, 영주 부석사, 청도 신화랑, 울릉개척사, 고령 부례, 회상나루, 문수, 예천삼강, 예안현
경남	22	부곡온천, 도남, 당항포, 표충사, 미숭산, 마금산온천, 수승대, 오목내, 합천호, 합천보조댐, 중산, 금서, 가조, 농월정, 송정, 벽계, 장목, 실안, 산청전통한방휴양, 하동 묵계(청학동), 사천비토, 거가대교
제주	15	돈내코, 용머리, 김녕해수욕장, 함덕해안, 협재해안, 제주남원, 봉개휴양림, 토산, 묘산봉, 미천굴, 수망, 표선, 금악, 제주돌문화공원, 곽지
합계	226	

자료 : 문화체육관광부, 2015년 12월 31일 기준

(2) 관광특구 지정

관광특구는 「관광진흥법」 제2조 '외국인 관광객의 유치 촉진 등을 위하여 관광활동과 관련된 관계법령의 적용이 배제되거나 완화되고, 관광활동과 관련된 서비스 · 안내체계 및 홍보 등 관광여건을 집중적으로 조성할 필요가 있는 지역으로서 관광진흥법에 의하여 지정된 곳' 으로 정의하며 외국인 관광객의 유치 촉진을 위하여 관광시설이 밀집된 지역에 대해 야간 영업시간 제한을 배제하는 등 관광활동을 촉진을 목적으로 1993년에 도입된 제도이다.

관광특구 지정 요건(관광진흥법 제70조 및 동법 시행령 제58조)은 문화체육관광부령이 정하는 상가 · 숙박 · 공공편익시설, 휴양 · 오락시설 등의 요건을 갖추고 외국인 관광객의 수요를 충족시킬 수 있는 지역으로 당해 지역의 최근 1년 간 외국인 관광객이 10만 명(서울특별시는 50만 명) 이상(문화체육관광부장관이 고시하는 통계전문기관의 통계)이어야 하며, 임야 · 농지 · 공업용지 · 택지 등 관광활동과 관련이 없는 토지가 관광특구 전체 면적의 10%를 초과하지 않아야 한다.

현재 관광특구는 제주도, 경주시, 설악산, 해운대, 유성의 5개 지역이 1994년 8월 31일 최초 지정된 이래, 2015년 12월 고양시 일산 서구, 동구 일부 지역을 관광특구로 새로 지정하여 2015년 12월 말 기준 13개 시 · 도 30곳이 관광특구로 지정되어 있다.

표 3-12 관광특구 지정 현황

시·도	특구명	지정지역	면적(㎢)	지정시기
서울 (6)	명동 · 남대문 · 북창	중구 소공동 · 회현동 · 명동 · 북창동 · 다동 · 무교동 일원	0.87	2000.03.30(변경 2012.12.27)
	이태원	용산구 이태원동 · 한남동 일원	0.38	1997.09.25
	동대문 패션타운	중구 광희동 · 을지로5~7가 · 신당1동 일원	0.58	2002.05.23
	종로 · 청계	종로구 종로1가~6가 · 서린동 · 관철동 · 관수동 · 예지동 일원, 창신동 일부 지역 (광화문 빌딩~숭인동 4거리)	0.54	2006.03.22
	잠실	송파구 잠실동 · 신천동 · 석촌동 · 송파동 · 방이동	2.31	2012.03.15
	강남	강남구 삼성동 무역센터 일대	0.19	2014.12.18

시·도	특구명	지정지역	면적(㎢)	지정시기
부산 (2)	해운대	해운대구 우동·중동·송정동·재송동 일원	6.22	1994.08.31
	용두산·자갈치	중구 부평동·광복동·남포동 전지역, 중앙동·동광동·대청동·보수동 일부 지역	1.08	2008.05.14
인천(1)	월미	중구 신포동·연안동·신흥동·북성동·동인천동 일원	3.00	2001.06.26
대전(1)	유성	유성구 봉명동·구암동·장대동·궁동·어은동·도룡동	5.86	1994.08.31
경기 (3)	동두천	동두천시 중앙동·보산동·소요동 일원	0.39	1997.01.18
	평택시 송탄	평택시 서정동·신장1·2동·지산동·송북동 일원	0.49	1997.05.30
	고양	고양시 일산 서구, 동구 일부 지역	3.94	2015.08.06
강원 (2)	설악	속초시·고성군 및 양양군 일부 지역	138.10	1994.08.31
	대관령	강릉시·동해시·평창군·횡성군 일원	428.26	1997.01.18
충북 (3)	수안보온천	충주시 수안보면 온천리·안보리 일원	9.22	1997.01.18
	속리산	보은군 내속리면 사내리·상판리·중판리·갈목리 일원	43.75	1997.01.18
	단양	단양군 단양읍·매포읍 일원(2개읍 5개리)	4.45	2005.12.30
충남 (2)	아산시온천	아산시 음봉면 신수리 일원	3.71	1997.01.18
	보령해수욕장	보령시 신흑동, 웅천읍 독산·관당리, 남포면 월전리 일원	2.52	1997.01.18
전북 (2)	무주 구천동	무주군 설천면·무풍면	7.61	1997.01.18
	정읍 내장산	정읍시 내장지구·용산지구	3.50	1997.01.18
전남 (2)	구례	구례군 토지면·마산면·광의면·신동면 일부	78.02	1997.01.18
	목포	북항·유달산·원도심·삼학도·갓바위·평화광장 일원(목포해안선 주변 6개 권역)	6.89	2007.09.28
경북 (3)	경주시	경주 시내지구·보문지구·불국지구	32.65	1994.08.31
	백암온천	울진군 온정면 소태리 일원	1.74	1997.01.18
	문경	문경시 문경읍·가은읍·마성면·농암면 일원	1.85	2010.01.18

시·도	특구명	지정지역	면적(㎢)	지정시기
경남 (2)	부곡온천	창녕군 부곡면 거문리 · 사창리 일원	4.82	1997.01.18
	미륵도	통영시 미수1 · 2동 · 봉평동 · 도남동 · 산양읍 일원	32.90	1997.01.18
제주(1)	제주도	제주도 전역(부속도서 제외)	1,809.56	1994.08.31
13개 시 · 도 30개소		-	2636.47	-

자료 : 문화체육관광부, 2015년 12월 31일 기준

4) 기타 관광지개발

(1) 안보관광자원과 전적관광지개발

❶ 안보관광자원 개발

정부는 남북한이 대치하고 있는 우리나라의 특수상황을 국내외의 관광객이 체험할 수 있도록 판문점, 땅굴, 전적지 등을 안보관광자원으로 개발하고 있다. 안보관광지에 대한 내 · 외국인 관광객의 방문현황은 〈표 3-13〉과 같다.

표 3-13 안보관광시설별 내 · 외국인 방문 현황

관광지명		내국인	외국인	계
육군	도라전망대, 제3땅굴, 해마루촌, 허준묘역	468,368	332,945	135,423
	제2땅굴, 평화전망대	137,497	136,278	1,219
	백마고지 전적지	111,018	110,625	393
	열쇠전망대	31,101	30,570	531
	상승 OP	10,200	9,800	400
	승전 OP	13,800	13,500	300
	을지전망대	81,090	81,090	-
	제4땅굴	90,268	90,107	161
	칠성전망대	7,501	7,451	50
	승리전망대	24,512	24,512	-
	태풍전망대	58,734	58,020	714

관광지명		내국인	외국인	계
육군	육군사관학교	37,364	37,262	102
	고성 통일전망대	583,821	581,580	2,241
해군	해군사관학교	273,789	273,360	429
	제1 · 2 연평해전 전적(승)비	29,835	29,622	213
	애기봉전망대	235,000	235,000	-
	강화도 평화전망대	198,512	198,512	-
	백령도 OP	8,510	8,497	13
	포항역사관	49,235	49,206	29
공군	공군사관학교	25,624	25,585	39
계		2,475,779	2,333,522	142,257

❷ 전적관광지 개발

가) 전적관광지 개발현황

전적관광지의 개발은 6 · 25전적지와 민통선일대의 잘 보존된 자연경관, 관광자원을 발굴 · 개발함으로써 전후세대들에게는 올바른 역사의식을 함양하는 장으로 활용하는 한편, 우리나라를 방문하는 외래관광객들에게는 특이한 관광경험을 극대화하고, 국제사회에서는 우리나라의 현실을 이해시키며, 민통선 일대의 소외 · 취약지역의 경제 · 사회개발전력의 일환으로 추진되는 사업이다.

정부에서는 강원도 구 철원읍 주변을 민통선관광지로 개발하기 위하여 제2땅굴주변, 필승교회주변, 도피안사, 노동당사, 백마고지 위령비주변, 월정역 등에 주차장 · 급수시설 · 교량 · 조경 · 도로포장 등의 시설을 건설하였으며, 한국관광공사에서는 고석정 관광지 내에 철의 삼각지전적관을 설립하였다. 또한 1990년대부터는 강원도지역의 김화, 평화의 댐, 직연폭포, 파로호, 펀치볼, 화진포, 건봉사 등 7개 지구에 대한 안보관광지 개발에 착수하였고 2009년에는 '평화 문화광장' 조성과 통일전망대(강원 고성군) 주변 관광지지정 및 건물 신축공사 등 강원도 내 개발 사업을 완료하였다.

나) 전적관광지 개발방안

민통선지역은 북한과 접경한 특수지역이므로 남부지역의 개발방향과 정책을 그대로 적용하거나 채용하기 어렵다. 그 이유는 DMZ가 비록 완충지대(buffer zone)이나 휴전선이 있는 곳이므로 대립과 긴장상태가 지속되어 오고 있다는 현실적 문제가 있고, 민통선지역 1개 군의 군사시설 보호구역이 62%에 해당하여 이 일대의 개발 · 투자에 부정적 영향을 미치고 있는 것이다. 또 이곳은 전후 40년이 지나면서 북부지역의 산림과 생태계가 온전하게 보전되어 온 곳이므로 무차별개발은 환경파괴를 야기할 수 있으므로 일정한 제한이 가해지지 않을 수 없다.

한편 유휴지와 황무지가 많은 접경지대를 잘 개발하고 관리하면 지역경제발전과 지역주민 생활안정에 큰 도움을 줄 수 있다는 개발옹호론자(지방자치단체, 민간부문 등)는 전적지, 사적지, 자연경승지, 무공해 농산물재배단지, 특화업종의 집중개발을 바라고 있다. 그리고 이를 관광자원화하고 관광지로 개발한다면 지역경제 자립과 주민소득증대에 기여한다는 것이다.

표 3-14 비무장지대 접경지역의 관광자원화 대상

지자체	전적지	유적 문화재	자연명소	생태계	특산물	안보관광
웅진군	• 6 · 25전적지(기념비, 전적지) • 고려, 조선시대해안 방어유적(성터, 봉수대)	• 선사유적(주거지, 패총) • 심청관련전설(관광지 조성 중) • 19세기 교회건물	• 서해금강 • 용기포 검은 모래사장 • 콩돌(주석)해안	• 천연기념물(희귀조류, 희귀식물) • 동백꽃 북상한계지	• 해산물(청정수산물) • 야생쑥 • 수산가공식품	• 전망대(황해도 장연조망)
강화도	• 삼국 · 고려 · 조선조의 외침방어요새 및 전적지(병인 · 신미양요)	• 고조선, 고려, 조선시대의 성터,사찰, 문화재 • 선사유적(고인돌) • 해안방어요새(성터, 봉수대) · 고려왕릉, 고려왕성터 • 고려자기 가마터	• 인당수 • 마니산	• 군남쪽 해안지대(길상면, 화도면),조류서식지 • 도서지방 바닷새서식지(천연기념물)	• 청결미 • 수산물 • 채소 • 인삼 • 화문석 • 향토음식(산채비빔밥, 순무김치)	• 전망대(북한 연백군 조망) • 해안안보 관광지

지자체	전적지	유적 문화재	자연명소	생태계	특산물	안보관광
김포군	• 조선시대의 외침 방어요새(문주산성, 월관해안포대)	• 선사유적(고인돌) • 조선조, 향교, 서원	• 문주산 • 장릉산	• 철새도래지(한강변 저지대) • 조강지구조류서식지	• 청결미 • 채소 • 인삼 • 문배주	• 문주산성 • 애기봉
파주군	• 삼국시대 전적지요새(성터) • 6 · 25전적지	• 선사유적(주거지, 유물, 고인돌) • 사찰터(전란기간 소실) • 삼국시대 유적(진흥왕 순수비) • 조선시대 누각, 향교 • 삼국시대고분 • 조선백자기가마터	• 감악산 • 파명산 • 정릉지구	• 임진강 상류 삼림지대(백연리) • 남한한계선 DMZ지구의 철새도래지	• 청결미 • 채소(부추)	• 6 · 25전적지 및 기념공원 • 자유의 다리 • 판문점 • 오두산전망대 • 통일공원
연천군	• 삼국시대전적지, 요새(성터) • 고려시대성터(후고구려) • 6 · 25전적지	• 선사유적(고인돌) • 삼국시대고분 • 도자기가마터 • 삼국시대산성	• 보개산 • 오성산 • 한탄강 • 재인폭포		• 쌀 • 인삼 • 율무국수	• 제 1, 3땅굴 • 6 · 25전적지
철원군	• 고려시대유적(성터) • 병자호란 전적지(전측총) • 임진왜란 전적지 • 6 · 25전적지	• 선사유적(고인돌, 유물) • 태봉국유적(궁예왕성, 성터) • 불교사찰 • 분청사기가마터 • 백자기가마터	• 고석정 • 금학산 • 칠담 • 천불산 • 매월대 • 삼부연	• 샘통지구 • 철새도래지	• 철원쌀(청결미) • 무공해농산물 • 화훼(백합) • 훈제, 돼지고기	• 기념비 • 충혼탑 • 백골전망대(북한금화지역 조망) • 제2땅굴
화천군	• 6 · 25전적지(수리봉, 파로호)	• 선사유적(고인돌, 유물) • 삼국시대 산성터	• 파로호 • 광덕산 • 삼화지구 • 오봉산 • 화악산	• 희귀민물고기(계곡, 호수)	• 가시오이 • 두부요리 • 토종돼지구이	• 전적비 • 통일전망대
양구군	• 6 · 25전적지(펀치볼 지구, 백석산, 가칠봉)	• 사찰터 • 선사유적(고인돌, 유물) • 산성터(노고성, 비봉성)	• 사명산 • 대우산 • 대안산 • 비봉산 • 두타산 • 직연 • 소양호	• 천연기념물(대우산, 대암산, 비봉산) • 천연기념물, 희귀어(문등계곡, 수인천, 천미천)	• 양구쌀 • 버섯 • 꿀 • 청둥오리장 • 오골계구이 • 흑염소장	• 전적비 • 통일전망대 • 제4땅굴

지자체	전적지	유적 문화재	자연명소	생태계	특산물	안보관광
인제군	• 신라산성 • 6 · 25전적지	• 경순왕, 마의태자유적(상남면, 북면)	• 방대산 • 내설악 • 소양호	• 천연기념물(고산지대, 산간계곡) • 백담사계곡 • 서화천	• 고냉지채소 • 황태구이 • 황태조림 • 엄나무닭탕	• 전적비 • 통일안보관
고성군	• 6 · 25전적지	• 건봉사 • 허암사 • 조선시대 전통가옥(왕곡마을)	• 건봉산 • 향로봉 • 설악산	• 천연기념물(고산식물, 야생동물) • 희귀민물고기(고진동 남강) • 철새도래(화진포, 송지호)	• 해산물(황태, 오징어) • 고냉지채소 • 치커리 • 토종꿀 • 칡국수 • 솔국수 • 청결미	• 전적비 • 통일안보관 • 통일전망대

자료 : 한국관광공사(2002)

현재 위와 같은 당위론(개발 · 보전)이 크게 상충되는 점이 있어 중앙정부의 조정역할을 통한 합리적인 가이드라인 제시가 필요하며, 개발과 보전의 조화가 장기적 관점에서는 국토의 효율적 이용에 있어서도 바람직하다고 생각한다. 그리고 민통선지역 10개 군마다 자연적 · 지리적 · 인문사회적 여건, 역사적 배경을 달리하므로 획일적인 개발방향을 제시하는 것도 바람직하지 못하다. 산업입지조건을 갖춘 곳이 있는가 하면, 달리 전통적 농업 · 임업에 중점 투자하여 특화업종으로 육성해야 하거나, 또는 농토가 부족하고 산지가 월등히 많은 내륙지 자체는 산림업과 관광업에 관심을 가질 수밖에 없는 곳이 있다.

강원도 남부 내륙산간지대는 석탄수요가 감소함에 따라 석탄지구를 산업구조개선을 통해 다른 업종으로의 대체 · 전환을 추진하여 고산지대의 경제적 활용(목장, 고랭지 채소재배단지, 스키장, 휴양지개발)을 하고 있다.

그러나 북부지역은 광산지대가 아니므로 기존 업종이 타업종으로의 적극적 전환이 이루어질 수 없는 속성을 가지고 있다. 향후 이 점을 개발전략 · 개발계획에 참조해야 할 것이다. 최근 10개 군이 지역발전을 위해 제시하는 사업 가운데 관광개발이 모두 포함되고 있는 점을 보면 주어진 여건을 가장 잘 활용할 수 있는 분야가 관광업종인 점은 확실하다.

여기에는 타지역(주시장인 경인지역을 배후지로 함)으로부터 관광객을 유치하기 위한 관광지(휴양지, 주말농장, 온천, 스키장, 호텔, 콘도미니엄 등)와 안보관광지(6 · 25당시 전적지의 관광자원화) 개발이 큰 비중을 차지하며, 개발에 소요되는 재원은 지방자치단체 예산으로 충당하되, 개발의 효율성을 제고하기 위하여 제3섹터(지자체와 민간부문의 공동투자)와 민간부문이 투자유치를 하고 있다.

섬이 많은 옹진군은 도서관광(휴양, 레크리에이션), 크루즈 관광(유람선이용 해상관광), 향토식품 개발에 관심을 보이고 있고, 내륙지방은 무공해농산물(청결미, 한약재, 채소, 과일, 버섯, 산채) 생산, 삼림휴양지, 산악관광지, 수상관광지(파로호, 조양호) 개발에 관심을 보인다.

고성군은 전적지, 바다, 고산, 계곡, 온천, 설악산국립공원을 배합한 임해관광개발에 역점을 두고 있고, UNESCO가 지정한 천연보호구역(생태계보전지역)인 설악산과 그 주위 산간지대를 효과적으로 이용한 생태관광개발 그리고 금강산 관문에 해당하는 지리적 특수성을 감안한 통일안보관광지 개발에 주력하고 있다.

(2) 역사 · 문화관광자원 개발

우리나라의 역사 · 문화자원은 우리 민족의 유구한 자주적 문화정신과 지혜가 담겨 있는 보전가치가 높은 역사적 소산으로 우리의 문화유산을 해외에 널리 소개할 수 있는 매우 중요한 관광자원이다. 그 종류로는 유형문화재, 무형문화재, 기념물, 민속자료가 있는데 일부 자치단체의 경우 지역 내 역사 · 문화자원이 관광잠재력은 풍부하나 관광개발추진 역량이 취약하여 사장되는 경우가 있었다.

이에 따라 정부에서는 방치되고 있는 자원을 발굴하여 체계적으로 개발함으로써 관광상품의 부가가치를 높여 틈새시장을 공략하기 위한 역사 · 문화관광자원 개발사업을 적극 추진 중에 있다. 동 사업은 문화재청에서 국가 및 도 지정문화재등을 대상으로 추진하는 문화재 정비 · 복원사업과 달리, 문화재로 지정되어 있지 않은 지방의 역사 · 문화자원을 정비 · 복원하거나 동 문화자원을 배경으로 주변지역에 관광기반 및 편익시설을 소규모로 유치하여 개발하는 사업으로, 시 · 도에서 신청한 사업중 관광잠재력이 높은 지역을 선정하여 시 · 도에 국고지원함으로써 관광개발효과를 극대화하고 있다.

(3) 레저 · 스포츠 관광자원 개발

국내 · 외 관광객의 선호도가 정적관광에서 동적관광으로 변화하는 추세에 있어 급변하는 관광환경 변화에 능동적으로 대처하기 위해서는 레저활동과 관련된 다양한 관광상품 개발이 요구되는 시기이다. 선진국에서는 레저 · 스포츠관광이 이미 보편화되어 있으나 우리나라는 동호인 중심으로 스포츠 개념으로 활동되다가 '90년대부터 활성화되기 시작되었다.

레저 · 스포츠의 종류로는 고소득층 중심의 골프, 스키, 요트뿐만 아니라 일반 서민층이 저렴하게 이용할 수 있는 활공, 래프팅, 번지점프, 수상스키, 태권도 등 다양한 관광자원이 있다.

관광객이 직접 체험을 통해 스릴을 만끽하는 활공, 번지점프 등의 경우 이전에는 기본적인 장비를 갖춰 전문가로부터 훈련 등을 통해 기술을 습득한 후 레저활동을 추진하는 것이 보편적이었으나, 근래에는 안전장비가 많이 발달되어 청소년 및 일반 관광객 등의 참여 범위가 넓어져 잠재력이 매우 높은 관광상품으로 부상하게 되었다. 그러나 관광객을 수용할 수 있는 관광시설이 부족하여 레저 · 스포츠관광을 활성화하는데 미흡함에 따라 정부에서는 레저 · 스포츠관광의 기반 및 편의시설을 적극적으로 확충코자 '99년도에 활공장, 래프팅, 번지점프 등 2개 사업에 국고 265백만 원을 자치단체에 지원하였고 2000년도에는 6개 사업에 2,200백만 원, 2001년에는 7개 사업에 1,450백만 원을 대폭 확충 · 지원하였다.

앞으로도 연차별로 지속적인 지원 · 확충을 통해 국내 레저 · 스포츠관광을 선진국 수준으로 끌어올려 고부가가치의 테마관광상품으로 육성해 나갈 계획이다.

(4) 생태관광(Eco Tourism) 육성

오늘날 산업공해와 지나친 개발로 인해 푸르고 깨끗한 자연공간이 해마다 부족해짐에 따라 현대 도시인들은 갯벌, 탐조, 동굴, 반딧불등 자연그대로의 모습을 보고 즐기고자 하는 체험관광이 늘어나게 되었다. 그러나 생태자원을 보존에만 치중함에 따라 관광과 접목시키려는 노력이 부족하여 관광상품으로 개발 · 육성하는데 미흡한 면이 있었다.

유엔에서는 2002년을 '생태관광의 해'로 지정하였고, 최근 국내에서도 생태·녹색관광 수요의 증대로 체계적인 생태·녹색관광자원 개발 필요성이 대두함에 따라 정부는 생태자원을 최대한 보존하면서 환경친화적인 관광개발을 통해 초보단계에 있는 생태·녹색관광을 정착시키고자 노력하였다. 이에 2003년부터 생태·녹색관광자원 개발사업을 문화관광자원 개발사업에서 분리해 추진하고 있다. 2003년도에는 갯벌관광개발 등 14개 사업에 55억 원 지원, 2004년도에는 대나무생태공원조성 등 14개 사업에 62.8억 원 지원, 2005년도에는 민둥산생태관광개발 등 18개 사업에 101.8억 원 지원, 2006년에는 수변생태공원조성 등 26개 사업에 132.2억 원을 지원하였으며, 2007년에는 탑정호 생태관광 개발 등 25개 사업에 133억 원을 지원하여 갯벌, 철새, 동굴, 습지, 화석 등 자연환경의 관찰, 체험을 위한 보호·체험시설, 생태공원 등 기반시설을 조성할 예정이다. 향후 생태·녹색관광자원개발 예산의 연차적 확대와 지원을 통하여 전국을 균형 있게 개발 할 수 있도록 유도하고, 획일적 개발 지양 및 지역적 특성에 맞는 지속가능한 개발이 요구된다.

❶ 갯벌관광

우리나라는 인천 강화갯벌, 화성 제부도갯벌, 진도·보령의 '신비의 바닷길' 등 서·남해안을 중심으로 갯벌이 다양하게 분포되어 있고 특히, 서해안의 경우 세계 5대 갯벌 중의 하나로 매우 풍부한 관광자원을 보유하고 있다.

이전에는 갯벌을 어민들의 소득원으로 인식되거나 학생을 대상으로 자연생태계 학습장으로만 활용되었으나, 근래에는 청소년·가족단위 등을 대상으로 어패류 등을 채취하여 이를 즐기고자 하는 건전한 체험관광이 늘어나는 추세에 있다. 이러한 관광잠재력에도 불구하고 관광객을 수용할 수 있는 세척장, 주차장, 화장실 등 관광시설이 부족하여 갯벌관광이 활성화되지 못하였다. 이에 따라 정부는 관광기반 및 편의시설 확충을 통해 갯벌관광을 적극 육성하기 위해 2000년도에 인천 강화지역을 처음으로 시범 대상지로 선정하여 자치단체에 국고지원하여 추진중에 있다. 앞으로도 이를 토대로 갯벌관광이 활성화될 경우 대상지를 더욱 확대하여 적극 지원·육성해 나갈 계획이다.

❷ 탐조관광

철새도래지는 우리나라와 일본이 동북아시아의 대표적인 서식지로서, 우리나라의 경우 강원 철원, 부산 을숙도, 창원 주남저수지, 충남 서산만, 전남 순천만 등 주요철새도래지가 있다. 철새는 주변 자연환경에 민감하여 사람의 접근이 어렵고 겨울에 주로 서식함에 따라 시간의 제약성 때문에 이를 관광자원화하는데 미흡한 면이 있었다.

또한 이전에는 교수 및 동호인 등을 중심으로 학술적 차원에서 접근하거나, 관련 민간단체에서 천연기념물인 독수리, 황새, 두루미, 백조 등의 희귀 새를 보존 · 보호하려는 차원에서 접근하는 경우가 많았는데, 근래에는 청소년 · 가족단위 등 일반 관광객을 중심으로 새의 관찰을 통해 이를 즐기고자 하는 탐조관광이 활성화되고 있어 잠재력이 매우 높은 관광자원으로 부상하게 되었다. 이러한 관광 잠재력에도 불구하고 새를 관찰할 수 있는 탐조전망대나 관광객을 수용할 수 있는 주차장, 휴게실 등의 관광기반시설이 부족하여 관광활성화가 되지 못하였다.

정부에서는 탐조 전망대 등의 관광시설 확충을 통해 탐조관광을 적극 육성하기 위해 2000년, 2001년도에 두루미, 재두루미 등의 집단 서식지인 강원 철원지역을 시범대상지로 선정하여 민통선지역 내 주변 땅굴, 월정역, 안보전망대 등과 연계하여 생태 및 안보관광코스로 개발하기 위해 추진중에 있다. 앞으로도 이를 토대로 탐조관광이 활성화될 경우 대상지를 더욱 확대하여 적극 지원 · 육성해 나갈 계획이다.

▲하도리 철새도래지

표 3-15 국가 생태계 보전지역

지역명	위치	면적(㎢)	특징	지정일자
환경부지정 : 11개소, 242.953㎢				
낙동강하구	부산사하구 신평, 장림, 다대동 일원 해면 및 강서구 명지동 하단 해면	34.20	철새도래지	1989.3.10
지리산	전남 구례군 산동면 심원계곡 및 토지면 피아골 일원	20.20	극상원시림 (구상나무 등)	1989.12.29
대암산	강원 인제군 서화면 대암산의 큰용늪과 작은용늪 일원	1.06	우리나라 유일의 고층습원	1989.12.29
우포늪	경남 창녕군 대합면, 이방면, 유어면, 대지면일원	8.54	우리나라 最古의 원시자연늪	1997.7.26
무제치늪	울산 울주군 삼동면 조일리 일원	0.18	희귀야생동·식물이 서식하는 산지습지	1998.12.31
섬진강 수달 서식지	전남 구례군 문척면, 간전면, 토지면 일원	1.83	멸종위기동물인 수달의 서식지	2001.12.1
고산봉 붉은박쥐 서식지	전남 함평군 대동면 일원	8.78	멸종위기동물인 붉은박쥐의서식지	2002.5.1
동강유역	강원 영월군 영월읍, 정선군 정선·신동읍, 평창군 미탄면 일원	64.97	지형·경관 우수희귀야생동·식물 서식	2002.8.9
왕피천유역	경북 울진군 서면, 근남면 일원	102.833	지형·경관 우수희귀야생동·식물 서식	2005.10.14 (2006.12.8 변경)
소황사구	충남 보령시 웅천읍 소황리, 독산리 일원	0.121	해안사구 희귀야생동식물 서식	2005.10.28
하시동·안인사구	강원도 강릉시 강동면 하시동리 일원	0.234	사구의 지형·경관 우수	2008.12.17
해양수산부 지정 : 4개소, 70.373㎢				
신두리사구 해역	충남 태안군 원북면 신두리 일원	0.639	다양한 식생과 특이한 지형	2002.10.9
문섬 등 주변해역	제주 서귀포시 강정동, 법환동, 서귀동, 토평동, 보목도 일원	13.684	국내 유일의 산호 군락지 다양한 해조류 군락 존재	2002.11.5
오륙도 및 주변해역	부산 남구 용호2 동 936-94 1번지 및 주변해역	0.35	기암괴석 무인도서 및 수직암반 생물상 보호	2003.12.31
대이작도 주변해역	인천 옹진군 이작리 55.7 및 승봉리 일원	55.7	경관우수 및 수산 생물과 저서생물의 주요서식지	2003.12.31

자료 : 환경부, 2009년 기준

제11장 관광자원 관리 및 보호

제1절 관광지의 관리 · 운영

1. 관광지 관리의 개념

관광지의 관리는 관리주체가 관광지의 매력성을 지속적으로 유지하기 위한 효율적인 방안을 강구하는 일련의 제반행위를 의미한다. 관광지의 관리 및 운영에 관한 개념적 정의로는 "관광지의 관리 · 운영이란 관광지계획을 실천하기 위한 관리 · 운영은 물론, 관광지의 특성을 유지하기 위한 지속적인 활동이며, 내용적으로는 관광자원의 가치를 저하시키지 않도록 적절한 관광활동을 제공하는 인간 및 공간질서를 위한 일련의 행위이다. 관광계획은 실시단계에 있어서 관광지의 가치를 충분히 파악하고, 그 가치가 손상되거나 훼손되는 일이 없이 관광개발의 효과를 높이는 방법을 채택하는 것이 관광지의 연출이다. 공원이나 관광지의 그 관리운영이 전제되지 않으면 아무리 훌륭한 관광계획을 수립하여도 관광지는 훼손된다. 그러므로 관광지계획은 확실한 관광지의 관리계획이 수반되어야 한다. 관광지경영은 관광지를 찾는 방문객에게 관광매력물과 서비스를 제공하고, 그 반대급부로서 운영수익이 발생한다. 따라서 관광지의 관리란 관광계획의 실천적인 실행관리이며, 관광지를 유지하기 위한 계속적인 활동이라고 할 수 있다.

관광지관리는 내용적으로는 "관광지에 있어서 관광가치를 저하시킴이 없이 적정한 관광행동을 하도록 하기 위한 계속적인 인간 및 공공질서의 관리"라고 개념을 지을 수 있다. 즉, 관광자원이나 시설의 보존과 관광객에 대하여 쾌적하고 안전한 관광행동을 하도록 하는 일련의 행동이다.

2. 관광지 관리의 필요성

인간의 관광활동은 다양한 구성요소에 의해서 이루어지지만, 그 중 관광욕구의 극대화에 가장 커다란 영향을 미치는 요소는 관광대상인 관광자원을 들 수 있다. 다시 말해 관광객의 관광욕구충족은 이용대상인 관광자원의 질적 요소가 얼마만큼의 양질의 요소로 구성되어 있느냐가 결정하게 된다. 따라서 관광지관리의 궁극적인 목표는 관광객에게 관광욕구의 극대화, 곧 양질의 관광경험을 지속적으로 제공하는데 있으며, 이를 위해서 관광지관리의 주체(관리기관 또는 관리자)는 관광활동이 이루어지는 지역을 잘 관리함으로써 관광객들이 좀더 나은 관광경험을 얻을 수 있는 관광기회의 산출을 도모하도록 노력해야 한다.

관광지관리의 목표는 최소비용으로 최대의 성과를 얻고자 하는 경제성의 원칙에 기초한다. 따라서 흔히 경제적 가치에 의해 측정된 생산성이라면, 산정지표는 (목표/수단)=(산출/투입)=(편익/비용)으로 표시된다. 경제성은 경제적 능률, 생산성은 물적 능률, 유효성은 목표달성 능률로 본다면 관리의 목표는 결국 능률성에 있다.

이러한 측면에서 관광지관리의 목표는 관광지라는 일정 공간 내에서 자원의 질적 가치를 훼손시키지 않는 범위 내에서 제한된 자원을 효율적으로 관리 · 운영하여 관광지를 방문하는 관광객에게 최대의 편익을 제공하고, 반대급부로서 이윤극대화라는 운영목표를 달성하는데 있다.

따라서 방문관광객에게는 최대의 편익을 제공하면서, 반대급부로서 이윤극대화라는 운영목표를 달성하기 위한 관리주체(기관 또는 사업자)가 수행하는 일의 범위로는 기관의 목표와 정책수립, 조직의 정비, 직원관리, 프로그램의 계획과 정비, 재정관리와 마케팅, 시설의 설치와 유치, 홍보와 대중접촉, 안전관리, 법률문제 그리고 경영목표를 재확인하고, 목표를 달성하기 위한 경영 · 관리 대안의 수정과 보완 등 일련의 관리순환과정을 위한 평가와 관리 등을 들 수 있다.

3. 관광지의 관리방법 및 방안

관광지의 관리운영방법은 대별하여 특정 기관에 의한 일원화 관리방법과 관광지 성격별 · 규모별 다원화 관리방법, 민간참여에 의한 관리방법으로 분류할 수 있다. 특정기관에 의한 일원화 관리방법은 전국을 대상으로 특정 기관이 일괄적인 관리운영체계를 도입하여 관광지의 관리를 합리적으로 운영하는 것을 의미하며, 관광지 성격별 · 규모별 다원화 관리방법은 공공기관 · 민간기관 또는 기업체나 개인이 성격별 · 규모별로 분류하여 관리하는 방법이다. 또한 민간참여에 의한 관리운영방법은 정부기관 · 공공기관 그리고 민간단체가 공동 투자할 수 있는 주식회사를 설립하여 관리 운영하는 방법이다.

1) 정부주도형

전국의 모든 관광지에 대하여 정부주도의 관리운영체계가 형성되면 체계의 일원화 유지라는 측면에서 무엇보다도 바람직한 관리운영형태가 될 수 있다. 이는 행정적 효율성은 물론, 재원확보의 합리성 · 용이성 · 책임성 · 신뢰성 등 일원화 관리운영체계의 장점을 모두 취할 수 있기 때문이다. 특히 일관성 유지가 용이하고 민간주도형에서 발생하기 쉬운 영리성이나 지자체 주도형에서 문제가 되는 재원확보의 어려움 등을 모두 견제하거나 해결할 수 있다.

그러나 위로부터의 하향식 관리운영정책을 실시함으로써 관료주의에 빠지기 쉽고, 특히 위탁관리 운영상에는 배분적 관리 · 운영에 의해 관광지의 특성 및 규모를 무시한 획일적인 형태가 될 우려가 있다.

정부주도형 관광지 관리 · 운영은 관리 · 운영을 전담할 별도의 기구가 설치되었을 경우를 전체로 했을 때 다음과 같은 3가지 경우로 생각해 볼 수 있다.

(1) 정부는 관리만 하고 운영은 위탁하는 형태

관광지에 대한 환경 · 위생관리, 관광객관리, 기반시설관리, 공공시설관리, 서비스 및 정보관리 등 관리부문의 전반적인 사항은 정부가 주도하며, 이용시설 및 프로그램에 대한 운영은 전적으로 민간부문 또는 공익단체 · 지자체 등에 위탁함으로써 관리에 필요한 재정적 부담 및 관리요원의 확보문제는 정부가 담당하도록 하고, 운영에 발생되는 이익은 부분적으로 지역사회에 환원하도록 하는 형태이다. 이러한 방안은 공공성이 강한 관광지의 경우에 적용될 수 있는 관리 · 운영형태이다.

(2) 정부는 지도 · 감독하고 관리 · 운영은 위탁하는 형태

영리성이 강한 관광지 관리 · 운영에 적용되는 형태로서 관리 · 운영으로 발생하는 이익의 일부분을 공익적 차원에서 환수할 수 있도록 하고, 정부는 지도 · 감독만을 주도하는 방법이다. 예를 들면, 집단시설지구가 설치되어 있는 자연공원 또는 대규모 관광단지 및 유원지 등 특정유형의 관광지의 경우 이와 같은 형태의 관리 · 운영체계가 적합하다. 그러나 우리나라의 실정은 위탁관리라기보다는 관광지 조성시부터 민자유치에 의해 관리 · 운영되고 있기 때문에 지나치게 영리성이 강조되고 있는 상황이다. 따라서 환경 · 위생관리의 미흡 등 다양한 부작용이 발생하고 있으므로 정부의 철저한 지도 · 감독이 필요한 형태이다.

(3) 제3섹터에 의한 관리 · 운영형태

제3섹터의 개념은 정부와 민간부문 · 공공부문이 하나의 기구로 설립되어 정부주도 · 민간주도 등에서 나타나는 문제점을 보완하면서 행정 · 재정면에서 가장 효율적으로 추진할 수 있는 형태이다. 따라서 관광지 관리 · 운영기구는 특정법적 근거에 따라 하나의 새로운 기구로 제3섹터 형태의 제도를 도입하여 운영함이 가장 적합하고 효율적인 방법이라고 할 수 있다.

관리기구 일원화 방안은 다음과 같다.

첫째, 관광지의 기본계획에서부터 실시계획, 조성공사, 숙박 및 상가지구의 유치계획에 이르기까지 관광지의 조성 및 관리를 새로이 설립되는 제3섹터로 하여금 종합적으로 관리할 수 있는 기능을 부여하고 일원함으로써 전반적인 관리를 담당할 수 있도록 한다.

둘째, 기반시설 · 공공시설 · 행정업무까지는 제3섹터의 기구로 하여금 종합적으로 관리 · 운영토록 한다. 따라서 장기적인 안목에서 기존관광지 정비계획 · 신규관광지 개발계획 등의 중복투자를 방지하는 한편, 국민관광 수요전망과 이용시설확충 등에 있어 보다 효율적 수행이 가능하다.

이처럼 일원화의 방안으로 관리 · 운영되면 관광지 개발에 따른 조사에서부터 기본계획 · 실시계획 · 조성공사 · 상가지역입주 · 시설관리에 이르기까지 공공기관 참여에 의한 공공성 보장, 민간참여에 의한 수익성 보장, 현지주민의 참여로 개발이익분배,

그리고 기능별 전문기능의 참여에 의한 전문적인 관리 운영 등 체계적이고 일괄성있는 통합관리가 이루어질 수 있다. 또한 관광지 관리기준이 평준화되고, 한편으로는 지역별 관광지 관리운영 및 이용여건의 질적 수준이 적정화 · 균형화될 수 있으며, 특히 전국토 관광자원화 이용정보, 관광지 안내체계가 어느 관광지에서나 동시적으로 정확하게 제공되는 이점이 있다.

2) 지방자치단체 주도형

관광지의 관리 · 운영방법상 시설개발 및 지역경제활성화 측면에서 보면 지방자치단체가 주도하여 자주적 관리 · 운영방법을 채택하는 것이 바람직하다. 특히 지역주민의 자주성을 발휘할 수 있고, 목전의 이해에 관계없이 장기적이며 통합적인 관리 · 운영의 진로를 잃지 않는다는 장점이 있다. 그러나 관리 · 운영자금의 조달능력과 이에 수반되는 리스크의 부담능력이 부족하여 자주적 관리 · 운영이 의도에서 벗어나 영리적 목적을 띠게 될 위험성이 있다.

따라서 관광지를 지방자치단체가 주도하여 관리 · 운영하는데 있어서는 지역의 자주성 확보라는 근본적인 목표가 자금확보라는 문제에 전적으로 좌우되며, 특히 관광객을 비롯한 외적 환경의 동향을 정확히 이해하는 지도체제가 필요하다. 예를 들면, 일본에서는 국민숙사의 관리 · 운영을 지방자치단체가 주도하고 있는데, 이는 지역의 자주적 관리운영의 가장 소박한 형태가 되고 있으며, 관광어업 · 관광농업 등 1차 산업에의 후방효과가 커서 지역경제발전에 일익을 담당하고 있다.

3) 민간부문 주도형

우리나라의 경우 1970년 이후 전국의 주요한 대규모 관광지의 개발 · 관리 · 운영은 대부분 민간주도형이었다. 이 방식은 관리 · 운영주체 나름대로의 개성을 발휘할 수 있으며, 운영 프로그램의 다양화를 기하기 용이하다는 점에서 매우 바람직한 관리 · 운영형태라고 볼 수 있다. 특히 관광수요와 관광객 욕구 · 행태 등에 대하여 시설관리의 다각화와 운영 프로그램의 다양화 등을 통해 관광객 욕구변화에 민첩한 관리 · 운영대책을 세울 수 있다는 장점을 가지고 있다. 그러나 관광지 관리 · 운영이 지역사회와 무관하게 진행되는 과정에서 관광수입의 역외 유출로 인한 지역경제의 침체 현상과 도로 · 상하수도 · 전기 · 통신 등 기반시설에 대한 관리의 부실, 개발 및 관리 · 운영을 위한 재원의 영세성 등 여러 가지 부작용을 발생시키기도 한다(한국관광공사, 1989).

일반적으로 민간주도형 관광지 관리 · 운영의 합리적 대안은 다음과 같이 3가지로 생각할 수 있다.

(1) 지역사회와의 협정

관리 · 운영에 필요한 요원을 역내에서 고용하여 지역경제활성화에 기여할 수 있도록 하고, 또한 관리 · 운영의 내용을 지역주민과 협정하여 분야별 참여가 가능하도록 하여 갈등과 마찰을 해소하는 방안이다.

(2) 지방자치단체와의 제휴

관리 · 운영의 주체는 민간부분이지만 지방자치단체와의 제휴를 통해 소홀하기 쉬운 자연보호 · 환경보전 및 기반시설의 관리 등에 대한 문제를 조정하는 방안이다.

(3) 각종 단체와의 제휴

학교 · 연구소 · 문화단체 등과 협조하여 전문적인 시설(동물원 · 식물원 · 박물관 등)의 관리 · 운영에 대하여 전문가의 협조를 구하고, 세제 및 금융지원 등에서 혜택을 받도록 하는 방안이다.

제2절 관광자원 및 환경보전

1. 환경문제 및 보전의 필요성

'하나뿐인 지구' 라는 슬로건 아래 전 세계 113개국 대표가 참석한 가운데 1972년 6월 5일부터 16일까지 스웨덴의 수도 스톡홀름에서 개최된 유엔 인간환경회의(The

United Nations Conference on the Human Environment : UNCHE)는 환경문제를 토론하기 위한 인류 최초의 회의였으며, 이미 환경오염이 심각한 지경에까지 이른 선진국뿐만 아니라 개발도상국의 정부 및 국민들의 환경에 대한 인식을 높이는데도 크게 이바지하였다.

인간과 관련해 볼 때, 환경은 두 가지 역할을 담당하고 있다. 첫째, 인간활동에 불가결한 자원 · 원재료 · 공기 · 물 · 자연경관을 제공하며 둘째, 인간활동에서 발생하는 폐기물과 폐에너지를 정화 · 처리하는 역할을 한다. 환경문제는 인간과 환경의 불균형, 곧 환경의 이용측면만 강조하고 그 보존 측면이 등한시한데서 발생하는 것이다. 따라서 환경대책은 인간과 환경과의 조화, 곧 환경의 개발 측면과 환경의 보존 측면의 조화를 극복하는데 목적이 있다. 그 이유는 인간이 경제활동을 영위하고 계속 재생산을 보장하기 위해서는 환경보존이 불가피하기 때문이다.

제2차 세계대전 이후 급속한 과학 · 교통 및 경제발전이 오늘날 가져 온 결과는 인구증가와 공해의 확산, 도시화 및 도시생활에서 나타나는 스트레스 증가, 그리고 문화생활의 보편화 등 인간으로 하여금 보다 많은 여가욕구를 발생시켜 이를 해결하기 위한 관광개발과 여가공간확보의 문제를 야기했다. 그러나 관광개발사업은 우수한 자연환경을 배경으로 하는 특수성이 있어서 개발과 보전이라는 기본목표에 도달하기에는 어려움이 뒤따르게 된다. 이러한 여건 하에서 국민의 보건 · 휴양 및 정서생활에 기여하기 위한 관광자원의 개발과 민족사적 입장에서 후세에 남겨 주어야 하는 자원보전 측면을 고려할 때 첫째, 관광자원의 훼손을 최대한으로 방지함은 물론, 고유한 경관미를 간직함으로써 쾌적한 관광환경을 제공하여야 하고 둘째, 사적 · 역사문화재 · 천연기념물 및 자연환경 등 자원들을 이용한 학술적인 연구와 정서적인 교육환경을 조성하여 문화발전과 국민정서의 순화에 기여하며 셋째, 여가시간의 합리적인 개발과 조화있는 국토이용을 추구하기 위하여 자원보전이 절대적으로 우선되어야 한다.

2. 관광자원 및 환경보전 방향

1) 관광환경의 문제점

최근 지자치제 실시 이후 지역경제의 활성화란 명목하에 개발을 우선한 무분별한 관광자원의 개발로 보전을 요하는 자연경관 자원의 훼손이 빈번하며, 관광지 진입부 혹은 일부지역은 무허가 상업시설의 입지로 관광환경의 질적 수준의 저하 및 상거래의 질서혼란을 초래하고 있다. 또한 상업 · 숙박시설 등의 생활하수 무처리 방류와 관광객의 오물투기 등으로 수변자원의 관광매력도 저하되고 있으며, 관광단지별 관광환경유지를 위한 쓰레기 소각장과 하수처리시설 등의 오염방지시설이 절대 부족한 실정이다.

따라서 관광개발과 환경이 상호 보완적인 관계를 유지하기 위해서는 정부 · 지방정부의 관광개발시 자원보존에 대한 새로운 철학의 정립과 국민들의 자연보호에 대한 의식증대가 필요하다.

2) 관광개발과 환경보전 방향

관광지개발은 관광객이 관광자원과 관광시설이용을 전제로 하면서 관광자원 및 환경보전에 우선을 두어야 하는 상반된 두 목적을 합리적으로 조화시켜 가면서 환경질서체계를 확립하는데 의의가 있다.

따라서 이와 같은 목적에 부합할 수 있도록 하기 위해서는 관광개발에서 나타날 수 있는 관광자원의 훼손, 이용 및 관리측면의 환경오염에 대한 대책이 적극적으로 이루어져야 한다.

관광지개발에서 나타날 수 있는 조건들과 이용 및 사후관리 측면에서의 보전 보호방안은 다음과 같다.

❶ 자연환경과의 조화있는 관광개발 유도

❷ 관광지개발과정에서 자원 및 환경훼손의 저도 및 유형 등 사후결과를 추정하 여 보전관리대책 수립

❸ 사후적 대책으로 이용자의 활동을 조정할 수 있는 환경논리와 의지유도 등의 대책 강구

❹ 관광환경보전을 우선한 지속가능한 개발을 유도, 이를 위해 개발보다 보전을 우선한 관광개발 정책전개, 토지이용도가 낮은 지역의 개발, 양호한 자연경관지 절대보전을 우선순위 선정

❺ 문화재의 효율적인 발굴과 정비 · 보존 · 보호 · 복원의 기본체재 확립

❻ 관광경관자원의 이용관리와 보호체제 구축

❼ 관광지별 대기오염 · 수질오염 · 자연훼손의 방지 및 개선방안 모색

❽ 관광지 순찰관리자 고용 및 자원봉사자 활용확대

❾ 관광자원의 보전 및 오염방지를 위해 투자재원 확대

3. 관광지개발상의 환경보전방안

1) 자연환경의 보전

(1) 동 · 식물의 보호

관광수요의 증가에 따라 무분별한 관광지개발과 자연자원의 활용으로 인하여 많은 동 · 식물이 그 서식지를 잃거나 생존의 위협을 당하고 있을 뿐만 아니라, 무분별한 포획 · 채취로 인해 우리나라 고유의 특산동물 · 식물 등이 점차 사라져 가고 있다는 사실을 감안할 때 적극적인 동 · 식물의 보전대책의 수립이 시급한 실정이다.

따라서 관광지개발 시에는 우선적으로 관광지 내의 희귀동 · 식물과 보호수 및 천연기념물 등에 대한 분포현황과 보전 · 관리상태를 면밀히 조사한 후 이에 대한 보전대책을 수립해야 한다. 다시 말해 관광자원 및 환경보전계획의 수립 시 산림지역, 보안림, 천연보호림, 금엽림, 조수보호구역, 어류서식지보호구역, 천연기념물 등을 지정하여 보전계획을 수립해야 한다. 또한 곤충류 · 양서류 · 파충류 등 동물류와 식물에 대하여서는 특정동 · 식물로 보호하기 위해 포획 · 채취로 멸종위치에 처한 종, 특산종 · 희귀종 등 학술적 가치가 큰 종, 보통종으로 개체수가 격감되어 생태계 파손이 우려되는 종을 선정하여 고시하고, 특정야생동 · 식물의 서식지도 보호구역으로 지정해야 한다. 또한 관광지 내에 자연경관이 수려한 지역인 경우 야생생태를 보호하기 위하여 무도로 · 무시설 지역 등을 설정하여 기존자원을 보존하는 자연의존형 정적 관광지의 조성사업도 적극적으로 이루어져야 한다.

(2) 수질자원의 보호

관광지와 수질보전은 밀접한 관계가 있으므로 담수호 상류의 관광지 개발계획은 강 · 호수의 향후이용계획을 고려하여 계획이 수립되어야 하며, 수자원의 효율적인 개

발 · 이용 · 관리를 위하여 환경용량과 오염부하량이 연계된 개발계획을 수립해야 한다. 또한 관광지개발에 있어서 상 · 하수도 시설 및 발생오염물질의 처리계획은 관광지의 개발이용단계 이전에 충분히 검토하여 자연환경보호와 위생문제대책을 사전에 수립해야 한다.

수질보존상 필요하다고 인정되는 구역에는 상수보호구역을 지정 · 확대하여 대규모 관광단지 및 오염도가 큰 시설의 개발을 억제시키고, 오염배출시설의 신 · 증축 금지, 기존시설의 이전촉진 등으로 오염물질 배출원을 제거함으로써 수질자원을 보호할 수 있다. 담수호 상류에 관광지 및 위락시설이 있는 경우 수질오염문제를 해소하기 위하여 국민건강보호차원에서 상수보호구역 10㎞ 이내 및 광역상수보호구역 20㎞(유수거리수준)를 2배 이상으로 확대 지정하고, 수질관리 특별대책지역으로 설정하여 골프장, 관광위락단지의 신설금지, 축산시설 등의 이전 및 기존관광시설에 대한 하수종말처리장과 폐수종말처리장 시설을 의무화시킬 필요가 있다.

특히 골프장은 건설자체가 산림과 환경의 엄청난 파괴를 가져오며, 잔디보호를 위한 농약 · 비료의 사용은 심각한 수질오염으로 지적되고 있어 제도적으로 사업승인 후 환경영향평가를 실시하고 있는 것을 사업승인 전에 이루어지도록 하며, 사후평가제도를 도입하는 제도를 강구해야 한다.

❶ 오염원의 원인분석 및 대책을 수립하는 한편, 관광지내 하수처리장 설치 및 신규개발지는 처리시설 설치의무화

❷ 호소 · 소류지 주변시설의 배수로에 대한 수시점검 강화

❸ 식수원 수질오염을 방지하기 위하여 상수원 주변의 조림사업을 적극 추진

❹ 쓰레기하치장 설치 및 오염원 투기감시 철저

❺ 화장실시설의 확대 및 지역적 특성에 부합한 처리방법 강구

❻ 이용객에 대한 홍보 및 계도활동 전개

(3) 해양자원의 보호

해양오염방지를 통하여 해양자원을 보호하기 위해서는 배출업소 지도점검 강화, 환경위생처리시설 확충, 해양시설에 대한 불법투엽감시를 철저히 해야 한다. 또한 일단 배출된 오염물질은 한꺼번에 넓은 지역에 영향을 미치므로 신속한 회수나 화학처리방법을 강구하되, 이를 위해 방제장비 및 약품을 전 해안으로 확대해 나가야 한다.

(4) 대기자원의 보호

관광지에 있어 자동차의 집중현상, 버너와 가스렌지 등 취사도구 사용, 산불 등에 의한 대기오염으로 자연의 환경복원력이 상실되어 가고 있다. 따라서 관광지에 있어 쾌적한 대기환경을 유지하기 위해서는 자연경관지와 역사유적지의 확대, 대기환경질의 보전을 고려한 관광지 개발계획 수립, 대기환경영향권의 설정 및 영향권별 관리 등을 고려하여 대책을 수립하여야 한다.

또한 관광지 내 존재하는 대기질보전 관련시설들의 개선을 위한 지방정부 · 환경부 등 관련기관의 적극적인 대책마련이 요구되며, 동시에 관광지개발에 있어서도 사후 모니터링 시스템을 도입하여 관광객들이나 지역주민들이 보다 좋은 환경에서 관광을 즐길 수 있도록 관리되어야 한다.

2) 인문환경의 보전방안

(1) 지역사회자원의 보호

관광지를 개발하는데 있어 개발주체가 지방자치단체인 경우는 지역주민들의 의견이 반영되는 반면, 중앙정부인 경우에는 지역주민들의 의견 반영이 미흡할 수밖에 없다. 또한 주민들의 의견을 반영하기 위한 공청회도 형식에 치우치고 있어 지역주민의 공식적인 의견반영이 원활치 못하므로 관광지개발이 지역사회에 부정적 영향을 미치는 경우가 많다. 따라서 개발계획상 지역주민의 의견을 반영할 수 있는 창구를 마련하고, 지역사회의 보호 측면을 강조한다는 개발계획에 대한 주민동의제도를 도입할 필요가 있다.

(2) 문화자원의 보호

관광지 내의 문화자원은 관광지개발시 보전정비계획의 일환으로 문화재보호법의 보호대책은 물론, 역사상 의의가 있고 문화적 전승가치가 있는 사찰 · 석재조형물 · 유적지 등 모든 자원을 문화재 보호구역으로 설정하여 문화재보호법과 관광지 개발기본계획에 따라 보호하여야 한다.

문화재보호법에서 보호대책으로 지정한 경우에는 1차적으로 문화재보호법에 따라야 하나, 외형변경 · 장소이동 · 환경미화 · 조경 및 시설구획의 확장 등 광의의 보호에 있어서는 관광지보호를 위한 전반적인 충분한 조사가 이루어져야 한다.

문화재보호법의 대상이 아닌 문화재자원은 개인 · 단체 · 국가기관 등 소유와 관계없이 필요한 사항을 검토하여 원상보전이 가능케 하고, 자력부담에 의한 보호가 불가능한 경우에는 보조지원 등의 계획을 수립 · 시행하되, 보전에 필요한 경우에는 인공적인 작업은 사전에 전문적인 검토를 받는 제도적 방안을 모색하여야 한다.

문화재를 보존하는 방법은 문화재 주변을 정비하는 것, 문화재를 원상태로 보수 · 복원하는 것, 그리고 문화재를 발굴 · 이동하는 등의 보존방법을 고려하고, 문화재 주변의 정비 · 보수 · 복원 · 발굴 등은 문화재의 특성, 주변자연환경과의 조화 및 철저한 고증, 그리고 현대과학의 적용 등을 고려하여 보존계획을 수립하여야 한다.

관광개발시 관광지 내의 문화재는 위치를 옮겨 다시 복원한다 하더라도 사실상 문화재로서 가치는 감소되므로 관광지개발상 불합리성이 있더라도 주요문화재는 원래의 위치에 보존되도록 해야 한다. 또한 무형문화재는 원형유지와 기능보유자의 보호 및 기술의 전승에는 많은 노력과 시간이 필요한 것인 만큼 일관성있고 장기적인 정책이 수립되어야 한다. 따라서 보전의 가치가 있다고 판단되는 무형문화재의 전승을 위해서 기능보유자 또는 계승자의 생활을 보장하는 것은 물론, 공연장시설을 확보하여 정기공연 등으로 일반인들의 관심을 유도해야 한다.

무형문화재를 관광자원으로 이용할 수 있는 경우 잘못 개발하면 무형문화재에 큰 손상을 입히게 되어 원형을 잃어버리는 결과를 초래함은 물론, 관광의 효과를 감소시키게 되므로 원형을 훼손하지 않는 범위 내에서 개발해야 한다.

3) 관광지 관리 · 운영상의 환경보전방안

(1) 관광자원 및 시설관리

관광자원 및 시설관리는 내용상 관광자원 · 시설의 보존관리적 측면과 유지관리적 측면으로 접근할 수 있다. 관광자원시설의 보존관리에는 사적지 · 문화재 · 관광시설 등의 보존 · 수리, 식생의 복원, 주변의 환경정비, 이용지구의 내용별 · 특성별 범위설정과 관리, 생태계나 환경의 파괴방지를 위한 계몽활동의 제재가 필요하다.

관광자원시설의 유지 · 관리는 이용면에 있어 관리체제로서 관광자원시설 등을 보호하고, 또한 효과적인 이용을 위해 적정수용능력을 파악하고, 이용에 따른 관광자원 및 시설의 훼손이 없도록 이용객수의 통제, 이용지구의 제한, 주변의 환경 등을 고려해야 한다.

(2) 환경오염시설

❶ 폐기물처리

관광지의 폐기물처리는 쓰레기 · 휴지 등의 폐기물처리가 효과적일 수 있도록 가연성 쓰레기통과 불연성 쓰레기통을 분리설치하고, 가연성 폐기물은 소각장에서 소각하도록 한다. 소각 후 발생되는 잔해와 불연성 폐기물을 처리하기 위하여 쓰레기 수거 및 처리시설을 적극적으로 개발할 필요가 있다. 또한 쾌적한 환경상태의 유지를 위하여 관광지개발사업을 추진할 때에 지방자치단체와 협의후 특별청소지역으로 지정하여 폐기물처리 및 수거의 적정방안을 수립해야 한다.

❷ 환경오염 방지시설 설치의 의무화

관광지에서 환경문제는 관광객의 이용에 의해서 나타나는 문제로 최근 심각한 위기에 직면해 있다. 따라서 관광지 내의 시설에 있어 통합환경 터미널(공공기관) 또는 개별시설의 설치(사업자)를 의무화할 필요가 있다.

환경오염 방지시설의 설치는 수익자 부담원칙을 제도화하여 직접 설치 · 처리하는 방법과 공공기관 등의 비용부담으로 설치 · 처리하는 방법을 연구하고, 관광지의 모든 오수는 오물청소법의 규정에 의거하여 1차 처리한 후 연집(連集)하여 그 지역에서 2차 처리 후 최소한 BOD 30mg/ℓ 이하로 방류되도록 대책을 강구해야 한다.

❸ 재해의 방지

관광지의 자연자원은 화재 · 붕괴 · 유실 등의 화재로 인한 파괴에서 보호되어야 한다. 바람 · 눈 · 폭우 등 자연현상으로서의 기상에 의한 재해는 예방이 어렵고 그 자체가 자연자원화할 수 있으나, 인공에 의한 붕괴 · 유실 등을 초래할 수 있는 도로 · 축조 · 시설물 설치 등은 금지시켜야 한다.

화재의 경우 자연적인 발화는 신속한 발견과 진화의 조직체제를 확립하고, 예방을 위하여 등산로 · 야영장 · 휴게소 · 취사 등은 지정된 장소만을 이용하도록 하고, 일반적인 화기취급사항과 함께 산불발견시의 보고 · 초기소화 등 기초적인 방법을 주지시켜야 한다.

4) 관광지이용상의 환경보전방안

(1) 관광객의 이용규제를 통한 환경보전

❶ 직접적인 입장규제

현재 우리나라의 경우 대부분의 관광지가 관광객의 과다이용에 따라 자체정화능력을 잃어가고 있는 실정이므로 관광지 내의 적정수용능력을 고려하여 항상 관광객수를 일정한 수준으로 유지시키는 방법으로 관광지의 입장관광객수가 일정 이상이 되면 입장을 규제하여 그 이상의 입장을 금지시키는 방안을 검토할 필요가 있다. 이 방법은 관광자원의 보존강화가 도모될 수 있음과 동시에, 관리체제의 확립이 용이하므로 관광자원의 영구보존을 위한 가장 이상적인 방안으로 볼 수 있다.

❷ 교통수단에 의한 규제

관광지에서 교통수단의 규제를 통하여 관광객 수의 적정허용량을 유지시키는 방법으로, 자가용차를 규제하고 버스만의 입장을 허용하는 방법과 특히 도서지역과 같이 입장교통수단이 특정한 곳에는 운행횟수 또는 관광객 수를 그 지역의 적정수용능력에 맞게 한정하는 방안을 수립할 필요가 있다.

또한 관광지의 차량접근로를 한정하여 목적지에 도달하기 위해서는 일정의 거리를 걷도록 하여 관광객의 밀집현상을 방지하는 방안도 하나의 대안이 될 수 있다.

(2) 관광객의 환경윤리 확립

❶ 홍보활동의 전개

홍보활동은 정부차원에서 매스 미디오(방송 · 신문 · 잡지 등)를 통한 관광자원 및 환경보전에 대한 집중교육과 행정기관(홍보지 · 반상회)을 통한 질서의식 · 환경보전의 필요성을 계몽함과 동시에, 관광지에 관광안내소를 설치하여 관광자원과 환경보전 운동을 전개하며, 관광객 · 지역주민 · 시설업체 등의 자발적 참여를 유도하여 관광지 이용안내와 함께 미화 · 청소를 위한 관광지의 깨끗한 이용과 쓰레기 스스로 치우기 등 협력을 구하는 홍보활동을 강화할 필요가 있다.

❷ 교육활동

교육활동은 공무원 · 관리자들의 교육을 강화하여 관광자원 및 환경파괴방지를 위한 정기적인 점검 · 확인을 하도록 교육한다. 관광객들에 대한 교육으로서 관광지관리자는 관광객들의 신중한 관광활동이 관광자원 및 환경보전에 중요한 역할을 담당한다는 홍보활동의 전개가 필요하다.

❸ 위법자의 처벌

관광지가 너무 행락적인 경향이 있는 경우 악덕상행위 · 공중도덕부재 · 불량행위 · 자연훼손 · 공해 등을 일으키는 사람을 관광저해사범으로 간주하고, 외국처럼 기준을 정하여 죄질이 나쁜 사람은 의법조치하는 방안을 강구해야 한다.

❹ 관리자의 순찰 및 자원봉사자의 활용

청소년단체 · 지역사회단체를 통하여 관광지 내의 순찰 · 보호활동을 폄으로써 위법행위를 방지하며, 관리자와 환경보전 명예감시관을 통하여 관광자원 및 환경파괴 유무를 확인하여 훼손된 자원의 복원 및 환경보전에 위배되는 행위를 감시하는 제도의 도입이 필요하다.

제12장 관광자원의 해설과 연출

제1절 관광자원의 해설

1. 관광자원해설의 개념

관광해설은 관광자에게 관광자원을 알기 쉽게 관광자원의 매력을 효과적으로 설명해 주는 활동이다. 즉, 방문자에게 관광자원의 의미를 전달하는 수단이며, 장소 · 대상 · 사건에 대해 이야기를 전개하며, 과거의 재창조와 유대를 형성시키며, 자극과 제시를 통한 교육적 활동이다.

관광해설이 교육 및 자기 성취 외에도 7가지 동기를 제시하고 있는데, 즉 유흥, 방문자관리, 행락수요의 만족, 관광대상의 촉진, 방문자태도의 영향, 선전 및 홍보, 그리고 경제개발의 촉진수단이 그것이다(Light, 1991).

관광해설은 방문지역에 대해 직접적인 영향을 주는 것으로 많은 관광자들은 방문지역에 대해 모호감을 가지고 여행을 하게 되는데, 여행지의 이용 가능한 관광매력물 · 오락 · 소매점이 이익을 위해서 관광자들에게 관광해설을 하는 것은 유익하다고 볼 수 있다(Guy, 1990).

관광해설은 방문지역의 자연생태계는 물론, 인문자원의 가치 및 전설을 비롯한 관광자를 유인할 수 있는 모든 관광대상을 설명하고 이해한다는 것을 포함하고 있다.

관광해설에 대한 견해들을 개념적으로 정리해 보면 다음과 같다.

❶ 교육적 활동으로서 방문대상에 대해 학습이 일어나고, 나아가 이해를 유도함 으로써 지식수준을 향상시킨다.

❷ 지각발달적 활동으로서 여행지 환경에 대한 지각수준을 단계적으로 발전할 수 있도록 유도하는 활동이다.

❸ 인식향상적 활동으로서 새로운 대상을 이해함으로써 그것에 대해 통찰력을 갖고서 대상에 대한 열망과 흥미를 제고시키는 활동이다.

❹ 자원보전적 활동으로서 관광지 환경 간의 상호 관련성을 파악함으로써 환경보전에 기여하는 활동을 말한다.

2. 관광자원해설의 필요성

관광은 주체인 관광자와 객체인 관광대상 및 필요에 따라 양자를 연결시켜 주는 매체적 요소 등으로 구성되어 있으며, 일상생활을 떠나 타지방의 문물이나 제도 · 문화를 보고 배우는 교육의 목적과 일상생활에서 오는 스트레스를 풀고 활력을 불러일으키는 보양의 목적, 평범한 생활에서 벗어나 다양한 경험과 체험을 하고 싶은 교양의 목적을 가진 인간의 행태이다.

따라서 관광자원의 이해는 다른 문화의 체험을 통한 사회 · 문화 · 예술 등의 사회 전반에 관한 폭넓은 식견과 상호 이해의 바탕을 구축하는 것이기 때문에 올바른 관광해설이 제시되지 않으면 관광자원에 대한 이해의 부족으로 관광객의 만족수준을 감소시킬 뿐 아니라, 주민들의 문화를 왜곡되게 인식하고 수용하게 하는 기형적 효과를 낳게 할 가능성도 있다.

따라서 관광자원 해설의 중요성이 제기되는 이유를 다음의 세 가지로 볼 수 있다.

첫째, 관광자가 방문하는 장소 및 물건에 대한 인식능력, 감상능력, 지식습득능력, 이해능력을 증대하도록 도와 준다. 관광자 혼자서는 문화 및 자원이 가지는 의미와 가치를 제대로 이해하기가 어려우므로 적절한 해설이 제공됨에 따라서 관광자원에 대한 인식이 달라지게 된다.

둘째, 관광자원의 경우 상세한 해설이 없다면 외국인이 이해하기 힘들며, 문화재의 역사 · 가치 및 그 속에 담겨진 이야기 등은 더 많은 매력요소를 가지고 있다. 이처럼 눈에 보이지 않는 매력성을 외국인에게 해설을 통해 전달함으로써 우리 전통문화의 선전 및 외화획득에 크게 이바지한다.

셋째, 관광자로 하여금 문화와 자원의 소중함을 느끼게 하고 긍지를 가지게 하는 효과를 기대할 수 있다. 자원이 가진 역사와 알려지지 않은 이야기 등을 자세히 설명함으로써 관광자원의 중요성을 다시 한 번 깨닫게 만드는 것이다.

도표 3-10 **관광지내 자원해설모형**

- 다양하고 여러 감각기관을 활용할 수 있는 매체 활용
- 신기성 · 충돌 · 놀람이 내재된 해설내용
- 관광자들에게 질문하여 해설에 참여하도록 유도
- 역동적인 재현기법 활용
- 물리적 · 인지적 지도
- 주제 · 내용이 있는 관광지
- 해설자 존재

↓

- 높은 흥미유발
- 피로감 해소
- 교육적 동기

↓

- 관광자의 인지상태 향상

↓

- 관광자에 대한 높은 교육효과
- 관광지에 대한 높은 만족
- 관광지에 대한 이해의 향상

3. 관광자원해설의 유형

관광해설의 유형은 크게 두 가지로 나누어 볼 수 있는데, 첫째는 인적 기법으로 해설자가 직접 해설하는 안내자 해설, 둘째는 비인적 기법으로서 해설자없이 관광자가 유인물이나 해설간판을 보며 자신이 직접 이해하는 길잡이시설 해설과 오디오 · 비디오 등의 장비에 의해 해설을 하는 매체이용해설이다.

1) 인적기법

인적기법인 안내자해설(personal services)은 현장에서 방문자에게 직접 의사를 전달하는 방법으로 대화기능을 이용하는 담화해설기법과 해설자가 여행객과 동반하여 이동 또는 보행하면서 관람대상을 설명하는 동반해설기법이 있다.

이러한 안내자 해설이 성공적이기 위하여 해설자는 해설을 계획하여야 하며, 다음의 단계로 나아가야 한다.

첫째, 성공적인 해설을 하기 위해서는 주제선택으로 주제가 방문객의 경험을 풍 요롭게 하는지, 또한 이 장소에 적합한지, 그리고 여행객들과 관련있는 주제인가 를 고려하고, 특히 개개인이 관심과 해설에 대한 신뢰도는 어느 정도인지를 명확 히 파악해야 한다.

둘째, 주제연구로 창조적 사고는 아이디어를 만들어내므로 자료를 수집해야 한다. 자료수집을 위해서는 지역전문가에게 그 지역과 관련된 정보문의, 박물관, 역사학 회 단체, 신문, 그리고 이웃들로부터 정보를 얻어 해설의 주제에 대해 열심히 연구 하여 해설을 발전시킬 수 있어야 한다.

셋째, 청중파악으로 청중에 대해 많이 알면 알수록 프로그램에 대해 더 잘 준비할 수 있으므로 청중의 나이 · 출신과 기대하는 것 및 공통점 · 차이점에 대해 알아 두어야 한다.

안내자 해설 시 적격자요건으로는 공통적으로 용모 · 성격 · 친절성을 들 수 있으며, 이외에 조직기능의 이해, 대중통제능력의 보유, 사무능력의 확보, 시간활용능력, 인내심과 자기확신감의 보유가 필요하다. 다양한 환경에서의 해설을 이겨낼 수 있는 건강도 필수조건이다.

해설 시 적정장소로는 출입구, 탐방자안내소, 캠프장 사무실, 이동식 자원해설관을 들 수 있다. 출입구에서는 입장료 수납서비스, 유니폼 서비스, 입장 시 유인물 배포 및 안내 서비스 제공 등으로 우호적인 첫인상을 부각시킬 수 있다. 탐방자안내소는 관광대상별 교통수단 및 서비스의 종류와 내용, 해설 서비스별 내용 및 종류, 각종 서비스별 시간 및 이용요금, 연계관광지, 특산품 등의 관광지내 각종 정보를 제공받을 수 있는 곳이다. 캠프장 사무실은 야영활동의 관리 및 지원, 구역내 관광대상의 해설 서비스를 받을 수 있으며, 이동식 자원해설관은 성수기 해설수요 증가시에 설치되는 곳으로 적정지점을 선정하여 간이 및 이동식 해설 · 안내시설을 설치하여 자원해설을 제공하는 곳이다. 이러한 안내자해설은 담화해설기법과 동행해설기법이 있다.

(1) 담화해설기법

담화해설기법(talks)은 안내자 해설의 대표적인 것으로 대화기능을 이용하며, 말 · 몸짓 · 표정으로서 방문자의 감동을 유도하는 것으로 그 효과는 해설자의 감수성과 관광자의 이해수준간의 상관성을 가지고 있으므로 다음과 같은 사항이 해설자에게 요구된다.

- 독심술의 보유로서 청중의 기대욕구를 파악하고 분석하기 위해 필요한 것으로서 청중에 대해서 유용한 정보를 획득할 필요성이 있다.
- 선호적 평가 이미지의 구축으로 단정한 용모, 올바른 자세, 친절한 태도, 유머 있는 인사와 대화방법으로 좋은 이미지를 기초로 한 신뢰감을 형성하도록 유도한다.
- 담화구조의 형성을 체계적으로 준비하여야 한다.

도표 3-11 방문자 행태와 인식의 관심모형

환 경 요 인		방문자 요인		인식상태		결 과
• 매체의 다양 · 다감성 • 신기성 · 상충성 · 경이성 • 문제(의문 · 현안)의 이용 • 방문자관리 · 상호작용적 전시물 • 물리적 · 인식적 지향성 • 현안 · 내용분야 • 안내의 존재	→	• 내용에 많은 관심 • 낮은 수준의 피로도 • 교육적 동기	→	관 심	→	• 학습증가 • 만족증가 • 이해증가
• 반복적 · 감성부족적 매체 • 전통적 전시 • 통제, 상호작용 부족 • 정적 전시물 • 방향성 부족 • 안내성 부족	→	• 내용에 관심 부족 • 높은 수준의 피로도 • 유흥 · 사교적 동기	→	무관심	→	• 학습부족 • 낮은만족 • 이해부족

(2) 동행해설기법

동행해설기법(walks)은 관광자원 해설의 고전적인 기법으로 해설자가 탐방자와 동행해서 이동하거나 보행하는 동안에 관람대상을 직접적으로 해설하는 것이다. 동행해설기법의 특성으로는 해설자가 관광자에게 흥미를 제공하거나 동기를 부여할 수 있다는 장점이 있으며, 관광자가 질문한 사항에 대해서 즉각적인 응답을 할 수 있다.

이러한 동행해설기법 시 주의해야 할 사항은 다음과 같다.

- 최소한 15분 전에는 해설장소에 도착하여 해설장소의 확인 및 점검을 하고, 장소 변화의 가능성에 대비해야 한다.
- 해설속도를 적정하게 유지해야 한다.
- 해설내용은 간략하고 정확하게 해야 하며, 명료한 제시를 해 주어야 한다.
- 탐방자와 보행을 시작하면 탐방 도중에 출현하는 관람대상에 대해 적극적으로 자세히 해설을 하여야 하며, 주요해설대상에 대해서는 질문과 응답을 실시하도록 한다.
- 해설이 마무리될 때는 해설내용을 요약해서 다시 한 번 들려주고, 동행이 끝났음을 알리는 끝인사를 한다.

2) 비인적 기법

(1) 길잡이시설 해설

길잡이시설 해설(self-guiding)은 관광자가 관광자원 해설자의 도움이 없는 상태에서 독자적으로 관람대상을 추적하면서 제시된 안내문에 따라 그 내용을 이해하는 것으로, 특정사건의 역사적 경과, 환경의 변화과정, 특이한 생물의 특성 등을 해설대상으로 하고 있다. 이 해설유형은 전문직에 종사하는 사람, 지적욕구가 강한 사람, 교육수준이 높은 사람에게 효과적인 해설기법이다.

길잡이시설은 해설내용의 구성에 있어 기본구조가 일관성을 유지해야 한다. 기본구조의 결정요소는 해설수단과 내용의 설정 및 관람대상에 따른 전달내용이 결정되어야 하며, 기본구조의 윤곽에 있어서는 해설제목의 결정과 단락별 세부내용 및 끝맺음이 분명하게 나타나야 한다. 특히 해설내용에 있어서는 정확성과 명료성이 요구되며, 전체해설내용은 신뢰성이 있어야 한다.

따라서 길잡이시설 해설기법에 있어 자원해설판의 설계는 매우 중요하므로 다음과 같은 사항이 요구된다.

• 디자인상에 있어 해설판의 모양 · 글자체 · 규격 · 위치가 고려되어야 한다.
• 해설판의 선택에 있어 지역분위기와의 조화성 유지 · 기후 · 부식상태 · 곤충피해 · 도난 및 훼손방지 등도 주의점으로 지적될 수 있다.

이러한 길잡이 해설기법의 장점은 비용의 저렴성, 운영 및 유지비용의 감소, 이용자별 독해속도의 신속성과 완만성 보장, 독해내용 선택의 임의성 확보, 이정표 기능의 수행으로 탐방자의 길잡이 역할, 기념성의 부여로 사진촬영의 대상으로 선택가능, 방문의 증거 등을 들 수 있다. 단점으로는 독해자의 인식수준과 정신적 노력이 요구된다는 것이며, 일방적 의사전달로 쌍방적 질의 · 응답능력의 결여, 의문감 해소능력의 부족, 풍화작용, 부식, 야생동물, 탐방자에 의한 훼손의 가능성이 있다.

(2) 매체이용해설

매체이용해설(gadgetry)은 여러 가지 장치들을 이용하여 해설을 하는 것으로 방문객에게 여러 가지 상황을 경험하게 할 수 있기 때문에 역사적 사실과 사상의 재현에 특히 효과적인 해설유형이다.

재현은 관광자에게 관광자원을 효과적으로 인식시키고 이해시키는 수단으로서 역사적 사실과 사상을 재현하는 대상은 역사적 시점과 생활 · 사건이며, 내용은 역사의식 · 민속문화 등에 사실감을 구현하여 역사적 사실을 추적하여 묘사하고, 해설대상에 생동감을 부여하여 민속문화의 현장성을 제시함과 동시에, 교육적 효과를 높여 역사적 · 문화적 · 인종적인 이해수준을 향상시키는 것이다.

이러한 매체이용 해설기법의 종류를 보면 안내 · 책자 · 표지판에 의한 해설, 음성안내 막대기해설, 모형(확대모형, 실물모형, 축소모형)에 의한 해설, 시뮬레이션(가상체험실) 해설, 스크린에 의한 해설로 여기에는 멀티비전 · 매직비전 · 모형설명식 화면, 극장식 화면, 원형입체화면, 기둥부착식 화면, 터치 스크린이 있고, 버튼에 의한 해설에는 수화기 청취와 버튼 레코드 등이 있다. 이외에도 사진 · 패널 등에 의한 전시기법이 있다.

전자의 내용을 정리해보면 8가지 매체이용 해설기법으로 나누어 설명할 수 있다.

첫째, 모형기법이다. 모형기법이란 형태를 모방하나 기법으로 축소모형 · 실물모형 · 확대모형이 있는데, 실물보다 작게 모방하여 형태를 만들어 놓은 것을 축소모형, 실물과 같은 것을 실물모형, 실물보다 확대하여 형태를 만들어 놓은 것을 확대모형이라 한다.

둘째, 실물기법이다. 실물기법은 사실을 그대로 재현해 놓은 사실재현, 유적을 재현해 놓은 유적재현, 유명한 성인 · 사상가 · 독립운동가 등을 재현한 인물재현, 그리고 인간이 만들어낸 특이하고 가치가 있는 기술을 재현해 놓은 기술재현이 있다.

셋째, 청각기법이다. 청각기법은 그때마다 안내나 설명을 해 주는 방송과 미리 녹음해 놓은 녹음 테이프, 그리고 상황이나 연출에 적절한 음악 등이 있다.

넷째, 시청각기법이다. 시청각기법은 직접 가 볼 수 없는 장소나 인물 등을 녹화해 놓은 비디오 시설, 필요한 해설을 누르면 그 부분을 볼 수 있는 터치 스크린, 유명한 장소에 얽힌 설화나 전설 · 인물 등을 극화한 영화 등이다.

다섯째, 멀티미디어 재현시설기법이다. 멀티미디어 재현시설기법에는 디오라마와 애니메이션이 있는데, 디오라마는 인물이 등장하여 과거의 체험이나 영웅담을 재현시켜 주는 것이며, 애니메이션은 인물대신 만화로서 과거의 체험이나 영웅담을 재현시켜 주는 것이다.

여섯째, 시뮬레이션 기법이다. 시뮬레이션 기법이란 가상체험과 게임시설로 생생하고 직접적인 체험을 하는 기법이다. 예를 들면, 서울의 전쟁박물관을 가보면 전쟁을 체험할 수 있는 가상체험실이 마련되어 별도로 입장료를 내면 약 8분간 가상의 전쟁체험을 할 수 있다. 이것은 보다 생생하고 직접적인 체험과 자극을 줄 수 있는 기법으로 게임시설 역시 가상체험처럼 직접적인 체험과 자극을 얻을 수 있다.

일곱째, 인쇄물이다. 인쇄물에는 팸플릿과 리플렛 및 안내해설서가 있는데, 리플렛은 팜플렛과 안내해설서의 중간인 안내서라고 할 수 있다.

여덟째, 시각물이다. 사진 · 그림 · 지도 등을 들 수 있다.

이러한 매체해설의 장점으로는 다음과 같은 점을 들 수 있다. 터치 스크린과 비디오 등으로 인쇄물 · 해설간판의 시각적 문제를 해소할 수 있으며, 전시물 · 축소모형 ·

실물모형 등으로 관람객의 시선을 집중시킬 수 있다. 또한 최신장비를 도입한 매체해설은 첨단기술의 놀라움과 편리함으로 관람객에게 호기심과 신비감을 주어 장시간의 관심을 유도할 수 있다. 그리고 공급수준의 형태의 다양성을 확보하여 소리의 크기와 장치의 모양 및 색깔을 자유로이 조작할 수 있어 상황별 대처능력을 줄 수 있으며, 타 기법과 비교할 때 반복이 용이하고, 유사상황의 연출에 있어서도 음향효과의 이용, 상황의 재현, 유사효과의 유도가 높게 나타날 수 있다.

단점으로는 고장대비와 관리유지를 위해 정기적 보수 및 항상 예비품이 준비되어 있어야 한다는 것이며, 계속적으로 동일내용이 반복되어 재방문자와 종자사에 있어서는 지루함을 줄 수 있다. 그리고 설치를 하는데 있어 전기이용과 야외 및 벽지이용에 있어서는 제약점이 따른다.

제2절 관광자원의 연출

1. 관광자원연출의 개념

관광지에서의 연출은 관광객에게 매력 · 환상 · 경이 · 호기심을 충족시킬 수 있도록 관광지대상을 창출하는 활동이다. 관광지에서의 관광객활동은 관람과 같은 정적 활동과 관광행동을 수반하는 동적 활동으로 구분된다.

관광지에서의 연출은 관광지의 독특한 환경적 분위기를 연출하는 배경적 요소의 연출 그리고 동적인 놀이와 레크리에이션 활동을 대상으로 하는 연출 등 두 가지 연출로 구분할 수 있다. 관광지에서 주가 되는 배경적 요소는 그 지역 전체를 통하여 전개되는 시각적 경관, 청각상태, 이동공간에 걸쳐서 레크리에이션과 관광욕구를 충족시킬 수 있도록 구성한다.

이러한 관광지의 연출은 자료나 이론만으로 결정할 수 없으며, 계획자가 지역특성에 맞는 축제 · 놀이 그리고 주제공원의 매력물을 연출함으로써 관광객으로 하여금 감동을 불러일으키게 하는 것이다.

2. 관광자원연출의 필요성

관광이 점차 대중화되면서 관광에 참여하는 사람이 급속하게 증가하게 되고, 이에 따라 관광지가 꾸준히 개발되고 있다. 그러나 대부분의 관광지개발은 숙박시설 · 위락시설 · 편의시설 등의 경성적(hardware) 관광개발에 치우쳐 관광자의 기대에 미치지 못하고 있다.

과거에는 숙박시설을 건설하면서 어떠한 위치에 어떤 모양으로 어떠한 색깔과 어떠한 질감을 부여해야 그 지역의 특성과 잘 부합되는가에 별로 관심을 갖지 않았다. 예를 들면, 숙박시설 건설로 인하여 환경적인 분위기가 어떻게 연출될 것인지를 사전에 예상하지 않았기 때문에 관광자가 어떠한 관광경험을 맛볼 수 있을 것이라는 점을 고려하지 않았던 것이다. 그러나 관광자가 관광지의 환경적 분위기에 얼마나 흡족해 하며, 어떤 지점에서 탄성을 발하고, 환상에 젖고 몰입됨으로써 그들의 욕구를 충족시키는가를 연출하는 것은 대단히 중요한 문제이다.

연출은 연극에서 사용되는 개념으로써 희곡의 실체를 부각시키고, 희곡에 의상을 입히는 것을 목적으로 하지만, 희곡의 형태를 흐트러지게 하거나 너무 장식해서는 안 되며, 다만 희곡이 갖는 아름다움의 독특한 성격을 분명하게 해 주어야 한다. 이를 위하여 관객의 심리를 이용하여 희곡연출 구성요소인 연기 · 장치 · 조명 · 음향 · 의상 등을 유기적으로 종합하여 공연이라는 하나의 총체적인 효과를 창출하고자 하는 것이 연출이다.

따라서 관광자원의 연출이라 함은 관광자원에서 일정한 주제를 찾아내고, 이것을 방문자에게 효과적으로 전달하기 위하여 연출의 구성요소를 일정한 주제와 유기적으로 결합시키는 일련의 작업을 수행하는 것을 말한다. 이렇게 함으로써 관광자가 그들의 주의를 집중시키고, 탄성을 발하거나, 환상에 젖거나, 호기심이 충족되거나, 사진을 찍거나, 매료될 수 있다. 연출은 자연관광자원 · 산업관광자원 · 위락관광자원에서도 매우 중요한 관광자원화의 방법이기도 하지만, 무형적 관광자원을 유형화하여 관광지의 볼거리 · 놀거리를 창출해야 하는 관광자원에서의 연출개념의 도입은 특히 중요하다고 할 수 있다.

3. 관광자원연출의 유형

연출의 방법을 분류하며 다음과 같다.

첫째, 연출 이전의 문제로서 관광대상의 보존을 들 수 있다. 연출이란 관광대상이 지닌 특성과 흥미를 어떻게 묘사하느냐이다. 또 그것을 어떻게 관광대상으로 매력성을 갖게 하느냐지만, 관광객이나 관광매체가 관광대상을 저해하지 않고 보존하는 것이 개발의 제1단계이다.

둘째, 관광객이 어떤 지점 혹은 지역에 머물러서 바라볼 수 있는 경관에 대한 연출이다. 이 경우에 관광대상은 단독대상물인 경우도 있고, 복수의 관광대상일 수도 있으며, 또는 관광대상이 그 지역 전체를 보는 것이 적절한 경우도 있다.

환언하여 그 지역 전체를 보는 분위기 조성이 중요하며, 하나 하나의 관광대상이 뛰어날지라도 전체 면에서 통일이 이루어지지 않거나 분위기를 해치는 건조물이 있다고 하면 관광대상으로서의 가치는 하락한다.

셋째, 관광객이 이동할 때의 이동공간의 연출이다. 이것은 산책로 · 보행도로 등 이동공간 그 자체가 관광대상이 되는 경우와 이동하는 목적이 되는 관광대상에 접근할 때에 더욱 효과를 높이기 위한 연출이다. 즉, 클라이맥스(climax)에 도달하기 위한 접근으로서 이동공간의 연출이다.

넷째, 관광지에 있어서의 유흥의 연출이다. 이것은 특히 체재형 관광지에서 유흥의 대상물을 만들고 그 참여를 위한 연출계획이다.

1) 시각경관의 연출

(1) 통일

관광은 종래의 명소탐방형 관광지로부터 면적이 넓고 인공적으로 개발된 관광지로의 관광지의 변화를 가져 왔다. 관광지계획은 기존 관광자원에서만 의존하여서는 관광객을 많이 유치할 수 없게 되었고, 지역 전체의 통일(uniformity)된 개발은 강한 이미지(image)를 지닌 관광지개발을 추구하게 되었다. 관광객을 유치하기 위한 개성적인 이미지를 어떻게 만들 것인가? 구체적인 개발팀의 설정을 위해서는 이미 다른 지역의 사람들이 그 지역에 대해 품고 있는 이미지를 구현하는 것, 새로운 이미지를 만드는 것, 그 양자를 감안해서 시각경관을 연출한다. 용인민속촌의 경우 조선시대의 가옥구조형태와 민속문화유산을 모형화한 것으로서 민가 · 양반집 · 혼례행렬 · 농악 · 민속음식점 · 주막 등 자원의 시각경관을 통일성있게 연출한 관광지라 하겠다.

(2) 이미지의 확정

사람이 여행을 떠날 때에 여행지를 정함에는 어떠한 이미지를 갖고 있는가부터 선택하는 것이다. 특히 오늘날과 같이 여행정보가 발달하고 있는 시대에 있어서는 많은 관광지의 이미지가 우리들 머리에 생각되며, 현대관광은 이미지의 확인이라 하겠다. 여기서 이미지의 확정은 관광객이 사전에 가지고 있던 이미지를 재현해서 보여 주고, 재현의 수단을 전하는 방법이다.

예를 들어 온천은 온천수가 솟아오르고 있는 이미지와 편안히 쉬고 휴양을 할 수 있는 장소로서의 이미지가 떠오르지만, 실제로 이러한 휴양온천은 많지 않다. 온천에 왔다는 실감을 주기 위해서는 자연탕에 간헐천, 원천의 심벌화, 온천지옥의 연출, 산책공간 등 온천지의 관광연출을 하는 것이다. 일본 규우슈우의 벳부(Beppu)는 간헐천(geyser)을 이용한 일본 천연기념물인 용권지옥(회오리지옥)과 온천지옥(해지옥, 혈의 지옥 등)을 관광지로 개발한 세계적인 관광지이다.

(3) 규모

규모(size)라고 하는 요소는 감동 중에서 중요한 부문을 차지하며, 사람이 보는 방향에 따라서 크기의 시감을 증대시킬 수 있고, 반대로 실제 크기보다 작게 보여줄 수도 있다. 예를 들면, 산림에 가려져 인공물이 보이지 않는 산은 밑에서 올려다 본 경우 실제보다 높게 보인다. 특히 산 정상에 안개나 눈이 내린 경우에 멀리 떨어져 바라보는 광경은 높게 보인다. 반면에 산 정상에 탑이 설치되어 있거나 산중턱에 도로가 개통되어 있는 암석이 노출되어 있는 경우 아주 낮게 보인다.

관광객이 느끼는 관광대상물의 대소가 관광객이 오랫동안 마음속에 간직할 수 있는 상징물이 될 수 있다. 예를 들어 뉴욕의 월드 트레이드 센터(World Trade Center) 건물은 그 규모 면에서 관광객에게 관광의 추억을 간직하게 한다.

(4) 조화

자연환경에 인공물을 조성하는 경우에 어떻게 주위환경과 조화(harmony)시킬 것인가에 관한 과제는 논의의 대상이 된다. 조화란 일반적으로 색채 · 디자인 · 재질면에서 주위와 조화되는 것을 사용하고, 주위와 융합시키는 것을 말하지만, 경우에 따라서는 질이 전혀 다른 것을 사용하여 소위 대비수법도 생각할 수 있다. 가령 산의 색채를 조화시킨다고 하여 간단히 녹색으로 설치물에 칠을 한다고 하면, 가을이 되어 붉은 나뭇잎이 떨어지면 눈에 띄는 존재가 된다.

(5) 강조

공원(park)과 주제공원(theme park) 등에서 이용자의 시선을 집중시키고, 관광객의 동선을 유도하고, 설치물을 확대 · 강조(emphasis)하기 위해 꽃시계 · 조각 · 분수 등의 첨경시설을 설치할 때 적용되는 개념이며, 경관 혹은 그 지역의 단조로움을 없애주며, 그 지역을 초점으로 부각시킨다. 예를 들어 수평면(水平面)에 있어서 악센트로서 해변의 야자나무, 전원지대의 포플러나무, 해변의 등대 등이 여기에 해당한다.

2) 이동공간의 연출

관광활동 중에서 가장 큰 부분은 보는 것이다. 본다고 하는 행위와 관광대상과의 관계는 어느 특정 장소에서 특정 방향을, 더욱이 특정 시간에 보았을 때 비치는 경관은 시각적 환경의 연출이라고 한다면, 관광객이 이동하는 과정에서 경관조성은 이동공간의 연출이다.

첫째, 이동공간 그 자체가 관광대상이 되는 경우 한 관광지의 주요관광대상물을 관람하기 위해 보도로 연결된 이동공간의 주변환경이 관광대상이 되는 경우이다.

둘째, 관광을 최고조에 도달하기 위한 접근수단으로서 이동공간의 연출이다. 즉, 목표지점에 도달하기까지의 접근으로 이동공간이다. 관광목적물까지 통하는 보행공간의 연출에 의해 관광대상에 대한 인상의 정도는 크게 변한다. 관광지점까지의 보도는 최단거리로 할 필요는 없고, 그 도중에서 미지의 것에 대한 기대와 불안 및 초조함의 감정을 갖게 함과 도달지점에서 일종의 성취감과 만족감을 느낄 수 있도록 연극화할 필요가 있으며, 이러한 극화작업이 이동공간의 연출이다. 경주의 석굴암관광은 석굴암 주차장에서 하차하여 관광객이 보도를 따라 보행하면서 석굴암에 대한 이미지의 관념을 상상케 한다.

이동공간의 연출은 다음의 방법에 이용된다.

(1) 접근감 부여

접근감을 갖도록 하는 방법은 시각에 호소하는 방법과 청각에 호소하는 방법으로 구분된다. 목표지점이 '용(龍)'의 모습을 보여 주는 경우에 관광객의 접근통로가 한참 동안 용의 모습을 보여 주지 않고 용의 소리만 유유하게 높아지는 접근방법을 사용하여 용을 보게 한다.

(2) 반복

관광지에 도달했을 때의 감동의 크기는 도착할 때까지의 시간거리도 영향을 준다. 접근통로가 길면 길수록 인상이 강하다고 단적으로 말할 수는 없을지 모르나, 자동차로 관광지에 직접 들어갈 수 있는 상황은 감동을 느끼기가 어렵다. 그런 의미에서 관광지 접근에 어느 정도 초조하게 하는 것은 반복이라 생각할 수 있다. 깊은 산사(山寺)로 가는 꾸불꾸불한 산길은 지형관계일 수도 있지만, 올라가면 꾸부러지고, 올라가면 또 꾸부러지는 길이 계속되는 산사의 계단은 초조함과 동시에 근방이라고 하는 기대감을 높인다. 그리고 사찰의 본전에 도달했을 때의 성취감은 자동차를 타고 사찰경내에 직접 들어가는 것과 비교가 되지 않는다.

(3) 터널 효과

관광대상으로부터의 극적인 감동은 접근해서 환경의 차이가 크면 클수록 그 감동은 크다. 시야가 거의 보이지 않는 터널(tunnel) 내부를 걷다가 갑자기 눈앞에 넓게 전개되는 시야는 그 효과가 극대화된다. 오대산 입구의 전나무 수림지대는 하늘을 덮은 듯한 수림의 터널을 형성하고 있으며, 그 지역을 통과하여 사찰경내가 시야에 들어온다.

3) 유흥의 연출

체재형 관광지나 숙박형 관광지에서 찾을 수 있는 유흥요소는 거의가 도시에서 환락을 즐기는 것이고, 인간성이나 자연성에 근거를 둔 창조적 유흥장의 연출은 극히 부족하다. 그러므로 유료시설에 의하지 않는 공공적인 유흥장을 제공할 수 있는 아이디어가 필요하다. 숙박지 호텔에서 약 500m를 아침 · 저녁으로 산책과 쇼핑을 하도록 하는 시설, 그리고 숙박관광객이 야외 레크리에이션 활동을 즐기도록 레크리에이션 지역을 설정하는 것이 좋다.

유흥의 연출은 체험과 레크리에이션 주최자에 의해서 이루어진다. 오늘날 도시집중화현상과 생활양식의 변화에 따라서 우리들 주변에 사라져 가는 전통적인 풍속이나 습관을 체험하거나 도시생활에서 접할 수 없는 것을 스스로 체험하고 싶다는 욕구는 강한 것이다. 일상생활로부터의 이탈이 관광의 큰 욕구의 하나이며, 여행을 통한 체험은 관광에서 중요한 부분을 차지한다.

최근에 여행사들이 밤줍기를 관광 상품화하는 것도 체험의 연출이며, 일본의 경우는 농촌모내기, 찻잎 따는 일, 떡치는 일, 민예품 만들기 등을 상품으로 한 민박이 있으며, 시골에서 어린이마을이나 고향촌을 열고 있는 것도 그 한 예이다. 또한 지중해 지역의 해안에서는 전문적인 레크리에이션 담당자가 참가자들과 같이 숙식하며 스포츠와 레크리에이션을 오리엔테이션(orientation)하는 관광촌을 운영하고 있다.

4) 정보제공의 연출

여행정보는 직접적 정보와 간접적 정보로 구분되며, 직접적 정보는 여행안내책자 · 지도 · 팜플렛 · 여행사와 같은 관광매체를 통한 정보이며, 간접적인 정보는 친구 · 친지 · 신문 · TV 등의 매스 미디어(mass media)를 통한 정보의 수집이다.

여행자들은 관광여행을 떠나기 전에 충분한 예비지식을 갖지 못하는 경우가 많은 것이다. 현지에 도착했을 때에 비로소 안내판 · 팜플렛(pamphlet) 및 안내센터에서 지도 등을 입수하게 된다. 그러나 이러한 것이 대개 단일관광 대상지역의 관광정보를 소개하고 있을 뿐이다. 예를 들어 풍토 · 풍습 · 문화 · 산업 · 역사 등의 정보를 요령있게 제공하는 것은 흔치 않다. 공항, 고속터미널, 관광안내소에서 관광의 정보를 제공하는 경우가 있지만, 특히 관광정보에 고려해야 할 사항으로 시간 · 계절 · 기후 등의 차이에 의한 관광대상의 변화에 대해서는 여행자를 위한 정확한 정보의 제공이 수반되어야 될 것이다.

제13장 관광자원의 개발방향

제1절 자연보호와 환경우선의 개발경향

오늘날 선진국을 비롯한 개발도상국들이 자연보호와 환경보호에 각별한 관심을 가지고 자국의 자연을 지키고 가꾸는 데 필요한 입법 · 규정 정비를 하고 전담기구를 설치 · 운영하는 것을 볼 수 있다. 이 같은 일련의 정책은 보호주의와 보전주의의 색채가 강하고, 이에 근거한 야생동 · 식물 보호와 안보적 개발과 자연친화적 · 조화적 관계유지에 정책적 고려를 하고 있다.

관광의 경우에도 이러한 경향을 반영하여 자연지향적 · 자연복귀지향적인 녹색관광, 자연생태관광, 자연관광, 자연모험관광 등 종전보다 더욱 자연을 소재로 하고, 대상으로 한 관광이 등장하고 있고, 이에 따른 수요가 늘어나고 있다. 국제기구들도 이에 대한 방향을 제시하고 각국이 협조해 줄 것을 요청하고 있다.

UNEP(유엔환경계획), UNESCO(유엔교육과학문화기구), FAO(세계식량기구), WFN(세계자연보호기금), IUCN(국제자연보존연맹), OECD(경제협력개발기구), WTO(세계관광기구), PATA(태평양아시아관광협회), ASTA(미주지역여행협회), WTTC(세계관광협회) 등 국제기구와 민간단체들은 한결같이 20세기 인류의 당면과제인 환경보호에 적극적인 협력과 참여의 필요성을 강조한다.

물질만능주의와 상업주의의 폐해를 최소화하고 인간 삶의 질적 향상을 위해서도 관광의 추구방식과 대상을 바꾸어야 한다는 취지의 선언, 헌장, 결의문이 발표되고, 이를 각국 정부에 건의하여 정책에 반영해 줄 것을 요청하고 있다. 최근에는 이를 여러 나라가 다 함께 참여하여야 실질적 효과를 거둘 수 있다고 하여 UR · GR에 도입하고, 수출입정책(자연동 · 식물을 소재로 하여 가공한 제품의 수출입규제, 금지품목 공시)에도 반영하고 있다.

오늘날과 같은 자연보호와 환경중시 태도는 일찍이 19세기에 영국 민간단체를 중심으로 제기되었는데, 당시 영국이 산업혁명으로 인한 환경의 황폐화, 아름다운 자연의 파괴, 유서깊은 건물들의 변질을 우려하여 이를 위한 근본적 대책을 수립하고 국민적 운동을 전개하기 위해 1895년 National Trust를 설치한 것이다. 범국민적 환경보호운동은 원시림 보호와 복원, 녹지조성, 문화재 보호에 지금까지 큰 기여를 해 왔다.

영국 산림지대의 특산식물보호, 해안조류 번식지보호, 야외자연교육이 큰 성과를 거두고, 그 후 이 같은 민간단체를 중심으로 한 자연보호운동은 구미 각국에서 전개되고, 자연공원(국 · 공립공원)은 물론 해상수역(해상공원) · 늪지대 · 사막 · 산악까지 확대되고 있다. 황무지는 인간의 놀이공간 · 휴식공간 · 문화공간 · 생활공간은 되지 못하지만, 이 곳에 자생하고 서식하는 동 · 식물의 서식지와 피난처를 관리함으로써 생물다양화 보장과 학술적 연구, 생태관광의 훌륭한 대상으로 가꾸어 활용할 수 있다.

한편 생태관광을 발전시킴으로써 기대되는 이익은 앞서 자원개발을 극대화하여 최대만족을 부여하는 개발론과 상치되고 양립되는 속성을 가지고 있다. 소극적 활용을 요청하고 자연보전적 성향을 띠는 생태관광은 지역사회에 큰 경제적 이익을 줄 수 없으나 온전한 자연을 훼손시키지 않고 보다 많은 사람이 오랜 세월 이용할 수 있다는 잠재성을 가지고 있다는 점에서는 금전적으로 계산할 수 없는 무한한 기대효과를 가져온다.

이를 위해서는 온전한 자연상태를 유지할 수 있는 제도적 장치가 마련되어야 하는 것이다. 국가는 국민에게 생태관광의 참뜻을 이해시키고 홍보하고 자연과 인간의 조화를 유지하고, 자연환경의 피해를 가급적 최소화하는 방법을 개발해야 한다. 개발이나 생태관광지 활용에 앞서 그 지역생태계의 수용능력을 고려하여 적절한 개발방안과 가이드 라인을 설정해야 한다. 이렇게 함으로써 식생을 해치지 않게 되고, 푸른 숲, 아름다운 자연을 지킬 수 있다. 국토가 협소한 나라에서는 산림 · 녹지가 부족하여 유휴농지 · 한계농지 · 늪지대 · 호수 · 녹지대 등을 생태계공원으로 가꾸고, 이를 실습림 · 시험장 · 연구소 · 휴식공간 등으로 이용하는 것을 볼 수 있다.

제2절 자연공원과 천연보호구역의 지정 · 관리방향

오늘날 세계 각국은 우수한 경관지대, 삼림 · 호수 · 해안 · 도서지대를 자연보호구역과 국립공원으로 지정하고, 자연상태가 가장 양호하고 산림이 무성하고 맑고 깨끗한 계곡이 있는 곳은 자연공원으로 지정하고 있다. 이러한 자연공간은 원시상태가 잘 보전되어 있어 인간이 이를 보고 즐기고 휴식하는 여가공간으로 활용되고 있다.

광의의 자연공원에 대한 국가의 태도는 자연공원내 산림, 경승지, 야생동 · 식물의 보호에 역점을 두고 철저한 보호주의를 고수하고 가급적 인위적 시설 및 접근로의 설치와 상업적 기능을 억제하는 것이다. 자연공원을 자연보호지역으로 관리하면서 그 지역주민들의 관광지로 이용함으로써 경제적 이익을 주어 생활안정과 지역경제발전에 도움을 주고자 하는 것이 지역개발정책이나 관광정책이다.

자연공원의 질을 유지함으로써 이용자에게 만족스러운 반대급부를 주고, 관광을 통해 자연공원 주위의 주민들에게 경제적 이익을 보장해 주자는 것이 자연공원과 주위 관광자원을 관리하는 기관들의 의도하는 바인 것이다. 자연공원 내에서 이루어질 수 있는 관광행위는 사파리, 생태관광, 모험관광 등이 있으나 실제로는 생태관광의 범주에 속하는 관광행위인 관람, 관찰, 구경, 사진촬영, 그림그리기, 채집, 트레킹, 야영, 학술조사로 집약된다. 이용자의 편의 증진을 위해 산간도로 개통, 전기 · 통신시설 설치, 수로변경, 화목(火木)의 채취, 동 · 식물 채집, 휴게시설 설치, 대피소, 숙박시설 설치는 필요하지만 자연환경 파괴와 야생동 · 식물의 서식을 방해하는 수준에 이를 정도로 과도한 개발은 규제되어야 한다.

따라서 생태관광객의 수요충족을 위한 시설투자를 하되, 이것은 어디까지나 생태계의 위협을 주지 않도록 수용할 시설의 유형 · 규모 · 업종 등이 정해져야 되고, 동시에 그 지역으로 입장할 수 있는 내방자를 연간 · 시기별로 통제 · 한정하는 것도 필요하다. 특정지역으로 사람들이 과도하게 찾아 옴으로 인해 심각한 자연파괴가 야기되는 곳에는 휴식년제를 실시하고, 그 기간동안 자연의 회복이 이루어져 원래의 상태를 회복하는 자연보호정책이 국가 · 민간단체에 의해 시행되어야 한다. 또한 지나치게 사람이 많이 찾거나 과도한 개발로 인하여 생태계를 위협하고 자연경관을 훼손하는 것은 규제되어야 한다.

자연환경보호와 자연공원관리에 철저한 미국에서는 일단 자연보호구역(천연보호구역)을 국가가 지정하면 그 구역의 주위지역에 대한 토지의 평가등급분류가 시행되고, 자연의 보호 · 보전을 위한 구체적 방안이 마련된다. 따라서 자원의 효과적 이용을 기하는 취지에서 보호구역을 다시 여러 구역으로 나누어 특성에 맞게 관리하기 위해 구역회적(zoning)을 하게 된다.

몇 개의 단위구역은 그 구역 및 주위지역의 개발계획 또는 기존 개발지의 용도와 상충되지 않고 조화와 보완을 유지하도록 배려한다. 지정된 구역 내 세분된 구역은 확산이용과 집중이용을 선별하여 이용계획을 수립 · 시행토록 함으로써 자원의 효과적 이용과 자연의 보전을 동시에 추구하도록 한다. 확산이용은 입장자를 분산시켜 혼잡을 유발하지 않도록 유도함으로써 일정 공간에 낮은 이용을 꾀하는 것이다. 오솔길 · 등산로 · 야영장 · 전망대는 집중이용억제와 자연보호에 도움을 준다. 그리고 집중이용은 일정 공간에 많은 사람이 이용하도록 계획적 이용계획에 따라 이용되는데, 여기에는 숙박시설 · 음식점 · 상가 · 수련시설 · 레크레이션 시설 등에 해당한다.

일반적으로 개발계획을 수립하고 소요판단을 하면 바로 이 원칙에 입각하는데, 이를 충족시키자면 안전기준, 위생공간면적, 시설회전율을 합리적으로 산정해야 한다. 그리고 관광지와 관광시설의 건설을 위한 입지선정도 마찬가지로 중요한데, 이용자(관광객)에게는 최대의 만족을 주고, 개발주체(기업, 공공단체)에게는 수익을 보장해야 한다. 또한 자연에게는 안전성이 보장(공해유발, 자연파괴, 오염이 수반되지 않는 조치)되어야 하며, 지역사회에게는 경제적 이익보장이 동시에 이행되는 방향으로 개발되어야 한다. 이를 위해 토지이용계획이 면밀히 검토되어야 한다.

자연보호구역을 관광지로 활용하기에 앞서 주위 자연과 조화를 이루고 자연훼손을 최대한 예방하기 위해서는 최소한 다음과 같은 원칙이 마련되어야 한다.

첫째, 인공시설은 불가피한 경우를 제외하고 설치를 억제해야 한다. 인공구축물 건설은 경관을 훼손시키고 식물의 성장 여건을 악화시킬 수 있기 때문이다.

둘째, 인공시설은 가급적 자연생태계에 미칠 영향을 극소화하도록 설계해야 한다.

인공시설의 건설은 경제적으로 기여를 하고 있으나 자연생태계와 기후에는 부작용을 가져와 지역기후변화, 식물과 농작물 성장지장, 냉해, 생태성변화(냉대림 번성, 온대림 쇠퇴), 담수어(호수, 강, 하천)의 성장 여건 변화에 따른 희귀어종의 멸종을 초래한다.

셋째, 인공시설에 쓰여지는 재료는 가급적 현지에서 조달 · 공급되는 것을 사용하는 것이 좋으며, 아름다운 경관과 스카이 라인을 해치는 고층건물, 그리고 주변환경에 어울리지 않는 건축설계와 외형은 지양되어야 한다.

넷째, 인공시설물은 고유의 전통건축양식을 이용하여 향토색이 짙고 안정감을 주도록 해야 한다.

다섯째, 인공시설물은 의도하는 기능을 고려하여 입지선정을 해야 하며 관광시설은 가급적 프라이버시가 보장되도록 관리시설과 격리되어 일주도로, 또는 산책로를 만들어야 한다.

여섯째, 접근도로와 산책로는 밖에서 노출되지 않도록 하는 것이 좋으며, 접근도로를 내더라도 동 · 식물서식과 보호구역으로부터 떨어지도록 해야 한다.

일곱째, 인공시설의 건축설계는 생태계와 조화를 이루고 보호할 수 있는 설계방식을 도입해야 하고, 시설들은 생태계보호에 직 · 간접적으로 도움을 줄 수 있는 Ecotourism Center 기능을 수행해야 한다. 산간지대에서는 무공해농산물의 재배(ecological farming), 수경재배(aquaclture), 유기농법을 도입하여 자연환경보호에 도움을 주고, 관광객 · 소비자에게 위생적인 농산물을 공급할 수 있어야 한다.

제3절 국제기구의 환경 · 생태보전에 관한 태도

오늘날 국제기구들은 자연보호와 환경보전에 대한 결의문 · 권고 · 선언 · 제안 · 방향을 제시하고, 회원국으로 하여금 이를 정책수립에 반영 · 시행하고 민간부분에 확산되도록 요청하고 있다. 자연보호와 환경보호에 관심을 가지고 악화된 환경이 자연 · 생태계 · 거주환경에 심대한 영향을 미칠 수 있다고 국제기구들이 주장하는 배경은 환경보호대책이 마련되지 않으면 인류의 종말을 가져올지 모른다는 위기의식이 팽배해지면서 공동대응의 필요성을 인식하는데서 찾아볼 수 있다. 여기에는 환경보호론자들 및 그린피스(Green Peace)의 주장과 여론이 크게 작용하였다. 이들 국제기구들의 공통된 주장은 환경오염방지, 환경교육 실시, 녹지보전, 대체에너지 사용, 자연보전지구 지정과 특별관리, 생태계보호환경에 유해한 제품, 생산규제, 환경산업 육성과 환경상품 개발, 생태관광 보급을 들고 있다. 그리고 자연보호사상과 환경보전의식을 기업 · 개인이 생활화하고 여행자는 실천요강을 정하고, 홍보 · 교육의 필요성을 제기하고 있다.

환경문제를 다루는 국제기구들의 사업방향과 내용을 보면 다음과 같다.

1. 유엔환경계획(UNEP)

UN이 환경문제를 공식적으로 다루기 시작한 것은 1972년 개최한 UN인간 · 환경회의에서 비롯된다. 환경문제를 세계각국이 그 심각성을 인정하고 인류의 운명을 구하기 위해서 이를 실천할 국제기구로서 UN산하에 전문기구 설립의 필요성이 제기되었고, 1973년에 UNEP가 발족하게 된다.

UNEP는 오늘날 각국의 환경에 관심이 고조되자 인간 · 환경(Man and Environment)회의 개최와 관련된 사업을 수행하고 있다. 최근 환경회의에서 지구환경보전(109개 항목), 그 실천계획과 인간의 권리(26개 항목) 등 기본원칙을 채택하였다. 지구환경보전원칙을 구체적으로 실천하기 위해 6개 분야의 사업을 수행키로 하였는데, 이는 즉 양호한 주거환경의 계획 · 관리, 천연자원의 관리, 폐수유출 억제, 약사용규제(유기질비료 생산), 심각한 소음대책(야생동물의 산란, 서식지 보호) 등과 같은 사업을 위한 계몽 · 교육 · 감시강화이다.

UN은 1982년 세계자연헌장을 선포하여 심각한 환경파괴를 경고하고, 지나친 개발, 전쟁, 기후변화에 따른 사막화, 식량증산을 위한 산림벌채로 생태계 · 기후변화 초래, 화석연료의 남용에 의한 대기오염, 오존층 파괴, 지구온난화, 열대우림의 급속한 소멸, 핵발전소의 사고에 의한 토양오염, 선박의 기름유출에 의한 해양오염과 수생동식물의 위협 등 전 세계가 당면한 문제를 해결하는 데 각국의 협조를 요청하였다.

1983년에는 이처럼 심각하게 악화된 지구환경의 보호 · 복구를 위한 실무업무를 다룰 환경과 개발에 관한 세계위원회를 UN산하에 두었고, 1987년에 이 위원회는 "우리의 공동미래(Our Common Future)" 보고서를 UN에 제출하여 환경파괴의 악순환을 막자면 개발과 환경보호를 통합 · 조화를 유지함으로써 기대되는 '지속가능한 개발(sustainable development)' 만이 가능하다고 결의하였다. 1988년 리우데자네이로에서 개최된 UNCED에서는 지구헌장, 즉 환경과 개발에 관한 리우선언이 채택되고, 의제 21(Agenda 21), 기후변화협약, 생물다양성협약이 함께 채택되었다.

이상과 같은 UNEP의 환경보호정신은 환경관련단체와 관광기구에 큰 영향을 미쳤고, 이들 기구와 단체들은 UNEP와 긴밀한 협조하에 해당분야에 환경보호와 자연생태계 보호를 관찰하고 있다. 관광분야에서는 무엇보다도 개발과 환경의 조화에 바탕을 둔 지속가능한 보전적 개발을 실천하고 자연을 보호하면서 활용하는 생태관광(ecotourism) 발전을 촉진시켰다.

2. 세계관광기구(WTO)

세계관광의 발전과 관광산업의 육성을 위한 방향제시, 교육훈련, 기본통계 작성과 협력방안을 연구하는 정부 간 기구인 세계관광기구(World Tourism Organization)는 1986년 WTO 제4차 총회(로마)에서 채택한 결의 100호에 따라 환경과 관광에 대한 연구보고서가 제출되었다. 이 보고서에서는 자연을 지키고 다음 세대의 이익을 가져다 주는 자연자원을 관광개발을 통해 환경파괴가 없도록 하자는 취지가 담겨 있다. 그리고 관광활동과 자연자원, 환경보호가 상충되는 점을 인정하면서 상호 협력가능성을 모색하였다.

WTO와 UNEP는 1982년 7월 1일 "관광과 환경의 적절한 균형유지"라는 공동선언문에 서명하고, 세계인권선언에서 제창한 휴식 · 여가를 향유할 권리(right to rest and leisure)와 건전한 환경관리 사이의 조화를 유지함으로써 인간이 추구하는 궁극적 이익증진에 이바지할 수 있고, 양자는 상호 불가분의 관계에 있음을 천명했다. 자연환경보호과 관광발전은 밀접한 관계가 있으며, 양자의 조화와 협력은 건전한 관광발전과 인간의 삶의 질 향상에 기여한다. 그리도 지나친 관광수요가 자연상태를 악화시킴으로써 생태계 · 자연 · 문화 · 거주환경에 바람직하지 못한 결과를 초래하지 않도록 균형유지, 합리적 기반설정과 실천이 필요하다고 지적했다. 불균형이 초래하는 지나친 관광수요는 자연환경을 악화시켜 관광의 질을 떨어뜨리므로 양적 만족추구로 질적 만족을 결코 희생시키는 일이 없도록 유의해야 한다고 강조하고 있다.

이를 위한 구체적 실천수단으로는 각국이 채택하는 환경보호기준은 ❶ 그 나라 · 지역의 지리적 수용능력, 경제 · 사회 · 문화적 위치, 생활양식을 고려해서 설정해야 하며, ❷ 지리적 입지조건을 고려하여 농업과 관광, 해안선과 관광, 산악과 관광이 각기 균형을 유지함으로써 자연(농지, 해안선, 산악)에 피해가 적도록 할 것이며, ❸ 기존관광지가 수용한계를 넘어서 포화(혼잡, 고물가, 환경오염, 불만족)상태에 이르면 이를 완화할 새로운 관광지를 모색하되, 토지의 효용가치가 적은 곳을 개발하여 수요를 충족시키고, 관광객 분산(staggering tourism flow)을 통한 자연보호와 즐거운 여가활동을 가져 올 수 있도록 해야 한다는 점을 들고 있다.

그리고 관광을 통해 자연파괴와 환경오염을 최소화하기로 한 조치로서 ❶ 피해우려가 있는 자연자원을 보호하기 위해 완충지대(buffer zone)를 설정하고, ❷ 생태학적 관점에서 경관보호와 저밀도유지를 하여야 하며, ❸ 그 지역의 역사 · 문화 · 자연 · 유적의 보존에 힘쓰고, 레크리에이션 공간과 식용할 정도의 수질을 보장하기 위한 엄격한 수자원 관리기준을 정해야 하며, ❹ 국가 · 단체 · 기업은 단기적 이익을 얻기 위한 투자를 지양하고 개발을 통한 심각한 불균형과 환경파괴가 없도록 대비하며, 조림과 저수지 조성, 하천관리를 통해 녹지와 자연보전지구를 확대해 나가야 한다.

한편 WTO는 자연환경보호를 우선으로 하면서 자연자원을 적절히 이용하고 자연의 공급능력과 인간의 여가활동수요의 균형을 고려하여 보호되어야 할 자연공간을 다음과 같이 8개 부문으로 구분하고 있다.

❶ 학술적 보존지구(scientific reserve and strict nature reserve)

❷ 국립공원(national park)

❸ 자연공원(natural monument and natural landmark)

❹ 자연보전지구 및 야생동식물보호지구(managed nature reserve and wildlife sanctuary)

⑤ 보호를 필요로 하는 자연경승지구(protected landscapes)

⑥ 자연자원보전지구(resources reserve)

⑦ 자연적으로 생명력이 유지되고 있는 지역, 문화인류학적 보전이 필요한 지역(natural biotic area and anthropological area)

⑧ 다용도 자연자원관리지구, 특정자원관리지구(multipurpose managment area and managed resources area)

3. 세계관광협의회(WTTC)

세계 각국의 관광에 유관한 수송 · 숙박업, 여행업, 레크리에이션 분야 등 기업과 단체로 구성되는 민간단체인 세계관광협의회(World Travel and Tourism Council)는 정부기관 · 단체 · 기업이 준수할 환경보호요령을 정하고 이행을 권고하고 있다. WTTC는 관광산업이 성장하는 데 깨끗하고 건전하고 안전한 환경이 필수불가결하다는 것을 주지시키고 있다. WTTC는 국제상공회의소가 정한 보전적 개발을 위한 경제헌장(The ICC Business Charter for Sustainable Development)을 인용하여 이를 관광산업계에서도 사업, 상품개발, 마케팅 활용에 참고할 것을 제안하고 있다.

12개 항으로 된 이 실천요강의 내용은 다음과 같다.

① 환경문제를 야기시킬 수 있는 제품과 장비의 사용을 줄일 것.

② 설계, 기획, 건설, 사업시행을 할 때 환경문제에 관심을 가질 것.

③ 가능하면 환경변화에 민감하고 위협을 받는 지역 · 종(種) · 경관을 보전하는데 힘쓸 것.

④ 에너지 보전(절약)을 실천할 것.

⑤ 폐기물을 줄이고, 재활용할 것.

⑥ 맑은 물을 관리하고 폐수처리에 철저히 기할 것.

⑦ 배기가스를 줄이고 오염물질 배출을 줄일 것.

⑧ 소음수준을 낮추고, 철저한 관리를 할 것.

⑨ 환경에 유해한 물질(살충제, 독극물, 부식제, 화약, 인화성 물질 등)의 사용을 제한할 것.

⑩ 역사적 · 문화적 유산을 잘 이해하고 존중할 것.

⑪ 지역주민의 이해관계(전통, 문화, 역사, 개발문제)를 숙지하고 관심을 가질 것.

⑫ 관광지개발에 관련하여 예상되는 환경문제를 고려할 것.

4. 미주관광협회(ASTA)

미주지역 여행사들이 중심이 되어 미주지역 관광발전과 관광협력사업, 교육, 시장 개척사업을 수행하는 민간기구인 미주관광협회(American Society of Travel Agents)는 관광과 자연보호 · 환경보호의 관계를 재정립하고, 세계환경단체와 긴밀한 협력을 통해 회원(여행사, 단체)에게 환경보호의 중요성을 강조한다. 그리고 환경보호상품인 생태관광의 개발 · 보급에 적극적이다. 미주관광협회는 여행사와 관광객들이 다같이 준수할 환경자연보호요령 10개 항을 정하여 실천할 것을 권고하고 있다.

❶ 여행을 할 때는 관광지에 발자국만 남기고, 사진촬영과 추억만 가지고 갈 것.

❷ 자연환경의 취약성을 인식하여 우리 모두가 환경보전에 도움을 줄 수 있는 일을 할 것.

❸ 유익한 여행을 하기 위해서는 사전에 여행지의 관습 · 풍속 · 문화를 이해하여 야 하며, 여행 중에는 현지에 대하여 많이 배우고, 현지사람들과 대화를 가질 것.

❹ 여행지의 토착문화(종교, 전통, 공예, 음식, 서비스)를 존중하고, 사진을 촬영할 때는 특히 현지인들의 사생활과 자존심을 해치지 않도록 할 것.

❺ 관광지에서는 오물을 버리지 말 것이며, 돌아갈 때는 봉지에 담아가야 한다. 처음 올 때처럼 떠날 때는 깨끗이 청소하고 떠날 것.

❻ 멸종위기에 처한 동 · 식물(endangered species)로 제조한 상품(상아, 거북껍질, 새털, 동물가죽 등)을 구입하지 말아야 한다. 미국관세청에서 수입금지품목을 알리는 안내서 "출발전에 알고 떠나자(know before you go)"를 읽고 여행할 것.

❼ 지정된 관광루트(designated trails)를 항상 이용할 것, 동 · 식물의 서식지를 파괴하지 않도록 일정한 거리를 유지하며 지나가고, 동물에 손을 대지 말 것.

❽ 자연보호적 사업(conservatioriented programs)과 관련기구를 이해하고 지원할 것, 전세계적으로 추진되는 자연보전에 협력할 것.

❾ 여행사, 관광휴양사업자에게 미주관광협회가 정한 환경 가이드라인(environmental guideline), 또는 다른 규정(사막, 산악지역과 같은 특수지역보호를 위한 건의 포함)을 채택 · 실천하도록 요청할 것.

❿ 가급적 대중교통수단을 이용하거나 도보로 여행할 것, 주차를 할 때는 운전자들에게 엔진을 가동시키지 않도록 주의를 줄 것.

5. 아시아 · 태평양관광협회(PATA)

아 · 태지역국가의 관광사업체와 단체로 구성된 민간관광기구인 아시아 · 태평양지역관광협회(Pacific Asia Travel Asociation)는 기존 마케팅, 자원개발, 교육업무, 조사업무 이외에 근년에 환경문제를 다루는 별도 조직인 환경위원회(Environmental Committee)를 두어 환경보전과 이와 관련한 교육사업을 수행하고 있다.

환경보전사업은 회원국의 정부기관 · 단체 · 관광업체 등과 협력을 통해 추진하는데, 원시림(특히 열대우림), 전통민속자원, 청정수역이 많은 동남아, 대양주지역의 자연보호와 환경보호에 관심을 가지고 있다. PATA는 환경보전과 관광발전을 동시에 달성하기 위해 환경보전강령을 제정하여 이를 회원국들이 이행해 줄 것을 권고하고 있다. 즉 PATA Code for Enviornmentally Responsible Tourism이라는 실천강령인데, 관광사업체와 관광객은 자연을 이용함에 있어 생태계 파괴와 자연환경에 위협을 주지 않도록 책임질 수 있는 사업과 행동(관광)을 하여야 한다는 윤리적 책임을 강조하고 있다.

1983년 PATA 필리핀 지부와 PATA 아시아지역 담당부서가 마련한 제5차 PATA 모험관광, 생태관광회의(Adventure Travel and Ecotourism Conference)와 여행업자상의 · 판촉회의에서 그 이전에 인도, 말레이시아, 네팔에서 토의된 이 지역의 자연관광(모험관광, 생태관광)의 시장개척문제가 회의에서 다루어졌다.

말레이시아 회의에서는 자연을 소재로 한 관광을 모험관광, 생태관광, 자연에 책임을 지는 관광(responsible tourism) 등의 표현을 사용하였다. 필리핀 회의에서도 관광의 녹색화(greening of tourism)라는 주제로 자연관광을 통한 수익과 자연에 대한 책임을 여행사와 관광객이 인식해야 함을 강조하고 모험관광과 생태관광의 사업성을 논의했다. 특히 자연에 책임을 져야하는 상품개발과 판매(eiornmentally responsible product development, marketing)에 초점을 맞추어 완전한 기준을 유지하는 지역(area of safety standards)을 지정, 여행업자와 소비자를 위한 교육 · 훈련의 필요성, 자연관광에 관련한 체험, 법적 문제를 심도있게 다루었다.

1993년에 공개한 자연관광의 수칙을 보면 다음과 같다.

❶ 여행업자들은 자연을 이용한 지속가능한 보전적 관광(sustainable tourism)을 적극적으로 지지한다. 자연과 문화의 일체성을 유지할 수 있는 보전적 관광을 그 대상으로 한다.

❷ 자연관광상품의 개발과 사업참여를 촉구하고, 지역경제와 주민에게 이익이 되도록 배려한다.

❸ 관광업자들이 사업을 하는 지역의 자연 · 문화유산 보호에 힘쓴다.

❹ 자연에 '책임을 질 줄 아는 관광(responsible tour)' 의 기본정신의 이해와 실행을 위해 여행업계 종사자와 방문자를 위한 교육훈련에 참여한다.

❺ 여행사의 간부, 안내원, 고객, 이해관계자들에게 '책임을 질 줄 아는 관광' 에 대한 교육을 책임진다.

❻ PATA의 윤리강령을 전적으로 책임지고 이행한다. 회원국의 문화 · 사회 · 경 제적 여건을 고려한 상행위와 각국의 윤리강령을 존중한다.

❼ PATA는 생태관광정책 수립, 자연보호상태가 양호한 지역과 자원의 효과적 관리, 토속적 문화이해 촉진에 관련하는 업무를 수행하는 정부기관 · 지역사 회 · 사회단체에 자문 · 지원을 한다.

❽ 자연보전과 문화유산 보존에 많은 예산배정을 해줄 것을 각국에 촉구한다.

❾ 소비자(관광객), 유관업체, 단체를 위해 관광객이 찾는 지역을 생태학적 접근 과 이해를 통해 문제를 해결한다.

❿ PATA는 생태관광의 기준과 가이드 라인을 설정할 수 있는 권한을 가진다.

이외에도 PATA는 환경보전참여와 생태관광의 발전을 위해 회원국과 협력사업을 전개하고, PATA지부재단을 통해 회원국의 생태관광보급, 교육, 시장개척에 관련한 사업을 지원하고 있다.

6. 국제자연보호연맹(IUCN)

UNESCO와 프랑스정부가 공동주최한 자연보존회의(1948. 10. 5)에서 국제기구설립을 결의하여 자연보호국제연맹(International Union for the Protection of Nature)을 설립하고, 1956년에 IUCN으로 개칭했다.

이 기구의 사업은 세계적으로 멸종위기에 처한 자연자원 보존대책 수립, 개발도상국의 자연보존과 개발사업의 조화를 위한 방안제시, 자연자원보호에 필요한 생물학적 생산성, 토양의 이용가능성, 그리고 생태학적 접근이해, 촉진, UNEP, FAO, UNESCO에 생태계 보전에 관한 자문, 세계야생동식물보호기금(World Wildlife Fund, WWF) 협력사업이다. IUCN은 산하에 생존지도위원회(멸종위기의 동 · 식물 실태 파악), 보존지구, 국립공원위원회(자연보전지구, 보호지역 설치운영), 생태위원회(생태계 보전을 위한 기술도입, 전문가 지원), 환경계획위원회(생태학적 건축설계, 조경도입), 교육위원회(사업홍보, 계몽)가 있다. 최근 IUCN의 관심사항은 열대우림, 청정수자원, 해수, 특정동식물의 보호이다.

제4절 생태관광

1. 생태관광의 발전과 유형

1) 생태관광의 발전

20세기 후반에 들어서면서 기존관광이 지나친 상업주의에 치우치고, 물질 위주의 양적 만족을 추구하는 데 반하여, 새로운 관광분야로 등장한 생태관광은 자연을 중심으로 하고, 자연을 대상으로 한 원시적이며 복고적인 관광형태로, 종전의 관광이 사람의 양적 접근을 강조하였다면 생태관광은 인간생활의 풍요와 삶의 질적 향상을 가져오는 질적 만족을 강조한다고 할 수 있다.

생태관광은 20세기 초에 등장한 새로운 조류의 관광유형으로 볼 수 있고, 선진국에서 처음으로 여행상품화를 시도하면서 큰 반향을 불러 일으키고 있다. 최근 지구환경이 날로 악화하고 UNESCO, UNEP 등 각종 국제기구와 단체들이 하나뿐인 지구를 구출하기 위한 운동을 전개하고, 환경보호와 자연보호를 심각하고도 중요한 당면과제로 인식하면서 자연의 소중함을 뒤늦게나마 깨닫게 되었다.

이러한 시대적 경향과 여건이 바뀌면서 자연에 크게 의존하고 깨끗한 환경 속에서 여가생활 · 문화생활을 추구하는 현대인은 색다르고 한 차원 발전된 관광을 갈구하게 되었다. 이러한 수요와 필요를 충족시키기 위해서 등장한 것이 자연관광(nature tourism)이다. 이것이 한 단계 발전하여 생태학적 관광, 생태관광(ecological tourism, ecotourism), 녹색관광(green tourism)으로 나타났다. 생태관광이란 표현이 나타나기 전에는 자연에 도전하는 모험관광(adventure travel), 자연속에서 자연을 즐기는 자연관광(nature travel)으로 불려졌으나 오늘날 이들 두 가지 유형의 관광은 생태관광의 기본을 이루고 있다. 생태관광의 속성은 온전한 자연자원을 바탕으로 하기 때문에 자연을 대상으로 한 관광행위로 인해 자연과 환경파괴를 하지 않도록 주의를 요하므로 외부의 영향에 민감한 자연을 보호해야 하며, 그 결과에 대하여 책임을 져야 하므로 'Responsible Tourism' 으로 달리 표현하기도 한다.

생태관광의 수요자는 자연애호가 · 성인 · 학자 · 지식인 등이며, 자연과 생태계에 대한 어느 정도의 지식 · 안목 · 이해가 필요하므로 고급관광에 속한다. 세계적으로 생태관광분야의 매출액이 2천 억 달러라는 사실을 보더라도 이 분야는 건실한 시장, 충분한 잠재력을 가진 성장시장임에 틀림없다.

전세계에 생태관광을 취급하는 여행사는 1,000여 개 업체가 넘고 있다. 세계평화, 문화적 결속을 다지는 데에 녹색(green)이란 표현이 자주 인용되고 있는데 관광분야에서도 녹색관광(green travel)이 등장하여, 여행사들은 이 새로운 여행상품이 사람들에게 인간적이고 지적이며 정신적 성장과 만족을 줄 수 있다는 점을 강조하였다. 여행사들은 녹색관광시장을 개척하고, 이국적 문화와 깨끗한 자연을 찾아 의미있고 자연에 도전하는 모험적 여행을 즐길 수 있는 여행상품을 개발하여 새로운 고객인 녹색 관광객(green traveler)을 만들어 낸 것이다.

2) 생태관광의 유형

녹색관광의 내용과 대상은 어디까지나 원시성 · 순수성 · 토속성에 반영된 인공을 가하지 않는 자연상태여야 한다. 일반적으로 녹색관광, 즉 생태관광은 크게 세 가지로 나누고 있다.

(1) 원시상태의 녹색관광

원시상태의 녹색관광(Rugged Green Travel)은 여행자의 편의 · 안전을 보장해 주는 시설이 갖추어지지 않은 상태에 이루어지는 관광이다. 여행자가 산 · 계곡 · 숲 · 해안 등을 찾아 여행을 할 때 고생 · 고통을 각오하고 자연을 즐기는 관광이며, 여기에는 급류타기, 트레킹, 사진촬영, 채집, 등반, 탐사, 노숙(露宿) 등이 해당된다.

(2) 간단한 장비를 이용한 녹색관광

간단한 장비를 이용한 녹색관광(Soft Adventure Green Travel)은 앞서 말한 여행방식에 비해 장비와 수단을 이용한 관광이다. 관광지까지 자동차 · 보트 · 말 · 자전거 등을 이용하고, 관광지에서 간단한 도구만 가지고 자연을 즐기는 관광이다. 그리고 야영을 하더라도 텐트를 사용하고, 취사도구를 이용하며, 숙박시설을 이용하기 때문에 고생스러운 여행은 아니다. 도서관광을 할 때 유람선을 이용하는 것은 이에 속한다.

(3) 장비 · 시설을 이용한 녹색관광

장비 · 시설을 이용한 녹색관광(Sybaritic Green Travel)은 여행자가 생태관광을 하는 데 있어 현대적 시설 · 장비를 충분히 이용하면서 참여하여 경비가 많이 지출되나 즐거운 여행을 할 수 있는 유형이다. 아늑하고 깨끗하며 냉 · 난방장치가 갖추어진 호텔에서 숙식을 하고, 안내자의 안내를 받고, 전문가를 초빙하는 세미나(자연, 생태분야)에도 참석하는 프로그램이 짜여진 여행이다. 사파리(초원, 정글), 수중관광(잠수함, 스쿠버다이빙), 행글라이딩, 박물관 관람, 동 · 식물원 관람 등이 해당한다.

그리고 생태관광은 대상 · 장소 · 시간 · 이용자 · 참여방법 · 목적에 따라서 그 유형을 세분해 볼 수 있다. 예컨대, 공간적으로 구분한다면 산지(고산, 고원, 숲, 저지대, 정글), 평지(야지, 사막, 들판), 내수면(호수, 저수지, 강, 하천), 해안(해변, 연안수역), 공중(하늘) 등 노천, 야외공간을 이용한 레크리에이션, 취미생활, 생태관찰, 자연의 소리녹음(물소리, 바람소리, 새소리), 행글라이딩, 버루닝(풍선관광), 탐사활동, 모험여행, 예술활동(사진작품, 사생), 사파리 등으로 나누어 볼 수 있을 것이다.

2. 생태관광의 본질과 특징

1) 생태관광의 본질

생태관광에 대한 영어의 표현은 다양한 편이어서 Biologial Travel, Green Travel, Ecotravel, Ecotourism, Nature Travel 등이다. 그리고 생태관광객은 Green Traveler, Green Consumer, Ecotourist로 표현하며, 생태관광상품은 Green Travel Product, Green Travel Programs, Ecotours 등으로 표현한다.

그리고 생태관광에 대해 일반적으로 "자연을 파괴하지 않고 관리가능한 관광(nondestructive, managed travel)", "자연을 대상으로 하고 자연 속에서 자연을 즐길 수 있으며 동시에 인간의 교양, 지식, 정서, 삶의 질, 건강 등을 증진시킬 수 있는 내용을 갖춘 관광"이라고 말할 수 있을 것이다. 그리고 자연을 훼손시키지 않고 자연을 사랑하고 친근해지는 관광이며, 문화유산, 야생동물 서식지, 생태계를 관찰하고 아름다운 자연을 즐기는 관광, 자연의 보호를 의식하고 생태계 파괴에 책임을 져야 할 성질의 관광(ecologically responsible tourism), 자연자원의 보전, 자연을 포함한 어떠한 형태의 관광을 통해 경제적 수익을 주고, 문화, 환경, 자연사를 이해시키는 것을 목적으로 자연지역으로 떠나는 관광 등 여러 가지 정의가 있다.

따라서 관광객에게 그 지역의 고유한 문화전통, 특수한 자연환경, 자연사, 자연보전의 필요성을 이해시키고, 지역주민에게는 자연보전을 통해 기대되는 경제적 이익을 설명하는 것이 생태관광의 본질이며, 이용자(관광객, 사업자)가 환경파괴를 유발하지 않도록 주의를 하고, 부주의에 의한 자연환경 파괴에 책임을 질 줄 알아야 한다는 것이다. 이용자만 있고 책임을 지는 사람이 없다면 깨끗한 자연, 온전한 자연을 확보할 수 없는 것이다.

2) 생태관광의 특징

생태관광의 특징을 본다면 그 이용자(관광객)는 연령적으로 30세 이상의 사람으로써 야외관광 · 자연관광을 선호하는 집단이 되는데, 선진국의 경우에 이용자들은 국내외여행 유경험자, 단독여행자, 지식인들이 많이 나타나며, 성별로는 남녀가 거의 같은 비율로 나타난다. 그리고 이들은 경제적으로 여유가 있는 고학력의 성인들이며, 환경문제와 자연에 대하여 평소에 관심이 있고, 새로운 사실을 발견함으로써 자신의 지식함양, 문화적 · 정신적 · 육체적 건강관리에도 관심을 가진다. 또 여행기간이 길고, 소비액이 많으며, 굳이 고급시설(호텔, 음식점)을 이용하지 않고 장소와 때를 가리지 않고 저렴하거나, 비싼 시설 · 음식 · 구매에 구애받지 않는 성향을 보인다.

생태관광은 자연지향적이고 생태계와 토착문화를 이해하려는 지식욕구가 있는 관광객을 충족시키며, 관광참여는 소규모 인원(1인, 부부, 소수인원)으로 이루어지며, 생태관광 참가에 많은 경비가 소요되지 않는다. 만족스러운 관광이 보장되려면 이 분야의 전문안내원의 도움이 필요하다.

자연관광 내지 생태관광에 참여함에 있어 관광객이 지켜야 할 기본수칙과 주의사항은 다음과 같다.

첫째, 자연을 대상으로 한 관광의 성패와 만족 여부는 참가자의 자연에 올바른 이해와 자연보전의 필요성 인식 여하에 달렸다.

둘째, 지속적으로 이용되는 자연관광지를 유지 · 관리 · 보호하는 데 예산(경비)이 필요하다. 현지에서의 입장료, 수익(특산물, 숙박비, 음식비)에서 부과되는 부과금, 조세에 크게 의존한다.

셋째, 자연관광이나 생태관광을 제대로 홍보 · 안내할 수 있는 자격있는 인력 확보가 필요하다. 동시에 이에 대한 안내서의 발간과 배포도 필요하다.

넷째, 자연관광은 지역사회(농 · 어 · 산촌)의 개발 · 발전에 도움을 주게 된다. 지역개발과 발전이 원만히 이루어지려면 지역주민의 이해와 협조가 필요하다.

다섯째, 자연보전론자와 개발론자의 대화가 필요하다. 개발을 통한 수익증대를 꾀하는 개발사업자와 자연을 아끼고 지키자는 보호론자(환경운동가, 문화자원보호론자) 간에 의견대립과 마찰이 없도록 쌍방 지속적인 대화와 이해가 있어야 한다.

참|고|문|헌 >>>

■국내문헌

고정민, 영화관광의 부상과 성공조건, 삼성경제연구소, 2004.

김용상 외 7인, 관광학, 백산출판사, 2003.

김은헌, 관광경제학, 경영문화원, 1998.

김재민, 관광자원개발론, 대왕사, 2003.

김정옥, 관광자원관리론, 대왕사, 2003.

김창수, 관광교통론, 대왕사, 1998.

김홍운 · 김사영, 관광자원론, 형설출판사, 2003.

박호표, 관광학의 이해, 학현사, 1998.

서천범, 레저산업21, 한국레저산업연구소, 1999.

신우성, 관광사업경영, 대왕사. 2008.

_____, 관광레저스포츠경영, 대왕사, 2008.

윤대순, 관광의 정의 확립에 관한 연구, 관광경영학 연구, 1997.

이광원, 관광자원론, 기문사, 2003.

이봉석 외 5인, 관광자원론, 대왕사, 2002.

이후석, 관광자원의 이해, 백산출판사, 2003.

정경숙, 한국온천과 약수, 하나의학사, 1989.

조명래, 대안적 방식으로서의 상향적 지역개발, 민음사, 1985.

_____, 지방의 재발견, 민음사, 1985.

국제산업정보연구소, 디벨로퍼, 1990.

문화체육관광부, 관광동향에 관한 연차보고서, 2009.

____________, 2015년기준 관광동향에 관한 연차보고서, 2016.

____________, 2008 문화산업백서, 2009.

문화재관리국, 중요무형문화재 해설, 1989.

지정문화재 해설, 1989.

삼성경제연구소 CEO information 제439호, 영화관광의 부상과 성공조건.

한국관광개발연구원, 한국관광연감, 1996~2000.

한국관광공사, 관광개발기본계획, 2002.
__________, 국민관광연구의 이론과 실제, 1986.
__________, 민속축제 관광상품화 방안, 1990.
__________, 전국관광장기종합개발계획, 1989.
__________, 향토음식 관광상품화 방안, 1993.
한국관광학회, 관광학(제6호), 1982.
http://www.mcst.go.kr
http://www.unesco.or.kr
http://www.visitkorea.or.kr
http://visit.seoul.go.kr
http://worldcup.metro.seoul.kr
http://www.mopas.go.kr
http://www.cha.go.kr
http://www.heritage.go.kr

■ 외국문헌

Ayala, H., "Resort Landscape Systems : A Design Management Solution," *Tourism Management*, Vol. 12, No. 4, 1990.

Clawson, M., The Federal Role in Outdoor Recreation Resources(Washington, D.C, 1990).

Getz D., "Capacity to Absorb Tourism : Implications for Strategic Planning" *Annals of Tourism Research*, Vol. 10, No. 2.

Gunn, Clare A., Vacationscope : Designing Tourist Regions, University of Texas, 1972.

__________., Tourism Planning(New York : Crane Russak, 1979).

__________., Tourism Planning(New York : Tayol & Francis, 1988).

__________., "An Approach to Regional Assessment of Tourism Development Potential," in D.E. Hawkins, eds., Tourism Planning and Development Issues(Washington, D.C. : George Washington University).

Inskeep Edward, Tourism Planning : An Integrate and Sustainable Development Approach, N.Y : Van Nostrand Reinhold, 1991.

Ken Simpson, And now for the next hundred years : an Assessment of National

Tourism Policy Issues in New Zealand : *Tourism Review International*, Vol. 6.

Leiper Neil, "The Framework of Tourism : Towards a Definition of Tourism, Tourist and the Tourist Industry," *Annals of Tourism Research*, Vol. 6, No. 4., 1979.

________, "Tourist Attraction Systems," *Annals of Tourism Research*, Vol. 17, No. 3., 1979.

Mathieson, A. & G. Wall., Tourism : Economic Physical and Social Inpacts (New York : Longman, 1982).

Mathieson, A. & G. Wall., Tourism : Economic Physical and Social Inpacts(New York : Longman, 1984).

Mayo, E.J. & L.P. Jarvis, The Psychology of Leisure Travel(Boston : CBI Publishing Co., 1981).

McIntosh, R.W. & C.R. Goeldner, Tourism : Principles, Practices, Philosophies (New York : John Wiley & Sons, 1990).

Murphy, P.E., "Perceptions and Attitudes of Decision Making Groups in Tourism Centers," *Journal of Travel Research*, Vol. 21, No. 2.

Pearce, D.G., Tourist Development (New York : Longman. Inc., 1981).

________., Tourist Development (London : Longman Grop, 1989).

Roger, R., D. Baker & C.S. Van Doren, "Movie induced Tourism", *Annals of tourism Research*, 1998.

Shelby, B. & T.A. Heberlerlein, "A Conceptual Framework for Carrying Capacity Determination", *Leisure Sciences*, Vol. 6, No. 4.

Wahab Salah, Tourism Management, London, *International Tourism Press*, 1975.

Walter & Skeat, An Etymological Dictionary English Language, Oxfored : At the Clarendon Press, 1983.

WTO, Social and Cultural Impact of Tourism Movement(Madrid : WTO)

찾아보기 >>>

[ㄱ]
가면극 69
갯벌관광 319
경륜 195
경마 195
경복궁 75
고려자기 63
골프 193
공공주도형 283
공업관광 147
관광 11
관광객체 16
관광교통 20
관광구조 16
관광단지 300
관광동기 21
관광록 14
관광매력물 19
관광매체 16
관광욕구 267
관광자 19
관광자원 21
관광자원해설 339
관광자원개발 277
관광자원계획 265
관광자원연출 347
관광자원조사 249
관광정보 20
관광주체 15
관광지 관리 323
관광특구 310
국립공원 37
국립박물관 92
국보 58
국제자연보호연맹 367
권역별 관광루트 297
금속공예 62
기념물 74
기반시설 20
꼭두각시놀음 70

[ㄴ]
나전칠기 74
내수면 관광자원 41
녹색관광 369
농업관광 156

[ㄷ]
다포양식 60
당 86
당간지주 60
도립공원 36
도시관광 102
도자공예 73
도화서 67
동굴 47

[ㄹ]
롯데월드 168
리조트 197

[ㅁ]
마리나 213
마미공예 73
명동성당 113
명승 78
목조건축 59
몽촌토성 77
무신도 87
무주반딧불축제 123
무형관광자원 27
무형문화재 69
문무대왕릉 77
문화관광축제 119
문화유산 59
문화재 57
문화관광자원 57
문화행사 115
미주관광협회 364
민간주도형 274
민속마을 134
민속자료 84

[ㅂ]
박물관 89
번지점프 196
보령머드축제 123
보물 58
부대시설 20
부도 60
분청사기 65
불국사 78
불상 61

[ㅅ]
사리장엄 62
사적 74
사회관광자원 101
산수화 68
산악관광자원 36
산업관광 146
산업관광자원 145

살풀이 72
상감기법 64
상향식 개발방식 288
생태관광 318
생활위협환경 282
서울 시티투어 105
서울월드컵경기장 113
서울종합촬영소 142
석등 60
석비 60
석순 48
석조물 60
석주 48
석탑 60
석호 42
석회동굴 48
설문지 조사 251
성읍 민속마을 137
세계관광기구 361
세계관광협의회 363
세계기록유산 241
세계유산 223
세시풍속 84
송광사 82
수용능력 283
스노우보드 192
스키 190
스키리조트 190
스포츠 190

[ㅇ]
아시아 · 태평양관광협회 365
아악 70
아인스월드 170
안동 하회마을 136
안보관광자원 312
에버랜드 167
영상문화관광 138
예술의 전당 114
온천 43
용암동굴 49
워터파크 179
월트 디즈니 월드 172
위락관광자원 163
유네스코 세계유산 위원회 227
유엔환경계획 360
유형관광자원 27
유형문화재 59
인간욕구 5단계설 268
인공호 43
인문관광자원 28
인사동 154
인천국제공항 112
인형극 69

[ㅈ]
자동차경주 197
자연적 관광자원 35
자원중심형 지역 29
장승 86
전적관광지 312
제2차 관광개발기본계획 298
제3섹터 326
조선백자 66
종유석 48
주심포양식 60
주유형 관광자원 29
중간형 지역 29
지방기념물 49
지역주민공동주도형 285
진경산수 68

[ㅊ]
처용무 71
천연기념물 49
청계 8경 108
청계천 107
체재형 관광자원 29
초벌구이 66

[ㅋ]
카지노 182
캐리비안베이 180
크낙새 84
크루즈 205

[ㅌ]
탐조관광 320
테마파크 163
통영갓 73

[ㅍ]
팔만대장경 80
포석정 74

[ㅎ]
하천 42
하향식 개발방식 286
한국민속촌 134
해식동굴 49
해안관광 52
해인사 79
향악 70
향토음식 128
향토특산물 127
호수 42
호암미술관 115
혼합형 자원 28
회귀이동 11
회화 67

저|자|소|개 ›››

■ 신 우 성(辛祐成)

- 가천대학교 공학사
- 세종대학교 경영대학원 관광경영학과 경영학석사
- 미국 UNLV 국비연구과정(Hospitality Management) 수료
- 세종대학교 대학원 호텔관광경영학과 경영학박사
- 한국토지개발공사 연구원
- 알프스리조트 서울사무소장
- 일본 홋카이도 YAMAHA Group Kiroro Resort Marketing Manager
- 세종대학교 · 대학원 겸임교수

현) 서정대학교 관광과 교수
국가전문자격(관광통역안내사, 국내여행안내사) 출제 · 면접위원
한국관광공사 전문위원
경기도 동두천시 도시계획위원
경기도 연천군 구석기축제 추진위원
한국관광학회 · 한국호텔관광학회 · 한국호텔리조트학회 부회장
미국마케팅협회(AMA) 정회원

E-mail : sws@seojeong.ac.kr

관광자원의 이해

2005년 7월 30일 초 판 발행
2008년 2월 20일 2판 1쇄 발행
2018년 2월 28일 3판 1쇄 발행
2020년 9월 20일 3판 2쇄 발행

저 자 신 우 성
발행인 한 인 환
발행처 도서출판 **기 문 사**
등 록 1978. 8. 9. NO. 6-0637
주 소 서울시 동대문구 안암로 50-1(용두동) 홍신빌딩 3층
전 화 02) 2265-7214/922-8662~8663
팩 스 02) 922-8772

homepage : www.kimoonsa.co.kr
e-mail : book@kimoonsa.co.kr

ISBN : 978-89-7723-777-3 93980

정가 : 23,000원

저자와의 협의하에 인지생략